Kohlhammer

Wirtschaftsrecht an Hochschulen

Ein vorlesungsbegleitendes Arbeitsbuch

von

Prof. Dr. Kai-Thorsten Zwecker
Hochschule Neu-Ulm
und geschäftsführender Gesellschafter der
SGP Schneider Geiwitz Rechtsanwälte GmbH

und

Dr. Kathrin Zwecker
Hochschule Neu-Ulm
und Wirtschaftsjuristin bei der
SGP Schneider Geiwitz Rechtsanwälte GmbH

Verlag W. Kohlhammer

1. Auflage 2017

Alle Rechte vorbehalten
© W. Kohlhammer GmbH, Stuttgart
Gesamtherstellung: W. Kohlhammer GmbH, Stuttgart

Print:
ISBN 978-3-17-032133-5

E-Book-Formate:
pdf: ISBN 978-3-17-032134-2
epub: ISBN 978-3-17-032135-9
mobi: ISBN 978-3-17-032136-6

Für den Inhalt abgedruckter oder verlinkter Websites ist ausschließlich der jeweilige Betreiber verantwortlich. Die W. Kohlhammer GmbH hat keinen Einfluss auf die verknüpften Seiten und übernimmt hierfür keinerlei Haftung.

Für Lara, Vivian und Julian

Vorwort

Hält sich Ihr Interesse an rechtlichen Fächern in Grenzen? Da hätten Sie ja gleich Jura studieren können? Dennoch: viele Ausbildungsstudiengänge an Hochschulen sehen mehrere Semesterwochenstunden für rechtliche Fächer, insbesondere im Wirtschaftsrecht vor. Und das mit gutem Grund! Die rechtlichen Vorschriften geben den Rahmen vor, in dem Sie ihre spätere Tätigkeit, auf die Sie ihr Studium vorbereiten soll, ausüben. Stellen Sie sich vor, Sie fangen nach Ihrem Bachelor-Abschluss in der Personalabteilung eines mittelständischen Unternehmens an. Was machen Sie dort? Sie stellen Mitarbeiter an, entlassen diese, kümmern sich um Urlaub, Entgeltfortzahlung im Krankheitsfall etc. Wie wollen Sie diese Tätigkeit ausüben, wenn Sie die einschlägigen arbeitsrechtlichen Regelungen nicht kennen? Eine ehemalige Studierende berichtete uns, dass sie nach dem Studium in der Marketingabteilung einer großen Drogeriemarktkette arbeitete und dort aus einer Studie der Stiftung Warentest eine Marketingkampagne konzipierte. Hierbei verstieß sie allerdings gegen die Vorgaben des Gesetzes gegen den unlauteren Wettbewerb (UWG) und verursachte nicht nur für ihren Arbeitgeber einen Schaden in Höhe von mehreren hunderttausend Euro, sondern musste auch empfindliche persönliche Konsequenzen tragen. Diese Beispiele lassen sich beliebig fortsetzen.
Im Moment steht bei Ihnen wahrscheinlich aber eine andere Frage im Vordergrund: Wie lernen Sie möglichst schnell und effektiv den Prüfungsstoff, um Ihre Klausuren zu bestehen?
Juristische Ausbildungsliteratur gibt es „wie Sand am Meer". Das Problem ist allerdings, dass diese in der Regel für (angehende) Juristen geschrieben ist und daher viele rechtsdogmatische Ausführungen enthält, die für Sie im Rahmen der Ausbildung an Hochschulen gar nicht von Relevanz sind. Sie gehen für einen Nichtjuristen viel zu sehr in die Tiefe. Auch im Internet finden Sie unzählige Texte zu juristischen Themen. Hier können Sie allerdings zum einen die Qualität nicht beurteilen, und zum anderen finden Sie keine zusammenhängende Darstellung.
Daher ist der Besuch der Vorlesung letztlich unumgänglich. Nur dort erfahren Sie, welche Themen Ihr Dozent behandelt und welche Kenntnisse er von Ihnen als Prüfungsleistung erwartet. Aus langjähriger Erfahrung wissen wir aber, dass die Vorlesung und die Vorlesungsunterlagen für viele Studierende keine optimale Prüfungsvorbereitung ermöglichen. Das hat viele Gründe: So sind Ihre Unterlagen aus den Vorlesungen oft nur stichpunktartig und nicht zusammenhängend, so dass Sie im Rahmen der Prüfungsvorbereitung nicht mehr genau wissen, was gemeint war. Da Prüfungen in Rechtsfächern auch häufig als Modulprüfungen erfolgen, ist das Zeitbudget, das Ihnen zum Lernen zur Verfügung steht, sehr begrenzt. Schließlich ist es mit Jura ein bisschen wie mit Fußball: Nur weil Sie die Regeln im Fußball kennen, sind Sie noch lange kein guter Fußballspieler. Sie müssen erst trainieren. Und dafür brauchen Sie einen Trainer. Diese Überlegungen haben uns veranlasst, dass vorliegende Buch zu schreiben.
Unser Ziel ist dabei, Ihnen ein Buch an die Hand zu geben, das Sie ergänzend zu Ihrer Vorlesung und in der Klausurphase durcharbeiten können, um ein optimales Prüfungsergebnis zu erzielen. Hierbei haben wir besonderes Augenmerk daraufgelegt, die Themen für den Nichtjuristen kurz, prägnant, anschaulich und verständlich zu erklären und viele Beispiele, Lernhilfen, Schaubilder und Kontrollfragen eingesetzt.
Unser inhaltliches Ziel war es, alle relevanten Fächer des Wirtschaftsrechts abzudecken, so dass Sie das Buch nicht nur in den Grundlagenvorlesungen im bürgerlichen Recht, Handels- und Gesellschaftsrecht verwenden können, sondern auch in zahlreichen weiteren Vorlesungen, wie Arbeitsrecht, Medienrecht, Wettbewerbsrecht etc. Die unterschiedliche Schwerpunktsetzung ist dabei unserer Erfahrung der Stoffgewichtung in der Hochschulausbildung geschuldet. Gleichzeitig soll das Buch Ihr „Trainer" sein.

Vorwort

So führen wir Sie mit zahlreichen Fallbeispielen, Kontrollfragen, Lerntipps und Erläuterungen zu den Falllösungen Stück für Stück in die Arbeitstechnik der Juristen ein, die für den Nichtjuristen oft so befremdlich ist.

Wenn Sie unter Zuhilfenahme dieses Buches am Ende Ihrer Rechtsvorlesung und eines (hoffentlich) erfolgreichen Klausurabschlusses erkennen, dass Jura keine trockene und langweilige Materie ist, sondern die Vielfältigkeit des Lebens widerspiegelt und richtig Spaß machen kann, dann haben wir unser Ziel vollständig erreicht.

Den arbeitsrechtlichen Teil dieses Buches hat unsere liebe Kollegin Frau Rechtsanwältin Margit Fink bearbeitet. Bereits an ihren Fallbeispielen, die alle aus ihrer beruflichen Praxis stammen, kann man die Vitalität des Arbeitsrechts deutlich erkennen. Für den praktischen Einblick in das Thema Arbeitsrecht bedanken wir uns herzlich bei Ihr.

Unser ganz besonderer Dank geht auch an unsere Assistentin Frau Manuela Zwerger, an Frau Ursula und Herrn Heinz Distel für ihre Anregungen, guten Ideen und Korrekturen und an unseren Lektor Herrn Philipp Haubelt für die nicht nur fachlich kompetente, sondern immer auch freundliche Unterstützung.

Wir freuen uns über Hinweise, Verbesserungsvorschläge, Lob und Kritik unter: kathrin.zwecker@hs-neu-ulm.de.

Ulm, Oktober 2017   Kathrin & Kai-Thorsten Zwecker

Inhaltsverzeichnis

Vorwort	VII
Abkürzungsverzeichnis	XVIII

Teil 1:	Allgemeine Grundlagen des Wirtschaftsrechts	1
1. Kapitel:	Rechtsordnung, Rechtsverhältnisse, Rechtssystem und Begriff des Wirtschaftsrechts	1
I.	Einführung	1
II.	Rechtsordnung	1
III.	Rechtsverhältnisse	2
IV.	Rechtssystem	3
V.	Wirtschaftsrecht	4
2. Kapitel:	Methodik der Fallbearbeitung	5
I.	Einführung und allgemeines Vorgehen	5
	1. Anspruchsgrundlagen	6
	2. Tatbestandsvoraussetzungen	7
	3. Subsumtion	8
	4. Folgerungen und Ergebnis	10
	5. Gegenrechte des Anspruchsgegners	10
II.	Darstellung in der Klausur	11
Teil 2:	Schuldrecht	14
1. Kapitel:	Grundlagen	14
I.	Allgemeines Schuldrecht	14
	1. Entstehung von Schuldverhältnissen	15
	2. Leistungsstörungen	16
	3. Erlöschen von Schuldverhältnissen	17
II.	Besonderes Schuldrecht	18
2. Kapitel:	Vertragliche Schuldverhältnisse	19
I.	Entstehung vertraglicher Schuldverhältnisse	19
II.	Vertragsschluss und Willenserklärung	20
	1. Willenserklärung	20
	2. Vertragsschluss	22
	a) Antrag/Angebot	23
	b) Annahme	23
	3. Kaufmännisches Bestätigungsschreiben	23
	4. Nichtigkeitsgründe	25
	a) Anfechtung	26
	aa) Anfechtungsgründe	27
	bb) Vollzug der Anfechtung	28
	b) Geheimer Vorbehalt, Scheingeschäft, Mangel der Ernstlichkeit	28

Inhaltsverzeichnis

		c) Verstoß gegen ein gesetzliches Verbot	29
		d) Sittenwidrigkeit	29
		e) Formmangel	30
		f) Geschäftsunfähigkeit	33
III.	Stellvertretung		35
	1. Grundlagen		35
		a) Zulässigkeit der Stellvertretung	36
		b) Abgabe einer eigenen Willenserklärung durch den Vertreter	36
		c) Handeln im Namen des Vertretenen	37
		d) Vertretungsmacht	38
	2. Rechtsscheinvollmachten		39
	3. Vertreter ohne Vertretungsmacht		40
	4. Grenzen der Vertretungsmacht		41
IV.	Allgemeine Geschäftsbedingungen		42
	1. Sinn und Zweck Allgemeiner Geschäftsbedingungen		42
	2. Umgang mit Allgemeinen Geschäftsbedingungen		43
		a) Begriff	43
		b) Anwendungsbereich	43
		c) Einbeziehung von Allgemeinen Geschäftsbedingungen	43
		aa) Hinweis	44
		bb) Zumutbare Möglichkeit der Kenntnisnahme	44
		cc) Einverständnis	44
		d) Überraschungsklauseln	45
		e) Inhaltskontrolle von Allgemeinen Geschäftsbedingungen	45
		f) Rechtsfolgen der Unwirksamkeit	46
V.	Widerrufsrecht		47
	1. Verbrauchervertrag		47
	2. Gesetzliches Widerrufrecht		48
		a) Fernabsatzverträge	48
		b) Außerhalb von Geschäftsräumen geschlossene Verträge	49
	3. Widerrufserklärung		49
	4. Widerrufsfrist		50
VI.	Leistungsstörungen		51
	1. Grundlagen		52
		a) Leistungspflichten	52
		b) Schuldarten	53
	2. Systematik des Leistungsstörungsrechts		55
	3. Schadenersatz wegen Schlechtleistung		56
		a) Bestehen eines Schuldverhältnisses	56
		b) Pflichtverletzung des Schuldners	56
		c) Vertreten müssen der Pflichtverletzung	58
		d) Entstehung eines Schadens	59
		aa) Differenzmethode	59
		bb) Schadensarten	60
		cc) Umfang des zu ersetzenden Schadens	62
		dd) Schadenskausalität	62
		ee) Schadensminderung/Mitverschulden	63

		4. Unmöglichkeit	63
		a) Rechtsfolgen für die Leistungspflicht	65
		b) Rechtsfolgen für die Pflicht zur Gegenleistung	65
		c) Sekundäransprüche des Gläubigers.....................	66
		5. Schuldnerverzug	67
		a) Voraussetzungen des Schuldnerverzuges	67
		aa) Fälliger und durchsetzbarer Erfüllungsanspruch	67
		bb) Nichtleistung trotz Möglichkeit.................	68
		cc) Mahnung......................................	68
		dd) Vertreten müssen.............................	69
		b) Rechtsfolgen des Schuldnerverzuges	69
VII.	Zession		71
	1. Voraussetzungen der Abtretung		71
	2. Rechtsfolgen der Abtretung................................		73
	3. Regelungen zum Schuldnerschutz.........................		73
VIII.	Beteiligung mehrerer an Schuldverhältnissen		74
	1. Gesamtschuldnerschaft....................................		74
	2. Gesamtgläubigerschaft		75
IX.	Ausgewählte Vertragstypen.....................................		75
	1. Allgemeine Grundlagen		75
	2. Kaufvertrag		76
	a) Kaufgegenstand......................................		76
	b) Inhalt und Gegenstand des Kaufvertrages		76
	c) Vertragspflichten beim Kaufvertrag		76
	d) Besondere Regelungen zum Gefahrübergang		78
	e) Gewährleistung.......................................		79
	f) Rechte des Käufers bei Mängeln		79
	aa) Mangel		81
	bb) Gewährleistungsausschlüsse und Verjährung		83
	cc) Nacherfüllungsrecht...........................		84
	dd) Nachrangige Gewährleistungsrechte..............		84
	ee) Verbrauchsgüterkauf		87
	3. Mietvertrag		89
	a) Mietgegenstand.......................................		89
	b) Vertragspflichten beim Mietvertrag		91
	c) Beendigung des Mietvertrages		91
	d) Gewährleistung.......................................		94
	4. Werkvertrag		95
	a) Vertragsgenstand......................................		96
	b) Inhalt und Gegenstand des Werkvertrages		97
	c) Gewährleistung.......................................		99
	aa) Mangel		100
	bb) Gewährleistungsausschluss und Verjährung		100
	cc) Nacherfüllungsrecht...........................		100
	dd) Nachrangige Gewährleistungsrechte..............		100
	d) Kündigungsrecht des Bestellers		103
	5. Dienstvertrag		103

Inhaltsverzeichnis

		6. Darlehensvertrag 103
		a) Vertragsgegenstand 104
		b) Inhalt und Gegenstand des Darlehensvertrages 104
		aa) Allgemeine Regelungen 105
		bb) Verbraucherdarlehensvertrag 105

3. Kapitel: Gesetzliche Schuldverhältnisse 107
    I. Grundlagen 107
    II. Kondiktionsrecht 108
        1. Etwas erlangt 109
        2. Durch Leistung oder in sonstiger Weise 109
            a) Leistungskondiktion 109
            b) Nicht-Leistungskondiktionen 109
        3. Ohne rechtlichen Grund 110
        4. Inhalt und Umfang des Bereicherungsanspruchs 112
    III. Geschäftsführung ohne Auftrag (GOA) 112
        1. Grundlagen 112
            a) Fremdes Geschäft 113
            b) Fremdgeschäftsführerwillen 113
            c) Ohne Auftrag oder sonstige Berechtigung 113
            d) Interesse oder mutmaßlicher Wille 114
        2. Rechtsfolgen 114
    IV. Delikt 114
        1. Grundlagen des Deliktsrechts 115
        2. Verschuldenshaftung 116
            a) § 823 Abs. 1 BGB 116
                aa) Rechtsgutsverletzung 118
                bb) Handlung 120
                cc) Rechtswidrigkeit 121
                dd) Verschulden 121
                ee) Rechtsfolgen 121
            b) § 823 Abs. 2 BGB 122
            c) § 826 BGB 123
        3. Haftung für vermutetes Verschulden 124
            a) Verrichtungsgehilfe 125
            b) Unerlaubte Handlung 125
            c) Kausaler Schaden 125
            d) Kein Entlastungsbeweis 126
        4. Gefährdungshaftung 126
            a) Vorliegen eines Produkts 127
            b) Vorliegen eines Produktfehlers 127
            c) Schutzgutsverletzung 127
            d) Anspruchsgegner ist Hersteller 128
            e) Ersatzfähiger Schaden 128
            f) Keine Haftungsausschlüsse 128

Inhaltsverzeichnis

Teil 3:	**Sachenrecht**	130
1. Kapitel:	Grundlagen	130
I.	Wichtige Begriffe im Sachenrecht	130
II.	Die fünf Grundprinzipien des Sachenrechts	132
	1. Publizitätsprinzip	132
	2. Spezialitätsgrundsatz	133
	3. Typenzwang	133
	4. Absolutheit	133
	5. Abstraktionsprinzip	133
2. Kapitel:	Mobiliarsachenrecht	134
I.	Übereignung beweglicher Sachen	134
	1. Einigung	135
	2. Übergabe	135
	3. Einigsein bei Übergabe	136
	4. Berechtigung	136
II.	Sicherungsrechte	138
	1. Eigentumsvorbehalt	138
	2. Sicherungsübereignung	141
	3. Gesetzlicher Eigentumserwerb	142
	4. Das Eigentümer-Besitzer-Verhältnis	142
3. Kapitel:	Immobiliarsachenrecht	143
I.	Verfügung über Grundstücke	143
	1. Auflassung	144
	2. Eintragung	144
	3. Einigsein bei Eintragung	144
	4. Berechtigung	145
II.	Sicherungsrechte	146
	1. Hypothek	147
	2. Grundschuld	148
Teil 4:	**Handelsrecht**	150
1. Kapitel:	Grundlagen	150
2. Kapitel:	Kaufleute	151
I.	Begriff	151
	1. Kaufmann kraft Betreibens eines Handelsgewerbes	152
	2. Kaufmann kraft Eintragung	153
	3. Kaufmann kraft Rechtsform	154
II.	Handelsregister	155
	1. Positive Publizität	156
	2. Negative Publizität	157
	3. Falsche Bekanntmachung	158
III.	(Handels-)Firma	159
	1. Grundsätze der Firmenbildung	159
	2. Haftung bei Firmenfortführung	161

Inhaltsverzeichnis

3. Kapitel: Kaufmännische Hilfspersonen 163
    I. Unselbstständige kaufmännische Hilfspersonen 163
        1. Grundlagen 163
        2. Prokura 163
        3. Handlungsvollmacht 165
        4. Ladenangestellte 165
    II. Selbstständige kaufmännische Hilfspersonen 166
        1. Grundlagen 166
        2. Absatzmittler 167
            a) Handelsvertreter 167
            b) Handelsmakler 169
            c) Kommissionäre 170
            d) Händler/Reseller 170
            e) Vertragshändler 170
            f) Franchising 171
4. Kapitel: Handelsgeschäfte 172

Teil 5: Gesellschaftsrecht 175

1. Kapitel: Grundlagen 175
2. Kapitel: Personengesellschaften 177
    I. Überblick 177
    II. Gesellschaft bürgerlichen Rechts (GbR) 178
        1. Grundlagen 178
        2. Entstehung und Auflösung der GbR 179
        3. Stellung der Gesellschafter 180
        4. Organisationsstruktur der GbR 180
            a) Geschäftsführung und Vertretung 180
            b) Haftung 181
    III. Offene Handelsgesellschaft (OHG) 182
        1. Grundlagen 182
        2. Gründung und Auflösung 183
        3. Stellung der Gesellschafter 183
        4. Organisationsstruktur der oHG 183
            a) Geschäftsführung und Vertretung 183
            b) Haftung 183
    IV. Kommanditgesellschaft (KG) 185
        1. Grundlagen 185
        2. Gründung und Auflösung 186
        3. Stellung der Gesellschafter 186
        4. Haftung 186
        5. Sonderform: GmbH & Co.KG 188
3. Kapitel: Körperschaften 188
    I. Grundlagen 188
    II. Gesellschaft mit beschränkter Haftung (GmbH) 189
        1. Grundlagen 189

Inhaltsverzeichnis

	2. Gründung und Auflösung	190
	3. Stellung der Gesellschafter	193
	4. Organisationsstruktur der GmbH	193
	a) Geschäftsführung	193
	b) Gesellschafterversammlung	194
	5. Haftung	194
III.	Aktiengesellschaft (AG)	195
	1. Grundlagen	195
	2. Gründung und Auflösung	195
	3. Stellung der Gesellschafter (Aktionäre)	197
	4. Organisationsstruktur der AG	197
	a) Vorstand	197
	b) Aufsichtsrat	197
	c) Hauptversammlung	197
	5. Haftung	198

Teil 6: Arbeitsrecht ... 199
(Bearbeiterin: RAin Margit Fink)

1. Kapitel:	Arbeitsvertrag und Dienstvertrag	199
2. Kapitel:	Begründung des Arbeitsverhältnisses	201
3. Kapitel:	Vergütung ohne Arbeit	202
I.	Entgeltfortzahlung im Krankheitsfall	202
II.	Urlaub	205
	1. Voraussetzungen des Urlaubsanspruchs	206
	2. Urlaubsvergütung	207
	3. Urlaubsabgeltung	208
4. Kapitel:	Beendigung des Arbeitsverhältnisses	210
I.	Beendigungsgründe	210
II.	Befristungen, Zeitablauf	210
	1. Sachgrundbefristung	211
	2. Sachgrundlose Befristung	211
III.	Beendigung des Arbeitsverhältnisses durch Kündigung	212
	1. Außerordentliche Kündigung	212
	2. Ordentliche Kündigung	215
	a) Betriebsbedingte Kündigung	218
	b) Kündigung wegen personenbedingter Gründe	223
	c) Verhaltensbedingte Kündigung	226
	3. Anhörung des Betriebsrats	229

Teil 7: Gewerblicher und geistiger Rechtsschutz ... 231

1. Kapitel:	Grundlagen	231
2. Kapitel:	Markenrecht	232
I.	Einführung in das Markenrecht	232
II.	Welche Arten von Marken gibt es	233

Inhaltsverzeichnis

III.	Entstehung des Markenschutzes.	235
IV.	Schutzvoraussetzungen	237
	1. Grundlagen	237
	2. Absolute Schutzhindernisse	237
	3. Relative Schutzhindernisse	238
V.	Ausschließliches Recht des Inhabers einer Marke	239
	1. Grundlagen	239
	2. Bestimmung der Verwechslungsgefahr.	240
	a) Kennzeichnungskraft	240
	b) Ähnlichkeit der Waren bzw. Dienstleistungen.	240
	c) Ähnlichkeit der Zeichen	241
VI.	Schranken des Markenschutzes	242
	1. Verjährung, § 20 MarkenG.	242
	2. Verwirkung, § 21 MarkenG	242
	3. Markenrechtliche Erschöpfung, § 24 Abs. 1 MarkenG	242
	4. Nichtbenutzung der Marke, § 25 MarkenG.	242
VII.	Weitergabe von Markenrechten	242
	1. Übertragung von Marken	242
	2. Erteilung von Lizenzen.	243

3. Kapitel: Urheberrecht 243

I.	Grundlagen	244
II.	Das Werk als zentraler Begriff des Urheberrechts	244
III.	Entstehung des Urheberrechts	245
IV.	Der Inhalt des Urheberrechts.	246
	1. Urheberpersönlichkeitsrecht	247
	2. Verwertungsrechte.	247
	3. Sonstige Rechte.	249
V.	Beschränkung der Nutzungsrechte	250

Teil 8: Wettbewerbsrecht 252

1. Kapitel: Grundlagen 252
2. Kapitel: Gesetz gegen den unlauteren Wettbewerb (UWG). 253

I.	Schutzzweck und Struktur des UWG	253
II.	Unlauterkeitstatbestände.	254
	1. Die „Schwarze Liste".	254
	2. Rechtsbruch.	255
	3. Mitbewerberschutz	256
	4. Aggressive geschäftliche Handlungen	257
	5. Irreführende geschäftliche Handlungen.	257
	6. Irreführung durch Unterlassen.	258
	7. Vergleichende Werbung	258
	8. Unzumutbare Belästigungen	258
III.	Rechtsfolgen von Verstößen	259

Inhaltsverzeichnis

3. Kapitel: Gesetz gegen Wettbewerbsbeschränkungen (GWB) 260
    I. Schutzzweck und Struktur des GWB 260
    II. Das Kartellverbot 261
    III. Ausnahmen vom Kartellverbot 263
    IV. Rechtsfolgen bei Verstößen gegen das Kartellverbot 264
    V. Missbrauch einer marktbeherrschenden Stellung 264
        1. Marktbeherrschung 264
        2. Missbrauchstatbestände 265
    VI. Zusammenschlusskontrolle 265
    VII. Zusammenschlusstatbestand 266
        1. Aufgreifkriterien 266
        2. Begründung oder Verstärkung einer marktbeherrschenden Stellung 266

Teil 9: Öffentliches Wirtschaftsrecht 268

1. Kapitel: Grundlagen 268
2. Kapitel: Inhalte des öffentlichen Wirtschaftsrechts 268
    I. Wirtschaftsverwaltungsrecht 269
    II. Wirtschaftsverfassungsrecht 271
3. Kapitel: Ausgewählte Bereiche des öffentlichen Wirtschaftsrechts 271
    I. Gewerberecht 272
        1. Gewerbeordnung 272
        2. Handwerksordnung 272
        3. Gaststättenrecht 273
        4. Ladenschlussgesetz 273
    II. Polizei- und Ordnungsrecht 273
    III. Umweltrecht 274
    IV. Telekommunikationsrecht 274
    V. Datenschutzrecht 275
        1. Grundlagen 275
        2. Gesetzliche Regelungen 275
        3. Inhalt des Datenschutzrechtes 275

Teil 10: Lernkontrolle 278

Stichwortverzeichnis 289

Abkürzungsverzeichnis

a. a. O.	am angegebenen Ort
Abb.	Abbildung
Abs.	Absatz
a. F.	alte Fassung
AG	Amtsgericht
AGB	Allgemeine Geschäftsbedingungen
AGG	Allgemeines Gleichbehandlungsgesetz
AktG	Aktiengesetz
ArbG	Arbeitsgericht
ArbGG	Arbeitsgerichtsgesetz
Art.	Artikel
Az.	Aktenzeichen
BAG	Bundesarbeitsgericht
BGB	Bürgerliches Gesetzbuch
BGH	Bundesgerichtshof
BGHSt	in Strafsachen des Bundesgerichtshofes
BVerfG	Bundesverfassungsgericht
bzgl.	bezüglich
Bsp.(e)	Beispiel(e)
bspw.	beispielsweise
d. h.	das heißt
Def.	Definition
e. V.	eingetragener Verein
f.	folgende, für
ff.	fortfolgende
Fn.	Fußnote
GewO	Gewerbeordnung
GG	Grundgesetz
GmbH	Gesellschaft mit beschränkter Haftung
GmbHG	GmbH-Gesetz
ggf.	gegebenenfalls
GOA	Geschäftsführung ohne Auftrag
GWB	Gesetz gegen Wettbewerbsbeschränkungen
Hrsg.	Herausgeber
HGB	Handelsgesetzbuch
h. M.	herrschende Meinung
i. d. R.	in der Regel
i. d. F.	in der Fassung
i. d. S.	in dem Sinne
i. V. m.	in Verbindung mit
i. H. v.	in Höhe von
insb.	insbesondere
KG	Kommanditgesellschaft
LG	Landesgericht
lt.	laut
MarkenG	Markengesetz

Abkürzungsverzeichnis

n. F.	neue Fassung
Nr.	Nummer
OLG	Oberlandesgericht
OHG	Offene Handelsgesellschaft
RA(in)	– Rechtsanwa(ä)lt(in)
Rspr.	Rechtsprechung
Rn.	Randnummer
s.	siehe
S.	Seite
sog.	sogenannt
u. a.	unter anderem
UrhG	Urhebergesetz
u. U.	unter Umständen
UWG	Gesetz gegen den Unlauteren Wettbewerb
v.	von, vom
vgl.	vergleiche
VA	Verwaltungsakt
WE	Willenserklärung
WP	Wahlperiode
z. B.	zum Beispiel

Teil 1: Allgemeine Grundlagen des Wirtschaftsrechts

1. Kapitel: Rechtsordnung, Rechtsverhältnisse, Rechtssystem und Begriff des Wirtschaftsrechts

I. Einführung

Warum ist das Thema für Sie von Bedeutung:
Gleich in welchem Bereich Sie später tätig sind, Sie werden immer mit rechtlichen Fragestellungen konfrontiert sein. So kann etwa ein Mitarbeiter im Personalwesen ohne Kenntnisse im Arbeitsrecht genauso wenig erfolgreich sein, wie ein Controller ohne Kenntnisse im Gesellschaftsrecht. Deshalb ist es notwendig, dass Sie im Rahmen Ihrer Hochschulausbildung rechtliche Grundbegriffe, Strukturen und Denkmuster kennenlernen und verstehen, um diese in Ihrer späteren beruflichen Tätigkeit erfolgreich anwenden zu können. Vertiefte dogmatische[1] Detailkenntnisse werden von Ihnen nicht erwartet, das ist Aufgabe der Juristen. Einfache Sachverhalte müssen Sie in der Praxis aber oft selbst lösen (Beispiel: Kann ich den Vertrag mit dem Kunden so unterschreiben? Wie melde ich eine Marke für unser neues Produkt an? Kann ich diese Information an meinen Wettbewerber geben? etc.). Aber auch eine erfolgreiche Zusammenarbeit mit den Juristen Ihres Unternehmens setzt voraus, dass Sie über Grundkenntnisse unserer Rechtsordnung verfügen.

1

Fallbeispiel 1 (Lösung s. Rn. 10):
Student S[2] hat seinen Bachelor in BWL erfolgreich abgeschlossen und in der Einkaufsabteilung eines mittelständischen Unternehmens angefangen. Eine seiner ersten Aufgaben besteht darin, einen langfristigen Liefervertrag mit einem Lieferanten für Rohwaren zu verhandeln und abzuschließen. S wählt verschiedene Lieferanten aus und führt mit diesen Preisverhandlungen. Mit dem Günstigsten will er dann das Geschäft abschließen, nicht zuletzt deshalb, weil ihm dieser angeboten hat, dass er eine Dauerkarte für den FC Bayern erhält, wenn er das Geschäft mit ihm macht. Der Lieferant legt S daraufhin einen umfangreichen schriftlichen Vertrag mit allgemeinen Verkaufsbedingungen, einem Pflichten- und Lastenheft und umfangreichen technischen Beschreibungen zur Unterschrift vor. S fragt sich, welche rechtlichen Fragen er wohl in diesem Zusammenhang zu beachten hat.

II. Rechtsordnung

Als **Rechtsordnung** bezeichnet man die Gesamtheit aller Rechtsgrundsätze. Es handelt sich also um die „Spielregeln" im Zusammenleben in einer Gesellschaftsordnung. Diese finden sich in erster Linie in formal gesetztem Recht, also in Gesetzen, Rechtsverordnungen und Satzungen. Einige Rechtsgrundsätze ergeben sich auch aus Gewohnheitsrecht, das sich aus einer lange geübten Praxis entwickelt hat. Anders als im anglo-amerikanischen Rechtskreis haben Gerichturteile bei uns keine Gesetzeskraft.

2

---

1 Grundlegende wissenschaftliche Lehraussagen.
2 In juristischen Ausbildungsfällen werden für Personen und Gesellschaften Platzhalter verwendet, also statt Herr Frank Schmitt nur S oder statt der Deutschen Bank AG nur A.

Sie gelten nur zwischen den Parteien des jeweiligen Rechtsstreites (inter partes), haben jedoch keine Allgemeingültigkeit (inter omnes).[3]

III. Rechtsverhältnisse

3 Bei allen rechtlichen Themenstellungen im Rahmen der Ausbildung im Wirtschaftsrecht an Hochschulen geht es in erster Linie um **Rechtsverhältnisse**. Ein Rechtsverhältnis bezeichnet die Beziehung zweier oder mehrere Rechtssubjekte zueinander oder die Beziehung eines Rechtssubjektes zu einem Rechtsobjekt.

4 **Rechtssubjekte**, also Teilnehmer am Rechtsverkehr, sind insbesondere:
- **Natürliche Personen**, deren Rechtsfähigkeit mit der Geburt beginnt (§ 1 BGB) und mit dem Tod endet (§ 1922 BGB) (Beispiel: Herr Müller, Frau Mayer, …)
- **Gesellschaften**, deren Rechtsfähigkeit mit einem konstitutiven Gründungsakt beginnt (Beispiel: Eintragung ins Vereinsregister) und mit Abschluss der Liquidation endet. Gesellschaften sind einmal juristische Personen (Beispiel: Verein, GmbH, AG, …), aber auch Personengesellschaften (Beispiel: BGB-Gesellschaft, offene Handelsgesellschaft, Kommanditgesellschaft, …)
- **Körperschaften des öffentlichen Rechts** (Beispiel: Gebietskörperschaften, wie der Bund, die Länder oder Gemeinden)

		Rechtssubjekte		
		Natürliche Personen	Gesellschaften	Körperschaften des öffentlichen Recht
Rechtsfähigkeit	Beginn	Geburt (§ 1 BGB)	konstitutiver Gründungsakt	
	Ende	Tod (§ 1922 BGB)	Abschluss der Liquidation	
Beispiel		Herr Müller, Frau Mayer, …	Juristische Personen: Verein, GmbH, AG, … Personengesellschaften: BGB-Ges., OHG, KG, …	Gebietskörperschaften: der Bund, die Länder oder Gemeinden, …

Abbildung 1: Rechtssubjekte

5 **Rechtsobjekte** (auch Rechtsgegenstand genannt) bezeichnen einen Gegenstand, auf den sich ein Herrschaftsrecht (etwa Eigentum oder Besitz) beziehen kann. Sie lassen sich in körperliche Rechtsobjekte (Sachen im Sinne von § 90 BGB) und unkörperliche Rechtsobjekte (sogenannte Immaterialgüter wie bspw. Marken im Sinne von § 3 MarkenG) unterteilen.

---

[3] Etwas anderes gilt etwa bei Urteilen des Bundesverfassungsgerichts, die i. d. R. Gesetzeskraft haben. Juristen nutzen Gerichtsurteile häufig als Orientierungsmaßstab bei der Auslegung und Anwendung von Gesetzen.

	Rechtsobjekte	
	Körperlich	**Unkörperlich**
Ausprägung	Sachen (§ 90 BGB)	Immaterialgüter
Beispiel	Tisch, Fahrrad, Handy, ...	Marke (§ 3 MarkenG)

Abbildung 2: Rechtsobjekte

IV. Rechtssystem

Rechtsverhältnisse können öffentlich-rechtlich oder privatrechtlich sein.

Das **öffentliche Recht** ist dabei der Teil der Rechtsordnung, der das Verhältnis zwischen Trägern der öffentlichen Gewalt (dem Staat) und Privatrechtssubjekten (den Bürgern) regelt. Es besteht ein **Über- und Unterordnungsverhältnis**. Der Staat handelt in der Regel durch Verwaltungsakte (Bescheide).

Beispiel: Bürger A bekommt von der Gemeinde G einen Strafzettel wegen Falschparkens.

Das **Privatrecht** hingegen regelt die rechtlichen Beziehungen zwischen Privatrechtssubjekten. Es besteht ein **Gleichordnungsverhältnis**. In der Regel werden diese Rechtsbeziehungen mit Verträgen geregelt und gestaltet.

Beispiel: Bürger A verkauft sein Auto an Bürger B.

> Beachten Sie:
> Auch der Staat kann wie ein Privatrechtssubjekt am Rechtsverkehr teilnehmen. Man spricht dann von einer sogenannten **Fiskaltätigkeit**. In diesem Fall unterliegt auch der Staat den Regelungen des Privatrechts.

Beispiel: Eine Gemeinde kauft bei einem Händler Büromaterial ein.

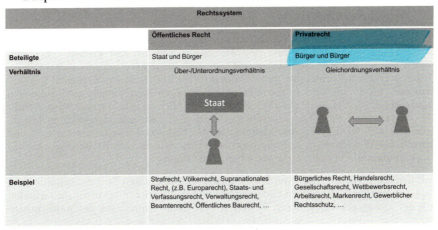

Abbildung 3: Öffentliches und privates Recht

9 Die Unterscheidung zwischen öffentlichem Recht und Privatrecht spielt für viele Fragen eine zentrale Rolle, zum Beispiel:

Welche Gerichte sind bei Streitigkeiten zuständig[4]?

Tabelle 1: Gerichte

Öffentliches Recht	Privatrecht
Verwaltungsgericht	Amtsgericht/Landgericht
Oberverwaltungsgericht	Oberlandesgericht
Bundesverwaltungsgericht	Bundesgerichtshof

10 Wie werden typischerweise Rechtsbeziehungen gestaltet?

Tabelle 2: Gestaltung von Rechtsbeziehungen

Öffentliches Recht	Privatrecht
Verwaltungsakte (Beispiel: Baugenehmigung, Bußgeldbescheide, ...)	Verträge (Beispiel: Kaufvertrag, Mietvertrag, ...)

Lösung zu Fallbeispiel 1:
S als Rechtssubjekt muss im Rahmen der geplanten Rechtsbeziehung mit dem Lieferanten sowohl privatrechtliche Regelungen als auch öffentlich-rechtliche Gesetze beachten.
- Das Privatrecht spielt z. B. bei den Regelungen des BGB zum Vertragsschluss (§§ 145 ff. BGB), zur Stellvertretung (§§ 164 ff. BGB), zu allgemeinen Geschäftsbedingungen (§§ 305 ff. BGB), zur Haftung (§ 280 BGB) und Gewährleistung (§§ 434 ff. BGB) eine Rolle.
- Öffentlich-rechtlich spielt z. B. das Strafrecht eine Rolle, denn die Annahme des Angebotes für die Freikarte beim FC Bayern verwirklicht den Straftatbestand der Bestechlichkeit im geschäftlichen Verkehr (§ 299 Abs. 1 Nr. 1 StGB) und wird mit Freiheitsstrafe bis zu drei Jahren bestraft.

V. Wirtschaftsrecht

11 Der Begriff **Wirtschaftsrecht** ist gesetzlich nicht bestimmt. Es handelt sich um alle wirtschaftlich relevanten Gebiete des öffentlichen und privaten Rechts. Unter dem Begriff Wirtschaftsrecht kann daher eine „Querschnittsmaterie" der wirtschaftlich relevanten Teile des Privatrechts und des öffentlichen Rechts zusammengefasst werden. Teilweise, bspw. im Arbeitsrecht oder im Recht gegen Wettbewerbsbeschränkungen (Kartellrecht), findet auch eine Vermengung öffentlich-rechtlicher und privatrechtlicher Vorschriften statt. Die Auswahl der in diesem Lehrbuch dargestellten Inhalte orientiert sich weniger an der Abgrenzung der Begriffe Wirtschaftsprivatrecht und öffentliches Wirtschaftsverwaltungsrecht, sondern vielmehr an der Relevanz für die Hochschulausbildung und die spätere berufliche Praxis.

12 Aus dem **bürgerlichen Recht** werden die ausbildungsrelevanten Teile des Schuldrechts, insbesondere der vertraglichen und gesetzlichen Schuldverhältnisse sowie die Grundlagen des Sachenrechts dargestellt. Weiterhin werden die Grundlagen des Sonderprivat-

---

[4] Daneben gibt es für bestimmte Rechtsbereiche Spezialzuständigkeiten: zum Beispiel Arbeitsgerichte, Sozialgerichte, Finanzgerichte etc.

rechts für Kaufleute aus dem HGB im Teil Handelsrecht erläutert. Im gesellschaftsrechtlichen Teil werden die einzelnen Unternehmensformen vorgestellt und abgegrenzt. Die wichtigsten Unternehmensformen der Personengesellschaften (offene Handelsgesellschaft und Kommanditgesellschaft) und der juristischen Personen (Gesellschaft mit beschränkter Haftung und Aktiengesellschaft) werden erläutert.

Im **wettbewerbsrechtlichen Teil** werden die Grundlagen zur Sicherung des lauteren Leistungswettbewerbs aus dem Gesetz gegen den unlauteren Wettbewerb (UWG) erläutert und die Regelungen der Marktstrukturkontrolle aus dem Gesetz gegen Wettbewerbsbeschränkungen (GWB). **13**

Im Teil über den **gewerblichen Rechtsschutz** werden die wichtigsten gewerblichen Schutzgesetze, insbesondere das Markengesetz, sowie das Patentgesetz und das Designgesetz dargestellt. Der Schutz von Werken wird im Teil über das Urheberrechtsgesetz behandelt. Im **Arbeitsrecht** erfolgt eine Abgrenzung zwischen dem Tarif- und Mitbestimmungsrecht (kollektives Arbeitsrecht) und dem Sonderrechtsschutz bedürftiger Arbeitnehmer (Individualarbeitsrecht) sowie eine nähere Behandlung der Regelungen des Individualarbeitsrechts. Im **öffentlichen Wirtschaftsverwaltungsrecht** schließlich werden die Grundzüge des Gewerberechts, des Polizei- und Ordnungsrechts, des Umwelt-, Telekommunikations- und Datenschutzrechts behandelt. **14**

2. Kapitel: Methodik der Fallbearbeitung

I.   Einführung und allgemeines Vorgehen

> **Warum ist das Thema für Sie von Bedeutung:** **15**
> Das Schwierigste gleich zu Anfang. In Ihrem beruflichen Alltag haben Sie in der Regel ein konkretes Ziel, das Sie mit möglichst effizienten Mitteln erreichen müssen. Juristen gehen völlig anders vor, weshalb Hochschulabsolventen oft Schwierigkeiten haben, sich in die Methodik der Juristen hineinzudenken. In der juristischen Ausbildung haben Sie einen vorgegebenen Sachverhalt, den Sie rechtlich bewerten müssen. In der beruflichen Praxis müssen Sie die reale Situation Ihres Arbeitsalltags hingegen erst einmal in die dahinterliegende juristische Aufgabe „übersetzen". Die im folgenden Kapitel dargestellte Strukturhilfe unterstützt Sie dabei, sowohl in der Klausursituation als auch später in Ihrer beruflichen Tätigkeit juristische Problemstellungen zu erkennen, zu strukturieren, den relevanten Sachverhalt zu subsumieren und die Aufgabenstellung zu lösen.

> **Fallbeispiel 2 (Lösung s. Rn. 22, 23, 26, 27, 30, 32, 33, 35):**
> A bietet dem B seinen Porsche für 20.000 € zum Verkauf an und befristet sein Angebot bis zum 31.03. Am 30.03. schreibt B an A eine Mail, in der er die Annahme des Angebotes erklärt. Da A zu dieser Zeit im Urlaub ist, liest er die Mail nicht. Im Urlaub lernt A den C kennen, der ihm das Auto für 25.000 € abkauft. C zahlt gleich bar und nimmt das Auto mit. B möchte nun Schadenersatz.
>
> **Aufgabe:**
> Beurteilen Sie, ob und wenn ja, in welcher Höhe B Schadenersatz von A bekommt. Gehen Sie hierbei davon aus, dass der Porsche einen Wert von 29.000 € hatte.

Aufgrund des dargestellten Sachverhaltes will irgendjemand (Anspruchsteller = B) irgendwas (Anspruchsgegenstand = Schadenersatz) von irgendwem (Anspruchsgegner = **16**

A). Ihre Aufgabe in der Klausur und Ihrer späteren Praxis besteht nun darin, diesen Sachverhalt zu bewerten. Diese Aufgabe können Sie nur dann lösen, wenn Sie die juristische Methodik der Fallbearbeitung beherrschen. Mit dieser Methodik können Sie aber alle Fälle lösen, auch solche, die Sie nicht gelernt haben. In der Klausur ist in der Regel die richtige Anwendung der Methodik viel entscheidender als das gefundene Ergebnis („der Weg ist das Ziel"). Daher sollten Sie vergleichsweise viel Zeit auf das Verstehen und Üben der Methodik verwenden, die im Folgenden in fünf Schritten erläutert wird.

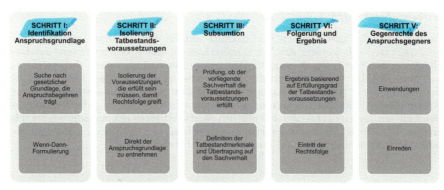

Abbildung 4: Methodik der juristischen Fallbearbeitung

17 Was die fünf dargestellten Schritte beinhalten, wird im nachfolgenden Kapitel ausführlich und anhand eines Fallbeispiels näher erläutert.

18 Entgegen landläufiger Gerüchte müssen Sie in rechtlichen Fächern keine Gesetze auswendig lernen. Gesetze sind das Werkzeug des Juristen. Dass ein Schreiner ohne Hammer, Nägel und Säge nicht arbeiten kann, leuchtet Ihnen sofort ein. Genauso kann aber der Jurist ohne Gesetz nicht arbeiten. Gewöhnen Sie sich daher von Anfang an daran, immer mit dem Gesetz zu arbeiten. Lesen Sie jede zitierte Vorschrift – auch jede zitierte Vorschrift in diesem Buch – im Gesetz nach. Dies wird Ihnen bei der Entwicklung Ihres juristischen Verständnisses und insbesondere in der Klausur erheblich weiterhelfen. Wenn Sie in Ihrer Klausur zum ersten Mal ins Gesetz schauen, ist es zu spät.

1. Anspruchsgrundlagen

19 Wenn ein Anspruchsteller etwas von einem Anspruchsgegner möchte, braucht er eine gesetzliche Grundlage, die sein Begehren trägt. Diese Normen heißen in der juristischen Fachsprache **Anspruchsgrundlagen.** Anspruchsgrundlagen erkennen Sie daran, dass diese unter gewissen Voraussetzungen zu einer bestimmten (der vom Anspruchsteller gewollten) Rechtsfolge führen.

> **Beachten Sie:**
> Anspruchsgrundlagen sind immer Normen, die als **„WENN – DANN"-Sätze** aufgebaut sind.

Beispiel: So lautet etwa § 280 Abs. 1 BGB wie folgt:
„Verletzt der Schuldner eine Pflicht aus dem Schuldverhältnis, so kann der Gläubiger Ersatz des hierdurch entstehenden Schadens verlangen".

Mit anderen Worten:
- **wenn** der Schuldner eine Pflicht aus dem Schuldverhältnis verletzt und hierdurch ein Schaden entsteht (= Tatbestandsvoraussetzungen),
- **dann** kann der Gläubiger diesen Schaden ersetzt verlangen (= Rechtsfolge).

Man kann Anspruchsgrundlagen also in **Tatbestandsvoraussetzungen (Wenn)** und **Rechtsfolgen (Dann)** zerlegen. Das Auffinden der richtigen Anspruchsgrundlage bereitet vielen Studierenden große Schwierigkeiten. Je besser Sie die Systematik eines Gesetzes verstehen, desto einfacher wird das Suchen und Finden der richtigen Anspruchsgrundlage.

Tipps für Anfänger:
- Schauen Sie sich immer genau an, was der Anspruchsteller will und fragen Sie sich, warum der Anspruchsteller meint, einen Anspruch zu haben.
  Beispiel: B will Schadenersatz, weil A den Vertrag nicht erfüllt hat.
- Benutzen Sie das Stichwortverzeichnis des Gesetzes.
  Beispiel: Im Stichwortverzeichnis finden Sie unter „Schadenersatz wegen Nichterfüllung" den Verweis auf § 280 BGB.

Tipps für Fortgeschrittene:
- Überlegen Sie sich, ob es sich um einen vertraglichen oder einen gesetzlichen Anspruch handelt. Oft kommen auch mehrere Anspruchsgrundlagen in Betracht, dann spricht man von sogenannter Anspruchskonkurrenz.
- Vertragliche Ansprüche werden immer zuerst geprüft. Dann kommen gesetzliche Ansprüche in folgender Reihenfolge: dingliche Ansprüche, Ansprüche aus ungerechtfertigter Bereicherung, Ansprüche aus Delikt, Ansprüche aus Geschäftsführung ohne Auftrag.
- Schauen Sie bei vertraglichen Ansprüchen immer in den Regelungen des jeweiligen Vertragstyps (Kaufvertrag, Mietvertrag etc.) nach und unterscheiden Sie zwischen Primäransprüchen (Erfüllungsansprüchen) und Sekundäransprüchen. Die Anspruchsgrundlage für Erfüllungsansprüche ist meist die erste Norm des jeweiligen Vertragstyps.
  Beispiel:
  - Anspruch auf Kaufpreiszahlung § 433 Abs. 2 BGB,
  - Anspruch auf Mietzins § 535 BGB,
  - Anspruch auf Arbeitslohn § 611 BGB etc.

Lösung zu Fallbeispiel 2:
B möchte von A Schadenersatz, weil A den Vertrag über den Kauf des Porsches mit ihm nicht erfüllt hat. A hat also eine Pflicht aus dem Vertrag mit B verletzt. Die richtige Anspruchsgrundlage wäre in diesem Falle **§ 280 Abs. 1 BGB Schadenersatz wegen Pflichtverletzung**.

2. Tatbestandsvoraussetzungen

Nach dem Auffinden der Anspruchsgrundlage sind deren **Tatbestandsvoraussetzungen** zu isolieren. Die Tatbestandsvoraussetzungen ergeben sich in der Regel direkt aus der Anspruchsgrundlage selbst. Sie beschreiben die Voraussetzungen, die erfüllt sein müssen, damit die gewünschte Rechtsfolge der Anspruchsgrundlage eingreift. Die Voraussetzungen sind manchmal aber etwas versteckt.

> **Beachten Sie:**
> Sollte es an Ihrer Hochschule erlaubt sein, unterstreichen Sie sich die jeweiligen Voraussetzungen der Anspruchsgrundlage im Gesetz. Dann finden Sie diese in der Klausur einfach und schnell.

Beispiel: A hat dem B ein Fahrrad verkauft. A möchte von B nun die Zahlung des vereinbarten Kaufpreises. Die einschlägige Anspruchsgrundlage wäre in diesem Falle § 433 Abs. 2 BGB „Vertragstypische Pflichten beim Kaufvertrag". Diese lautet wie folgt:

„Der Käufer ist verpflichtet, dem Verkäufer den vereinbarten Kaufpreis zu zahlen und die gekaufte Sache abzunehmen."

Voraussetzung für die Rechtsfolge der Anspruchsgrundlage (Zahlung des Kaufpreises) ist, dass ein Käufer (B) und ein Verkäufer (A) existieren, was der Fall ist, wenn ein wirksamer Kaufvertrag vorliegt (vgl. auch § 433 Abs. 1 BGB „durch den Kaufvertrag…").

Beispiel: A hat von B ein Fahrrad geliehen. B möchte sein Fahrrad nun zurückhaben. Eine der einschlägigen Anspruchsgrundlagen wäre in diesem Falle § 985 Satz 1 BGB „Herausgabeanspruch".

Diese lautet wie folgt:
„Der Eigentümer kann vom Besitzer die Herausgabe der Sache verlangen".

Voraussetzungen für die Rechtsfolge (Herausgabe der Sache) ist, dass der Anspruchsteller (A) Eigentümer und der Anspruchsgegner (B) Besitzer der Sache ist.

Fortsetzung der Lösung zu Fallbeispiel 2:
Die in unserem Fallbeispiel relevante Anspruchsgrundlage ist § 280 Abs. 1 Satz 1 BGB „Schadenersatz wegen Pflichtverletzung". Diese lautet wie folgt:

*„**Verletzt** der Schuldner eine **Pflicht** aus dem **Schuldverhältnis**, so kann der Gläubiger Ersatz des hierdurch entstehenden **Schadens** verlangen. Dies gilt nicht, wenn der Schuldner die Pflichtverletzung nicht zu **vertreten** hat."*

Wir können aus dem Gesetzestext also drei Tatbestandsvoraussetzungen herauslesen:
(1) das Bestehen eines Schuldverhältnisses,
(2) eine Pflichtverletzung des Schuldners und
(3) einen entstandenen Schaden.

Aus § 280 Abs. 1 Satz 2 BGB lässt sich eine weitere Voraussetzung lesen, nämlich dass der Schuldner (4) die Pflichtverletzung zu vertreten haben muss (§ 276 BGB).

Wenn alle vier Voraussetzungen gemeinsam (kumulativ) erfüllt sind, hat B den begehrten Anspruch auf Schadenersatz.

3. Subsumtion

24 Haben Sie die Tatbestandsmerkmale der Anspruchsgrundlage isoliert, ist in einem dritten Schritt zu prüfen, ob der Ihnen vorliegende Sachverhalt die gefundenen Tatbestandsmerkmale erfüllt. Sie übersetzen also den gegebenen Sachverhalt in die juristische Systematik. Hierzu ist es in der Regel erforderlich, dass Sie die Tatbestandsmerkmale näher erläutern (definieren). Der Subsumtionsvorgang beinhaltet daher zwei Schritte:

1. Schritt: Definition der gefundenen Tatbestandsmerkmale.
2. Schritt: Prüfung, ob der Sachverhalt der Definition entspricht.

25 Die Definition der Tatbestandsmerkmale müssen Sie oft lernen. Viele Definitionen ergeben sich allerdings auch unmittelbar aus dem Gesetz.

> **Beachten Sie:**
> Sollte es an Ihrer Hochschule erlaubt sein, schreiben Sie sich die Paragrafen, in denen die Tatbestandsmerkmale definiert sind als Verweise neben die Anspruchsgrundlage. Das erleichtert die Suche in der Klausur.

Beispiel für Definitionen von Tatbestandsmerkmalen:
- aus § 854 Abs. 1 BGB ergibt sich, dass Besitz die tatsächliche Gewalt über eine Sache ist,
- aus § 13 BGB ergibt sich, dass Verbraucher jede natürliche Person ist, die ein Rechtsgeschäft zu Zwecken abschließt, die überwiegend weder ihrer gewerblichen noch selbstständigen beruflichen Tätigkeit zugerechnet werden können,
- aus § 90 BGB ergibt sich, dass Sachen im Sinne des Gesetzes körperliche Gegenstände sind,
- aus § 121 Abs. 1 BGB ergibt sich, dass unverzüglich ohne schuldhaftes Zögern bedeutet.

Viele gesetzliche Definitionen (auch **Legaldefinitionen** genannt) erkennen Sie daran, dass der Begriff, der im Gesetz definiert wird, in der jeweiligen Vorschrift (in Klammer) selbst steht.

Beispiel: § 184 Abs. 1 BGB definiert die Genehmigung als nachträgliche Zustimmung.
Die Vorschrift lautet: *„Die nachträgliche Zustimmung (Genehmigung) …"*.

Fortsetzung der Lösung zu Fallbeispiel 2:
1) Erste Voraussetzung des Schadenersatzanspruchs ist das Vorliegen eines Schuldverhältnisses.
Definition:
Ein Schuldverhältnis ist eine Rechtsbeziehung kraft derer der Gläubiger berechtigt ist, von dem Schuldner eine Leistung zu fordern (§ 241 Abs. 1 BGB). Eine solche Rechtsbeziehung kann etwa durch Vertrag entstehen. Ein Vertrag wiederum entsteht durch zwei übereinstimmende Willenserklärungen: Antrag (= Angebot) und Annahme.

Sachverhaltsprüfung:
Im vorliegenden Fall hat A dem B seinen Porsche für 20.000 € zum Verkauf angeboten (Angebot), B hatte dies mit seiner Mail vom 30.3. innerhalb der von A gesetzten Annahmefrist (§ 148 BGB) angenommen. Damit liegen zwei übereinstimmende Willenserklärungen vor. A und B haben einen Vertrag geschlossen. Mithin besteht zwischen A und B ein Schuldverhältnis.

2) Weitere Voraussetzung ist eine Pflichtverletzung des A.
Definition:
Bei einem Kaufvertrag ist der Verkäufer einer Sache gemäß § 433 Abs. 1 BGB verpflichtet, dem Käufer die Sache zu übergeben und das Eigentum an der Sache zu verschaffen. Erfüllt er diese Verpflichtung nicht, liegt eine Pflichtverletzung vor (auch § 283 BGB).

Sachverhaltsprüfung:
Im vorliegenden Fall hat A das Auto während seines Urlaubs an C übergeben und übereignet. Er kann daher seine Verpflichtung aus dem Kaufvertrag mit B nicht mehr erfüllen (§ 275 Abs. 1 BGB). Hierdurch hat A eine Pflichtverletzung im Sinne von § 280 Abs. 1 BGB begangen.

3) Weiterhin muss durch die Pflichtverletzung ein Schaden entstanden sein.
Definition:
Ein Schaden ist jede unfreiwillige Einbuße an Vermögenswerten. Nach § 249 Abs. 1 BGB muss der zum Schadensersatz Verpflichtete den Zustand herstellen, der bestehen würde, wenn der zum Ersatz verpflichtende Umstand nicht eingetreten wäre. Ein Schaden besteht also in der Differenz zwischen der Ist-Situation und der Situation, die ohne die Pflichtverletzung bestehen würde (sogenannte Differenzhypothese).

Sachverhaltsprüfung:
Die Ist-Situation gestaltet sich so, dass B zwar den Kaufpreis von 20.000 € nicht bezahlt hat, jedoch hat er auch den Pkw im Wert von 29.000 € nicht erhalten. Ohne die Pflichtverletzung hätte B den Pkw im Wert von 29.000 € erhalten und hierfür 20.000 € an A gezahlt. Die Differenz in Höhe von 9.000 € stellt den Schaden des B dar.

4) Schließlich ist nach § 280 Abs. 1 Satz 2 BGB erforderlich, dass A den Schaden zu vertreten hat.
Definition:
Im Rahmen eines Schuldverhältnisses muss der Schuldner nach § 276 BGB Vorsatz und Fahrlässigkeit vertreten. Vorsatz bedeutet, dass der Schuldner die Pflichtverletzung mit Wissen und Wollen begangen hat. Fahrlässig handelt der Schuldner hingegen gemäß § 276 Abs. 2 BGB, wenn er die im Verkehr erforderliche Sorgfalt außer Acht lässt.

Sachverhaltsprüfung:
Im vorliegenden Fall hätte A überprüfen müssen, ob B innerhalb der von ihm gesetzten Annahmefrist bis zum 31.03. das Angebot angenommen hat. Da er dies nicht getan hat, handelte er zumindest fahrlässig.

4. Folgerungen und Ergebnis

27 Haben Sie im Rahmen der Subsumtion festgestellt, dass alle erforderlichen Tatbestandsvoraussetzungen der **Anspruchsgrundlage erfüllt sind,** können Sie feststellen, dass die geprüfte **Rechtsfolge** eintritt.

Fortsetzung der Lösung zu Fallbeispiel 2:
Die Voraussetzungen des § 280 BGB sind im vorliegenden Fall insgesamt erfüllt, daher kann B von A Schadensersatz in Höhe von 9.000 € verlangen.

28 Sind einzelne oder alle Tatbestandsvoraussetzungen nicht erfüllt, stellen Sie im Ergebnis fest, dass die Anspruchsgrundlage das Anspruchsbegehren nicht trägt.

5. Gegenrechte des Anspruchsgegners

29 Haben Sie das Bestehen eines Anspruchs positiv festgestellt, müssen sie unter Umständen noch prüfen, ob **Gegenrechte** des Anspruchsgegners bestehen. Solche Gegenrechte können **Einwendungen** oder **Einreden** sein. **Einwendungen** vernichten den Anspruch oder lassen ihn gar nicht erst entstehen.

Beispiel: Rücktritt vom Vertrag (§§ 346 ff. BGB), Erfüllung (§§ 362 ff. BGB), Hinterlegung (§§ 372 ff. BGB), Aufrechnung (§§ 387 ff. BGB), Erlass (§ 397 BGB), ...

30 **Einreden** hingegen vernichten den Anspruch zwar nicht, sie führen jedoch dazu, dass der Anspruchsgegner zumindest zeitweise das Recht hat, die Leistung zu verweigern (sogenannte Leistungsverweigerungsrechte).

Beispiel: Verjährung des Anspruchs (§ 214 BGB), Zurückbehaltungsrechte (§§ 273, 320 BGB), mangelnde Fälligkeit (§ 271 BGB), ...

Fortsetzung der Lösung zu Fallbeispiel 2:
Wenn B dem A bspw. aus einem Darlehensvertrag noch 9.000 € schuldet, kann A gegen den Anspruch des B auf Schadenersatz nach § 388 BGB die sogenannte Aufrechnung erklären. In diesem Fall erlischt nach § 389 BGB der Schadenersatzanspruch des B mit Erklärung der Aufrechnung. Gegen den Anspruch besteht dann eine Einwendung.

Macht B den Anspruch erst 4 Jahre nach dem Zeitpunkt geltend, an dem er erfahren hat, dass A den Pkw an C verkauft hat, so wäre der Anspruch verjährt, da die Verjährungsfrist von drei Jahren (§ 195 BGB) nach § 199 Abs. 1 BGB mit dem Zeitpunkt beginnt, in dem der Anspruch entstanden ist und der Gläubiger (hier also B) von den anspruchsbegründenden Umständen und der Person des Schuldners Kenntnis erlangt hat. Konsequenz wäre, dass A nach § 214 Abs. 1 BGB berechtigt wäre, die Leistung (Zahlung von Schadenersatz) zu verweigern. Hier bestünde eine dauerhafte Einrede gegen den Schadenersatzanspruch.

II. Darstellung in der Klausur

Für Sie ist nun wichtig, wie Sie die dargestellten fünf Schritte der juristischen Fallbearbeitung in Ihrer Klausur anwenden können. Das Vorgehen ist nachfolgend dargestellt.

Schritt 1: Anspruchsgrundlage

Die Darstellung der dargestellten Arbeitsschritte in der Falllösung und Klausur erfolgt im sogenannten „Gutachtenstil". Dieser zeichnet sich dadurch aus, dass die Obersätze im Konjunktiv formuliert werden. Dies liegt daran, dass zu Beginn der Prüfung noch nicht klar ist, ob der begehrte Anspruch tatsächlich besteht oder nicht.
In der Einleitung (Obersatz) sind grundsätzlich
- Anspruchsteller (Wer?),
- Anspruchsziel (Was?),
- Anspruchsgegner (Von wem?) und
- Anspruchsgrundlage (Woraus?)

darzustellen.

> **Beachten Sie:**
> Als Hilfestellung in der Klausur sollten Sie sich bei der Fallbearbeitung immer die Frage stellen:
> „**Wer will was von wem woraus?**"

Fortsetzung der Lösung zu Fallbeispiel 2:
Wenden wir diese Frage nun auf unser Fallbeispiel an, lautet der Obersatz für die Fallbearbeitung:
- „B (Anspruchssteller = Wer?)
- könnte einen Anspruch auf Schadenersatz (Anspruchsziel = Was?)
- gegen A (Anspruchsgegner = Von wem?)
- aus § 280 Abs. 1 BGB (Anspruchsgrundlage = Woraus?) haben."

Schritt 2: Tatbestandsvoraussetzungen

Die Darstellung der Tatbestandsvoraussetzungen können Sie als Stereotyp mit dem Satz „*Voraussetzung hierfür ist …*" einleiten.

Fortsetzung der Lösung zu Fallbeispiel 2:
Wenden wir dies auf die vier vorab definierten Tatbestandsmerkmale des § 280 Abs. 1 BGB an, ergibt sich bspw. folgende Formulierung:

Voraussetzung hierfür ist
(1) *das Vorliegen eines Schuldverhältnisses zwischen A und B,*
(2) *eine Pflichtverletzung des A und,*
(3) *dass bei B ein Schaden eingetreten ist.*
(4) *Weiterhin muss A die Pflichtverletzung zu vertreten haben.*

Schritt 3: Subsumtion

34 Wenn Sie nach der Definition des jeweiligen Tatbestandsmerkmals die konkrete Sachverhaltsprüfung vornehmen, können Sie diese mit der Formulierung: *„im vorliegenden Fall ..."* einleiten. Eine ausführlichere Diskussion können Sie mit der Wendung: *„fraglich ist ..."* beginnen.

> **Beachten Sie:**
> Insbesondere bei den Definitionen der Tatbestandvoraussetzungen sollten Sie großen Wert auf sprachliche Präzision legen. Viele Formulierungen des Gesetzes sind abstrakt und nicht mehr unbedingt den heutigen Sprachgebräuchen entsprechend. Dies liegt daran, dass das BGB bspw. in seiner Grundform aus dem Jahr 1900 stammt und dann im Laufe der Jahre erweitert und ergänzt wurde.
> Denken Sie hierbei insbesondere daran, dass Begriffe, die in der Alltagssprache oft undifferenziert verwendet werden, in der Rechtssprache mit einer exakten Bedeutung belegt sind.
> **Beispiel:** In der Alltagssprache wird nicht zwischen Einwilligung und Genehmigung unterschieden („Meine Eltern haben eingewilligt" oder „Meine Eltern haben das genehmigt"). In der Rechtssprache haben die Begriffe aber unterschiedliche Bedeutungen. So bedeutet Einwilligung eine Zustimmung **vor** der Vornahme eines Rechtsgeschäfts (§ 183 BGB) und Genehmigung die Zustimmung **nach** der Vornahme eines Rechtsgeschäfts (§ 184 Abs. 1 BGB).
> In der Alltagssprache macht es auch bspw. keinen Unterschied, ob Sie sagen, ich bin Eigentümer oder Besitzer eines Fahrrads. In der Rechtssprache haben diese Begriffe allerdings völlig unterschiedliche Bedeutungen. So ist Eigentümer derjenige, dem die Rechtsordnung die Sachherrschaft über eine Sache zuweist (§ 903 BGB), während der Besitzer derjenige ist, der die tatsächliche Gewalt über eine Sache hat (§ 854 Abs. 1 BGB). Wenn A dem B ein Fahrrad klaut, ist A bspw. Besitzer, jedoch B Eigentümer.

35 Wenn sie im Rahmen einer Fallbearbeitung eine Definition nicht kennen, versuchen Sie diese aus dem Wortlaut der Norm, dem Bedeutungszusammenhang mit anderen Vorschriften und dem Sinn und Zweck des Gesetzes zu ermitteln.

Fortsetzung der Lösung zu Fallbeispiel 2:
Im vorliegenden Fall hat A den Porsche an C übergeben und übereignet. Er kann daher seine vertragliche Verpflichtung gegenüber B nicht mehr erfüllen. Fraglich ist allerdings, ob A diese Pflichtverletzung verschuldet hat, denn er hat die Mail ja nicht mehr vor seinem Urlaub gelesen. Es entspricht jedoch einem allgemeinen Sorgfaltsmaßstab, dass sich derjenige, der eine Angebotsfrist setzt, die Kenntnis darüber verschaffen muss, ob sein Angebot innerhalb der gesetzten Angebotsfrist angenommen wurde oder nicht. Daher hat A im vorliegenden Fall zumindest fahrlässig im Sinne von § 276 Abs. 2 BGB gehandelt.

> **Beachten Sie:**
> In der Falllösung sollten Sie großen Wert daraufleben, dass Sie Gesetze exakt zitieren. Oftmals sind gesetzliche Vorschriften sehr lang und enthalten viele Alternativen. Zitieren Sie daher präzise nur den für Ihren Fall relevanten Teil.
> In der Falllösung können Sie bspw.
> - den Absatz mit einer römischen und den Satz mit einer arabischen Ziffer oder alternativ
> - den Absatz mit dem Kürzel „Abs." und den Satz mit dem Kürzel „S."
>
> angeben, um dem Leser eine genaue Differenzierung zu ermöglichen. Klären Sie unbedingt die in Ihrem Kurs gängige Zitierweise ab und halten Sie diese dann konsequent durch.

Beispiel: Wenn Sie darauf hinweisen wollen, dass der Verkäufer einer Sache diese frei von Sachmängeln zu übergeben hat, zitieren Sie § 433 Abs. 1 Satz 2 BGB (alternativ: § 433 I, 2 BGB).

Schritt 4: Folgerungen und Ergebnis

Wenn Sie im Rahmen der Subsumtion geprüft haben, ob der von Ihnen zu beurteilende Sachverhalt mit den gesetzlichen Tatbestandsvoraussetzungen übereinstimmt, können Sie hieraus die Schlussfolgerung ziehen, ob die vom Anspruchsteller begehrte Rechtsfolge eintritt oder nicht.

Beispiel: Die Voraussetzungen des § 280 BGB sind im vorliegenden Fall erfüllt, daher besteht ein Anspruch auf Schadenersatz in Höhe von 9.000 €.

Beispiel: Im vorliegenden Fall fehlt es daher an einer Pflichtverletzung im Sinne des § 280 BGB, daher besteht kein Anspruch auf Schadenersatz.

36

> **Beachten Sie:**
> Bei manchen Anspruchsgrundlagen müssen alle Anspruchsvoraussetzungen gemeinsam (kumulativ) vorliegen. So muss bei § 280 BGB ein „Schuldverhältnis" und eine „Pflichtverletzung" und ein „Schaden" und das „Vertreten müssen" des Schuldners vorliegen, damit die gewünschte Rechtsfolge eintritt. Bei anderen Vorschriften wiederum sind die Voraussetzungen alternativ (entweder oder). So muss bspw. bei einem Anspruch auf Herausgabe wegen ungerechtfertigter Bereicherung nach § 812 BGB jemand durch die Leistung **oder** in sonstiger Weise auf Kosten eines anderen etwas ohne rechtlichen Grund erlangt haben.

Teil 2: Schuldrecht

1. Kapitel: Grundlagen

37 Das Schuldrecht ist der Teil des Privatrechts, der die Schuldverhältnisse regelt. Es geht also um das Recht einer juristischen oder natürlichen Person, von einer anderen Person aufgrund einer rechtlichen Sonderbeziehung eine Leistung zu verlangen (lesen Sie hierzu § 241 BGB). Das Schuldrecht kann in allgemeines Schuldrecht und besonderes Schuldrecht untergliedert werden.

> **Warum ist das Thema für Sie von Bedeutung:**
> Egal welche Fachrichtung Sie studieren und in welchem Bereich Sie später beruflich tätig sind, schuldrechtliche Themenstellungen werden Ihnen immer begegnen. Das Schuldrecht ist die Basis des privatrechtlichen Teils des Wirtschaftsrechts. Im Rahmen Ihrer Ausbildung lernen Sie daher in erster Linie, wie sich Schuldverhältnisse systematisieren lassen, wie sie entstehen und wieder erlöschen. Weiterhin lernen Sie, was bei der Störung in Schuldverhältnissen, etwa bei Pflichtverletzungen, passiert. Im Unterschied zu den sogenannten **absoluten Rechten**, die gegenüber jedermann wirken, wie bspw. das Eigentum, sind die Rechtsbeziehungen des Schuldrechts dadurch gekennzeichnet, dass sie lediglich zwischen den am Schuldverhältnis beteiligten Personen wirken. Sie begründen also **relative Rechte**.

I. Allgemeines Schuldrecht

38 Das **allgemeine Schuldrecht** ist in den §§ 241–432 BGB geregelt. Die dort enthaltenen Normen gelten grundsätzlich für alle Schuldverhältnisse. Der dritte Abschnitt des BGB, also die §§ 311–361 BGB, gilt jedoch nur für vertragliche Schuldverhältnisse.

39 Das allgemeine Schuldrecht umfasst dabei Regelungen
- zu den Inhalten von Schuldverhältnissen (bspw. §§ 241–271 BGB),
- zu Störungen innerhalb von Schuldverhältnissen (bspw. §§ 280–292 BGB) und
- zum Erlöschen von Schuldverhältnissen (bspw. §§ 346–354 BGB).

40 Weiterhin enthält das allgemeine Schuldrecht Regelungen zur Übertragung von Forderungen (§§ 398–413 BGB) und über die Verhältnisse bei einer Mehrheit von Schuldnern oder Gläubigern (§§ 420–432 BGB).

41 Aus § 241 BGB ergibt sich, dass kraft des Schuldverhältnisses der Gläubiger berechtigt ist, von dem Schuldner eine Leistung zu fordern. Hieraus kann man entnehmen, dass ein Schuldverhältnis die Beziehung zwischen dem Gläubiger und dem Schuldner einer Forderung ist, die nach § 241 Abs. 1 Satz 2 BGB auch in einem Unterlassen bestehen kann. Bei einem gegenseitigen Vertrag sind in der Regel beide Parteien sowohl Gläubiger als auch Schuldner.

> **Beispiel:** Bei einem Kaufvertrag (§ 433 Abs. 1 BGB) ist der **Verkäufer** verpflichtet, die verkaufte Sache an den Käufer zu übergeben und zu übereignen. Insoweit ist er Schuldner der Übergabe- und Übereignungspflicht. Nach § 433 Abs. 2 BGB hat der Verkäufer aber auch einen Anspruch auf Zahlung des vereinbarten Kaufpreises. Er ist daher Gläubiger des Kaufpreisanspruchs.

> **Beispiel:** Der **Käufer** hingegen muss nach § 433 Abs. 2 BGB den Kaufpreis bezahlen. Er ist Schuldner des Kaufpreisanspruchs. Im Gegenzug hat er den bereits dar-

gestellten Anspruch auf Übergabe und Übereignung der verkauften Sache (§ 433 Abs. 1 BGB). Er ist mithin Gläubiger des Übergabe- und Übereignungsanspruchs.

42 Schuldverhältnisse begründen und gestalten im Wirtschaftsleben also Rechtsbeziehungen zwischen Rechtssubjekten und sind damit die zentrale Grundlage für den Austausch von Gütern. Das wichtigste Gestaltungsmittel ist hierbei der **Vertrag**. Schuldrechtliche Rechtsbeziehungen unterliegen – anders als im Sachenrecht – keinem gesetzlichen **Typenzwang**. D. h., es kann grundsätzlich jedes beliebige Schuldverhältnis vereinbart werden, und jeder Rechtsteilnehmer kann frei neue Vertragstypen schaffen.

> **Beispiel:** Im besonderen Schuldrecht ist bspw. der Kaufvertrag gesetzlich geregelt (§§ 433 ff. BGB). Für Leasingverträge, Lizenzverträge oder Franchiseverträge existieren aber keine gesetzlichen Regelungen. Diese Vertragstypen hat die Praxis frei geschaffen.

43 Die Typenfreiheit von Verträgen ergibt sich aus der verfassungsrechtlich garantierten **Privatautonomie (Art. 2 GG)**. Aus dieser lässt sich auch ableiten, dass viele Bestimmungen des BGB durch die Vertragsparteien per Vereinbarung abdingbar, also durch andere Vereinbarungen veränderbar, sind. Man spricht hier auch vom **dispositiven Recht**. Allerdings sind nicht alle Regelungen des Schuldrechts dispositiv. Dies gilt insbesondere für solche Regelungen, die die Allgemeinheit oder Verbraucher schützen.

> **Beispiel:** Verträge, die gegen die guten Sitten verstoßen, sind nach § 138 BGB zwingend nichtig. So ist etwa ein Vertrag über die Begehung einer Straftat immer unwirksam.

> **Beispiel:** Allgemeine Geschäftsbedingungen sind nach § 307 Abs. 1 BGB unwirksam, wenn sie den Vertragspartner des Verwenders entgegen den Geboten von Treu und Glauben unangemessen benachteiligen. Auch diese Regelung ist zwingend. Das erkennen Sie daran, dass § 307 Abs. 3 BGB dies ausdrücklich regelt.

1. Entstehung von Schuldverhältnissen

44 Schuldverhältnisse können auf zwei Arten entstehen. Entweder
- durch Vertrag oder
- auf Basis einer gesetzlichen Regelung.

45 Die Entstehung von **vertraglichen Schuldverhältnissen** ist nicht im Schuldrecht selbst geregelt, sondern Bestandteil der Regelungen über Rechtsgeschäfte des allgemeinen Teils des BGB (§§ 104–185 BGB). Der allgemeine Teil des BGB regelt im Abschnitt über Rechtsgeschäfte – quasi vor die Klammer gezogen – für alle vertraglichen Beziehungen, allgemeine Regeln über den Vertragsschluss und die Stellvertretung.

46 Daneben enthält der allgemeine Teil
- abstrakte Vorschriften über Personen (§§ 1–89 BGB),
- Definitionen (§§ 90–104 BGB) und
- Regelungen über Fristen und Termine (§§ 186–193 BGB) sowie
- die Verjährung (§§ 194–218 BGB).

47 Anders als vertragliche Schuldverhältnisse, die durch entsprechende Vereinbarungen der Parteien begründet werden, entstehen **gesetzliche Schuldverhältnisse** kraft Gesetz durch die Verwirklichung von Tatbestandsmerkmalen einer bestimmten Norm.

> **Beispiel:** Auf einer Hochschulparty verprügelt Student S den Professor P und zerstört hierbei dessen Brille. S und P haben hier keine vertraglichen Vereinbarungen getroffen, dennoch entsteht zwischen den beiden ein Schuldverhältnis kraft Gesetzes. Hier regelt § 823 Abs. 1 BGB, dass, wer vorsätzlich oder fahrlässig das Leben, den Körper, die Gesundheit, die Freiheit, das Eigentum oder ein sonstiges Recht

eines anderen widerrechtlich verletzt, demjenigen zum Ersatz des hieraus entstehenden Schadens verpflichtet ist. Kraft dieser gesetzlichen Norm schuldet S dem P Schadenersatz für die zerstörte Brille.

48 Die wichtigsten gesetzlichen Schuldverhältnisse sind:

Abbildung 5: Die wichtigsten gesetzlichen Schuldverhältnisse

2. Leistungsstörungen

49 Im allgemeinen Schuldrecht ist weiterhin geregelt, welche Rechtsfolgen eintreten, wenn der Schuldner oder der Gläubiger seine Leistungspflichten nicht (ordentlich) erfüllt.

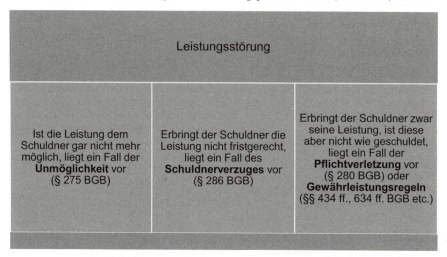

Abbildung 6: Leistungsstörung

50 Grundsätzlich sind hierbei drei Arten von Leistungsstörungen denkbar:
- Ist die Leistung dem Schuldner gar nicht mehr möglich, liegt ein Fall der **Unmöglichkeit** vor (§ 275 BGB).
- Erbringt der Schuldner die Leistung nicht fristgerecht, liegt ein Fall des **Schuldnerverzuges** vor (§ 286 BGB).

- Erbringt der Schuldner zwar seine Leistung, ist diese aber nicht wie geschuldet, liegt ein Fall der **Pflichtverletzung** (§ 280 BGB) oder ein Gewährleistungsfall (bspw. §§ 434 ff. BGB) vor.

> **Beachten Sie:**
> 1) Auch der Gläubiger kann mit seiner Leistung in Verzug geraten (§§ 293–304 BGB).
> 2) Bestimmte Vertragstypen enthalten in Fällen von **mangelhaften Leistungen** Sonderregelungen, die den allgemeinen Bestimmungen für Pflichtverletzungen in den §§ 280 ff. BGB vorgehen. So enthält:
>   - der Kaufvertrag ein spezifisches Gewährleistungsrecht in den §§ 434 ff. BGB,
>   - der Mietvertrag spezielle Regelungen in den §§ 536 ff. BGB und
>   - der Werkvertrag spezielle Regelungen in den §§ 633 ff. BGB.

3. Erlöschen von Schuldverhältnissen

Schuldverhältnisse können aus einer Vielzahl von Gründen enden. Hierbei kann das Schuldverhältnis als Ganzes beendet werden

Beispiel: durch Aufhebungsvertrag, Rücktritt oder Kündigung

oder nur ein einzelner Anspruch aus dem Schuldverhältnis erlöschen

Beispiel: Erfüllung, Hinterlegung, Aufrechnung oder Erlass.

Eine Vielzahl von Beendigungsgründen für Schuldverhältnisse sind im allgemeinen Schuldrecht geregelt:
- Wird die geschuldete Leistung erbracht, liegt **Erfüllung** im Sinne der §§ 362 ff. BGB vor.
- Ein Schuldner von Wertsachen kann diese für den Gläubiger an einer dazu bestimmten öffentlichen Stelle hinterlegen (**Hinterlegung** §§ 372 ff. BGB).
- Wenn zwei Personen einander Leistungen schulden, können diese bei Gegenseitigkeit aufgerechnet werden (**Aufrechnung** §§ 398 ff. BGB).
- Der Gläubiger kann dem Schuldner seine Schuld durch Vertrag erlassen (**Erlass** § 397 BGB).
- Bei entsprechender vertraglicher Vereinbarung oder Eingreifen einer gesetzlichen Regelung kann der Schuldner vom Vertrag zurücktreten (**Rücktritt** § 346 ff. BGB).
- Bei Dauerschuldverhältnissen kann der Vertrag bei Vorliegen eines wichtigen Grundes **gekündigt** werden (§ 314 BGB).
- Bei gestörter Geschäftsgrundlage kommt ebenfalls ein **Rücktritt** in Betracht (§ 313 Abs. 3 BGB).

Abbildung 7: Erlöschen von Schuldverhältnissen

II. Besonderes Schuldrecht

53 Die §§ 433–853 BGB regeln das sogenannte **besondere Schuldrecht**. Hierbei handelt es sich um Normen des Schuldrechts, die einzelne Arten von Schuldverhältnissen (bspw. Kaufvertrag, Mietvertrag, Werkvertrag u.v.m.) betreffen. Man unterscheidet auch hier zwischen vertraglichen Schuldverhältnissen, die durch Rechtsgeschäft zwischen den Parteien zustande kommen, und gesetzlichen Schuldverhältnissen, die unabhängig von einer vertraglichen Abrede entstehen.

> **Beispiel:** Bei einem Kaufvertrag (§ 433 BGB) handelt es sich um ein vertragliches Schuldverhältnis, weil es durch zwei übereinstimmenden Willenserklärungen der beteiligten Parteien zustande kommt.
>
> **Gegenbeispiel:** A fährt mit seinem Pkw an einer Ampel auf den Pkw des B auf. Bei dem hier entstandenen Anspruch des B gegen den A aus Delikt (§ 823 BGB) handelt es sich nicht um ein vertragliches Schuldverhältnis, sondern um ein gesetzliches Schuldverhältnis, weil es ohne eine vertragliche Abrede zwischen den Parteien – also kraft Gesetz – zustande kommt.

54 Aufgrund der Privatautonomie und des fehlenden Typenzwangs bei Schuldverhältnissen sind diese Regelungen nicht abschließend, es handelt sich vielmehr um Regelungen von Schuldverhältnissen, die in der Praxis besonders häufig vorkommen. An dieser Stelle seien die wichtigsten Schuldverhältnisse aufgeführt. Diese lassen sich wie folgt unterteilen:
- Veräußerungsverträge:
    - Kaufvertrag §§ 433 ff. BGB,
    - Tauschvertrag § 480 BGB,
    - Schenkungsvertrag §§ 516 ff. BGB,
- Gebrauchsüberlassungsverträge:
    - Mietvertrag § 553 ff. BGB,
    - Pachtvertrag § 581 ff. BGB,
    - Leihe § 598 BGB,
    - Sachdarlehen § 607 BGB,
    - Teilzeit-Wohnrechteverträgen § 356a BGB,
- Leistungen von Diensten und Herstellung von Werken:
    - Dienstvertrag §§ 611 ff. BGB,
    - Werkvertrag §§ 631 ff. BGB,
    - Geschäftsbesorgungsvertrag §§ 675 ff. BGB,
    - Behandlungsvertrag § 630a BGB,
- Sichernde Verträge:
    - Bürgschaft §§ 665 ff. BGB,
    - Vergleichsvertrag § 779 BGB,
    - Anerkenntnis § 781 BGB,
- Ungerechtfertigte Bereicherung §§ 812 ff. BGB,
- Geschäftsführung ohne Auftrag §§ 677 ff. BGB,
- Unerlaubte Handlung §§ 823 ff. BGB.

> **Beachten Sie:**
> Im Schuldrecht haben immer die Vorschriften des Besonderen Teils **Vorrang** vor den Vorschriften des Allgemeinen Teils. Das heißt für Sie für die Bearbeitung von Fällen in der Klausur, dass Sie bei jedem Schuldverhältnis immer zuerst prüfen müssen, ob die Vorschriften des Besonderen Teils eine Regelung zu dem jeweiligen Problem enthalten, bevor Sie nach den einschlägigen Normen im Allgemeinen Teil suchen.

> Beispiel: A schenkt B ein Handy. Der Schenker A haftet nur für Vorsatz und grobe Fahrlässigkeit (§ 521 BGB). Diese Vorschrift des Besonderen Teils verdrängt die allgemeine Norm des § 276 Abs. 1 Satz 1 BGB aus dem Allgemeinen Teil, wonach A Vorsatz und jede Fahrlässigkeit (also auch einfache Fahrlässigkeit) zu vertreten hätte.
>
> Andererseits verweisen Vorschriften des Besonderen Teils häufig auf Normen aus dem Allgemeinen Teil zurück, in dem einige Regelungen quasi „vor die Klammer gezogen" sind.
>
> Beispiel:
> - § 437 Nr. 2, 3 BGB verweist für die kaufrechtliche Gewährleistung auf die allgemeinen Vorschriften des Rücktritts- (§§ 323, 326 Abs. 5 BGB) und Schadensersatzrechts (§§ 280, 281, 283, 311a BGB),
> - § 634 Nr. 3, 4 BGB verweisen für die werkvertragliche Gewährleistung auf allgemeine Vorschriften.

2. Kapitel: Vertragliche Schuldverhältnisse

I. Entstehung vertraglicher Schuldverhältnisse

> **Warum ist das Thema für Sie von Bedeutung:**
> Die Regelungen zur Entstehung vertraglicher Schuldverhältnisse spielen in der Praxis eine erhebliche Rolle. So bestimmt bspw. der Zeitpunkt des Vertragsschlusses, welche Leistungen die Parteien einander schulden, also den konkreten Vertragsinhalt. Oft ist dieser Zeitpunkt schwer zu bestimmen. Stellen sie sich vor, Sie arbeiten als Vertriebsmitarbeiter bei einer Softwareentwicklungsfirma. Eines Tages erhalten Sie die Anfrage eines Kunden, ob sie ein Projekt mit bestimmten Leistungsparametern ausführen können. Sie besprechen dies mit Ihrer Technikabteilung und machen dann dem Kunden ein bestimmtes Angebot, allerdings mit leicht veränderten Leistungsparametern. Der Kunde modifiziert die Leistungsparameter wieder und sendet Ihnen eine „Annahme" Ihres Angebotes. Daraufhin versenden Sie eine Auftragsbestätigung, in der Sie wieder die ursprünglichen Leistungsparameter Ihres Angebots zugrunde legen. Kurze Zeit später erhalten Sie eine weitere Auftragsbestätigung des Kunden, in der er wieder seine Leistungsparameter zugrunde gelegt hat. Daraufhin beginnt Ihre Firma mit den Arbeiten. Später kommt es zu Streitigkeiten, bei denen die Frage entscheidend ist, welche Leistungsparameter Ihre Firma nunmehr genau schuldet. Bereits dieses alltägliche Beispiel zeigt die Bedeutung der Frage, wann und mit welchem Inhalt ein Vertrag zustande kommt.

> **Fallbeispiel 3 (Lösung s. Rn. 63, 153, 168, 169, 174, 273):**
> Die Firma X GmbH bietet in ihrem Webshop Notebooks zum Verkauf an. Das Geschäftsmodell der X GmbH besteht darin, dass sich der Kunde das Notebook (Gehäuse, Festplatte, Grafikkarte, Soundkarte etc.) selbst zusammenstellen kann. Nach der Bestellung des Kunden wird das Notebook dann aus den entsprechenden Teilen zusammengesetzt und ausgeliefert. A will sich ein Notebook bestellen und konfiguriert dies auf der Website der X GmbH aus den entsprechenden Bauteilen. Er klickt den Computer in seinen Warenkorb und geht dann auf die Seite „Bestellen". Dort füllt er das Bestellformular aus. Dieses enthält den Hinweis, dass für alle Bestellungen die Allgemeinen Geschäftsbedingungen der X GmbH gelten. Bevor

er auf den Bestellbutton gelangt, muss A die Allgemeinen Geschäftsbedingungen „durchscrollen". Dort ist zu lesen:

„Die Lieferung erfolgt unter Ausschluss jeglicher Gewährleistung."

Unmittelbar nachdem A auf „Bestellen" geklickt hat, erhält er eine automatisierte E-Mail, in der ihm die Lieferung bestätigt wird. Das Gerät wird bereits 3 Tage später per Nachnahme geliefert. A lässt das Notebook zunächst liegen, da er beruflich für längere Zeit auf Geschäftsreise muss. Als er einen Monat später zurückkommt und das Notebook installiert, stellt er fest, dass sich das Notebook nicht starten lässt. Er wendet sich an die X GmbH, die ihm mitteilt, dass man aufgrund des Gewährleistungsausschlusses nichts mehr für A tun könne. A schreibt daraufhin an die X GmbH, dass er vom Vertrag zurücktrete und die Rückzahlung seines Kaufpreises in Höhe von 1.599 € verlange.

Beurteilen Sie, ob A die gezahlten 1.599 € zurückbekommt. Gehen Sie hierbei davon aus, dass die X GmbH alle gesetzlich erforderlichen Belehrungen ordnungsgemäß erteilt hat.

II. Vertragsschluss und Willenserklärung

56 Verträge sind Rechtsgeschäfte, die aus **zwei (oder mehr)** sich deckenden, also übereinstimmenden, **Willenserklärungen** der Vertragspartner bestehen. Diese Willenserklärungen heißen **Angebot** (Antrag) und **Annahme**. Hierbei kommt ein Vertrag aber erst zustande, wenn sich die Parteien über den notwendigen Vertragsinhalt einigen. **Notwendiger Vertragsinhalt** sind in der Regel **Leistung** und **Gegenleistung** der Parteien.

Beispiel: A bietet dem B sein Fahrrad zum Verkauf an. B erklärt, er sei damit einverstanden. Hier haben sich die Parteien zwar geeinigt, jedoch nur über die Leistung und nicht über die Gegenleistung. Ein Kaufvertrag ist damit noch nicht zustande gekommen. Erst wenn A und B sich auch über den Kaufpreis geeinigt haben, liegen zwei übereinstimmende Willenserklärungen über den notwendigen Vertragsinhalt (Leistung und Gegenleistung) vor.

1. Willenserklärung

57 Nicht jede Willensäußerung stellt auch eine **Willenserklärung** im rechtlichen Sinn dar. Willenserklärungen im rechtlichen Sinn sind nur solche Willensäußerungen, die auf einen **rechtlichen Erfolg** gerichtet sind. Damit eine solche Willenserklärung angenommen werden kann, muss der Erklärende
- Handlungswillen,
- Erklärungsbewusstsein (Rechtsbindungswille) und
- Geschäftswillen gehabt haben.

Der **Handlungswille** beschreibt hierbei den Willen, überhaupt etwas zu äußern, das **Erklärungsbewusstsein** beschreibt den Willen, etwas rechtlich Erhebliches zu erklären und der **Geschäftswille** den Willen, eine konkrete Rechtsfolge herbeizuführen.

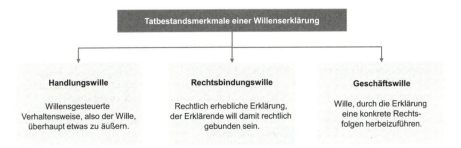

→ Kundgabe eines Willens, der darauf gerichtet ist, eine bestimmte Rechtsfolge herbeizuführen.

Abbildung 8: Tatbestandsmerkmale einer Willenserklärung

Bei empfangsbedürftigen Willenserklärungen ist hinsichtlich der Frage, ob Handlungs-, Rechtsbindungs- und Geschäftswille vorliegen, aber nicht auf den tatsächlichen Willen des Erklärenden abzustellen, sondern auf die **Sicht des Erklärungsempfängers**. Durfte der Erklärungsempfänger davon ausgehen, dass Handlungs-, Rechtsbindungs- und Geschäftswille gegeben sind, so liegt eine Willenserklärung im Rechtssinn vor, auch wenn der Erklärende tatsächlich keinen Rechtsbindungs- oder Geschäftswillen hatte.[5]

> **Beispiel:** A befindet sich auf einer Versteigerung von teuren Weinen. Als er seinen Freund an der Tür sieht, hebt er zur Begrüßung die Hand. Der Auktionator versteht dies als Gebot und erteilt den Zuschlag. A hatte in diesem Fall zwar einen Handlungswillen, jedoch keinen Rechtsbindungswillen (er wollte ja nichts rechtlich Erhebliches erklären) und auch keinen Geschäftswillen (er wollte nicht einen bestimmten Wein zu einem bestimmten Preis kaufen). Der Erklärungsempfänger, also der Auktionator, durfte jedoch das Heben der Hand durch den A als Willenserklärung und damit als Angebot verstehen, denn aus seiner Sicht lagen objektiv Handlungswille, Rechtsbindungswille und Geschäftswille vor. Erteilt er daraufhin den Zuschlag (§ 156 BGB), ist dies die Annahme und der Kaufvertrag über den Wein ist zustande gekommen.

Es gibt zwar Willenserklärungen, die nicht gegenüber einer anderen Person abzugeben sind (sogenannte **„nicht empfangsbedürftige Willenserklärungen"**, wie z. B. Testamente), in der Regel hat eine Willenserklärung aber einen bestimmten Adressaten und setzt daher nach § 130 Abs. 1 BGB voraus, dass die Willenserklärung **abgegeben** wurde und **zugegangen** ist.

> **Beispiel:** Empfangsbedürftige Willenserklärungen sind bspw. Vertragsannahme und Vertragsangebot oder Kündigungserklärung.

Hinsichtlich der Frage, wann eine Willenserklärung abgegeben und zugegangen ist, muss danach unterschieden werden, ob die Erklärung **unter Anwesenden** oder **unter Abwesenden** erklärt wird.

- Unter Anwesenden geht eine Willenserklärung in der Regel „sofort" zu. Bei mündlichen oder fernmündlichen Erklärungen also, wenn der Empfänger sie akustisch richtig verstanden hat, bei Briefen, wenn diese übergeben wurden.
- Eine Willenserklärung unter Abwesenden ist dann abgegeben, wenn sie willentlich in Richtung auf den Erklärungsempfänger auf den Weg gebracht wurde. Sie geht in dem Zeitpunkt zu, indem die **Erklärung in den Machtbereich des Empfängers**

---

5 In diesem Fall ist die Willenserklärung aber gegebenenfalls wegen Irrtums nach § 119 BGB anfechtbar.

gelangt und dieser unter normalen Umständen davon Kenntnis nehmen kann. Ob der Erklärungsempfänger von der Erklärung tatsächlich Kenntnis nimmt, ist nicht entscheidend.

Beispiel: Wird eine schriftliche Willenserklärung Sonntagnacht in einen Briefkasten eingeworfen, ist sie zwar in den Machtbereich des Empfängers gelangt, die Möglichkeit der Kenntnisnahme unter normalen Umständen wird aber erst am Montagmorgen sein, sodass die Willenserklärung erst zu diesem Zeitpunkt zugegangen ist.

61 Diese Unterscheidung gewinnt v. a. in Zeiten der digitalen Kommunikation immer mehr an Bedeutung. Eine **E-Mail** ist zugegangen, wenn sie auf dem Mailserver des Empfängers abrufbar ist. Hierbei ist zwischen geschäftlichem und privatem Mailverkehr zu unterscheiden:
- Bei **geschäftlichen Mitteilungen** ist der Zugang in der Regel am gleichen Arbeitstag anzunehmen. Wird die E-Mail allerdings außerhalb der Geschäftszeiten versandt, ist der **Zugang** erst am nächsten Arbeitstag.
- Bei E-Mails an einen **Verbraucher** (§ 13 BGB) kann erwartet werden, dass dieser seinen E-Mail-Account innerhalb von 24 Stunden kontrolliert. Der Zugang ist daher im Regelfall innerhalb von 24 Stunden nach Eingang auf dem Mailserver des Verbrauchers, wenn dieser nicht tatsächlich schon vorher Kenntnis von der Mail genommen hat.

Wird die Erklärung an einen **Dritten** übergeben, der vom Empfänger zur Entgegennahme und Übermittlung bestimmt ist, bspw. Ehegatte, Vermieter, Angestellter in einem Betrieb, geht die Erklärung in dem Zeitpunkt zu, in dem üblicherweise mit der Weiterleitung zu rechnen ist.

> **Beachten Sie:**
> Wichtig ist der Zeitpunkt des Zugangs einer Willenserklärung, weil diese ab diesem Moment für den Erklärenden bindend ist. Er kann die Erklärung ab diesem Zeitpunkt nicht mehr widerrufen (§ 130 Abs. 1 Satz 2 BGB).

2. Vertragsschluss

62 Ein Vertrag kommt durch **zwei übereinstimmende Willenserklärungen** (Antrag/Angebot und Annahme) zustande. Der allgemeine Teil des BGB enthält hierzu Regelungen in den **§§ 145 ff. BGB**. Das Angebot muss hierbei so genau bestimmt sein, dass durch die bloße Annahme des Angebotes der Vertrag zustande kommen kann. Hierzu ist erforderlich, dass alle wesentlichen inhaltlichen Punkte des Vertrages bereits im Angebot benannt sind. Eine Besonderheit gilt bei Erklärungen, die nicht an einen bestimmten Adressaten, sondern an die Allgemeinheit gerichtet sind.

Beispiel: Prospekte, Ausstellen von Waren in Schaufenstern, Zeitungsinserate, Warenpräsentationen in einem Webshop etc.

63 Diese Erklärungen sind noch **keine Willenserklärungen** in Form eines Angebotes, da bei diesen Erklärungen der **Rechtsbindungswille**, der für eine Willenserklärung erforderlich ist, fehlt. Durch ein solches Verhalten wird lediglich die generelle Vertragsbereitschaft dargestellt. Es handelt sich um eine sogenannte **invitatio ad offerendum**, also eine Einladung zur Abgabe einer Willenserklärung.

Lösung zu Fallbeispiel 3:
Im Fallbeispiel stellt sich die Frage, ob die Firma X GmbH und A einen Kaufvertrag im Sinne von § 433 Abs. 1 BGB geschlossen haben. Hierfür sind zwei übereinstimmende Willenserklärungen (Angebot und Annahme) erforderlich. Soweit die Firma X GmbH auf ihrer Website die Notebooks zum Verkauf anbietet, ist dies noch kein Angebot, da der für die Willenserklärung erforderliche Rechtsbindungs-

wille fehlt. Mit dem Anbieten der Notebooks auf der Website der X GmbH signalisiert diese lediglich ihre allgemeine Vertragsbereitschaft. Es handelt sich um eine invitatio ad offerendum. Das eigentliche Angebot zum Vertragsschluss gibt A ab, indem er auf der Seite „Bestellen" das Bestellformular ausfüllt und an die X GmbH versendet. Die Annahme ist die automatisierte E-Mail der X GmbH, in der dem A die Lieferung bestätigt wird. Die X GmbH und A haben daher einen Kaufvertrag über das Notebook zum einen Preis von 1.599 € geschlossen.

a) **Antrag/Angebot.** Ist das Angebot zugegangen, so ist der Anbietende gemäß § 145 BGB hieran gebunden, es sei denn, er hat diese Bindung im Angebot ausdrücklich ausgeschlossen.

Beispiel: Klauseln wie „freibleibend" oder „ohne Obligo" etc.

> **Beachten Sie:**
> Angebot und Antrag werden synonym verwendet. Sie können also beide Begriffe gleichermaßen benutzen.

Das Angebot erlischt nach § 146 BGB, wenn der andere das Angebot ablehnt, oder wenn es nicht rechtzeitig angenommen wird. Zur Frage der Rechtzeitigkeit kann der Antragende nach § 148 BGB eine Frist setzen.

Beispiel: Das Angebot kann bis zum 31.3. angenommen werden.

Wird keine solche Frist gesetzt, kann das Angebot bei Anwesenden gemäß § 147 Abs. 1 BGB nur sofort angenommen werden, unter Abwesenden nach § 147 Abs. 2 BGB bis zu dem Zeitpunkt, in dem unter regelmäßigen Umständen mit einer Antwort gerechnet werden darf.

b) **Annahme.** Die Annahme des Angebots muss sich inhaltlich vollumfänglich mit dem Angebot decken. Deckt sich die Annahme inhaltlich nicht mit dem Angebot (Modifikation), oder ist sie verspätet, gilt sie nach § 150 BGB als **neuer Antrag**.

Beispiel: A bietet dem B sein Smartphone für 50 € zum Verkauf an. B erklärt, er sei einverstanden, möchte jedoch nur 48 € bezahlen. Da sich hier die Annahme inhaltlich nicht mit dem Angebot deckt, ist die Annahme ein neues Angebot an den A, das Smartphone für 48 € zu kaufen (§ 150 Abs. 2 BGB). A kann dieses Angebot nun wiederum annehmen, ablehnen oder inhaltlich verändern.

Grundsätzlich muss auch die Annahme als empfangsbedürftige Willenserklärung abgegeben und zugegangen sein. Nach § 151 BGB braucht die Annahme jedoch nicht zugehen, wenn dies nach der Verkehrssitte nicht zu erwarten ist, oder der Antragende auf sie verzichtet hat.

3. **Kaufmännisches Bestätigungsschreiben**

Eine Willenserklärung kann entweder **ausdrücklich** oder **konkludent** also durch schlüssiges Verhalten (bspw. durch Kopfnicken, Fingerzeig, Einsteigen in die U-Bahn, ...) erklärt werden. Bloßes **Schweigen hat keinerlei Erklärungswert** und ist daher auch keine Willenserklärung.

Beispiel: A schreibt dem B einen Brief und bietet ihm hierin den Verkauf seines Rasenmähers für 100 € an. A nimmt in dem Brief den Satz auf, dass er davon ausgehe, dass B das Angebot annehme, wenn er nicht innerhalb von 24 Stunden widerspreche. B reagiert auf diesen Brief nicht. B hat das Angebot des A nicht angenommen, da sein Schweigen in keinem Fall eine Willenserklärung in Form einer Annahme darstellt.

> **Beachten Sie:**
> **Es gilt der Grundsatz: Wer schweigt, erklärt nichts.**

70 Von diesem Grundsatz gibt es nur wenige Ausnahmen. Eine wichtige Ausnahme für die berufliche Praxis ist die Regelung in § 362 Abs. 1 HGB, wonach ein Kaufmann (§ 1 HGB), der für einen anderen Geschäfte im Rahmen einer laufenden Geschäftsverbindung besorgt, grundsätzlich verpflichtet ist, auf einen Antrag unverzüglich zu antworten. Tut er dies nicht, gilt sein Schweigen als Annahme.

71 Eine weitere Ausnahme ergibt sich aus einem Handelsbrauch. So sind nach § 346 HGB bei beiderseitigen Handelsgeschäften kaufmännische Verkehrssitten zu berücksichtigen. Zu diesen Verkehrssitten gehört das sogenannte **kaufmännische Bestätigungsschreiben**. Solche Bestätigungsschreiben werden unter Kaufleuten in der Regel zu Beweiszwecken verwendet. Hat ein Vertragsschluss bspw. mündlich (per Telefon) stattgefunden, so ist es üblich, dass ein Kaufmann den Inhalt der mündlichen Besprechung nochmals schriftlich in einem Bestätigungsschreiben festhält. Kommt es hier zu Abweichungen oder Ergänzungen von dem mündlich Besprochenen, so muss der Vertragspartner nach Zugang des Schreibens unverzüglich widersprechen, ansonsten gilt sein Schweigen als Einverständnis mit dem Inhalt des Bestätigungsschreibens.

72 Voraussetzung ist allerdings, dass ein **echtes kaufmännisches Bestätigungsschreiben** vorliegt, hierzu ist folgendes erforderlich:
- Beide Parteien müssen **Kaufleute** im Sinne der §§ 1 ff. HGB sein oder wie Kaufleute am Geschäftsleben teilnehmen.
- Es muss **Vertragsverhandlungen** gegeben haben, denen ein gewisses Unsicherheitsmoment anhaftet. Das bedeutet im Regelfall, dass die Vertragsverhandlungen mündlich oder telefonisch stattgefunden haben müssen.
- Das Schreiben muss inhaltlich einen bereits geschlossenen **Vertrag bestätigen**. Dies ist bspw. bei einer Auftragsbestätigung nicht der Fall, wenn diese auf ein Angebot erfolgt. Denn in diesem Fall bringt die Auftragsbestätigung den Vertrag erst zustande (sie ist die Annahme) und bestätigt nicht einen bereits geschlossenen Vertrag.

> **Beispiel:** A bestellt bei B telefonisch 300 Kulis zu je 1,99 €. B sendet daraufhin ein „Bestätigungsschreiben" an A, in dem er sich für die Bestellung bedankt und diese bestätigt. Dieses Schreiben bestätigt nicht einen bereits geschlossenen Vertrag, sondern bringt diesen als Annahme erst zustande. Ein kaufmännisches Bestätigungsschreiben würde hingegen wie folgt lauten:
>
> *„Sehr geehrte Frau Müller,*
>
> *gerne bestätigen wir den am 31.3. telefonisch geschlossenen Vertrag und fassen den besprochenen Inhalt nochmals wie folgt zusammen:*
> - *Ware: Kulis*
> - *Marke: PX-C 500/R*
> - *Menge: 20.000*
> - *Lieferzeit: innerhalb von 6 Wochen*
> - *Preis: 2,15 € je Kuli*
> - *Verpackung: Karton zu je 200 Kulis*
>
> *Zahlung: Nettokasse innerhalb von 30 Tagen. Es gelten unsere allgemeinen Liefer- und Verkaufsbedingungen."*

- Der Absender muss darüber hinaus **redlich** sein. Das bedeutet, er darf nicht bewusst etwas Falsches bestätigen.
- Weiterhin dürfen keine **erheblichen Abweichungen** des Schreibens vom mündlichen Verhandlungsergebnis vorliegen.

Liegt danach ein echtes kaufmännisches Bestätigungsschreiben vor und widerspricht der Absender nicht unverzüglich (§ 121 Abs. 1 Satz 1 BGB), so gilt der Vertrag mit Inhalt des Bestätigungsschreibens als zustande gekommen. Dies gilt allerdings nur dann, wenn das Bestätigungsschreiben selbst **zeitnah** nach den Vertragsverhandlungen übersandt wurde. Der Widerspruch muss dann im Regelfall innerhalb von maximal 3 Tagen erfolgen.

Abbildung 9: Kaufmännisches Bestätigungsschreiben

4. Nichtigkeitsgründe

Ein zentraler Grundsatz des Schuldrechts lautet: **pacta sunt servanda** (Verträge sind einzuhalten). Das bedeutet, dass die Parteien eines einmal geschlossenen Vertrages diesen auch erfüllen müssen. Hiervon gibt es wenige, aber praxisrelevante, Ausnahmen, die sogenannten **Nichtigkeitsgründe**.

Liegt ein Nichtigkeitsgrund vor, ist der Vertrag von Anfang an (**ex tunc**) unwirksam. Diese Unwirksamkeit greift unabhängig vom Willen der Vertragsparteien ein und gilt absolut, also gegenüber jedermann. Das Gesetz spricht in diesen Fällen von Nichtigkeit.

Beispiel: § 138 Abs. 1 BGB: „Ein Rechtsgeschäft, das gegen die guten Sitten verstößt, ist nichtig".

Die wichtigsten Nichtigkeitsgründe sind:
- die Anfechtung, § 142 BGB,
- der geheime Vorbehalt, § 116 Satz 2 BGB,
- das Scheingeschäft, § 117 BGB,
- der Mangel der Ernstlichkeit, § 118 BGB,
- die Geschäftsunfähigkeit, § 105 BGB,
- die Sittenwidrigkeit, § 138 BGB,
- der Formmangel, § 125 BGB,
- der Verstoß gegen ein gesetzliches Verbot, § 134 BGB.

Liegt ein Nichtigkeitsgrund vor, ist im Normalfall der Vertrag **insgesamt** nichtig. Lediglich in Ausnahmefällen liegt nur eine Teilnichtigkeit vor.

Abbildung 10: Nichtigkeitsgründe

> **Beachten Sie:**
> Sind im Vertrag allgemeine Geschäftsbedingungen vereinbart, die gegen gesetzliche Regelungen verstoßen, so ist nach § 306 Abs. 1 BGB nur die betroffene Klausel unwirksam, der Rest des Vertrages bleibt davon aber unberührt und damit wirksam.

78 a) **Anfechtung.** Nach § 142 Abs. 1 BGB ist ein Rechtsgeschäft nichtig, wenn es angefochten wurde. Ein Rechtsgeschäft ist anfechtbar, wenn ein Anfechtungsgrund vorliegt. Die **Anfechtungsgründe** sind in den §§ 119-123 BGB abschließend geregelt. Eine Nichtigkeit aufgrund einer Anfechtung setzt voraus, dass die Anfechtung innerhalb der Anfechtungsfrist (§§ 121 Abs. 1, § 124 Abs. 1 BGB) erklärt wurde (§ 143 BGB) und dass das anfechtbare Rechtsgeschäft nicht nach § 144 BGB bestätigt wurde.

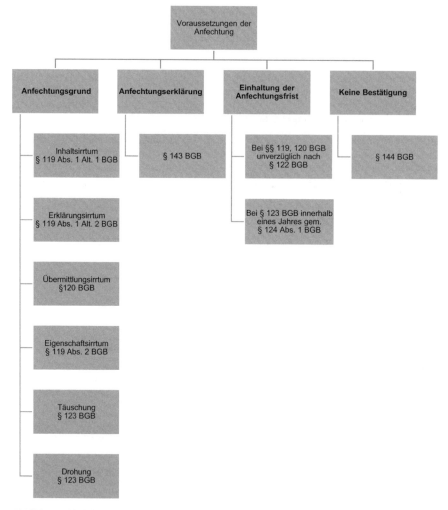

Abbildung 11: Voraussetzungen der Anfechtung

aa) **Anfechtungsgründe.** Eine Willenserklärung kann **ausschließlich** angefochten werden, wenn
- ein Inhaltsirrtum vorliegt (§ 119 Abs. 1 Alt. 1 BGB),
- ein Erklärungsirrtum vorliegt (§ 119 Abs. 1 Alt. 2 BGB),
- ein Übermittlungsirrtum vorliegt (§ 120 BGB),
- ein Eigenschaftsirrtum vorliegt (§ 119 Abs. 2 BGB) oder
- der Erklärende arglistig getäuscht oder bedroht wurde (§ 123 BGB).

Alle anderen Irrtümer, bspw. Motivirrtümer oder interne Kalkulationsfehler berechtigen nicht zur Anfechtung. Ein **Erklärungsirrtum** liegt vor, wenn sich der Erklärende unbewusst verschrieben oder vertippt hat.

> **Beispiel:** A möchte ein Tablet für 499 € verkaufen, verschreibt sich jedoch und bietet das Tablet versehentlich für 49,90 € an.

Wird die Erklärung richtig auf den Weg gebracht, kommt sie jedoch in Folge eines Fehlers des Übermittlungsmediums beim Erklärungsempfänger falsch an, kann ebenfalls, wegen eines sogenannten **Übermittlungsirrtums** nach § 120 BGB angefochten werden.

> **Beispiel:** A bittet den B, dem C auszurichten, dass er sein Tablet für 499 € verkaufen will. Versehentlich erklärt B dem C, A wolle sein Tablet für 49,90 € verkaufen.

Ein **Inhaltsirrtum** nach § 119 Abs. 1 Alt. 1 BGB liegt hingegen vor, wenn das tatsächlich Erklärte und das vom Erklärenden mit der Erklärung Gewollte unbewusst auseinanderfallen.

> **Beispiel:** Im Weinversteigerungsbeispiel (s. Rn. 58) hat A mit dem Handheben aus Sicht des Erklärungsempfängers erklärt, er wolle den Wein zu einem bestimmten Kaufpreis erwerben. Tatsächlich wollte A nur seinen Freund begrüßen. Hier fallen Wille und Erklärung unbewusst auseinander, weshalb A den Kaufvertrag wegen Inhaltsirrtums nach § 119 Abs. 1 Alt. 1 BGB anfechten kann.

Ein **Eigenschaftsirrtum** nach § 119 Abs. 2 BGB liegt vor, wenn der Erklärende sich über verkehrswesentliche Eigenschaften einer Person oder Sache irrt, die Gegenstand des jeweiligen Rechtsgeschäfts sind. Eigenschaften sind alle auf Dauer angelegten, wertbildenden Faktoren.

> **Beispiel:** Alter eines Pkw, Echtheit eines Kunstwerks, Bebaubarkeit eines Grundstücks etc.

> **Beachten Sie:**
> Der Preis selbst ist keine Eigenschaft, denn er bildet die Summe der verkehrswesentlichen Eigenschaften einer Sache ab.

Nach § 123 BGB kann eine Willenserklärung schließlich angefochten werden, wenn der Erklärende durch arglistige **Täuschung oder Drohung** zu ihrer Abgabe veranlasst worden ist. Unter einer **Drohung** versteht man das Inaussichtstellen eines empfindlichen Übels.

> **Beispiel:** A droht dem B ihn einzusperren, wenn dieser den Vertrag nicht unterzeichnet.

Eine **Täuschung** liegt im Vorspiegeln falscher Tatsachen. Tatsachen sind im Unterschied zu Werturteilen alle Umstände, die dem Beweis zugänglich sind. Die Täuschung muss arglistig sein, das bedeutet, dass sich der Täuschende bewusst sein muss, dass falsche Tatsachen vorgespiegelt werden. Eine solche Arglist kann aber auch vorliegen, wenn der Täuschende Angaben „ins Blaue hinein" macht, er also eine Erklärung abgibt, von der er weiß, dass sie nicht stimmen könnte.

Beispiel: Bei einem Wohnungsverkauf erklärt der Verkäufer A dem Käufer B, die Wohnung habe 80 m². Tatsächlich weiß A gar nicht, ob diese Angabe richtig ist. Stellt sich später heraus, dass die Wohnung nur 75 m² hat, kann B den Kaufvertrag wegen arglistiger Täuschung anfechten.

86 bb) **Vollzug der Anfechtung.** Derjenige, der eine anfechtbare Willenserklärung abgegeben hat, muss diese nicht anfechten, er kann es aber. Hierfür ist eine fristgesetzte **Anfechtungserklärung** erforderlich. Die Erklärung selbst muss nicht den Begriff „Anfechtung" gebrauchen, sie muss nur gegenüber der anderen Partei erklärt werden und zum Ausdruck bringen, dass der Anfechtende sich an seiner Willenserklärung nicht mehr festhalten lassen will (**§ 143 BGB**).

87 Die Anfechtung kann jedoch nur innerhalb einer **bestimmten Frist** erfolgen:
– Bei einer Anfechtung nach den **§§ 119** und 120 BGB muss die Erklärung nach § 121 BGB **unverzüglich**, d.h. ohne schuldhaftes Zögern, erfolgen, nachdem der Anfechtungsberechtigte von dem Anfechtungsgrund Kenntnis erlangt hat.
– Bei einer Anfechtung nach § 123 BGB muss die Anfechtung gemäß § 124 BGB innerhalb **eines Jahres** erfolgen. Die Frist beginnt bei der Täuschung in dem Zeitpunkt, in dem der Anfechtungsberechtigte die Täuschung erkannt hat, bei einer Drohung in dem Zeitpunkt, indem die Zwangslage beendet wurde. Spätestens erlischt das Anfechtungsrecht jedoch 10 Jahre nach Abgabe der Erklärung, unabhängig von dem Zeitpunkt der Kenntniserlangung.

88 Wird die Anfechtung fristgerecht erklärt, ist der Vertrag nach **§ 142 Abs. 1 BGB** von Anfang an (ex tunc) als nichtig anzusehen.

89 Bei einer Irrtumsanfechtung nach den §§ 119, 120 BGB muss der Anfechtende nach § 122 BGB **Schadensersatz** zahlen. Der Schadensersatz umfasst den Schaden, den der andere dadurch erleidet, dass er auf die Gültigkeit der Erklärung vertraut. Es handelt sich hierbei um das sogenannte **negative Interesse**, d.h. der andere ist so zu stellen, also in die Situation zu versetzen, als hätte der Anfechtende seine Willenserklärung nicht abgegeben.

Beispiel: A hat dem B seinen Pkw verkauft. B hat daraufhin den defekten Motor des Pkw für 500 € Instand setzen lassen. Erklärt A die Anfechtung des Kaufvertrages wegen Irrtums, kann B Ersatz dieser nutzlosen Aufwendungen nach § 122 BGB verlangen.

90 b) **Geheimer Vorbehalt, Scheingeschäft, Mangel der Ernstlichkeit.** Nach § 116 Satz 1 BGB ist eine Willenserklärung **nicht** deshalb nichtig, weil sich der Erklärende insgeheim vorbehält, das Erklärte nicht zu wollen. Eine **Ausnahme** besteht nach § 116 Satz 2 BGB nur dann, wenn der Empfänger der Willenserklärung den Vorbehalt kennt. In diesem Fall ist die Willenserklärung nichtig.

91 Eine nicht ernst gemeinte Willenserklärung, die in der Erwartung abgegeben wird, dass der Empfänger den Mangel an Ernstlichkeit erkennen kann, ist nichtig. Es handelt sich um ein sogenanntes **Scherzgeschäft** (§ 118 BGB).

92 Nach § 117 Abs. 1 BGB ist eine Willenserklärung, die einem anderen gegenüber abzugeben ist, nichtig, wenn sie mit dem Einverständnis des anderen nur zum Schein abgegeben wird. Soweit durch das **Scheingeschäft** ein anderes Rechtsgeschäft verdeckt werden soll, finden nach § 117 Abs. 2 BGB die für das verdeckte Rechtsgeschäft geltenden Vorschriften Anwendung.

Beispiel: A verkauft dem B ein Grundstück. A und B sind sich einig, dass der Kaufpreis für dieses Grundstück 500.000 € betragen soll. Da der Vertrag zur Übertragung des Eigentums an einem Grundstück gemäß § 311b Abs. 1 BGB der notariellen Beurkundung bedarf, lassen A und B den Vertrag beim Notar beurkunden. Hier geben sie jedoch – um Grunderwerbssteuer zu sparen – nur einen Kaufpreis von 300.000 € an.

In diesem Fall ist der Vertrag über den Kauf des Grundstücks zum Preis von 300.000 € gemäß § 117 Abs. 1 BGB nichtig, da sowohl A als auch B ihre Willenserklärung nur zum Schein abgegeben haben.

Der tatsächlich von A und B gewollte Vertrag des Verkaufs des Grundstücks für 500.000 € ist gemäß § 117 Abs. 2 BGB nach den gesetzlichen Vorschriften zu behandeln. Da A und B für diesen Vertrag die Formvorschrift des § 311b Abs. 1 BGB nicht eingehalten haben, ist (auch) dieser Vertrag nichtig, denn nach § 125 Satz 1 BGB führt der Formmangel zur Nichtigkeit des Rechtsgeschäfts.

c) Verstoß gegen ein gesetzliches Verbot. Nach § 134 BGB sind Rechtsgeschäfte, die gegen ein gesetzliches Verbot verstoßen, nichtig, wenn sich aus dem jeweiligen Verbotsgesetz nicht etwas anderes ergibt. Eine gesetzliche **Verbotsvorschrift** führt immer dann nach § 134 BGB zur Nichtigkeit des Vertrages, wenn das Verbot gerade den Abschluss eines solchen Vertrages verhindern will. Die Frage, wann ein solches Verbotsgesetz vorliegt, ist oft schwierig zu bestimmen. Hier hilft der Wortlaut des Gesetzes weiter.

So regelt bspw. das Kartellverbot in § 1 des Gesetzes gegen Wettbewerbsbeschränkungen (GWB), dass Vereinbarungen zwischen Unternehmen, die eine Einschränkung oder Verfälschung des Wettbewerbs bezwecken oder bewirken, verboten sind (**s. Rn. 812 ff.**).

Beispiel: Vereinbaren zwei Unternehmen also eine Wettbewerbsbeschränkung (bspw. Mindestpreise für ein bestimmtes Produkt), so ist diese Vereinbarung nach § 1 GWB i. V. m. § 134 BGB nichtig.

Weitere Verbotsgesetze sind bspw. das Schwarzarbeitsgesetz, gesetzliche Gebührenregelungen (HOAI für Architekten, RVG für Rechtsanwälte etc.) oder die Antikorruptionsvorschriften des Strafgesetzbuchs (§§ 298 ff. StGB). Richtet sich das gesetzliche Verbot hingegen nur gegen die **äußeren Umstände** eines Rechtsgeschäfts und nicht gegen dessen Abschluss als solchen, so tritt keine Nichtigkeit nach § 134 BGB ein.

Beispiel: So lautet bspw. § 3 Ladenschlussgesetz, dass Verkaufsstellen an Sonn- und Feiertagen und montags bis samstags vor 6 Uhr und ab 20 Uhr geschlossen sein müssen. Ein Verstoß gegen das Ladenschlussgesetz führt aber nicht zur Nichtigkeit des Vertrages nach § 134 BGB, da nach dem Wortlaut der Norm der Abschluss eines Geschäfts außerhalb der Ladenöffnungszeiten nicht dem Inhalt nach nichtig ist.

d) Sittenwidrigkeit. Nach § 138 Abs. 1 BGB ist ein Rechtsgeschäft, das gegen die guten Sitten verstößt, nichtig. **Sittenwidrig** ist nach der Rechtsprechung, was **gegen das Anstandsgefühl aller billig und gerecht Denkenden** verstößt. Diese Beschreibung hilft allerdings auf den ersten Blick kaum weiter (wer sind die billig und gerecht Denkenden? Was ist deren Anstandsgefühl?).

> **Beachten Sie:**
> In der Klausur müssen Sie den Begriff der Sittenwidrigkeit **eng** verstehen. Es geht nicht darum, ein Rechtsgeschäft seinem moralischen Inhalt nach zu bewerten, sondern vielmehr darum, ob es **wesentliche Werte** unserer Rechtsordnung verletzt. Ein

unsittliches Rechtsgeschäft ist daher nicht notwendig sittenwidrig im rechtlichen Sinn. In den meisten Fällen werden sie die Sittenwidrigkeit in der Klausur aber klar erkennen. So ist bspw. die Beauftragung eines Mörders klar erkennbar sittenwidrig. Gleiches gilt bspw. für Verträge über Menschenhandel.

97 Im Wirtschaftsrecht hilft Ihnen die sogenannte **Kasuistik** der Rechtsprechung. Das bedeutet, dass Sie sich hier an Fällen orientieren können, die von der Rechtsprechung schon einmal entschieden wurden. Eine weitere wesentliche Hilfestellung ist die Regelung des § 138 Abs. 2 BGB. Danach sind insbesondere Rechtsgeschäfte nichtig, bei denen ein auffälliges Missverhältnis zwischen Leistung und Gegenleistung besteht **und** das auf der Ausnutzung einer Schwäche des Vertragspartners, bspw. seiner Unerfahrenheit oder einer Zwangslage, beruht (**Wucher**).

Beispiel:
- Bei **Darlehen** besteht ein auffälliges Missverhältnis zwischen Leistung und Gegenleistung, wenn der vertragliche Zinssatz den marktüblichen Effektivzinssatz um 100 % oder absolut um 12 % übersteigt. Nutzt der Kreditgeber hier die schwächere Stellung des Kreditnehmers bewusst aus oder verschließt er sich leichtfertig der Erkenntnis, dass der schwächere Teil sich nur wegen seiner Lage den Bedingungen unterwirft, so liegt ein Fall des § 138 Abs. 2 BGB vor.
- Bei **Verträgen über Kreditsicherheiten** (insbesondere Bürgschaften) hat die Rechtsprechung die Formel entwickelt, dass ein auffälliges Missverhältnis vorliegt, wenn das pfändbare Einkommen des Sicherungsgebers, gerechnet auf einen Zeitraum von 5 Jahren, nicht ausreichend ist, um 25 % der Hauptforderung (zum Zeitpunkt des Vertragsschlusses) zu tilgen. Liegt eine derart krasse finanzielle Überforderung des Kreditnehmers vor und hat dieser eine starke emotionale Verbundenheit zum Hauptschuldner (Eltern, Kinder, Ehegatten), so kann von einer entsprechenden Zwangslage im Sinne von § 138 Abs. 2 BGB ausgegangen werden.

Beispiel: A arbeitet als Bauingenieur bei der Baufirma C. Er verdient monatlich 2.200 € netto, wovon ein Betrag von 564 € pfändbar ist. Als die Firma C in finanzielle Schwierigkeiten gerät, verhandelt sie mit der Volksbank K über die Gewährung eines Darlehens in Höhe von 200.000 €. Aus Angst seinen Arbeitsplatz zu verlieren, übernimmt A zugunsten der Firma C eine selbstschuldnerische Bürgschaft bis zu einem Höchstbetrag von 200.000 €. Einige Zeit später muss die Firma C Insolvenz anmelden. Die Volksbank K nimmt daraufhin den A auf Zahlung des noch offenen Darlehensbetrages von 121.000 € in Anspruch.

Lösung: Der Bürgschaftsvertrag (§ 765 BGB) ist nach § 138 Abs. 2 BGB nichtig. A war mit der Bürgschaft krass finanziell überfordert. Sein pfändbares Einkommen betrug 564 € im Monat, gerechnet auf 5 Jahre mithin 33.840 €. Dieser Betrag war nicht ausreichend, um 25 % der zum Zeitpunkt des Vertragsschlusses bestehenden Hauptforderung zu tilgen (200.000 € x 0,25 = 50.000 €). A befand sich auch wegen des drohenden Verlustes seines Arbeitsplatzes in einer Zwangslage. Unterstellt, die Volksbank K kannte diese Umstände, hat sie die Zwangslage des A auch bewusst ausgenutzt.

98 e) **Formmangel.** Nach § 125 Satz 1 BGB ist ein Rechtsgeschäft, welches der durch Gesetz vorgeschriebenen Form ermangelt, nichtig.

Beachten Sie:
Grundsätzlich bedürfen die meisten Rechtsgeschäfte keiner bestimmten Form. So können die meisten Verträge auch mündlich geschlossen werden. Die Frage, ob sich

ein solcher Vertragsschluss beweisen lässt, ist eine rein prozessuale Frage und hat mit der Form des Rechtsgeschäfts nichts zu tun.

99 Lediglich in Ausnahmefällen sieht das Gesetz die Einhaltung bestimmter Formvorschriften vor. Hiermit verfolgt der Gesetzgeber im Regelfall drei Ziele:

(1) **Warnfunktion**
Formvorschriften sollen die Parteien auf die Risiken des Geschäfts aufmerksam machen und sie vor übereilten Bindungen schützen, indem ihnen ihre Verpflichtungen schriftlich vor Augen geführt werden.

(2) **Beweisfunktion**
Ein Formzwang für bestimmte Rechtsgeschäfte kann auch eine Beweisfunktion erfüllen, mithin klarstellen, ob und mit welchem Inhalt das Geschäft zustande gekommen ist.

(3) **Beratungsfunktion**
Insbesondere die notarielle Beurkundung soll darüber hinaus gewährleisten, dass ein sachkundiger Dritter zur Beratung über den Inhalt und die Tragweite des Rechtsgeschäfts und für eine entsprechende Belehrung der Beteiligten zur Verfügung steht.

Beispiele für gesetzliche Formvorschriften sind:
§ 311b BGB, § 81 BGB, § 518 BGB, § 766 BGB, § 2 Abs. 1 GmbHG, § 484 BGB, § 492 BGB, § 23 AktG, ...

100 Im Wortlaut der jeweiligen Formvorschrift finden Sie entweder, dass
– Schriftform,
– öffentliche Beglaubigung oder
– notarielle Beurkundung
erforderlich ist.

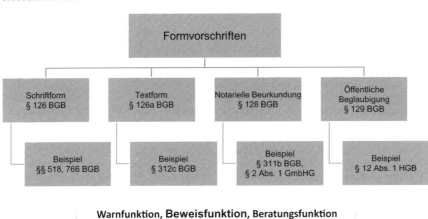

Abbildung 12: Arten von Formvorschriften

101 **Schriftform** bedeutet hierbei, dass die schriftlich abgefasste Urkunde vom Aussteller eigenhändig durch Namensunterschrift oder durch notariell beglaubigtes Handzeichen zu unterzeichnen ist (§ 126 Abs. 1 BGB). Bei einem Vertrag müssen die Vertragsparteien auf derselben Urkunde unterschreiben (§ 126 Abs. 2 BGB).

102 Die Unterschrift muss den Vertragstext räumlich abschließen. Die Vertragsparteien können für alle an sich formfreien Rechtsgeschäfte zur Beweiserleichterung auch die sogenannte gewillkürte Schriftform vereinbaren (§ 127 BGB).

Beachten Sie:
Das Schriftformerfordernis ist insbesondere in folgenden Regelungen vorgesehen:
§ 368 BGB, § 492 Abs. 1 BGB, § 550 BGB, § 578 Abs. 2 BGB, § 623 BGB, § 761 BGB, § 766 BGB, § 780 BGB, § 781 BGB, § 784 BGB, § 793 BGB, § 1154 Abs. 1 BGB, § 2247 BGB.

---

103 Erklärungen auf Telefax und E-Mail erfüllen mangels Unterschrift nicht die Voraussetzungen der Schriftform nach § 126 BGB. Es handelt sich vielmehr um Erklärungen in **Textform** gemäß § 126b BGB.

104 Nach § 126a BGB kann die Schriftform aber durch die elektronische Form ersetzt werden, wenn der Aussteller der Erklärung seinen Namen hinzufügt und das elektronische Dokument mit einer qualifizierten elektronischen Signatur gemäß dem Signaturgesetz versehen ist. Das Signaturgesetz verweist hierbei auf ein asynchrones Verschlüsselungsverfahren unter Verwendung von sogenannten Schlüsselpaaren aus öffentlichen und privaten Schlüsselteilen, das dann qualifiziert ist, wenn das Schlüsselpaar und die dazugehörige Chipkarte von einem vom Bundesamt für Sicherheit in der Informationstechnik zertifizierten Anbieter stammen.

105 Wenn das Gesetz eine öffentliche Beglaubigung vorsieht, muss die Erklärung schriftlich abgefasst sein und die Unterschrift durch **öffentliche Beglaubigung** vor einem Notar geleistet werden (§ 129 BGB). Der Notar bestätigt mit seiner Beglaubigung, dass die Unterschrift des Ausstellers in Gegenwart des Notars zum angegebenen Zeitpunkt von dem Erklärenden vollzogen wurde. Sie bestätigt ferner, dass der im Beglaubigungsvermerk des Notars Genannte auch tatsächlich der Erklärende ist.

Beispiel: Vorschriften, die eine öffentliche Beglaubigung vorsehen, sind bspw. § 12 Abs. 1 HGB, § 29 Abs. 2 GBO.

106 Die **notarielle Beurkundung** ist die strengste Formvorschrift. Nach § 128 BGB müssen Antrag und Annahme (gegebenenfalls auch nacheinander) von einem Notar beurkundet werden. Der Notar muss über den Vertragsinhalt eine Niederschrift aufnehmen, diese vorlesen und von den Beteiligten genehmigen lassen. Dann müssen die Beteiligten und der Notar die Erklärung eigenhändig unterschreiben. Im Rahmen der Belehrung hat der Notar als rechtskundige Person den Willen und die Ziele der Parteien zu erforschen, sie über rechtliche Gefahren und über die Rechtsfolgen des beurkundeten Geschäfts umfassend aufzuklären, sowie die getroffene Regelung eindeutig und beweiskräftig zu formulieren.

Beispiel: Formvorschriften, die eine notarielle Beurkundung vorsehen, sind bspw.: § 311b Abs. 1 BGB, § 311b Abs. 2 BGB, § 518 Abs. 1 Satz 1 BGB, § 1410 BGB, § 2033 BGB, § 2232 BGB, § 2267 BGB, § 2348 BGB, § 2371 BGB, § 15 Abs. 3 GmbHG, § 23 Abs. 1 AktG, § 2 GmbHG, § 53 Abs. 2 Satz 1 GmbHG, § 130 Abs. 1 AktG.

107 Nach § 311b Abs. 1 BGB bedürfen insbesondere **Kaufverträge über Immobilien** der notariellen Beurkundung. Diese Beurkundungspflicht gilt nicht nur für den Kaufvertrag selbst, sondern auch für alle Nebenabreden, die Bestandteil des Kaufvertrages sein sollen. Ebenso sind alle Rechtsgeschäfte formbedürftig, die den Kaufvertrag mittelbar herbeiführen sollen.

Beispiel: Der mittelbare Zwang zum Grundstückskauf durch eine Vertragsstrafe in einem Vorvertrag, eine unwiderrufliche Vollmacht oder Vollmachten an den Geschäftsgegner bedürfen bereits der notariellen Beurkundung nach § 311b Abs. 1 BGB.

> **Beachten Sie:**
> In einigen Fällen lässt das Gesetz ausdrücklich zu, dass durch den Vollzug eines an sich formnichtigen Vertrages die Heilung des Formmangels eintritt. Dies gilt allerdings nur in den Fällen, in denen das Gesetz ausdrücklich eine Heilung vorsieht.

Beispiel:
- Nach § 494 Abs. 2 BGB ist ein nicht schriftlich abgeschlossener Verbraucherdarlehensvertrag gültig, wenn das Darlehen ausgezahlt wird.
- Eine Schenkung wird mit dem Vollzug nach § 518 Abs. 2 BGB wirksam.
- Eine nicht notariell beurkundete Verpflichtung zur Abtretung eines GmbH-Anteils wird wirksam, wenn die Abtretung notariell beurkundet erfolgt (§ 15 Abs. 4 GmbHG).

f) Geschäftsunfähigkeit. Ein **Minderjähriger**, der das 7. Lebensjahr noch nicht vollendet hat, ist nach § 104 Nr. 1 BGB geschäftsunfähig.

> **Beachten Sie:**
> Das 7. Lebensjahr wird mit dem 7. Geburtstag vollendet!

Die Willenserklärung eines Geschäftsunfähigen ist nach § 105 Abs. 1 BGB nichtig. Der Geschäftsunfähige benötigt also für die Abgabe einer Willenserklärung einen gesetzlichen Vertreter. Bei Minderjährigen sind dies im Regelfall die Eltern (§ 1629 Abs. 1 Satz 1 BGB).

Nach § 106 BGB sind Minderjährige vom vollendeten 7. bis zum vollendeten 18. Lebensjahr **beschränkt geschäftsfähig**. Rechtsgeschäfte, die beschränkt Geschäftsfähige schließen, sind schwebend unwirksam, wenn sie nicht mit Einwilligung des gesetzlichen Vertreters geschlossen werden (§ 107 BGB, die Einwilligung ist nach § 183 Satz 1 BGB die vorherige Zustimmung). § 108 Abs. 1 BGB sagt hierzu:

*„Schließt der Minderjährige einen Vertrag ohne die erforderliche Einwilligung des gesetzlichen Vertreters, so hängt die Wirksamkeit des Vertrags von der **Genehmigung** des Vertreters ab."*

Nach § 108 Abs. 1 BGB können die gesetzlichen Vertreter dem Rechtsgeschäft also nachträglich zustimmen, d. h. dieses genehmigen (§ 184 Abs. 1 BGB). Damit wird das Rechtsgeschäft dann wirksam.

Eine Besonderheit ergibt sich aus § 108 Abs. 2 BGB. Nachfolgendes Fallbeispiel verdeutlicht, worauf hierbei zu achten ist.

Beispiel: Der 17-jährige K kauft ohne die Einwilligung seiner Eltern beim Motorradhändler V eine Vespa und verpflichtet sich zur Zahlung des Kaufpreises von 5.000 € in 12 Monatsraten. K berichtet dies daraufhin seinen Eltern, die ihm gegenüber die Genehmigung erteilen. Eine Woche später schreibt V an die Eltern des K, sie mögen bitte die Genehmigung des Kaufes erklären. Die Eltern unternehmen hieraufhin nichts, da sie die Genehmigung ja bereits gegenüber dem K erklärt haben. Nach 4 Wochen hat K von der Vespa genug und gibt diese an V zurück. Kann er dies?

Lösung:
Da der minderjährige K (§ 106 BGB) keine Einwilligung seiner Eltern nach § 107 BGB hatte und das Geschäft nicht lediglich rechtlich vorteilhaft ist, war es zunächst schwebend unwirksam. Mit der Genehmigung der Eltern nach § 108 Abs. 1 BGB, die gemäß § 182 Abs. 1 BGB auch gegenüber dem Minderjährigen erklärt werden konnte, wurde der Vertrag dann wirksam.

Nachdem V die Eltern des K allerdings zur Genehmigung aufforderte, wurde die bereits erteilte Genehmigung nach § 108 Abs. 2 BGB unwirksam. Da die Eltern gegenüber V nicht innerhalb von zwei Wochen die Genehmigung (erneut) erklärten, gilt diese nach § 108 Abs. 2 Satz 2 BGB als verweigert. Daher besteht kein wirksamer Kaufvertrag zwischen V und K.

112 Nach § 165 BGB kann ein beschränkt geschäftsfähiger Minderjähriger dennoch in vollem Umfang geschäftsfähig sein, wenn er als Vertreter auftritt. Von dem Grundsatz der Erforderlichkeit der Zustimmung seitens des gesetzlichen Vertreters gibt es Ausnahmen.

- Nach § 107 BGB sind Willenserklärungen, die für den beschränkt Geschäftsfähigen **lediglich rechtlich vorteilhaft** sind, auch ohne Zustimmung wirksam.

    Beispiel: Annahme von Schenkungen

- Beschränkt Geschäftsfähige können aber nach § 110 BGB (dem sogenannten „**Taschengeldparagraf**") wirksam Rechtsgeschäfte eingehen, die sie mit Mitteln bewirken, die ihnen vom gesetzlichen Vertreter oder mit dessen Zustimmung von einem Dritten zur freien Verfügung überlassen worden sind. Es handelt sich hierbei um eine Art „antizipierte Einwilligung".

- Weiterhin kann ein Minderjähriger in bestimmten Lebensbereichen voll geschäftsfähig sein. Ein solcher Lebensbereich ergibt sich aus § 112 BGB, wenn der gesetzliche Vertreter dem Minderjährigen den **Betrieb eines Erwerbsgeschäfts** gestattet hat. Hier ist der Minderjährige jedoch nur für solche Rechtsgeschäfte voll geschäftsfähig, die der Geschäftsbetrieb mit sich bringt. Die Ermächtigung zum Betrieb eines Erwerbsgeschäfts durch den gesetzlichen Vertreter ist nur mit Genehmigung des Familiengerichts (§ 1645 BGB) oder einem Vormund des Familiengerichts möglich (§ 1823 BGB).

- Ermächtigt der gesetzliche Vertreter den Minderjährigen in ein **Dienst- oder Arbeitsverhältnis** zu treten, so ist der Minderjährige nach § 113 Abs. 1 BGB auch für solche Rechtsgeschäfte unbeschränkt geschäftsfähig, welche die Eingehung oder Aufhebung eines Dienst- oder Arbeitsverhältnisses mit sich bringt.

> **Beachten Sie:**
> Dies gilt nicht für eine Berufsausbildung, da dies kein Dienst- oder Arbeitsverhältnis ist.

Nach § 104 BGB ist im Übrigen neben Minderjährigen unter 7 Jahren derjenige geschäftsunfähig, der sich in einem **Zustand krankhafter Störung der Geistestätigkeit** befindet, die die freie Willensbestimmung ausschließt, sofern der Zustand seiner Natur nach nicht ein vorübergehender ist.

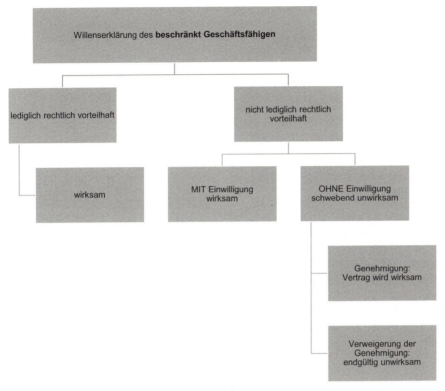

Abbildung 13: Zusammenfassung Willenserklärung von beschränkt geschäftsfähigen Personen

III. Stellvertretung

1. Grundlagen

Im Rechtsverkehr sind oft derjenige, der bei der Abgabe von Willenserklärungen handelt und derjenige, den die Folgen der Willenserklärung treffen sollen, nicht identisch.

Beispiel:
- Die Angestellte in einem Laden schließt die Kaufverträge für den Ladeninhaber.
- Der Geschäftsführer einer GmbH schließt die Verträge für die Gesellschaft ab.

Die Frage, wann jemand aus der Willenserklärung eines anderen berechtigt und verpflichtet wird, beantwortet § 164 Abs. 1 BGB, der sich mit der Wirkung der Erklärung des Vertreters beschäftigt. Dieser lautet:

„Eine **Willenserklärung**, die jemand **innerhalb der ihm zustehenden Vertretungsmacht im Namen des Vertretenen** abgibt, wirkt unmittelbar für und gegen den Vertretenen."

Die sich aus dem § 164 Abs. 1 BGB ergebenden vier Voraussetzungen für eine wirksame Stellvertretung sind:
1. Zulässigkeit der Stellvertretung (steht nicht im Gesetz),
2. eigene Willenserklärung des Vertreters,

3. Abgabe der Willenserklärung im Namen des Vertretenen und
4. Handeln innerhalb der dem Vertreter zustehenden Vertretungsmacht.

Sind diese vier Voraussetzungen erfüllt, wirkt die Willenserklärung des Vertreters unmittelbar für und gegen den Vertretenen.

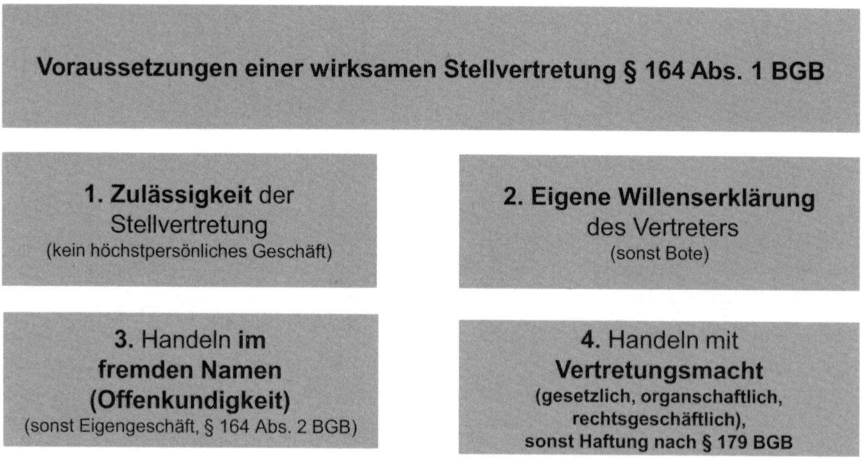

Voraussetzungen einer wirksamen Stellvertretung § 164 Abs. 1 BGB

1. **Zulässigkeit** der Stellvertretung (kein höchstpersönliches Geschäft)	2. **Eigene Willenserklärung** des Vertreters (sonst Bote)
3. Handeln **im fremden Namen (Offenkundigkeit)** (sonst Eigengeschäft, § 164 Abs. 2 BGB)	4. Handeln mit **Vertretungsmacht** (gesetzlich, organschaftlich, rechtsgeschäftlich), sonst Haftung nach § 179 BGB

Abbildung 14: Vertretung eines Dritten § 164 Abs. 1 BGB

116 a) **Zulässigkeit der Stellvertretung.** Die Einschaltung eines Stellvertreters ist bei fast allen Rechtsgeschäften zulässig. Lediglich bei sogenannten **höchstpersönlichen Rechtsgeschäften**, also Rechtsgeschäften, die der Erklärende selbst abschließen muss, ist die Stellvertretung ausgeschlossen.

> **Beachten Sie:**
> Diese Voraussetzung ergibt sich nicht unmittelbar aus dem Wortlaut des § 164 Abs. 1 BGB. Die Stellvertretung ist nur bei rechtsgeschäftlichen Handlungen, nicht aber bei höchstpersönlichen Rechtsgeschäften (bspw. Eheschließung oder Testamentserrichtung) zulässig.

> **Beispiel:** Die Eheschließung kann nach § 1311 Satz 1 BGB nur höchstpersönlich erfolgen. Weiterhin kann die Testamentserrichtung nach § 2064 BGB ebenfalls nur höchstpersönlich erfolgen. Auch ein Erbvertrag kann nach § 2274 BGB nur selbst geschlossen werden.

117 Die Höchstpersönlichkeit darf nicht mit der gleichzeitigen Anwesenheit der Parteien verwechselt werden. Sieht das Gesetz die gleichzeitige Anwesenheit von Parteien vor, wie bspw. bei der Übertragung des Eigentums an einem Grundstück, so ist die Vertretung zulässig.

118 b) **Abgabe einer eigenen Willenserklärung durch den Vertreter.** Nach dem Wortlaut des § 164 Abs. 1 BGB muss der Vertreter eine eigene Willenserklärung abgeben. Aus § 165 BGB ergibt sich, dass der Vertreter hierzu zumindest beschränkt geschäftsfähig sein muss. Sinn und Zweck dieser Voraussetzung ist es, den Vertreter vom sogenannten Boten abzugrenzen. Der Bote gibt keine eigene Willenserklärung ab, sondern er überbringt lediglich eine fremde Willenserklärung.

> **Beachten Sie:**
> Irrt sich der Bote und überbringt die zu übermittelnde Willenserklärung falsch, so kann der Geschäftsherr die Erklärung nach § 120 BGB anfechten (s. Rn. 78 ff.)

Die Abgrenzung zwischen einem Vertreter, der eine eigene Willenserklärung abgibt, und einem Boten, der eine fremde Willenserklärung überbringt, kann im Einzelfall durchaus schwierig sein. Hier muss die Abgrenzung anhand des Empfängerhorizonts des Erklärungsempfängers erfolgen. Tritt der Erklärende eigenständig auf und hat eigene Erklärungs- und Entscheidungsbefugnis, handelt es sich um einen Stellvertreter. Tritt der Erklärende unselbstständig, lediglich als „Sprachrohr" des Geschäftsherren auf und hat keinen eigenständigen Entscheidungsspielraum, handelt es sich um einen Boten. **119**

Beispiel: A erklärt, er möchte im Namen des B eine bestimmte Uhr kaufen und fragt beim Juwelier nach dem Preis. Nachdem A mit dem Juwelier über den Preis verhandelt hat, erklärt er sich namens des B damit einverstanden, die Uhr zu kaufen. Hier hat A erkennbar eine eigene Entscheidungsbefugnis und ist daher **Vertreter**.

Erklärt A gegenüber dem Juwelier, er solle von B ausrichten, dass dieser eine bestimmte Uhr zum Kaufpreis von 650 € erwerben möchte, hat A keinen eigenständigen Entscheidungsspielraum. Er ist daher **Bote**.

c) **Handeln im Namen des Vertretenen.** Aus dem Wortlaut des § 164 Abs. 1 Satz 1 BGB ergibt sich, dass die Stellvertretung für den Geschäftspartner erkennbar, also **offenkundig** sein muss. Macht der Vertreter dies nicht erkennbar, so ergibt sich aus § 164 Abs. 2 BGB, dass er ein Eigengeschäft geschlossen hat. **120**

Beispiel: A beauftragt den B damit, beim Juwelier C in seinem Namen eine bestimmte Uhr zum Preis von max. 1000 € zu erwerben. Macht B beim Kauf gegenüber dem C nicht ausreichend erkennbar, dass er den Vertrag nicht für sich, sondern für den A abschließen will, liegt ein Eigengeschäft vor. Dass bedeutet, dass B dann selbst die Verpflichtungen des § 433 Abs. 2 BGB eingegangen ist. Er kann, wie sich aus § 164 Abs. 2 BGB ergibt, seine Erklärung auch deshalb nicht wegen Irrtums nach § 119 Abs. 1 BGB anfechten.

Wie sich aus § 164 Abs. 1 Satz 2 BGB ergibt, kann der Vertreter entweder **ausdrücklich** erklären, dass er nicht im eigenen Namen, sondern im Namen des Vertretenen handelt oder dies kann sich **aus den Umständen** ergeben. **121**

Beispiele für eine ausdrückliche Erklärung sind, „Ich bestelle für den B diese Uhr.", aber auch, wenn der Erklärende mit Abkürzungen unterzeichnet, die klarmachen, dass er nicht für sich selbst, sondern für einen Dritten handelt. Etwa durch Vermerke wie: **122**
- i. V. für in Vertretung
- i. A. für im Auftrag
- ppa. für das Handeln als Prokurist.

   Beispiele für Fälle, in denen sich das Handeln in fremdem Namen aus den Umständen ergibt:
   - Die Kassiererin in einem Supermarkt schließt den Kaufvertrag erkennbar nicht im eigenen Namen, sondern für den Betreiber der Supermarktkette. Dies ergibt sich bereits aus den Umständen.
   - Bestellt ein Mitarbeiter Ware auf dem Briefpapier seiner Firma, so ergibt sich ebenfalls unzweifelhaft aus den Umständen, dass er im Namen seines Arbeitsgebers handelt.

123 Im Unterschied zu einem Handeln „in" fremdem Namen liegt im Falle einer **Identitätstäuschung** ein handeln „unter" fremdem Namen vor. Diese Fälle sind wie folgt zu behandeln:
- Ist es für den Geschäftspartner **wichtig**, mit wem er den Vertrag abschließt, so gelten die Vertretungsregeln entsprechend.
- Ist dem Geschäftspartner **egal**, wie die Identität des Vertragsschließenden ist und will er den Vertrag mit derjenigen Person schließen, die gerade vor ihm steht, dann liegt ein Eigengeschäft des Handelnden vor, d. h. der Handelnde wird unmittelbar Vertragspartner.

> **Beispiel:** A kauft sich in einer Drogerie Kondome. Weil ihm dies peinlich ist, gibt er sich als C aus. Hier kommt der Vertrag unmittelbar mit A zustande, da dem Drogisten die Identität des A aufgrund des Bargeschäfts egal ist.
>
> Verkauft hingegen A unter den Zugangsdaten des C bei ebay Ware, ist es für den Käufer die Identität des Verkäufers durchaus wichtig, was sich nicht zuletzt daraus ergibt, dass die Zuverlässigkeit des Verkäufers für den Käufer ein wichtiges Entscheidungskriterium sein kann. In diesem Fall gelten die Regeln über die Stellvertretung entsprechend und ein Kaufvertrag kommt nicht zustande, da A zwar „unter" dem Namen des C gehandelt hat, jedoch von diesem keine Vertretungsmacht hatte. A haftet dann nach § 179 BGB (s. Rn. 131 ff.).

124 Bei Bargeschäften des täglichen Lebens wird eine Ausnahme von dem Offenkundigkeitsprinzip gemacht, denn bei Geschäften, die sofort bar beglichen werden, ist es für den Vertragspartner regelmäßig unwichtig, für wen der Handelnde aktiv ist. Es handelt sich um eine sogenanntes „Geschäft für den, den es angeht".

> **Beispiel:** A kauft für seinen Freund B Lebensmittel im Supermarkt. Hier kommt der Kaufvertrag (§ 433 BGB) und die Übereignungen (§ 929 Satz 1 BGB) unmittelbar mit dem A zustande, auch wenn A die Vertretung nicht erkennbar macht.

125 d) Vertretungsmacht. § 164 Abs. 1 Satz 1 BGB setzt weiterhin voraus, dass der **Vertreter innerhalb der ihm zustehenden Vertretungsmacht** gehandelt hat. Die Vertretungsmacht kann hierbei
- gesetzlich (Beispiele: §§ 1626, 1629, 1793, 1902, 1357 BGB),
- organschaftlich (Beispiele: §§ 35 GmbHG, 78 AktG, 24 Abs. 1 GenossG),
- gesellschaftsrechtlich (Beispiele: §§ 714, 709 BGB, 125, 126 HGB, 161 Abs. 2 HGB) oder
- rechtsgeschäftlich (Beispiel: § 167 BGB)

sein.

126 Die rechtsgeschäftlich erteilte Vertretungsmacht heißt **Vollmacht (§ 166 Abs. 2 BGB)**. Die Vollmacht wird durch eine einseitige empfangsbedürftige Willenserklärung (Bevollmächtigung) erteilt. Sie kann entweder gegenüber dem Vertreter oder gegenüber demjenigen, demgegenüber die Vertretung stattfinden soll, erteilt werden (§ 167 Abs. 1 BGB). Hierbei ist die Erteilung der Vollmacht nach § 167 Abs. 2 BGB grundsätzlich formfrei, auch wenn das Rechtsgeschäft, auf das sich die Vollmacht bezieht formbedürftig ist.

> **Beachten Sie:**
> Von der Formfreiheit gibt es bestimmte Ausnahmen, bspw. in §§ 2 Abs. 2 GmbHG, 134 Abs. 3, 135 AktG oder wenn der Vertreter durch die Vollmachtserteilung so gebunden wird, wie durch den abzuschließenden Vertrag selbst, was insbesondere bei einer **unwiderruflichen Vollmacht zur Grundstücksveräußerung** der Fall ist (hier greift § 311b Abs. 1 BGB).

Die Vollmacht kann in verschiedensten Formen erteilt werden. Sie kann etwa nur für ein bestimmtes Rechtsgeschäft erteilt werden, oder auch für eine Vielzahl von Rechtsgeschäften. Kaufleute können spezielle Arten der Vollmacht erteilen, bspw. Prokura nach § 48 HGB, eine Handlungsvollmacht nach § 54 HGB oder eine Ladenvollmacht nach § 56 HGB. Nach § 168 Satz 2 BGB können diese Vollmachten jederzeit frei widerrufen werden. **127**

Von der Vollmacht selbst ist das ihr zugrunde liegende Rechtsgeschäft zu unterscheiden. Das zugrundeliegende Rechtsgeschäft ist der Grund, warum die Vollmacht erteilt wird. Hierbei kann es sich bspw. um einen Auftrag (§ 662 BGB), einen Dienstvertrag (§ 611 BGB) aber auch um jedes andere Rechtsgeschäft handeln. Nach § 168 Satz 1 BGB endet grundsätzlich mit dem zugrunde liegenden Rechtsgeschäft auch die Vollmacht. **128**

> **Beispiel:** A hat seiner Sekretärin Vollmacht erteilt, im Rahmen ihres Dienstverhältnisses Büromaterial für die Firma einzukaufen. Wird der Arbeitsvertrag mit der Sekretärin gekündigt, erlischt mit dessen Beendigung nach § 168 Satz 1 BGB auch die Vollmacht.

Beachten Sie:
Nach § 168 Satz 2 BGB kann A die Vollmacht der Sekretärin auch ohne Kündigung des Arbeitsverhältnisses jederzeit widerrufen.

---

2. Rechtsscheinvollmachten

In bestimmten Fällen fingiert das Gesetz die Erteilung oder das Fortbestehen einer Vollmacht, obwohl diese tatsächlich nicht (mehr) gegeben ist. Hier wird also aus bestimmten Gründen so getan, als bestünde eine Vollmacht (fort). Ist bspw. eine Vollmacht gegenüber dem Geschäftsgegner erteilt oder kundgegeben worden (§§ 170–172 BGB), muss das Erlöschen der Vollmacht auch diesem gegenüber angezeigt bzw. bekannt gemacht werden. Solange wird das Fortbestehen der Vollmacht fingiert (§§ 170, 173 BGB). **129**

Über diese gesetzlich geregelten Fälle hinaus hat die Rechtsprechung im Laufe der Zeit die Grundsätze der sogenannten **Duldungs-** sowie **Anscheinsvollmacht** entwickelt. Bei diesen sogenannten Rechtsscheinvollmachten ist zwar keine Vollmacht erteilt, der Geschäftsherr lässt aber das Auftreten des „Bevollmächtigten" wissentlich zu (**Duldungsvollmacht**) oder aber er weiß zwar von diesem nicht, hätte das Auftreten des „Bevollmächtigten" aber erkennen und verhindern können (**Anscheinsvollmacht**). In diesen Fällen ergibt sich aus dem Grundsatz des Vertrauensschutzes (§ 242 BGB), dass sich der Geschäftsherr so behandeln lassen muss, als läge eine wirksame Vollmachtserteilung vor. Voraussetzung ist allerdings, dass der Geschäftspartner hinsichtlich des Nicht-Bestehens der Vollmacht keine Kenntnis bzw. grob fahrlässige Unkenntnis hatte (analog § 173 BGB). **130**

> **Beispiel:** Die Firma A produziert USB-Sticks und möchte eine zugkräftige Werbung auf den Markt bringen. Sie beauftragt daher die Werbeagentur B, ihr bestimmte Werbeunterlagen (Prospekte, Flyer etc.) zu einem Festpreis fertigzustellen. B bestellt wiederholt bei der Druckerei P bestimmte Druckerzeugnisse und bittet darum, die Rechnung direkt an die Firma A zu schicken. Die Firma A bezahlt zunächst fünf Rechnungen der Firma P. Als die Rechnungen Nr. 6 bis 10 eingehen, fallen diese dem Geschäftsführer der Firma A in die Hände. Dieser ordnet an, die Rechnungen nicht zu bezahlen, da mit der Werbeagentur ein Festpreis vereinbart worden sei und die Kosten für die Druckerzeugnisse daher die Firma B zu tragen habe. Bei dem Vertrag über die Druckleistungen (Werkvertrag) nach § 631 BGB

stellt sich die Frage, ob die Werbeagentur B die Firma A wirksam nach § 164 Abs. 1 Satz 1 BGB vertreten hat. B hat zwar beim Vertragsschluss im Namen der Firma A gehandelt, hatte aber keine Vertretungsmacht nach § 167 Abs. 1 BGB. B ist jedoch wiederholt bei den Bestellungen über die Druckerzeugnisse für die Firma A aufgetreten. A hätte dies erkennen und verhindern können, was sich schon daraus ergibt, dass sie die ersten fünf Rechnungen der Firma P anstandslos zahlte. P durfte hierbei auch davon ausgehen, dass die Firma B Vertretungsmacht für die Firma A hatte, denn die ersten Rechnungen wurden bezahlt (§ 173 BGB). Daher muss sich die Firma A so behandeln lassen, als hätte sie die Firma B bevollmächtigt. Es liegt eine Rechtsscheinvollmacht in Form der Anscheinsvollmacht vor. A muss daher gegenüber der Firma P auch die Bestellungen Nr. 6–10 bezahlen.

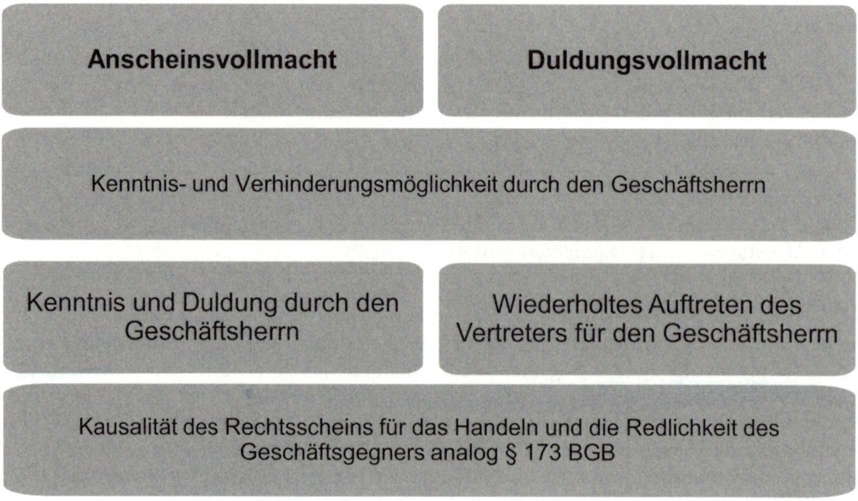

Anscheinsvollmacht	Duldungsvollmacht
Kenntnis- und Verhinderungsmöglichkeit durch den Geschäftsherrn	
Kenntnis und Duldung durch den Geschäftsherrn	Wiederholtes Auftreten des Vertreters für den Geschäftsherrn
Kausalität des Rechtsscheins für das Handeln und die Redlichkeit des Geschäftsgegners analog § 173 BGB	

Abbildung 15: Rechtsscheinvollmacht

3. Vertreter ohne Vertretungsmacht

131 Hat der Vertreter keine Vertretungsmacht oder kann er diese nicht nachweisen, so ist der von diesem geschlossene Vertrag **schwebend unwirksam**. Der Vertretene kann ihn nach den §§ 177 Abs. 1, 184 Abs. 1 BGB genehmigen. Wie im Fall des § 108 Abs. 2 BGB (**s. Rn. 108**) kann der Geschäftspartner den Vertretenen auffordern, binnen zwei Wochen die Genehmigung zu erteilen (§ 177 Abs. 2 BGB). Wird die Genehmigung nicht erteilt, schuldet der Vertreter ohne Vertretungsmacht dem Geschäftspartner nach § 179 BGB nach dessen Wahl entweder Vertragserfüllung **oder** Schadenersatz. Soweit der Geschäftspartner allerdings das Nicht-Bestehen der Vertretungsmacht kannte, schuldet der Vertreter nur Ersatz des Vertrauensschadens (§ 179 Abs. 2 BGB).

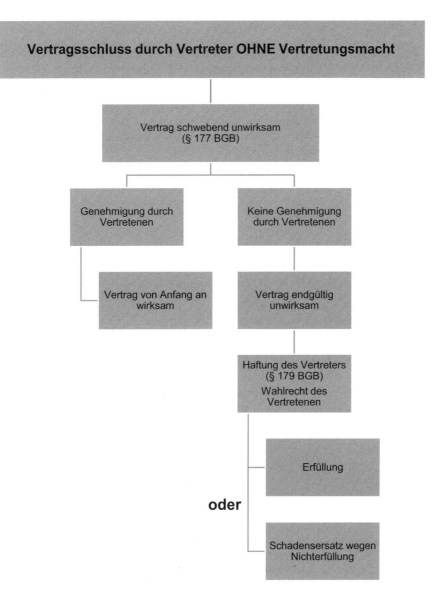

Abbildung 16: Vertretung ohne Vertretungsmacht

4. Grenzen der Vertretungsmacht

Der Vertreter darf nach § 181 BGB grundsätzlich keine Verträge mit sich selbst schließen (**Verbot des Selbstkontrahierens**), denn dies birgt die Gefahr von Interessenkollisionen. Weiterhin dürfen der Vertreter und der Vertragspartner nicht vorsätzlich zum Nachteil des Vertretenen zusammenwirken (sogenannte **Kollusion**). In diesem Fall wäre der Vertrag nach § 138 BGB sittenwidrig.

IV. Allgemeine Geschäftsbedingungen

133 **Warum ist das Thema für Sie von Bedeutung:**
Es ist Ausfluss der grundgesetzlich garantierten Vertragsfreiheit, dass die Parteien im Rahmen der §§ 134, 138 BGB grundsätzlich jeden beliebigen Vertragsinhalt vereinbaren können. Im Rahmen von Massengeschäften werden Verträge und Vertragsbedingungen allerdings nicht mehr individuell ausgehandelt, sondern hier gibt eine Vertragspartei standardisierte Vertragsbedingungen vor, die die andere Vertragspartei entweder akzeptiert oder die Wahl hat, den Vertrag nicht abzuschließen (Prinzip „take it or leave it"). Gibt bspw. Apple ein neues IOS-Betriebssystem heraus, haben Sie als Kunde nur die Wahl, die Lizenzbedingungen zu akzeptieren oder auf die Installation des neuen Betriebssystems zu verzichten. Apple wird mit Ihnen nicht individuell über die Lizenzbedingungen verhandeln. In diesen Fällen, in denen der Vertragsinhalt von einer Partei über allgemeine Geschäftsbedingungen vorgegeben wird, muss die andere Partei vor Vertragsinhalten geschützt werden, die erheblich zu ihren Nachteilen gehen. Dies wird durch die sogenannte Inhaltskontrolle in den §§ 307, 308 und 309 BGB durch den Gesetzgeber gewährleistet.
Die Gestaltung von Allgemeinen Geschäftsbedingungen ist daher in der Praxis komplex, und oft Aufgabe der Juristen. Als Hochschulabsolvent kann allerdings in der Praxis die Aufgabe auf Sie zukommen, dass Sie gewährleisten sollen, dass die Allgemeinen Geschäftsbedingungen Ihres Unternehmens auch tatsächlich in der vertraglichen Beziehung gelten. In diesem Fall müssen Sie die Voraussetzungen für eine wirksame Einbeziehung der Allgemeinen Geschäftsbedingungen nach § 305 Abs. 2 BGB schaffen.

1. Sinn und Zweck Allgemeiner Geschäftsbedingungen

134 Mit Allgemeinen Geschäftsbedingungen versucht der Verwender im Regelfall die vertragliche Beziehung mit einem anderen standardisiert zu seinen Gunsten zu gestalten.

> **Beispiel:** A lernt auf dem Ulmer Weihnachtsmarkt den B kennen. Dort einigen sich die beiden, dass A dem B seinen gebrauchten Fiat für 2.000 € verkauft. B bezahlt die 2.000 € sofort in bar und möchte von A die Übergabe und Übereignung des Wagens. A händigt dem B daraufhin den Fahrzeugbrief, den Fahrzeugschein und die Schlüssel aus und erklärt, dass der Pkw in Hamburg stehe, wo er seinen Wohnsitz habe. Da A und B über die Frage des Leistungsortes keine Vereinbarung getroffen haben, gilt die gesetzliche Regelung des § 269 Abs. 1 BGB, wonach in dem Fall, in dem der Ort für die Leistung weder bestimmt noch aus den Umständen oder der Natur des Schuldverhältnisses zu entnehmen ist, diese Leistung an dem Ort zu erfolgen hat, an welchem der Schuldner zur Zeit der Entstehung des Schuldverhältnisses seinen Wohnsitz hatte. B muss den Wagen also in Hamburg abholen, was de facto den Kaufpreis (in Folge der An- und Rückreisekosten) erheblich verteuert. Es wäre für B wirtschaftlicher gewesen, mit A zu vereinbaren, dass die Leistung in Ulm zu erfolgen hat.

135 Nach diesem Prinzip regeln Unternehmen für eine Vielzahl von Kaufverträgen, bspw. in ihren Allgemeinen Geschäftsbedingungen, dass der Leistungsort am Sitz des Unternehmens ist.

> **Beachten Sie:**
> Entgegen der häufigen Praxis lautet die Abkürzung AGB und **nicht** AGBs, was „Allgemeine Geschäftsbedingungens" bedeuten würde.

2. Umgang mit Allgemeinen Geschäftsbedingungen

a) Begriff. Nach § 305 Abs. 1 BGB sind Allgemeine Geschäftsbedingungen alle für eine Vielzahl von Verträgen vorformulierte Vertragsbedingungen, die eine Partei (Verwender) der anderen Partei stellt.

> **Beachten Sie:**
> Entscheidend ist alleine, dass es sich um vorformulierte Vertragsbedingungen für eine Vielzahl von Verträgen handelt, die gestellt und nicht ausgehandelt werden. Wie die Allgemeinen Geschäftsbedingungen in der Praxis bezeichnet werden (Beispiele: Allgemeine Lieferbedingungen, Allgemeine Verkaufsbedingungen, Allgemeine Einkaufsbedingungen, Allgemeine Vertragsbedingungen etc.) ist hierbei unerheblich. Es handelt sich im Ergebnis um nichts anderes als um vorformulierte Formularverträge.

Die Form ist hierbei unerheblich. Allgemeine Geschäftsbedingungen sind bspw.
– das Schild in einer Autowaschanlage, das für bestimmte Schäden nicht gehaftet wird,
– Lizenzbedingungen beim Erwerb einer Software,
– die International Commercial Terms (INCOTERMS),
– die Verdingungsordnung für Bauleistungen (VOB) oder
– von einem Arbeitgeber vorformulierte Arbeitsverträge.

Sind die Vertragsbedingungen nicht gestellt, sondern im Einzelnen **ausgehandelt**, liegen nach § 305 Abs. 1 Satz 2 keine AGB vor. Entsprechend regelt § 305 b BGB, dass Individualabreden den Allgemeinen Geschäftsbedingungen immer vorgehen. Aus § 310 Abs. 3 BGB ergibt sich, dass bei Verträgen zwischen einem Unternehmer (§ 14 BGB) und einem Verbraucher (§ 13 BGB) Allgemeine Geschäftsbedingungen als vom Unternehmer gestellt gelten und dass bereits dann von Allgemeinen Geschäftsbedingungen auszugehen ist, wenn diese nur zur einmaligen Verwendung bestimmt sind, soweit der Verbraucher auf den Inhalt keinen Einfluss nehmen konnte (§ 310 Abs. 2 Nr. 2 BGB).

b) Anwendungsbereich. Der **sachliche Anwendungsbereich** der Regelungen über Allgemeine Geschäftsbedingungen (also der §§ 305 ff. BGB) gilt nach § 310 Abs. 4 BGB nicht bei Verträgen auf den Gebieten des Erb-, Familien- und Gesellschaftsrechts sowie bei Tarifverträgen und Betriebs- und Dienstvereinbarungen.

Hinsichtlich des **persönlichen Anwendungsbereichs** gilt das AGB-Recht nicht nur für Verbraucher (§ 13 BGB), sondern auch für Unternehmen (§ 14 BGB), juristische Personen des öffentlichen Rechts und öffentlich-rechtliche Sondervermögen. Allerdings gelten nach § 310 Abs. 1 BGB gegenüber Unternehmern, juristischen Personen des öffentlichen Rechts oder öffentlich-rechtlichen Sondervermögen die Regelungen nur eingeschränkt. So finden die Regelungen über die Einbeziehung (§ 305 Abs. 2 BGB) von Allgemeinen Geschäftsbedingungen sowie die besonderen Klausel-Verbote der §§ 308 Nr. 1, 2–8 und 309 BGB keine Anwendung.

c) Einbeziehung von Allgemeinen Geschäftsbedingungen. Allgemeine Geschäftsbedingungen werden nur dann Bestandteil des jeweiligen Vertrages, wenn sich die Parteien bei Vertragsschluss über ihre Geltung geeinigt haben. Gegenüber Verbrauchern (§ 13 BGB) bedarf es nach § 305 Abs. 2 BGB zusätzlich folgender Voraussetzungen:
1. Der Verwender muss ausdrücklich auf die Geltung der AGB **hinweisen**.
2. Die andere Partei muss die zumutbare Möglichkeit der **Kenntnisnahme** haben.
3. Die andere Partei muss mit der Geltung der AGB **einverstanden** sein.

> **Beachten Sie:**
> Nach dem Wortlaut des § 305 Abs. 2 BGB müssen diese Voraussetzungen **bei Vertragsschluss** vorliegen. Werden die AGB also bspw. auf der Rückseite einer Rechnung oder eines Lieferscheins übersandt, sind diese nicht mehr wirksam in den Vertrag einbezogen, denn zu diesem Zeitpunkt ist der Vertrag ja bereits geschlossen.

141 aa) Hinweis. Der Hinweis auf die Geltung der AGB kann mündlich oder schriftlich erfolgen und muss deutlich gestaltet sein.

Beispiel: Im Webshop erfolgt auf der Bestellmaske der Hinweis: „Es gelten unsere Allgemeinen Geschäftsbedingungen."

142 Ist ein ausdrücklicher mündlicher oder schriftlicher Hinweis wegen der Art des Vertragsschlusses nur unter unverhältnismäßigen Schwierigkeiten möglich, dann genügt ausnahmsweise ein deutlich sichtbarer Aushang am Ort des Vertragsschlusses.

Beispiel: Parkhäuser, Reinigungen, Waren- oder Ticketautomaten, Kfz-Waschanlagen.

143 bb) **Zumutbare Möglichkeit der Kenntnisnahme.** Nach § 305 Abs. 1 Nr. 2 BGB muss der Kunde die Möglichkeit haben, in zumutbarer Weise vom Inhalt der Allgemeinen Geschäftsbedingungen Kenntnis zu nehmen.

> **Beachten Sie:**
> Ob der Kunde die AGB tatsächlich liest, spielt keine Rolle. Er muss nur die Möglichkeit hierzu haben.

144 Erfolgt der Vertragsschluss unter Anwesenden, so müssen dem Kunden die AGB also vorgelegt werden. Bei Vertragsschlüssen unter Abwesenden ist es grundsätzlich erforderlich, dass die AGB ihrem gesamten Inhalt nach übersandt werden.

> **Beachten Sie:**
> Ist der Vertragspartner ein Unternehmer (§ 14 BGB), so müssen die AGB nicht zwingend übersandt werden. Es ist ausreichend, wenn dem Unternehmen Möglichkeiten aufgezeigt werden, sich die AGB problemlos zu beschaffen.
> **Beispiel:** In einem Angebot wird auf die Geltung der AGB hingewiesen und weiterhin vermerkt: „Unseren Allgemeinen Geschäftsbedingungen können Sie auf unserer Website unter *www.xyz.de/agb* abrufen." Bei einem Verbraucher reicht dies aber nicht aus.

145 Auch bei Bestellungen im Internet (Webshop) muss auf der Bestellseite ein Link auf die Allgemeinen Geschäftsbedingungen geschaltet sein. Ein Hinweis auf der Eingangsseite ist nicht ausreichend (hierzu auch § 312i Abs. 1 Nr. 4 BGB). Die Allgemeinen Geschäftsbedingungen müssen auch ausdruckbar bzw. speicherbar sein (hierzu auch § 312i Abs. 1 Nr. 4 BGB). Weiterhin setzt die zumutbare Möglichkeit der Kenntnisnahme voraus, dass die AGB von ihrem Inhalt und ihrer Gestaltung für den Durchschnittskunden verständlich und mühelos lesbar sein müssen.

146 cc) **Einverständnis.** Schließlich setzt § 305 Abs. 2 BGB voraus, dass der Kunde mit der Geltung der AGB **einverstanden** ist. Das Einverständnis muss hierbei nicht ausdrücklich erklärt werden, es liegt im Regelfall konkludent in der Tatsache, dass der Kunde nach dem Hinweis und der zumutbaren Kenntnismöglichkeit den Vertrag abschließt.

Bei Webshops ist hierzu allerdings erforderlich, dass der Kunde sein Einverständnis mit den Allgemeinen Geschäftsbedingungen durch das Setzen des Häkchens aktiv erklärt (opt-in). Es reicht nicht aus, wenn das Häkchen bereits voreingestellt ist und der Kunde dieses aktiv wegklicken muss (opt-out). **147**

Abbildung 17: Übersicht Einbeziehung von AGB (§ 305 Abs. 2 BGB)

d) **Überraschungsklauseln.** Auch wenn nach diesen Grundsätzen eine wirksame Einbeziehung nach § 305 Abs. 2 BGB vorliegt, werden überraschende Klauseln nach § 305c BGB nicht Vertragsbestandteil. Bei überraschenden Klauseln handelt es sich um solche, mit denen der Kunde wegen ihrer Ungewöhnlichkeit nicht rechnen musste. **148**

Beispiel: Ein Kunde bestellt eine Kaffeemaschine unter Einbezug der Allgemeinen Geschäftsbedingungen des Verkäufers. Dort ist vorgesehen, dass der Kunde fünf Jahre lang die Kaffeemaschinen kostenpflichtig beim Verkäufer warten lassen muss. Mit einer derartigen Klausel muss der Käufer nicht rechnen, weshalb diese nach § 305c BGB nicht Vertragsbestandteil wurde.

e) **Inhaltskontrolle von Allgemeinen Geschäftsbedingungen.** Eine unangemessene Benachteiligung der Kunden durch Allgemeine Geschäftsbedingungen verhindert der Gesetzgeber durch eine Inhaltskontrolle nach den §§ 307 ff. BGB. In den §§ 308 und **149**

309 BGB hat der Gesetzgeber hierzu **Einzelklauseln** aufgelistet, die nicht in den Allgemeinen Geschäftsbedingungen enthalten sein dürfen. § 307 BGB enthält hingegen eine **Generalklausel**.

> **Beachten Sie:**
> Gegenüber Kaufleuten gilt nur § 307 BGB.

150 Die in § 309 BGB aufgezählten Klauselverbote sind „ohne Wertungsmöglichkeit". Ist eine solche Klausel in Allgemeinen Geschäftsbedingungen vereinbart, ist sie also immer unwirksam.

151 § 308 BGB enthält hingegen Klauselverbote „mit Wertungsmöglichkeit", die sogenannte unbestimmte Rechtsbegriffe enthalten („unangemessen", „zumutbar" etc.). Hier muss also im Einzelfall ermittelt werden, ob der unbestimmte Rechtsbegriff erfüllt und die Klausel damit unwirksam ist.

152 Liegt kein Verstoß gegen die Klauselverbote der §§ 308 und 309 BGB vor, sind die Allgemeinen Geschäftsbedingungen noch an der Generalklausel des § 307 BGB zu messen. Hierbei ist zu beurteilen, ob die Klausel den Vertragspartner entgegen der Gebote von Treu und Glauben unangemessen benachteiligt. Dies wird nach § 307 Abs. 2 BGB vermutet, wenn von wesentlichen Grundgedanken der gesetzlichen Regelungen abgewichen wird oder durch die Allgemeinen Geschäftsbedingungen der Vertragszweck gefährdet wird beziehungsweise ein Verstoß gegen das Transparenzgebot vorliegt.

153 f) **Rechtsfolgen der Unwirksamkeit.** Wenn die AGB nicht Vertragsbestandteil werden oder sie unwirksam sind, führt dies **nicht** zur Nichtigkeit des gesamten Vertrages. Nach § 306 Abs. 1 BGB bleibt der Vertrag vielmehr im Übrigen wirksam. Anstelle der nichtigen Klausel gilt stattdessen wieder die jeweilige gesetzliche Regelung.

Fortsetzung der Lösung zu Fallbeispiel 3:
Die X GmbH hat in ihren Allgemeinen Geschäftsbedingungen geregelt: „Die Lieferung erfolgt unter Ausschluss jeglicher Gewährleistung." Die Regelung ist für eine Vielzahl von Verträgen der X GmbH vorformuliert, weshalb es sich um Allgemeinen Geschäftsbedingungen im Sinne des § 305 Abs. 1 BGB handelt. A hat gemäß § 305 Abs. 2 Nr. 1 BGB auf dem Bestellformular den Hinweis erhalten, dass für alle Bestellungen die Allgemeinen Geschäftsbedingungen der X GmbH gelten. Er musste diese, bevor er zum Absende-Icon gelangen konnte, durchscrollen. Damit hatte er die zumutbare Möglichkeit der Kenntnisnahme nach § 305 Abs. 2 Nr. 2 BGB. Indem A nach dem erteilten Hinweis und der zumutbaren Möglichkeit der Kenntnisnahme auf „Bestellen" geklickt hatte, hat er konkludent sein Einverständnis mit der Geltung der Allgemeinen Geschäftsbedingungen erklärt. Diese sind also gemäß § 305 Abs. 2 BGB wirksam in den Vertrag einbezogen. Allerdings verbietet § 309 Nr. 8 b) aa) bei Verträgen über die Lieferung neu hergestellter Sachen die Ansprüche gegen den Verwender wegen eines Mangels insgesamt auszuschließen. Die Klausel ist daher unwirksam. Der Kaufvertrag im Übrigen bleibt nach § 306 Abs. 1 BGB wirksam. Nach § 306 Abs. 2 BGB tritt an die Stelle der unwirksamen Vorschrift die entsprechende gesetzliche Regelung. A hat daher uneingeschränkt die kaufrechtlichen Gewährleistungsrechte nach § 437 BGB.

V. Widerrufsrecht

Warum ist das Thema für Sie von Bedeutung:
Das Widerrufsrecht bildet eine praxisrelevante Ausnahme vom Grundsatz, dass Verträge einzuhalten sind (pacta sunt servanda). Es basiert auf europarechtlichen Vorgaben und soll Verbraucher bspw. vor typischen Gefahren des Fernabsatzes (z. B. beim Onlineshopping, Teleshopping,„ Katalogbestellungen etc.) schützen. Da sich bei Fernabsatzverträgen die Vertragsparteien nicht gemeinsam an einem Ort befinden, hat der Käufer nicht wie im Ladengeschäft die Möglichkeit, die Ware anzufassen und auszuprobieren. Entschließt sich der Käufer in einem Ladenlokal zum Kauf, so ist er an den Kaufvertrag gebunden. Es gibt in diesem Fall kein Widerrufsrecht. Der Käufer ist bei Umtauschwünschen auf die Kulanz des Verkäufers angewiesen. Beim Onlineshopping muss sich der Kunde zunächst auf Bilder und Produktbeschreibungen im Onlineshop verlassen und kann die Ware erst nach abgeschlossenem Kaufvertrag überprüfen. Daher räumt der Gesetzgeber ein Widerrufsrecht ein. In der unternehmerischen Praxis müssen Sie insbesondere bei Verträgen mit Verbrauchern die spezifischen Widerrufsregeln beachten. Von besonderer Bedeutung sind hierbei die ordnungsgemäße Widerrufsbelehrung und die gesetzlichen Informationspflichten.

Die zentrale Norm für das Widerrufsrecht ist § 355 BGB. Dieser lautet:

*„Wird einem **Verbraucher** durch Gesetz ein **Widerrufsrecht** nach dieser Vorschrift eingeräumt, so sind der Verbraucher und der **Unternehmer** an ihre auf den Abschluss des Vertrages gerichtete Willenserklärung nicht mehr gebunden, wenn der Verbraucher seine Willenserklärung **fristgerecht widerrufen** hat."*

Der Widerruf setzt damit folgendes voraus:
1. Es muss ein **Verbrauchervertrag**, also ein Vertrag zwischen einem Unternehmer und einem Verbraucher vorliegen.
2. Es muss durch gesetzliche Vorschrift ein **Widerrufsrecht** eingeräumt werden.
3. Der Verbraucher muss seine Willenserklärung **widerrufen** haben (Widerrufserklärung).
4. Der Widerruf muss **fristgerecht** erfolgt sein.

Rechtsfolge des Widerrufs nach § 355 Abs. 1 Satz 1 BGB ist, dass der Verbraucher an seine Willenserklärung nicht mehr gebunden ist. Die bereits erbrachten Leistungen sind in diesem Fall nach § 353 Abs. 3 BGB unverzüglich zurück zu gewähren. Bei Fernabsatzverträgen und Verträgen außerhalb von geschlossenen Geschäftsräumen müssen die Leistungen bspw. nach § 357 Abs. 1 BGB innerhalb von 14 Tagen zurückgewährt werden. Nach § 357 Abs. 2 BGB müssen in diesem Fällen auch die Versandkosten für die Hinsendung erstattet werden. § 357 Abs. 6 BGB bestimmt, dass der Verbraucher bei Fernabsatzverträgen und Verträgen außerhalb von geschlossenen Geschäftsräumen grundsätzlich die Rücksendekosten zu tragen hat, wenn er beim Vertragsschluss hierüber unterrichtet wurde. Etwas anderes gilt nur, wenn der Unternehmer sich bereit erklärt hat, diese Kosten zu übernehmen. Hat die Sache beim Verbraucher einen Wertverlust erlitten, so muss er nach § 357 Abs. 7–9 BGB Wertersatz leisten.

1. Verbrauchervertrag

Ein **Verbrauchervertrag** ist ein Vertrag zwischen einem Unternehmer und einem Verbraucher (Business to Consumer).

- § 13 BGB definiert **Verbraucher** als eine natürliche Person, die ein Rechtsgeschäft zu Zwecken abschließt, die überwiegend weder ihrer gewerblichen noch ihrer selbstständigen beruflichen Tätigkeit zugerechnet werden können.
- **Unternehmer** ist nach § 14 Abs. 1 BGB eine natürliche oder juristische Person oder eine rechtsfähige Personengesellschaft, die bei Abschluss eines Rechtsgeschäfts in Ausübung ihrer gewerblichen oder selbstständigen beruflichen Tätigkeit handelt.

159 Hieraus ergibt sich, dass juristische Personen und Personengesellschaften immer Unternehmer sind. Eine Abgrenzung zwischen Unternehmer und Verbraucher ist nur bei **natürlichen Personen** notwendig. Hierbei ist auf den Zweck des Rechtsgeschäfts abzustellen.

Beispiel:
Kauft ein Rechtsanwalt einen Pkw, so kann er dies als Verbraucher tun, wenn er den Pkw für überwiegend private Zwecke erwirbt. Erwirbt er den Pkw für seine selbstständige berufliche Tätigkeit, so handelt er als Unternehmer im Sinne von § 14 BGB.

2. Gesetzliches Widerrufrecht

160 § 355 BGB ist eine sogenannte **Blankettnorm**. Das bedeutet, dass § 355 BGB selbst kein Widerrufsrecht enthält, sondern nur dann Anwendung findet, wenn eine spezielle gesetzliche Vorschrift ein Widerrufsrecht einräumt und auf § 355 BGB verweist. So regelt bspw. § 312g Abs. 1 BGB:

„Der Verbraucher steht bei außerhalb von Geschäftsräumen geschlossenen Verträgen und bei Fernabsatzverträgen ein Widerrufsrecht gemäß § 355 BGB zu."

161 Weitere Regelungen, die ein Widerrufsrecht nach § 355 BGB einräumen sind bspw.:
- Teilzeitwohnrechtsverträge (§ 485 BGB),
- Verbraucherdarlehensverträge (§ 495 BGB),
- Fernunterrichtsverträge (§ 4 Fernunterrichtsgesetz).

162 Die wichtigsten Verträge im Rahmen der Ausbildung an Hochschulen und auch im privaten Bereich sind Fernabsatzverträge (§ 312c BGB) und Verträge außerhalb von geschlossenen Geschäftsräumen (§ 312b BGB).

163 a) **Fernabsatzverträge.** § 312g BGB normiert ein Widerrufsrecht bei **Fernabsatzverträgen**. Der Begriff der Fernabsatzverträge ist in § 312c Abs. 1 BGB definiert. Fernabsatzverträge sind demnach Verträge,
- bei denen der **Unternehmer** oder eine in seinem Namen oder Auftrag handelnde Person und der **Verbraucher**
- für die **Vertragsverhandlungen** und den **Vertragsschluss**
- ausschließlich **Fernkommunikationsmittel** verwenden.

Dies gilt aber nur, wenn ein Vertragsschluss im Rahmen eines für den Fernabsatz organisierten Vertriebs- oder Dienstleistungssystem vorliegt. Dies ist nicht der Fall, wenn ein Unternehmer lediglich gelegentlich oder einmalig über Fernkommunikationsmittel einen Vertrag schließt.

Beispiel: Rechtsanwalt A verkauft über seine Website (einmalig) einen Firmenwagen.

164 Auch wenn ein Fernabsatzvertrag vorliegt, führt dies nicht immer zum Vorliegen eines Widerrufsrechts, denn § 312g BGB enthält in Abs. 2 und in Abs. 3 bestimmte **Ausnahmen**.

165 Praxisrelevant sind hierbei die Ausnahmetatbestände in § 312g Abs. 2 BGB. So ist bspw. ein Widerrufsrecht ausgeschlossen, wenn Waren nicht vorgefertigt sind, sondern für deren Herstellung eine individuelle Auswahl oder Bestimmung durch den Verbraucher maßgeblich ist oder Verträge zur Lieferung von Waren, die schnell verderben können oder deren Verfallsdatum schnell überschritten würde.

Beispiel:
Tassen oder Kleider mit persönlichen Aufdrucken oder Fotos, Schmuck mit persönlichen Gravuren etc.

> **Beachten Sie:**
> Im elektronischen Geschäftsverkehr normiert § 312i BGB weitere zusätzliche Pflichten. Gegenüber Verbrauchern gilt zusätzlich § 312 j BGB.
> Weitere spezifische Verpflichtungen für Verbraucherverträge folgen aus § 312a BGB.

166

b) Außerhalb von Geschäftsräumen geschlossene Verträge. Nach § 312g Abs. 1 BGB besteht weiterhin ein Widerrufsrecht bei außerhalb von Geschäftsräumen geschlossenen Verträgen. Der Begriff des Geschäftsraums wird in § 312b Abs. 2 BGB definiert. Situationen, die als Geschäftsabschluss außerhalb von Geschäftsräumen gelten, definiert § 312b Abs. 1 BGB.

167

Beispiel:
§ 312b Abs. 1 Nr. 1 BGB umfasst bspw. Verträge in Privatwohnungen, am Arbeitsplatz, in Hotels oder Restaurants oder in öffentlichen Verkehrsmitteln bzw. auf öffentlichen Verkehrsflächen.

Verträge, bei denen das vom Verbraucher zu zahlende Entgelt 40 € nicht überschreitet, sind vom Anwendungsbereich der Vorschrift nach § 312 Abs. 2 Nr. 12 BGB ausgeschlossen.

168

Fortsetzung der Lösung zu Fallbeispiel 3:
Der zwischen der X GmbH und A geschlossene Kaufvertrag ist ein Fernabsatzvertrag nach § 312c Abs. 1 BGB. Die X GmbH ist gemäß § 14 BGB schon Kraft ihrer Rechtform Unternehmer. A erwirbt das Notebook als natürliche Person für private Zwecke und ist damit Verbraucher im Sinne von § 13 BGB. Der Vertrag wird ausschließlich über den Webshop, also Fernkommunikationsmittel im Sinne § 312c Abs. 2 BGB geschlossen. Weiterhin ist der Webshop der Firma X GmbH ein für den Fernabsatz organisiertes Vertriebssystem. Daher besteht grundsätzlich gemäß § 312g Abs. 1 BGB ein Widerrufsrecht nach § 355 Abs. 1 BGB, soweit nicht ein Ausnahmetatbestand nach § 312g Abs. 2 BGB vorliegt. Da der Kunde sich im Fallbeispiel allerdings das Notebook auf der Website selbst zusammenstellen kann, könnte ein Ausschluss nach § 312g Abs. 2 Nr. 1 BGB vorliegen, wonach ein Widerrufsrecht nicht bei Waren besteht, die nach Kundenspezifikation angefertigt oder eindeutig auf die persönlichen Bedürfnisse zugeschnitten sind. Nach der Rechtsprechung ist jedoch ein nach Kundenwünschen zusammengestelltes Notebook kein Produkt, das nach Kundenspezifikationen angefertigt ist, wenn sich die Ware ohne Einbußen an der Substanz und Funktionsfähigkeit mit verhältnismäßigem Aufwand wieder in den Zustand vor der Anfertigung versetzen lässt. Betragen bspw. die Kosten eines Rückbaus 3 Arbeitsstunden zu je 75 € Stundenlohn und betragen daher angesichts des Gesamtbetrages die Rückbaukosten weniger als 5 % des Warenwertes, ist dies nach der Rechtsprechung zumutbar.

3. Widerrufserklärung

Nach § 355 Abs. 1 Satz 1 BGB ist neben einem gesetzlichen Widerrufsrecht eine **Widerrufserklärung** erforderlich. Der Verbraucher kann den Vertrag also widerrufen, er muss dies jedoch nicht tun. Aus § 355 Abs. 1 Satz 1 und 3 BGB ergibt sich, dass aus

169

der Erklärung der Entschluss des Verbrauchers, am Vertrag nicht festhalten zu wollen, eindeutig hervorgehen muss.

> **Beachten Sie:**
> – Das Wort „Widerruf" muss in der Widerrufserklärung nicht enthalten sein.
> – Der Widerruf kann formlos erklärt werden, dass bedeutet, er kann schriftlich, mündlich, telefonisch aber auch durch E-Mail erfolgen.
> – Nach § 355 Abs. 1 Satz 4 BGB muss die Erklärung nicht begründet werden.
> – Es genügt allerdings nicht, wenn der Verbraucher die gekaufte Ware nur zurücksendet.

Fortsetzung der Lösung zu Fallbeispiel 3:
A hat an die X GmbH geschrieben, dass er vom Vertrag zurücktrete und – gleich aus welchem Rechtsgrund – die Rückzahlung seines Kaufpreises in Höhe von € 1.599 verlange. Dieses Schreiben erfüllt die Anforderungen an die Widerrufserklärung, denn aus dem Inhalt ist eindeutig zu entnehmen, dass A nicht mehr am Vertrag festhalten will. Dass A die Erklärung nicht als Widerruf bezeichnet hat, ist belanglos.

4. Widerrufsfrist

170 Nach § 355 Abs. 2 BGB beträgt die **Widerrufsfrist** grundsätzlich 14 Tage.

> **Beachten Sie:**
> Die Information über die **Dauer** einer Frist reicht Ihnen allein nicht aus, um diese zu berechnen. Sie müssen insbesondere wissen, wann die Frist beginnt und wann bzw. wie sie endet. Allgemeine Regelungen zu der Berechnung von Fristen und Terminen finden Sie in den §§ 186 ff. BGB. Hier gilt insbesondere § 187 Abs. 1 BGB, wonach beim Fristbeginn der Anfangstag nicht mitgerechnet wird, wenn der Beginn auf diesen Tag fällt. Eine Frist endet grundsätzlich nach § 188 BGB. Fällt der letzte Tag der Frist auf einen Samstag, Sonntag oder gesetzlichen Feiertag, so endet die Frist erst mit Ablauf des nächsten Werktages (§ 193 BGB).

171 Grundsätzlich **beginnt** die Widerrufsfrist nach § 355 Abs. 2 Satz 2 BGB mit dem Vertragsschluss zu laufen. Dies gilt jedoch ausweislich der gesetzlichen Normierung nicht, soweit etwas anderes bestimmt ist. Die § 356–356c BGB enthalten allerdings umfangreiche Spezialregelungen.

172 Für Fernabsatzverträge und außerhalb von Geschäftsräumen geschlossene Verträge enthalten insbesondere § 356 Abs. 2 und § 356 Abs. 3 BGB besondere Normierungen. Nach § 356 Abs. 3 BGB beginnt die Frist beim Verbrauchsgüterkauf grundsätzlich erst, wenn der Verbraucher die Ware erhalten hat.

173 Weiterhin beginnt die Widerrufsfrist nach § 356 Abs. 3 BGB nicht, bevor der Verbraucher entsprechend den Anforderungen des Artikel 256a § 1 Abs. 2 Satz 1 Nr. 1 oder des Artikel 246b § 2 Abs. 1 des EGBGB (Einführungsgesetz zum Bürgerlichen Gesetzbuch) unterrichtet worden ist. Hierzu ist insbesondere eine Widerrufsbelehrung des Verbrauchers erforderlich. Nach § 356 Abs. 1 BGB gilt, dass der Unternehmer hierzu das **Muster-Widerrufsformular** der Anlage 2 zu Artikel 246a § 1 BGB oder eine andere eindeutige Widerrufserklärung auf seiner Website mit der Pflicht zur Bestätigung auf einem Datenträger verwenden kann.

174 Erfolgt die Widerrufsbelehrung **nicht**, kann der Verbraucher – anders als dies früher der Fall war – nicht ewig widerrufen. Nach § 356 Abs. 3 Satz 2 BGB erlischt das Widerrufsrecht nämlich spätestens 12 Monate und 14 Tage nachdem der Vertrag geschlossen wurde und der Verbraucher die Waren erhalten hat.

Fortsetzung der Lösung zu Fallbeispiel 3:
Laut Sachverhaltsangabe hat die X GmbH alle gesetzlich erforderlichen Belehrungen ordnungsgemäß erteilt. Die Widerrufsfrist begann daher nach § 355 Abs. 2 Satz 2 i. V. m. § 356 Abs. 2 BGB zu dem Zeitpunkt, in dem A das Notebook geliefert wurde. Da A sich zu dieser Zeit auf einer Geschäftsreise befand und den Widerruf erst über einen Monat später erklärte, war die Widerrufsfrist abgelaufen. Daher steht ihm im Ergebnis kein Widerrufsrecht nach § 355 Abs. 1 BGB zu.

Beachten Sie:
Anders als bei sonstigen Willenserklärungen, bei denen es für die Wirksamkeit auf den Zugang der Erklärung ankommt, ist bei einer Widerrufserklärung nach § 355 Abs. 1 Satz 5 BGB die rechtzeitige **Absendung** des Widerrufs zur Fristwahrung ausreichend.

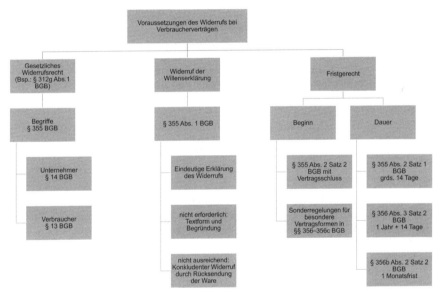

Abbildung 18: Voraussetzungen des Widerrufs

VI. Leistungsstörungen

175 **Warum ist das Thema für Sie von Bedeutung:**
Das Recht der Leistungsstörungen spielt in der täglichen Berufspraxis eine sehr bedeutsame Rolle. In der Regel werden Verträge in der Wirtschaftspraxis geschlossen und abgewickelt, ohne dass es zu weiteren juristischen Problemstellungen kommt. Erst wenn eine Partei aus Sicht der anderen Partei ihre Vertragspflichten nicht oder nicht ordnungsgemäß erfüllt, kommt es zu Streitigkeiten, die es erforder-

lich machen, das Vertragsverhältnis rechtlich zu bewerten. Kann der Streit nicht gütlich beigelegt werden, kommt es oft zu gerichtlichen Auseinandersetzungen. Ein wesentliches Element der Vertragsgestaltung im Rahmen Ihrer beruflichen Praxis wird es daher sein, mögliche Leistungsstörungen in dem Vertragsverhältnis zu antizipieren (vorwegzunehmen) und diese einer für Ihr Unternehmen günstigen Regelung zuzuführen. Bestehen keine vertraglichen Regelungen zum Umgang mit Leistungsstörungen innerhalb des Vertragsverhältnisses, kommen die nachfolgend dargestellten gesetzlichen Regelungen zur Anwendung. Für eine ordnungsgemäße Erfüllung Ihrer Aufgaben bei Vertragsverhandlungen und Vertragsabschlüssen ist es daher zwingend notwendig, dass Sie das Recht der Leistungsstörungen kennen.

1. Grundlagen

176 a) **Leistungspflichten.** Bevor man sich mit dem Recht der Leistungsstörungen beschäftigt, muss man ein paar allgemeine Dinge zu den Leistungspflichten der Parteien im Rahmen eines Schuldverhältnisses wissen. Ein Schuldverhältnis begründet in der Regel eine Vielzahl von Rechten und Pflichten. Diese Pflichten können in Haupt- und Nebenleistungspflichten unterschieden werden.

177 Als **Hauptleistungspflichten** bezeichnet man diejenigen Pflichten, wegen derer die Parteien das Schuldverhältnis überhaupt begründen.

Beispiel: Einen **Kaufvertrag** wird der Käufer deswegen abschließen, weil er Besitz und Eigentum an der gekauften Sache (bspw. einem Auto) erlangen will. Der Verkäufer hingegen hat im Rahmen des Leistungsaustausches in erster Linie ein Interesse an dem Kaufpreis. Daher sind Übergabe und Übereignung der Kaufsache und Zahlung des vereinbarten Kaufpreises die Hauptleistungspflichten eines Kaufvertrages.

Bei einem Mietvertrag hingegen wird der Mieter den Mietvertrag deswegen abschließen, weil er die gemietete Sache (bspw. eine Wohnung) benutzen will. Der Vermieter hingegen ist an der Zahlung des Mietzinses interessiert. Bei einem Mietvertrag sind also die Gebrauchsüberlassung und die Zahlung des Mietpreises die Hauptleistungspflichten.

178 Von **Nebenleistungspflichten** spricht man demgegenüber bei den Pflichten, die der Vorbereitung, Unterstützung und Durchführung der Hauptleistung dienen. Zu den Nebenleistungspflichten gehören bspw. Aufklärungspflichten, Obhutspflichten, Fürsorgepflichten, Gleichbehandlungspflichten, Rücksichtnahme- und Schutzpflichten.
Beispiel:
- Bei einem Kaufvertrag muss der Verkäufer die geschuldete Ware ausreichend verpacken.
- Die Vertragsparteien müssen sich gegenseitig über solche Umstände aufklären, die für die andere Partei erkennbar von Bedeutung sind.

179 Bei den Nebenleistungspflichten kann zwischen solchen Pflichten unterschieden werden, die eine Vertragspartei selbstständig geltend machen kann (bspw. kann der Verkäufer vom Käufer die Abnahme der gekauften Sache verlangen) und solchen, die zwar nicht selbstständig einklagbar sind, bei deren Verletzung aber Schadenersatzansprüche entstehen (bspw. Verletzung von Aufklärungspflichten). Insoweit kann zwischen leistungsbezogenen und nicht leistungsbezogenen Nebenleistungspflichten unterschieden werden.

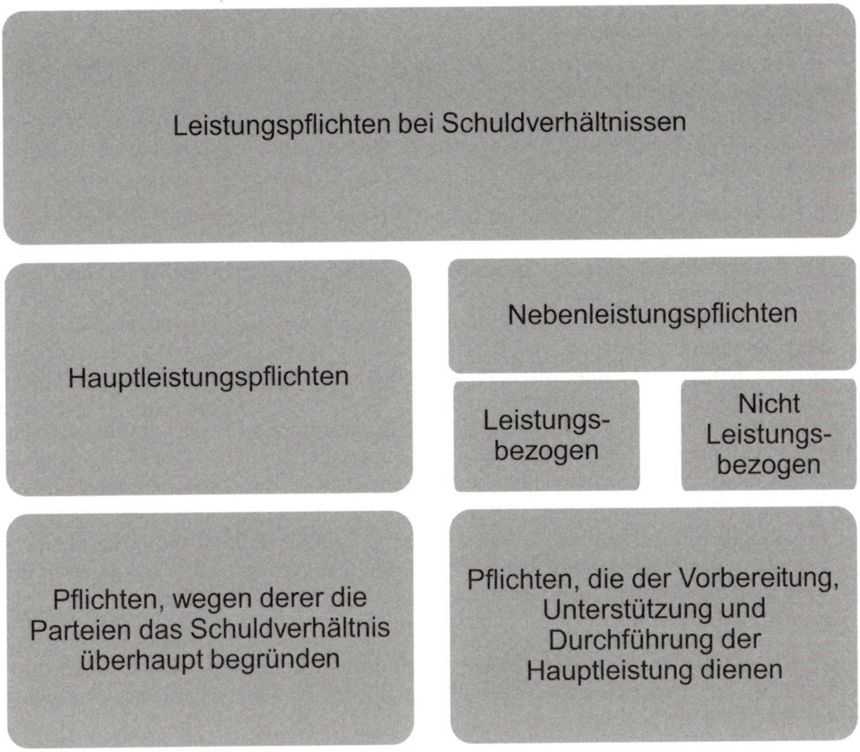

Abbildung 19: Leistungspflichten bei Schuldverhältnissen

> Beachten Sie:
> Bei Dauerschuldverhältnissen, also Schuldverhältnissen die über eine gewisse Zeit andauern, bestehen als Nebenpflichten verstärkte Treuepflichten beider Seiten, deren Verletzung zu Kündigungsrechten der anderen Partei führen kann (§ 314 BGB).
> **Beispiele** für Dauerschuldverhältnisse sind:
> – Miete,
> – Pacht,
> – Dienstvertrag,
> – Gesellschaftsvertrag etc.

b) **Schuldarten.** Beim Kaufvertrag kann je nach Gegenstand der geschuldeten Kaufsache zwischen Stück- und Gattungsschulden unterschieden werden. Haben die Parteien sich auf einen ganz bestimmten Kaufgegenstand geeinigt, so liegt eine **Stückschuld** vor.

Beispiel: Ein bestimmtes Grundstück, ein bestimmtes Kunstwerk von Salvador Dali etc.

Ist die Kaufsache lediglich nach allgemeinen, typischen Merkmalen bestimmt, liegt hingegen eine **Gattungsschuld** vor.

Beispiel: 100 kg Mehl, 20 laufende Meter Holz, 20 t Kupfer etc.

182 Die Besonderheit bei der Gattungsschuld besteht darin, dass der Schuldner auch dann zur Lieferung der Sache verpflichtet ist, wenn er diese gar nicht hat. Denn er hat dann die Pflicht, die Sache zu beschaffen. Er hat also das sogenannte **Beschaffungsrisiko** übernommen. Das Beschaffungsrisiko erlischt erst dann, wenn aus der Gattungsschuld eine Stückschuld wird. Dies erfolgt durch die sogenannte **Konkretisierung** nach § 243 Abs. 2 BGB. Das bedeutet, der Schuldner muss zur Leistung seinerseits alles Erforderliche getan haben.

183 Bei der Konkretisierung ist zu unterscheiden, ob eine Hol-, Bring- oder Schickschuld vorliegt.
– Bei der **Holschuld** muss der Schuldner die Sache aussondern und dem Gläubiger mündlich anbieten.
– Bei der **Bringschuld** muss der Schuldner die Sache aussondern und am Wohnsitz des Gläubigers anbieten.
– Bei der **Schickschuld** muss der Schuldner die Sache aussondern und durch Übergabe an die Transportperson absenden.

Ob eine Hol-, Bring- oder Schickschuld vorliegt, bestimmt sich danach, an welchem **Ort** die Leistungspflicht zu erfüllen ist. Dies können die Parteien vertraglich vereinbaren. Fehlt es an einer solchen Vereinbarung, entscheiden die Umstände darüber, wo der Erfüllungsort liegt.

> **Beispiel:** Beim Kauf von einem Verbraucher ist im Regelfall der Wohnsitz des Verbrauchers der Erfüllungsort, weshalb Holschulden vorliegen. Bei Einkäufen in einem Ladengeschäft ist der Ort des Ladengeschäfts der Erfüllungsort. Beim Versandhandel liegen im Regelfall Schickschulden vor.

184 Lässt sich aus den Umständen nicht ermitteln, wo der Leistungs- bzw. Erfüllungsort sein soll, ist dies nach § 269 BGB der Wohnsitz des Schuldners bzw. der Ort seiner gewerblichen Niederlassung.

> **Beachten Sie:**
> Geldschulden sind Gattungsschulden und Schickschulden.

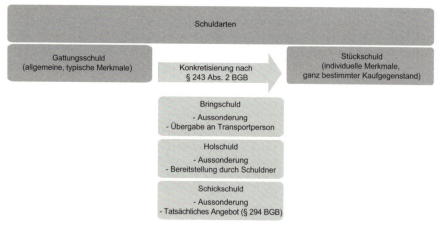

Abbildung 20: Schuldarten am Beispiel Kaufvertrag

2. Systematik des Leistungsstörungsrechts

Im Zentrum des Rechts der Leistungsstörungen steht § 280 Abs. 1 BGB. Nach dieser Regelung muss der Schuldner Schadenersatz leisten, wenn eine Pflicht aus dem Schuldverhältnis verletzt wird und er dies zu vertreten hat. Grundsätzlich lassen sich folgende Formen von Pflichtverletzungen bzw. Leistungsstörungen unterscheiden:
- Der Schuldner leistet schlecht. Erfüllt der Schuldner seine Leistungspflichten nicht, wie vertraglich vereinbart, liegt ein Fall der **Schlechtleistung** vor.

> **Beachten Sie:**
> Für bestimmte Vertragstypen, nämlich den Kaufvertrag, den Mietvertrag, den Werkvertrag und den Reisevertrag gibt es Sonderregelungen für die Schlechtleistungen (§§ 434 ff., §§ 536 ff., §§ 633 ff. und §§ 651c ff. BGB). Bei diesen Sonderregelungen handelt es sich um das sogenannte **Gewährleistungsrecht**. In allen anderen Fällen bzw. wenn der Schuldner Rücksichtnahme-, Neben- bzw. Sorgfaltspflichten verletzt, gelten die allgemeinen Regelungen des § 280 BGB.

- Erbringt der Schuldner seine Leistung gar nicht, liegt ein Fall der **Unmöglichkeit** vor.
- Leistet der Schuldner zu spät, liegt ein Fall des **Schuldnerverzuges** vor.
- Soweit der Gläubiger die Leistung, die der Schuldner ihm ordnungsgemäß anbietet, nicht annimmt, handelt es sich um einen Fall des **Gläubigerverzuges**.
- Ein weiterer Fall der Leistungsstörungen liegt vor, wenn die für die Parteien erkennbare, gemeinsame Grundlage des Geschäftes wegfällt und ein unverändertes Festhalten an dem Vertrag daher unzumutbar ist. Hier handelt es sich um den sogenannten Fall der **Störung der Geschäftsgrundlage**.

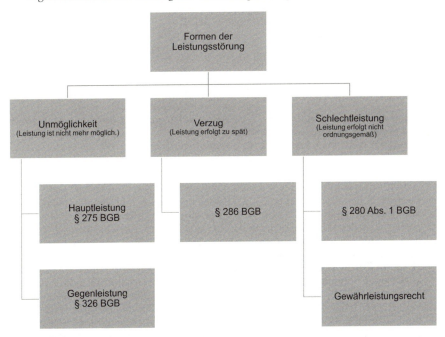

Abbildung 21: Formen der Leistungsstörung

> **Einschub:**
> Typische Rechtsfolgen von Leistungsstörungen sind das Recht auf Schadenersatz (§§ 280 ff. BGB) und das Recht auf Rücktritt vom Vertrag (§§ 323 ff. BGB).
> Im **Schadenersatzrecht** kann danach differenziert werden, ob der Gläubiger
> – Schadenersatz **statt der Leistung** begehrt (§ 280 Abs. 3 BGB),
> – Schadenersatz wegen **Verzögerung** der Leistung, (§ 280 Abs. 2 BGB) oder
> – Ersatz **sonstiger Schäden** (§ 280 Abs. 1 BGB).
> Bei gegenseitigen Verträgen kann der Gläubiger im Falle einer Leistungsstörung unter bestimmten Voraussetzungen gemäß den §§ 323, 324 BGB vom Vertrag zurücktreten. In diesem Fall wandelt sich das Schuldverhältnis in ein sogenanntes Rückgewährschuldverhältnis und die Regeln der §§ 346 ff. BGB finden Anwendung.

3. Schadenersatz wegen Schlechtleistung

186 Besteht die Schlechtleistung des Schuldners bei einem Kauf-, Miet-, Werk- oder Reisevertrag in einer **mangelhaften** Leistung, so finden die Gewährleistungsrechte des jeweiligen Vertragstyps Anwendung. Diese werden bei dem jeweiligen Vertragstyp behandelt. In Fällen mangelhafter Leistung
– bei Verträgen, die **keine** speziellen Gewährleistungsregeln enthalten,
– bei Verträgen mit Gewährleistungsregeln die zu **Folgeschäden** führen und
– bei der **Verletzung von Schutzpflichten** im Sinne des § 241 Abs. 2 BGB
findet § 280 Abs. 1 BGB direkt Anwendung.

187 Die Regelung hat folgende Voraussetzungen:
1. Bestehen eines Schuldverhältnisses,
2. Pflichtverletzung des Schuldners,
3. Vertreten müssen der Pflichtverletzung (§ 280 Abs. 1 Satz 2 BGB) und die
4. Entstehung eines Schadens.

188 a) **Bestehen eines Schuldverhältnisses.** Leistungsstörungen können nur im Rahmen von Schuldverhältnissen auftreten. Von daher ist als erstes das Bestehen eines vertraglichen oder gesetzlichen Schuldverhältnisses festzustellen. Hier gelten die dargestellten allgemeinen Regelungen zur Entstehung von Schuldverhältnissen.

189 b) **Pflichtverletzung des Schuldners.** Eine Pflichtverletzung liegt bei einem objektiven Verstoß gegen die Pflichten aus dem Schuldverhältnis vor. Zur Bestimmung der Pflichtverletzung muss in einem ersten Schritt ermittelt werden, welche Haupt- und Nebenleistungspflichten der Schuldner aus dem Schuldverhältnis hat. Sodann muss im Rahmen der Subsumtion festgestellt werden, ob der Schuldner eine derartige Pflicht verletzt hat.

> **Beispiel:** A bestellt sich bei einem Möbelhaus ein neues Sofa. Bei der Anlieferung und dem Aufbau durch die Mitarbeiter des Möbelhauses wird aufgrund einer Unachtsamkeit der Mitarbeiter der Fernseher des A beschädigt. In diesem Fall steht dem A ein Schadenersatzanspruch nach § 280 Abs. 1 BGB zu. Zwischen A und dem Möbelhaus bestand ein **Schuldverhältnis** in Form eines Kaufvertrages (§ 433 BGB). Es liegt auch eine **Pflichtverletzung** des Möbelhauses vor. Zu den allgemeinen Sorgfaltspflichten im Rahmen eines Schuldverhältnisses gehört es nach § 241 Abs. 2 BGB, dass auf die Rechte, Rechtsgüter und Interessen des anderen Teils Rücksicht genommen wird. Diese Sorgfaltspflichten sind im vorliegenden Fall durch den unachtsamen Aufbau des Sofas durch die Mitarbeiter des Möbelhauses verletzt worden. Das Möbelhaus hat die Pflichtverletzung auch **zu vertreten** (§ 280 Abs. 1 Satz 2 BGB). Zwar ist die Pflichtverletzung hier durch Mitarbeiter des Mö-

belhauses verursacht worden, nach § 278 BGB muss das Möbelhaus jedoch für diejenigen Hilfspersonen einstehen, die es zur Vertragserfüllung eingesetzt hat. Schließlich liegt auch ein **Schaden** im Sinne des § 249 Abs. 1 BGB vor, da der Fernseher des A beschädigt wurde.

190 Bezugspunkt der Pflichtverletzung kann also eine mangelhafte Leistung bei Verträgen sein, die kein spezielles Gewährleistungsrecht enthalten.

Beispiel: Ein Anwalt berät seinen Mandanten falsch, weshalb dieser den Prozess verliert. Der Anwaltsvertrag ist ein Dienstvertrag im Sinne von § 611 BGB. Das Dienstvertragsrecht enthält für mangelhafte Leistungen keine speziellen Gewährleistungsregelungen. Die Falschberatung ist daher nach § 280 Abs. 1 BGB zu bewerten.

191 Aber auch bei den Verträgen, die spezifische Gewährleistungsvorschriften haben, kann die allgemeine Regelung des § 280 Abs. 1 BGB greifen. Dies ist dann der Fall, wenn es um sogenannte **Mangelfolgeschäden** geht. Ein Mangelfolgeschaden betrifft nicht die mangelhafte Sache selbst (diese wird nach dem Gewährleistungsrecht behandelt), sondern einen Schaden, der durch die mangelhafte Sache an **anderen Rechtsgütern** des Gläubigers eintritt. Diese Fälle sind nach § 280 Abs. 1 BGB zu bewerten.

Beispiel: A kauf sich für sein Motorrad neue Bremsscheiben. Er baut diese selbst ein. Die Bremsscheiben sind mangelhaft. Hierdurch kommt es zu einem Unfall, in dessen Folge A verletzt wird. Die Heilbehandlungskosten des A sind sogenannte Mangelfolgeschäden. Sie sind nicht nach dem kaufrechtlichen Gewährleistungsrecht der §§ 434 ff. BGB, sondern nach § 280 Abs. 1 BGB zu bewerten.

192 Weiterhin greift § 280 Abs. 1 BGB, wenn sich die Pflichtverletzung nicht auf die Leistung selbst, sondern auf die Verletzung von Rücksichtnahmepflichten bezieht. Eine solche Verletzung liegt insbesondere bei fehlerhafter oder unterbliebener Aufklärung bzw. bei der Verletzung sonstiger Schutzpflichten vor. Ein Beispiel hierfür ist der Fall des beschädigten Fernsehers beim Möbelkauf (s. Rn. 189).

193 Nach § 280 Abs. 1 BGB sind grundsätzlich nur Pflichtverletzungen im Rahmen eines Schuldverhältnisses relevant. Die Pflichtverletzung kann jedoch auch schon in einem früheren Stadium, nämlich im **vorvertraglichen Bereich** liegen. Daher hat der Gesetzgeber in § 311 Abs. 2 BGB die Haftung nach § 280 Abs. 1 BGB auf den vorvertraglichen Bereich erweitert. Haftungsrelevant im Sinne von § 280 Abs. 1 BGB ist daher nach § 311 Abs. 2 und 3 BGB in Verbindung mit § 241 Abs. 2 BGB, auch eine Pflichtverletzung
1. nach der Aufnahme von Vertragsverhandlungen,
2. nach Anbahnung des Vertrages, bei welcher der eine Teil im Hinblick auf eine rechtsgeschäftliche Beziehung dem anderen Teil die Möglichkeit zur Einwirkung auf seine Rechte, Rechtsgüter und Interessen gewährt oder ihm diese anvertraut oder
3. bei ähnlichen geschäftlichen Kontakten.

Beispiel: A möchte von B eine Wohnung kaufen. Bei der Besichtigung des Gartens stürzt A und verletzt sich, weil B die Wege trotz Schneeglätte nicht gestreut hat. Die Pflichtverletzung des B erfolgt hier nicht im Rahmen eines Schuldverhältnisses, da die Parteien ja noch keinen Kaufvertrag geschlossen hatten. Nach § 311 Abs. 2 Nr. 1 BGB entstehen die Schutzpflichten nach § 241 Abs. 2 BGB allerdings schon ab der Aufnahme der Vertragsverhandlungen. Daher liegt im vorliegenden Fall eine Pflichtverletzung im Sinne des § 280 Abs. 1 BGB vor, die zu einer Schadenersatzpflicht (bspw. für die Behandlungskosten des A) führt.

194 c) **Vertreten müssen der Pflichtverletzung.** Nach § 280 Abs. 1 Satz 2 BGB tritt die Ersatzpflicht nicht ein, wenn der Schuldner die Pflichtverletzung nicht zu vertreten hat. Positiv formuliert bedeutet dies, dass nur eine Ersatzpflicht entsteht, wenn der Schuldner die Pflichtverletzung zu vertreten hat, mithin wenn der Schuldner für die Pflichtverletzung verantwortlich ist.

> **Beachten Sie:**
> Die negative Formulierung in § 280 Abs. 1 Satz 2 BGB bedeutet, dass das Vertreten müssen des Schuldners erst einmal **vermutet** wird. Er ist daher nur dann nicht zur Leistung von Schadenersatz nach § 280 Abs. 1 BGB verpflichtet, wenn er beweisen kann, dass er ausnahmsweise die Pflichtverletzung nicht zu vertreten hat. In der Klausur bedeutet dies für Sie, dass Sie – wenn keine weiteren Sachverhaltsangaben vorliegen, die etwas anderes zeigen – von einem Vertreten müssen des Schuldners ausgehen können.

195 Was ein Schuldner zu vertreten hat, findet sich in den gesetzlichen Vorschriften der §§ 276–278 BGB. Der Schuldner muss nach § 276 Abs. 1 BGB grundsätzlich **vorsätzliches** und **fahrlässiges Verhalten** vertreten.

> **Beachten Sie:**
> Hinsichtlich der Frage der Verschuldensfähigkeit, bspw. bei Minderjährigen, gelten die Regelungen der §§ 827, 828 BGB entsprechend.

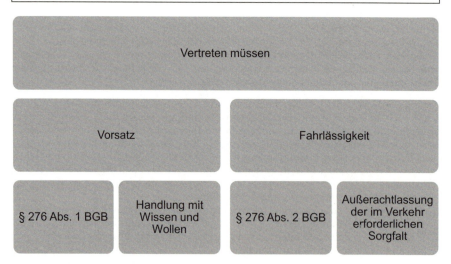

Abbildung 22: Vertreten müssen

196 **Vorsatz** im Sinne von § 276 Abs. 1 BGB liegt vor, wenn der Schuldner mit Wissen und Wollen handelt. Dies ist der Fall, wenn er die Pflichtverletzung entweder zielgerichtet herbeiführt oder wenn er die Pflichtverletzung für möglich hält und sie billigend in Kauf nimmt. Ein vertraglicher Ausschluss der Haftung für Vorsatz ist nach § 276 Abs. 3 BGB nicht möglich. Den Begriff der **Fahrlässigkeit** definiert § 276 Abs. 2 BGB als die Außerachtlassung der im Verkehr erforderlichen Sorgfalt. Die einzuhaltenden Sorgfaltspflichten ergeben sich entweder aus gesetzlichen Vorschriften oder aus der

Berufs- oder Verkehrssitte. **Grobe Fahrlässigkeit** liegt vor, wenn einfachste und naheliegende Überlegungen nicht angestellt werden.

Beispiel: A fährt in der 30er Zone 50 km/h und verursacht einen Verkehrsunfall. Da A gegen die Regelungen der Straßenverkehrsordnung verstoßen hat, ist Fahrlässigkeit zu bejahen.

Ein Küchenbauer hängt Küchenschränke auf, ohne diese zu verdübeln. Diese brechen daraufhin aus der Wand. Hier entspricht es der Berufssitte, dass Küchenschränke in den Wänden verdübelt werden müssen, da der Küchenbauer hiergegen verstoßen hat, handelt er zumindest fahrlässig.

> Beachten Sie:
> Durch vertragliche Vereinbarung oder durch spezielle gesetzliche Regelungen kann es zu **Verschärfungen** oder **Milderungen** der Haftung kommen. Vertraglich darf allerdings bspw. in allgemeinen Geschäftsbedingungen die Haftung für grobe Fahrlässigkeit nicht ausgeschlossen werden (§ 309 Nr. 7b BGB). Gesetzliche Regelungen, die zu einer Haftungsverschärfung führen, sind bspw. § 347 Abs. 1 HGB, der bei Kaufleuten erhöhte Sorgfaltspflichten implementiert. Die §§ 300 Abs. 1, 521, 599 BGB begrenzen die Haftung auf grobe Fahrlässigkeit. Teilweise wird die Haftung auf die Sorgfaltspflicht beschränkt, die in eigenen Angelegenheiten angewendet wird (§§ 690, 708 BGB). In diesen Fällen bleibt die Einstandspflicht für grobe Fahrlässigkeit bestehen (§ 277 BGB).

Nach § 278 BGB wird die Haftung auf das Verschulden Dritter erweitert. Diese Haftungserweiterung findet statt für:
- **Gesetzliche Vertreter** (Eltern, Betreuer etc.) und
- **Erfüllungsgehilfen**, also Personen, die der Schuldner im Rahmen seiner Vertragserfüllung mit Wissen und Wollen einsetzt (Arbeitnehmer, Subunternehmer, Transportpersonen etc.). Das Fehlverhalten muss aber in einem inneren sachlichen Zusammenhang mit der Vertragserfüllung stehen.

d) **Entstehung eines Schadens.** § 280 BGB setzt weiterhin einen Schaden voraus. Ersatzfähig sind nach § 280 Abs. 1 BGB der Schaden **statt** der Leistung oder sonstige Schäden. Unter einem **Schaden** versteht man grundsätzlich jede unfreiwillig erlittene Einbuße an materiellen oder immateriellen Rechtsgütern oder Rechten einer Person.

> Beachten Sie:
> Ist das Vermögensopfer freiwillig, spricht man nicht von Schaden, sondern von Aufwendungen.

Ob und in welcher Höhe ein Schaden eingetreten ist, bestimmt sich nach den §§ 249 ff. BGB.

> Beachten Sie:
> Die Regelungen gelten nicht nur für die Bestimmung von Schäden im Rahmen des § 280 Abs. 1 BGB, sondern enthalten allgemein geltende Regelungen für den Inhalt und Umfang zu ersetzender Schäden. Sie finden daher auch im Deliktsrecht (§§ 823 ff. BGB) sowie in allen anderen Regelungen zur Schadenersatzpflicht Anwendung.

aa) **Differenzmethode.** Nach § 249 Abs. 1 BGB muss der Schuldner den Zustand wieder herstellen, der ohne das schadensbegründende Ereignis bestehen würde. Der Schadenersatz bezieht sich daher auf **Naturalrestitution**. Der Schuldner eines Schadenersatzanspruchs schuldet die Herstellung eines wirtschaftlich gleichwertigen Zustandes. Die Bestimmung erfolgt nach der sogenannten **Differenzmethode**. Hierzu vergleicht man die durch das schädigende Ereignis eingetretene tatsächliche Vermögenslage des Geschädigten mit der hypothetischen Lage, die ohne das Schadensereignis bestehen würde.

201 bb) **Schadensarten.** Schäden können in verschiedenen Arten auftreten, nämlich als
- materielle und immaterielle Schäden,
- Erfüllungs- und Vertrauensschäden oder
- unmittelbare und mittelbare Schäden.

202 **Materielle Schäden** sind alle Arten von Vermögensschäden, die in Geld bewertet werden können. **Immaterielle Schäden** sind demgegenüber Nichtvermögensschäden, wie bspw. Beeinträchtigung der Freiheit, Beeinträchtigungen der Ehre oder Schmerzen. Grundsätzlich werden im deutschen Recht, wie sich bereits aus dem Grundsatz der Naturalrestitution gemäß § 249 Abs. 1 BGB ergibt, nur materielle Schäden, also Vermögensschäden, ersetzt. § 253 Abs. 1 BGB bestimmt, dass wegen eines Schadens, der nicht Vermögensschaden ist, nur dann eine Geldentschädigung verlangt werden kann, wenn das Gesetz dies ausdrücklich zulässt.

203 Die wichtigsten Fälle, in denen ausnahmsweise Geldentschädigung wegen immateriellen Schäden verlangt werden kann, sind das „Schmerzensgeld" sowie die Regelung über entgangene Urlaubsfreuden:
- § 253 Abs. 2 BGB regelt, dass wegen einer Verletzung des Körpers, der Gesundheit, der Freiheit oder der sexuellen Selbstbestimmung Schadenersatz zu leisten ist. In diesen Fällen ist also „**Schmerzensgeld**" zu bezahlen.

> **Beachten Sie:**
> Über dem Wortlaut des § 253 Abs. 2 BGB hinaus hat die Rechtsprechung bei der Verletzung des allgemeinen Persönlichkeitsrechts (Art. 1, 2 GG) Schmerzensgeld zuerkannt. Eine solche Verletzung liegt bspw. bei massiven Ehr- und Persönlichkeitsverletzungen vor.

- Nach § 651f Abs. 2 BGB kann in dem Fall, in dem eine Reise vereitelt oder erheblich beeinträchtigt wird, der Reisende wegen nutzlos aufgewendeter Urlaubszeit eine angemessene Entschädigung in Geld verlangen. Es handelt sich hier um einen Schadenersatz für „**entgangene Urlaubsfreuden**".

204 Neben materiellen und immateriellen Schäden ist auch zwischen Erfüllung- und Vertrauensschaden zu trennen. Der **Erfüllungsschaden** (sogenanntes positives Interesse) spielt insbesondere bei nicht erfüllten Verträgen eine Rolle. Erfüllungsschaden bedeutet, dass der Geschädigte so zu stellen ist, wie er bei ordnungsgemäßer Leistungserbringung (also ordnungsgemäßer Erfüllung des Vertrages) stehen würde. Das Gesetz spricht hier bspw. von „Schadenersatz statt der Leistung" (§ 283 BGB).

205 Der **Vertrauensschaden** (sogenanntes negatives Interesse) beschreibt hingegen den Nachteil, den der Geschädigte dadurch erlitten hat, dass er auf die Gültigkeit des Rechtsgeschäfts vertraut hat. Hier ist der Geschädigte so zu stellen, als ob er nie etwas von dem fraglichen Rechtsgeschäft gehört hätte. Die wichtigsten Fälle sind die Schadenersatzpflicht des Anfechtenden nach § 122 BGB und die Haftung des Vertreters ohne Vertretungsmacht nach § 179 Abs. 2 BGB. Zu ersetzende Schäden sind bspw. Kosten, die im Vertrauen auf den Vertragsschluss aufgewendet wurden (Fahrtkosten, Rechtsberatungskosten, Steuerberatungskosten, Transportkosten etc.).

2. Kapitel: Vertragliche Schuldverhältnisse

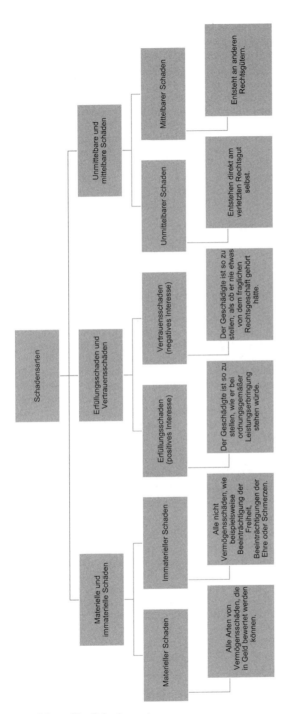

Abbildung 23: Schadensarten

206 Schließlich kann zwischen unmittelbaren und mittelbaren Schäden unterschieden werden. Während **unmittelbare Schäden** die Schäden sind, die am verletzten Rechtsgut selbst entstehen, sind **mittelbare Schäden** solche, die an anderen Rechtsgütern eintreten.

> Beispiel: Die Firma A verkauft der Firma B einen defekten Schwimmschalter. Die Firma B baut diesen in ihre Heizkraftanlage ein, wo der defekte Schwimmschalter eine Havarie verursacht. In Folge der Havarie kommt es zu einem Wasserschaden, der zahlreiche technische Anlagen der Firma B beschädigt, was dazu führt, dass die Produktion der Firma B mehrere Tage still liegt und das Produktionsgebäude aufwendig saniert werden muss. Hier ist der **unmittelbare Schaden** nur die Reparaturkosten bzw. Austauschkosten des Schwimmschalters (auch Mangelschaden genannt). Die Kosten für die Reparatur des Firmengebäudes, die Wiederherstellung der anderen Maschinen, der entgangene Gewinn in Folge des Produktionsausfalls, sowie etwaige Rechtsverfolgungskosten, also bspw. Anwalt- und Gerichtskosten sind **mittelbare Schäden** (auch Folge- oder Mangelfolgeschäden genannt).

207 cc) **Umfang des zu ersetzenden Schadens.** Nach § 249 Abs. 1 BGB findet der Schadenersatz grundsätzlich im Wege der **Naturalrestitution**, also durch Wiederherstellung des Zustandes, der bestehen würde, wenn das beschädigende Ereignis nicht eingetreten wäre, statt.

> Beispiel:
> Widerruf von ehrverletzenden Äußerungen, Reparatur beschädigter Sachen etc.

208 Im Regelfall ist jedoch **Schadenersatz in Geld** zu leisten, was sich aus § 249 Abs. 2, § 251 und § 252 BGB ergibt. So kann der Geschädigte bei Personen- oder Sachschäden statt Naturalrestitution den Geldbetrag verlangen, der zur Widerherstellung erforderlich ist. Nach § 250 BGB kann der Geschädigte allerdings auch zunächst Naturalrestitution nach § 249 Abs. 1 BGB verlangen (bspw. Reparatur) und hierfür eine Frist mit Ablehnungsandrohung setzen. Verstreicht die Frist fruchtlos, kann der Geschädigte Schadenersatz in Geld verlangen (§ 250 BGB). Ist eine Naturalrestitution nicht möglich, muss von vornherein Schadenersatz in Geld geleistet werden (§ 251 Abs. 1 BGB). Die gilt nach § 251 Abs. 2 BGB auch dann, wenn die Wiederherstellung nur mit unverhältnismäßig hohen Kosten möglich ist.

209 Wichtig hinsichtlich des Schadensumfangs ist § 252 BGB, wonach der entgangene Gewinn des Geschädigten zu ersetzen ist. Da die Höhe des entgangenen Gewinns schwer zu beweisen ist, gilt nach § 252 Satz 2 BGB, dass der Gewinn als entgangen gilt, der nach dem gewöhnlichen Verlauf der Dinge erwartet werden konnte.

210 dd) **Schadenskausalität.** Zu ersetzen ist nur derjenige Schaden, der kausal durch die Rechtsgutverletzung verursacht wurde. Die **Kausalität** beschreibt den Ursachenzusammenhang zwischen der Rechtsgutverletzung und dem eingetretenen Schaden. Dieser Ursachenzusammenhang kann einmal nach der sogenannten **Äquivalenztheorie** bestimmt werden. Danach gilt jede Ursache als kausal (ursächlich), die nicht hinweggedacht werden kann, ohne dass der Erfolg entfiele (sogenannte *„conditio sine qua non"*-Formel). Die Äquivalenztheorie ist allerdings lediglich ein erstes „Grobraster" für die Bestimmung der Kausalität, denn nach dieser Formel kann die Kausalitätskette endlos weit gefasst werden.

> Beispiel: Nach der Äquivalenztheorie wäre die Geburt eines späteren Diebes kausal für den Diebstahl, denn die Geburt des Diebes kann nicht hinweggedacht werden, ohne dass der spätere Diebstahl entfiele.

211 Eine genauere Bestimmung der Kausalität erfolgt im Zivilrecht daher mittels der sogenannten **Adäquanztheorie**. Danach sind diejenigen **Bedingungen ursächlich**, die nach dem regelmäßigen Lauf der Dinge generell zur Herbeiführung des Erfolgs geeignet waren. Die Adäquanztheorie enthält damit ein wertendes Element. Ganz unwahrscheinliche Schadensfolgen werden aus der Kausalität herausgenommen.

Beispiel: Wenn jemand gestoßen wird, so liegt es nicht außerhalb aller Wahrscheinlichkeit, dass er dadurch stürzt, sich am Kopf verletzt, und in Folge der Kopfverletzung nicht mehr in der Lage ist, seiner beruflichen Tätigkeit nachzugehen. Außerhalb jeglicher Lebenserfahrung würde es jedoch liegen, wenn einem Kunstliebhaber ein Kunstwerk gestohlen wird, er in Folge des Diebstahls schwere Depressionen erleidet und daher seiner Berufstätigkeit nicht mehr nachgehen kann.

Bei **Folgeschäden** (mittelbare Schäden) muss bei der Kausalität gegebenenfalls eine weitere wertende Betrachtung angestellt werden. Solche Folgeschäden werden nur dann ersetzt, wenn die vom Schädiger verletzte Norm gerade die eingetretenen Schäden verhindern will. Die Kausalität muss also **innerhalb des Schutzzwecks der Norm** liegen.

212

Beispiel: A stößt während der Arbeitszeit den B, der stürzt und sich das Bein bricht. Der Arbeitgeber des B setzt während dessen Krankheit eine Vertretung ein, die entdeckt, dass B Firmengelder unterschlagen hat. Daraufhin wird B entlassen. Fordert B nun von A Schadenersatz wegen Verdienstausfall, da seine Unterschlagung ohne den Unfall nicht entdeckt worden wäre, fehlt es an der Kausalität zwischen der Rechtsgutsverletzung (Stoßen des B) und dem eingetretenen Schaden (Entlassung des B). Derartige Schäden will die verletzte Verhaltensnorm (§ 823 Abs. 1 BGB) nicht verhindern. Es hat sich vielmehr ein allgemeines Lebensrisiko realisiert.

ee) **Schadensminderung/Mitverschulden.** Hat der Schaden für den Geschädigten auch Vorteile, so sind diese bei der Ermittlung der Schadenshöhe anzurechnen. Hierbei handelt es sich um die Grundsätze der sogenannten **Vorteilsausgleichung**.

213

Beispiel: A beschädigt beim Rückwärtsfahren das Garagentor des B. B beansprucht ein neues Garagentor. Wenn das Garagentor des B 32 Jahre alt war, stünde er wirtschaftlich besser als vorher. Daher erfolgt ein Abzug „Neu für Alt" nach den Grundsätzen der Vorteilsausgleichung.

Daneben regelt § 254 BGB, dass in dem Fall, in dem bei der Entstehung des Schadens ein Verschulden des Geschädigten mitgewirkt hat, der Schadenersatzanspruch eingeschränkt ist. Hier liegt ein **Mitverschulden** des Geschädigten vor. Der Geschädigte muss hiernach den Teil des Schadens selber tragen, den er mitverursacht hat. Wie hoch dieser Anteil ist, ist eine Frage des Einzelfalls.

214

Beispiel: A lässt versehentlich seine Autotür offen stehen. B entwendet daraufhin den Geldbeutel, den A im Auto vergessen hat. Macht A den Schaden bei seiner Versicherung geltend, so wird der Anspruch um den Mitverschuldensanteil des A gemindert.

4. Unmöglichkeit

Ein weiterer Fall der Leistungsstörung ist die sogenannte **Unmöglichkeit**. Diese setzt voraus, dass die geschuldete Leistung gar nicht mehr erbracht werden kann. Es liegt also für den Schuldner oder auch für jedermann ein nicht zu überwindendes Leistungshindernis vor.

215

Fallbeispiel 4 (Lösung s. Rn. 221, 225, 227):
V besitzt ein wertvolles Bild von Salvador Dali. K bewundert dieses Bild schon lange und möchte es erwerben. Eines Tages einigen sich V und K darauf, dass V dem K das Bild für 25.000 € verkauft. K bittet den V darum, das Bild sorgfältig

216

zu verpacken und ihm dies per Eilkurier zustellen zu lassen. V verpackt das Bild und gibt es bei einem Eilkurierdienst zur Versendung auf. Auf dem Weg zu K verursacht der Kurierfahrer einen Unfall, bei dem das Bild gänzlich zerstört wird.

217 Ein Fall der **tatsächlichen Unmöglichkeit** besteht, wenn der Gegenstand der Leistung gar nicht existiert oder vollständig untergeht. Es können aber auch **rechtliche Leistungshindernisse** vorliegen, wie bspw. das Fehlen behördlicher Genehmigungen. Das Leistungshindernis kann bereits bei Vertragsschluss (**anfängliche Unmöglichkeit**) oder nach Vertragsschluss (**nachträgliche Unmöglichkeit**) vorliegen.

218 Daneben fingiert das Gesetz zwei weitere Fälle der Unmöglichkeit in § 275 Abs. 2 BGB und in § 275 Abs. 3 BGB. Hierbei regelt § 275 Abs. 2 BGB den Fall der **faktischen Unmöglichkeit**. Nach dieser Regelung kann der Schuldner die Leistung verweigern, soweit dies einen Aufwand erfordert, der unter Beachtung des Schuldverhältnisses und der Gebote von Treu und Glauben in einem groben Missverhältnis zum Leistungsinteresse des Gläubigers steht. In diesen Fällen ist eine Leistung zwar noch möglich, allerdings kann diese vernünftigerweise vom Gläubiger nicht mehr erwartet werden.

Beispiel: A verkaufte B ein Schiff, das jedoch vor der Übergabe auf dem Meeresboden sinkt. Ist hier die Bergung des Schiffes mit hohen Kosten und Risiken verbunden, die in keinem Verhältnis zum Wert des Schiffes stehen, besteht ein Fall der faktischen Unmöglichkeit, auch wenn es technisch möglich wäre, das Schiff zu bergen.

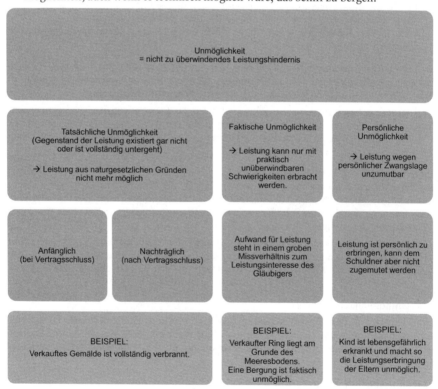

Abbildung 24: Unmöglichkeit

219 Ein weiteres Leistungshindernis regelt § 275 Abs. 3 BGB. Es handelt sich um den Fall der **persönlichen Unmöglichkeit**. Nach der Regelung kann der Schuldner die Leistung verweigern, wenn er die Leistung persönlich zu erbringen hat und sie ihm unter Abwägung des seiner Leistung entgegenstehenden Hindernisses mit dem Leistungsinteresse des Gläubigers nicht zugemutet werden kann. Bei persönlichen Leistungen, wie bspw. Dienstleistungen oder Werkleistungen, kann die Leistung danach dann verweigert werden, wenn sie dem Schuldner nicht mehr zugemutet werden kann. Zu diesen Leistungshindernissen zählen bspw. Erkrankungen, auch Erkrankungen von nahen Angehörigen oder bspw. Behinderungen des Weges zur Arbeit (etwa ein Verkehrsstreik).

220 a) **Rechtsfolgen für die Leistungspflicht.** Egal, welcher der oben genannten Fälle der Unmöglichkeit vorliegt, nach § 275 Abs. 1 BGB gilt, dass der Anspruch auf Leistung ausgeschlossen ist, soweit diese für den Schuldner oder für jedermann unmöglich ist.

> **Beachten Sie:**
> Dies gilt auch dann, wenn der Schuldner die Unmöglichkeit zu vertreten hat. Es gilt daher der Grundsatz: Wer nicht leisten kann, muss auch nicht leisten.

221 Wenn das Leistungshindernis schon bei Vertragsschluss vorlag, gilt nach § 311a Abs. 1 BGB, dass der Vertrag wirksam ist, allerdings die Primärleistungspflicht nach § 275 Abs. 1 BGB entfällt.

Lösung zu Fallbeispiel 4:
V kann seine Verpflichtung zur Übergabe und Übereignung nach § 433 Abs. 1 BGB nicht mehr erfüllen, da der Leistungsgegenstand (das Bild von Salvador Dali) untergegangen ist. Er wird daher von seiner Leistungspflicht nach § 275 Abs. 1 BGB frei. K hat keinen Anspruch (mehr) auf Übergabe und Übereignung des Bildes.

222 b) **Rechtsfolgen für die Pflicht zur Gegenleistung.** Wenn der Schuldner nach § 275 BGB nicht mehr zur Leistung verpflichtet ist, erlischt gemäß § 326 Abs. 1 BGB grundsätzlich auch die Verpflichtung zur **Gegenleistung**. Braucht der Schuldner nur teilweise nicht zu leisten, kann der Gläubiger nach § 326 Abs. 1 Satz 1 in Verbindung mit § 441 Abs. 3 BGB die Gegenleistung entsprechend mindern oder vom Vertrag zurücktreten, wenn er an der Teilleistung kein Interesse hat (§ 326 Abs. 5 i. V. m. § 323 BGB).

223 Hat der Gläubiger die Gegenleistung bereits ganz oder teilweise erbracht, so ist diese nach den Vorschriften über den Rücktritt gemäß § 326 Abs. 4 BGB in Verbindung mit § 346 BGB zurück zu gewähren. Der Anspruch auf Gegenleistung bleibt jedoch insbesondere in zwei Fällen erhalten:
1. Nach § 326 Abs. 2 BGB bleibt der Anspruch auf Gegenleistung erhalten, wenn der **Gläubiger** für den Umstand, der zur Unmöglichkeit geführt hat, alleine oder weit überwiegend **verantwortlich** ist oder wenn der die Unmöglichkeit begründende Umstand zu einer Zeit eintritt, zu welchem der Gläubiger in **Verzug der Annahme** ist (§ 326 Abs. 2 BGB).
2. Weiterhin bleibt der Anspruch auf Gegenleistung erhalten, wenn die Unmöglichkeit zu einem Zeitpunkt übergeht, zu der der Gläubiger bereits die sogenannte **Gegenleistungsgefahr** trägt. Solche Gefahrtragungsregelungen spielen in der Praxis eine große Rolle. Ist die Gefahr auf den Gläubiger übergegangen, so behält der Schuldner seinen Anspruch auf Gegenleistung, auch wenn er seine Leistungspflicht nicht mehr erfüllen muss. Es handelt sich also um Regelungen für den zufälligen Untergang des Leistungsgegenstandes.

224 Solche Regelungen können einmal auf vertraglichen Vereinbarungen (bspw. INCOTERMS) beruhen.

Beispiel: Haben Käufer und Verkäufer einen Gefahrübergang nach den INCOTERMS *„free on board"* (fob) vereinbart, so trägt der Verkäufer die Gefahr bis zur Verladung der Ware auf das Schiff. Ab diesem Zeitpunkt trägt der Käufer die Gefahr. Geht das Schiff mit der Ladung also unter, muss der Käufer den vereinbarten Kaufpreis bezahlen, obwohl der Verkäufer nach § 275 Abs. 1 BGB von seiner Leistungspflicht freigeworden ist.

225 Weiterhin gibt es zahlreiche gesetzliche Regelungen zum Gefahrübergang.

Beispiel: Beim Kaufvertrag geht gemäß § 446 BGB die Gefahr bspw. im Zeitpunkt der Übergabe der Kaufsache auf den Käufer über. Beim Versendungskauf regelt § 447 BGB, dass in dem Fall, in dem der Verkäufer die Kaufsache auf Wunsch des Käufers an einen anderen Ort als den Erfüllungsort versendet, die Gefahr auf den Käufer übergeht, sobald der Verkäufer die Sache dem Spediteur, dem Frachtführer oder der sonst zur Ausführung der Versendung bestimmten Person ausgeliefert hat. Beim Werkvertrag regelt § 644 Abs. 1 BGB, dass der Unternehmer die Gefahr bis zur Abnahme des Werkes trägt.

Fortsetzung der Lösung zu Fallbeispiel 4:
Der Anspruch des V gegen den K auf Zahlung des Kaufpreises für das Bild nach § 433 Abs. 2 BGB ist im vorliegenden Fall grundsätzlich nach § 326 Abs. 1 BGB erloschen, da V nach § 275 Abs. 1 BGB nicht mehr zu leisten braucht. Allerdings hat V das Bild auf Verlangen des K an einen anderen Ort als den Erfüllungsort (Wohnsitz des K, § 296 Abs. 1 BGB) versandt. Mit der Übergabe an die Transportperson ist daher nach § 447 Abs. 1 BGB die Gefahr auf den K übergegangen. Daher muss K das Bild bezahlen, auch wenn er dies gar nicht erhält.

226 **c) Sekundäransprüche des Gläubigers.** Nach § 275 Abs. 4 BGB bestimmen sich die **Sekundäransprüche** des Gläubigers im Falle der Unmöglichkeit nach den §§ 280, 283–285, 311a und 326 BGB.

227 § 283 BGB legt fest, dass in den Fällen, in denen der Schuldner nach § 275 Abs. 1–3 BGB nicht zu leisten braucht, der Gläubiger unter den Voraussetzungen des § 280 Abs. 1 BGB **Schadenersatz statt der Leistung** verlangen kann. Hat der Schuldner also die Nichtleistung (Pflichtverletzung) zu vertreten, so hat der Gläubiger einen Anspruch auf Schadensersatz. Anstelle des Schadensersatzes kann der Gläubiger nach § 284 BGB auch Ersatz derjenigen Aufwendungen verlangen, die er im Vertrauen auf den Erhalt der Leistung gemacht hat und billigerweise machen durfte. Nach § 285 Abs. 1 BGB kann der Gläubiger dasjenige herausverlangen, was der Schuldner in Folge des Umstandes, der zur Unmöglichkeit geführt hat, für den geschuldeten Gegenstand als Ersatz erlangt hat.

Fortsetzung der Lösung zu Fallbeispiel 4:
Hat V bspw. das Bild versichert, muss er nach § 275 BGB die erlangte Versicherungssumme an K herausgeben bzw. den Versicherungsanspruch abtreten. In diesem Fall bleibt K nach § 326 Abs. 3 BGB allerdings zur Gegenleistung verpflichtet.

228 Liegt das Leistungshindernis bereits **bei Vertragsschluss** vor, bestimmen sich die Sekundäransprüche des Gläubigers nach § 311a BGB. Nach dieser Regelung kann der Gläubiger nach seiner Wahl Schadenersatz statt der Leistung oder Ersatz seiner Aufwendungen nach § 284 BGB verlangen. Ein Verschulden des Schuldners liegt in diesen Fällen immer vor, denn er darf einen Vertrag nur abschließen, wenn er sich vorher über seine Leistungspflicht informiert hat. Eine Ausnahme gilt nur dann, wenn der Gläubiger das Leistungshindernis bereits bei Vertragsschluss kannte.

5. Schuldnerverzug

Ein weiterer Fall der Leistungsstörungen liegt vor, wenn der Schuldner trotz Fälligkeit und Möglichkeit der Leistung auf eine Mahnung nicht leistet und dies zu vertreten hat. Der Schuldner befindet sich dann in **Schuldnerverzug**. Der Schuldner kann entweder mit einer Leistung oder mit einer Zahlung in Verzug sein.

> **Fallbeispiel 5 (Lösung s. Rn. 238, 240):**
> A hatte seinen Autobus in der Werkstatt des B untergebracht, um die abgebrochene Kurbelwelle wieder anbauen zu lassen. Es wurde vereinbart, dass die Arbeiten möglichst schnell ausgeführt werden sollten, da A während der Reparaturzeit mit dem Autobus nichts verdiene. B begann sofort mit der Arbeit. An sich hätten die Arbeiten – wie nachträglich ein Sachverständiger feststellte – spätestens mit Ablauf des 31.3. fertiggestellt sein müssen. Sie wurden aber erst mit Ablauf des 15.4. fertig, weil B zunächst nicht sachgerecht arbeitete und dadurch Zeit verlor. Nunmehr verlangt A von B den entgangenen Gewinn für den Zeitraum vom 31.3. bis zum 15.4.

a) Voraussetzungen des Schuldnerverzuges. Die Voraussetzungen des Schuldnerverzuges regelt § 286 Abs. 1 BGB. Danach gilt:

> *„Leistet* der Schuldner auf eine **Mahnung** *des Gläubigers* **nicht**, *die nach dem Eintritt der Fälligkeit* erfolgt, so kommt der durch die Mahnung in Verzug."

Die Tatbestandsvoraussetzungen der Norm sind:
1. ein fälliger und durchsetzbarer Erfüllungsanspruch,
2. Nichtleistung des Schuldners trotz Möglichkeit,
3. Mahnung,
4. Vertreten müssen der Verzögerung (§ 286 Abs. 4 BGB).

aa) Fälliger und durchsetzbarer Erfüllungsanspruch. Der Erfüllungsanspruch des Gläubigers muss **fällig** sein. Nach § 271 Abs. 1 BGB bestimmt sich die Fälligkeit vorrangig nach den vertraglichen Vereinbarungen.

> **Beispiel:** Die Leistung hat bis zum 1. Mai zu erfolgen, zahlbar innerhalb von 14 Tagen netto etc.

Liegt keine solche Fälligkeitsregelung vor, muss der Fälligkeitszeitpunkt nach den Umständen des Falls ermittelt werden, im Zweifel kann der Gläubiger die Leistung sofort verlangen.

> **Beachten Sie:**
> In vielen gesetzlichen Regelungen finden sich Sondervorschriften für die Fälligkeit, bspw. in § 604 BGB, § 614 BGB oder § 641 BGB.

Ist der Anspruch zwar fällig, aber **Einrede behaftet**, so tritt kein Schuldnerverzug ein. Der Anspruch muss also durchsetzbar sein. Gleiches gilt, wenn die Leistung gar nicht mehr möglich ist, denn dann liegt ein Fall der Unmöglichkeit nach § 275 BGB vor. Die in der Klausur und Praxis wichtigsten Einreden, die zu einem Ausschluss des Schuldnerverzuges führen, sind das Leistungsverweigerungsrecht des nicht erfüllten Vertrages nach § 320 BGB und die Ausübung eines Zurückbehaltungsrechts nach § 273 BGB.

> **Beachten Sie:**
> Ein **Zurückbehaltungsrecht** nach § 273 Abs. 1 BGB besteht, wenn der Schuldner aus demselben rechtlichen Verhältnis, aus dem die Forderung des Gläubigers

> stammt, einen fälligen Gegenanspruch hat. Der Gegenanspruch beruht dann auf demselben rechtlichen Verhältnis, wenn ein innerlich zusammengehöriges Lebensverhältnis (sogenannte **Konnexität**) vorliegt. Das Zurückbehaltungsrecht besteht aber nur, wenn der Schuldner sich hierauf beruft.
> Ein **Leistungsverweigerungsrecht** nach § 320 BGB liegt demgegenüber bei gegenseitigen Verträgen vor. Nach § 320 BGB kann bei gegenseitigen Verträgen die Leistung bis zur Bewirkung der Gegenleistung verweigert werden, soweit nicht eine Partei vorleistungspflichtig ist. Die Leistungen müssen also Zug-um-Zug erbracht werden (§ 322 BGB).

Soweit nicht ein anderes vereinbart ist, muss der Käufer den Kaufpreis nur Zug-um-Zug gegen Bewirkung der Gegenleistung, also Übergabe und Übereignung der Sache, leisten.

235 bb) **Nichtleistung trotz Möglichkeit.** Voraussetzung des Verzuges ist, dass der Schuldner die Leistung zum Fälligkeitszeitpunkt nicht erbringt, obwohl ihm dies möglich ist. Die Leistung muss also grundsätzlich **nachholbar** sein, da ansonsten ein Fall der Unmöglichkeit vorliegt. Lediglich bei sogenannten **absoluten Fixgeschäften** tritt – trotz Nachholbarkeit der Leistung – Unmöglichkeit und nicht Verzug ein. Ein absolutes Fixgeschäft liegt vor, wenn der Leistungszeitpunkt im Vertragsverhältnis so bedeutsam ist, dass die Erfüllung des Vertrages mit dem Leistungszeitpunkt steht und fällt.

> **Beispiel:** Die Lieferung einer Hochzeitstorte macht nur am Hochzeitstag Sinn. Obwohl die Torte grundsätzlich auch später noch geliefert werden könnte, liegt hier ein absolutes Fixgeschäft vor, sodass nach dem Hochzeitstag Unmöglichkeit (§ 275 Abs. 1 BGB) eintritt.

236 cc) **Mahnung.** Nach § 286 Abs. 1 BGB tritt Verzug nur durch **Mahnung** ein. Unter Mahnung ist eine **ernsthafte Aufforderung zur Leistung** zu verstehen. Hierbei muss die Erklärung nicht als Mahnung bezeichnet werden. Entscheidend ist, dass der Gläubiger dem Schuldner ausdrücklich oder konkludent vor Augen führt, dass er seine Leistung jetzt erbringen muss. Es handelt sich letztlich um eine Erinnerung zur Leistung. In vielen Fällen ist in der Praxis die Mahnung jedoch entbehrlich. Die wichtigsten Fälle regeln § 286 Abs. 2 und § 286 Abs. 3 BGB. Nach § 286 Abs. 2 BGB ist die Mahnung entbehrlich, wenn
- für die Leistung eine Zeit nach dem Kalender bestimmt ist,
- der Leistung ein Ereignis voranzugehen hat, und die Leistungszeit von dem Ereignis an nach dem Kalender berechenbar ist (Beispiel: Lieferung innerhalb von 3 Tagen nach Abruf), *(just-in-time)*
- der Schuldner die Leistung ernsthaft und endgültig verweigert oder
- besondere Umstände unter Abwägung der beiderseitigen Interessen den sofortigen Verzugseintritt rechtfertigen.

237 Handelt es sich um eine **Entgeltforderung**, bestimmt § 286 Abs. 3 BGB, dass der Schuldner spätestens in Verzug kommt, wenn er nicht innerhalb von 30 Tagen nach Fälligkeit und Zugang einer Rechnung (oder gleichwertigen Zahlungsaufstellungen) leistet.

> **Beachten Sie:**
> Es handelt sich hierbei nur um Entgeltforderungen, bspw. Kaufpreiszahlung, Mietzinszahlung, Werklohnzahlung, nicht aber um Schadenersatzansprüche und Ansprüche auf Erbringung einer Leistung. Nach § 286 Abs. 3 BGB gilt die Regelung

gegenüber Verbrauchern nur, wenn diese in der Rechnung (beziehungsweise der Zahlungsaufstellung) auf diese Rechtsfolge hingewiesen wurden.

dd) Vertreten müssen. Nach § 286 Abs. 4 BGB tritt der Schuldnerverzug nur ein, wenn der Schuldner die Verzögerung **zu vertreten** hat. Hier gelten – wie bei § 280 Abs. 1 BGB – die allgemeinen Regeln der §§ 276 ff. BGB. Wie bei § 280 Abs. 1 Satz 2 BGB wird das Verschulden vermutet. Der Schuldner kann sich lediglich entlasten (exkulpieren), wenn er nachweist, dass er den Verzug ausnahmsweise nicht vertreten musste. **Entschuldigungsgründe** können schwere Erkrankungen, Betriebsstörungen durch höhere Gewalt, Streik, Naturkatastrophen oder Kriege etc. sein.

Lösung zu Fallbeispiel 5:
A möchte Schadenersatz von B, da dieser die Reparaturen nicht zum 31.3. fertig gestellt hatte. Nach § 280 Abs. 2 BGB kann A Schadenersatz wegen Verzögerung der Leistung unter den Voraussetzungen des § 286 BGB verlangen.
(1) § 286 Abs. 1 BGB setzt zunächst einen **fälligen und durchsetzbaren Erfüllungsanspruch** des A voraus. Der Erfüllungsanspruch auf Reparatur des Busses (§ 631 Abs. 1 BGB) war am 31.3. fällig. Zwar haben A und B keine ausdrückliche Vereinbarung über den Fälligkeitszeitpunkt getroffen, jedoch ergab sich aus den Umständen (§ 271 Abs. 1 BGB), dass B den Autobus so schnell als möglich reparieren sollte. Nachdem der Sachverständige festgestellt hatte, dass die Reparatur spätestens mit Ablauf des 31.3. hätte fertiggestellt sein müssen, war die Leistung ab diesem Zeitpunkt fällig. Der Anspruch des A war auch durchsetzbar, da B keine Zurückbehaltungs- oder Leistungsverweigerungsrechte zustanden.
(2) Trotz Fälligkeit und Möglichkeit leistete B nicht zum 31.3., sondern erst zum 15.4.
(3) § 286 Abs. 1 BGB setzt weiterhin eine **Mahnung** voraus. Eine Mahnung ist eine ernsthafte Aufforderung des Gläubigers, nunmehr unverzüglich zu leisten. A hat den B laut Sachverhalt nicht gemahnt, weshalb sich die Frage stellt, ob eine Mahnung ausnahmsweise entbehrlich war. Nach § 286 Abs. 2 Nr. 4 BGB ist die Mahnung dann entbehrlich, wenn besondere Umstände unter Abwägung der beiderseitigen Interessen den sofortigen Verzugseintritt rechtfertigen. Diese Ausnahme greift also ein, wenn sich die besondere Dringlichkeit der Leistung aus dem Vertragsinhalt ergibt. Die Mahnung hat grundsätzlich den Zweck, dem Schuldner vor Augen zu führen, dass das Ausbleiben seiner Leistung Folgen haben werde. Sie soll den Schuldner daher zur sofortigen Leistung veranlassen. Dieser mit der Mahnung verfolgte Zweck wird bei besonderer Erfüllungsdringlichkeit aber bereits dadurch erreicht, dass der Schuldner sich aufgrund des Vertragsinhaltes ohnehin darüber klar ist, dass er die Folgen einer Leistungsverzögerung auf sich nehmen muss. Daher ist im vorliegenden Fall aufgrund der besonderen Erfüllungsdringlichkeit die Mahnung nach § 286 Abs. 2 Nr. 4 BGB entbehrlich.
(4) B hat die Verzögerung seiner Leistungserbringung auch nach § 286 Abs. 4 BGB **vertreten**. Gründe für ein fehlendes Verschulden sind nicht erkennbar.

b) Rechtsfolgen des Schuldnerverzuges. Der **Schuldnerverzug** ändert an der Primärleistungsverpflichtung des Schuldners nichts. Neben den Erfüllungsanspruch treten allerdings folgende **Sekundäransprüche** des Gläubigers:
– Anspruch auf **Ersatz des Verzögerungsschadens** (§ 280 Abs. 2 BGB),
– Anspruch auf **Verzugszinsen** bei Geldschulden (§ 288 BGB),
– Weiterhin tritt eine **Haftungsverschärfung** nach § 287 BGB in der Form ein, dass der Schuldner während des Verzuges auch für den zufälligen Untergang haftet.

Beispiel: V verkauft dem K ein Bild. Mit der Lieferung des Bildes gerät V nach § 286 Abs. 1 BGB in Schuldnerverzug. Während des Verzuges schlägt bei V der Blitz ein, wodurch das Bild zufällig zerstört wird. Zwar wird V von seiner Leistungspflicht nach § 275 Abs. 1 BGB frei, allerdings muss der nach § 280 Abs. 1 BGB Schadensersatz statt der Leistung erbringen. Den Untergang des Bildes hat V zwar nicht zu vertreten, allerdings befand er sich in Schuldnerverzug, weshalb er nach § 287 BGB auch für den zufälligen Untergang haftet.

Die Verpflichtung zum Ersatz des Verzögerungsschadens gemäß § 280 Abs. 2 BGB beinhaltet, dass der Gläubiger so zu stellen ist, wie er bei rechtzeitiger Leistung stehen würde (§ 249 BGB).

Fortsetzung der Lösung zu Fallbeispiel 5:
Hätte B den Autobus zum 31.3. fertig gestellt, hätte A ab dem 31.3. mit dem Bus arbeiten und Geld verdienen können. Aufgrund des Verzuges des B konnte A jedoch erst wieder ab dem 15.4. mit dem Bus arbeiten. Insoweit muss B als Verzögerungsschaden gemäß § 249 BGB in Verbindung mit § 252 BGB den entgangenen Gewinn ersetzen. Hierbei handelt es sich um den Gewinn, den A nach dem gewöhnlichen Verlauf der Dinge im Zeitraum vom 30.3. bis zum 15.4. hätte erzielen können.

Beachten Sie:
Die Kosten der **verzugsbegründenden Mahnung** (bspw. die Kosten für einen Anwalt oder ein Inkassounternehmen) sind keine Verzugsschäden die nach § 280 BGB zu ersetzen sind, denn diese Kosten entstehen nicht **während** des Verzuges, wenn durch die Mahnung der Verzug erst begründet wird.

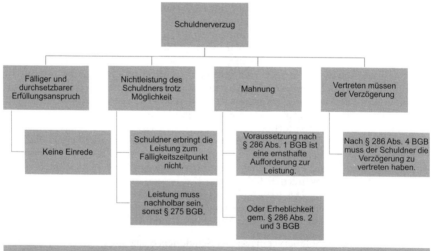

Abbildung 25: Übersicht Schuldnerverzug

Geldschulden sind während des Verzuges nach § 288 BGB zu verzinsen. Die jährlichen **Verzugszinsen** betragen gemäß § 288 Abs. 1 BGB 5 Prozentpunkte über dem Basiszinssatz. Nach § 288 Abs. 2 BGB gilt, dass bei Rechtsgeschäften, an denen ein Verbraucher nicht beteiligt ist, der Zinssatz für Entgeltforderungen 9 Prozentpunkte über dem Basiszinssatz beträgt.

241

Nach den allgemeinen Regeln der § 280 Abs. 3, § 281 Abs. 1 Satz 1 BGB kann der Gläubiger **Schadenersatz statt der Leistung** verlangen, wenn er dem Schuldner während des Verzuges eine weitere angemessene Frist zur Leistung gesetzt hat und diese erfolglos abgelaufen ist. Bei gegenseitigen Verträgen kann der Gläubiger in diesen Fällen auch nach § 323 BGB vom Vertrag zurücktreten.

242

VII. Zession

> **Warum ist das Thema für Sie von Bedeutung:**
> Aus Schuldverhältnissen entstehen Forderungen (§ 241 Abs. 1 Satz 1 BGB). Solche Forderungen (bspw. Anspruch auf Kaufpreiszahlung nach § 433 Abs. 2 BGB) sind wie bewegliche Sachen oder Immobilien zentrale Vermögensgegenstände im Wirtschaftsverkehr. Ein Vermögensgegenstand hat jedoch nur dann einen wirtschaftlichen Wert, wenn er auch handelbar (**fungibel**) ist. Während das Eigentum an beweglichen Sachen durch Übereignung gemäß § 929 BGB übertragen wird, werden Forderungen durch Abtretung (**Zession**) nach § 398 BGB übertragen. Bei der Abtretung geht es also um die Verfügung über Forderungen. In der Praxis werden Forderungen oft zur Absicherung abgetreten, bspw. bei einer Globalzession an eine Bank, oft werden Forderungen aber auch an Dritte – bspw. Inkassobüros – zur Einziehung abgetreten bzw. an Factoring-Unternehmen verkauft. Im Folgenden werden daher die Voraussetzungen und Rechtsfolgen der Abtretung dargestellt.

243

1. Voraussetzungen der Abtretung

Nach § 398 BGB kann eine Forderung von einem Gläubiger durch Vertrag mit einem anderen auf diesen übertragen werden (**Abtretung**). Bei der Abtretung handelt es sich also um einen Vertrag zwischen dem bisherigen Gläubiger (**Zedent**) und dem neuen Gläubiger (**Zessionar**). Der Vertrag beinhaltet die Abrede, dass die Forderung des bisherigen Gläubigers gegen den Schuldner nunmehr auf den neuen Gläubiger übergehen soll. Es handelt sich um ein sogenanntes Verfügungsgeschäft. Diesem (abstrakten) Verfügungsgeschäft liegt ein Verpflichtungsgeschäft zugrunde. Das Verpflichtungsgeschäft ist also der Grund dafür, warum das Verfügungsgeschäft (die Abtretung) vorgenommen wird.

244

> **Beispiel:** Der bisherige Gläubiger G (Zedent) hat gegen den Schuldner S eine Darlehensforderung. Diese Darlehensforderung verkauft er an den neuen Gläubiger X (Zessionar). Dieser Forderungskauf (§ 433 Abs. 1 BGB, § 453 BGB) ist das der Abtretung zugrundeliegende Verpflichtungsgeschäft. In Erfüllung des Forderungskaufes überträgt der bisherige Gläubiger G (Zedent) die Forderung durch Abtretung gemäß § 398 BGB auf den neuen Gläubiger X (Zessionar).

> **Beachten Sie:**
> Nach dem Abstraktionsprinzip ist der Abtretungsvertrag als Verfügungsgeschäft gegenüber dem zugrundeliegenden Verpflichtungsgeschäft abstrakt. Das bedeutet, dass die Wirksamkeit des Verfügungs- und des Verpflichtungsgeschäfts unabhängig voneinander zu beurteilen sind (s. Rn. 261).

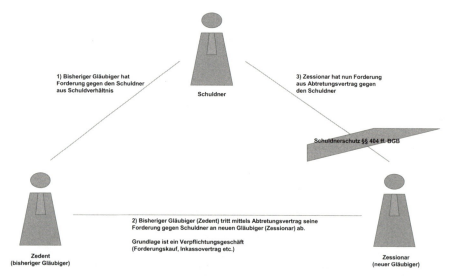

Abbildung 26: Zession

245 Bei dem **Abtretungsvertrag** nach § 398 BGB handelt es sich um einen Vertrag, der nach den allgemeinen Regeln über den Vertragsschluss zu behandeln ist. Lediglich folgende Besonderheiten sind zu beachten:
- In bestimmten Ausnahmefällen bedarf die Abtretung einer besonderen **Form**, damit sie nicht nach § 125 BGB nichtig ist.
  Beispiel:
  § 1154 BGB für die Übertragung von Hypothekenforderungen,
  § 15 GmbHG für die Übertragung von GmbH Anteilen ...
- Die Forderung, die übertragen wird, muss auch **tatsächlich bestehen**. Lediglich in wenigen Ausnahmefällen kann eine nicht bestehende Forderung an einen gutgläubigen Dritten übertragen werden. Die wichtigsten Ausnahmen sind in § 405 BGB zu Abtretungen unter Urkundenvorlegungen und § 16 GmbHG geregelt.

> **Beachten Sie:**
> Hier muss in der Klausur gegebenenfalls an dieser Stelle der Anspruch des bisherigen Gläubigers (Zedent) gegen den Schuldner geprüft werden.

- Die Forderung muss auch **übertragbar** sein. Haben der bisherige Gläubiger und der Schuldner vereinbart, dass die Forderung nicht abgetreten werden darf, ist eine Abtretung nach § 399 BGB nicht möglich. Auch unpfändbare Forderungen dürfen nach § 400 BGB nicht abgetreten werden.

> **Beachten Sie:**
> Abgesehen von diesen Ausnahmefällen sind Forderungen aber i.d.R übertragbar.

- Da es sich bei der Abtretung um eine Verfügung handelt, muss die Forderung zum Zeitpunkt des Abschluss des Abtretungsvertrages **bestimmbar** sein. Zum Zeitpunkt des Abtretungsvertrages muss also klar sein, um was für eine Forderung es sich inhaltlich handelt und wer der Schuldner ist.

> **Beachten Sie:**
> Dies bedeutet nicht, dass die Forderung schon bestehen muss. Auch künftige Forderungen können übertragen werden, sobald zum Zeitpunkt der Abtretung klar ist, was der Inhalt der künftigen Forderung sein wird und wer der Schuldner ist.

2. Rechtsfolgen der Abtretung

Die Abtretung bewirkt gemäß § 398 Satz 2 BGB, dass mit dem Vertragsschluss die Forderung von dem bisherigen Gläubiger (Zedent) auf den neuen Gläubiger (Zessionar) übergeht. Der Schuldner muss seine Leistung daher nunmehr an den neuen Gläubiger erbringen. Nach § 401 BGB gehen mit der Abtretung auch alle „Nebenrechte" der Forderung über.

Beispiel: Hypotheken, Pfandrechte oder Bürgschaften.

3. Regelungen zum Schuldnerschutz

An der Abtretung wirken nur der bisherige Gläubiger (Zedent) und der neue Gläubiger (Zessionar) mit. Die Abtretung vollzieht sich daher **ohne jegliche Mitwirkung des Schuldners**. Die einzige Einwirkungsmöglichkeit, die der Schuldner hat, ist mit dem bisherigen Gläubiger ein Abtretungsverbot nach § 399 BGB zu vereinbaren. Da der Schuldner an der Abtretung nicht mitwirkt, enthalten die §§ 404–410 BGB besondere **Schutzvorschriften** für den Schuldner. Der Schuldner kann zunächst nach § 404 BGB dem neuen Gläubiger alle Einwendungen entgegensetzen, die er auch gegenüber dem bisherigen Gläubiger hatte.

Beispiel: V verkauft dem K eine Uhr für 5.000 €. Die gelieferte Uhr ist mangelhaft. V tritt seinen Kaufpreisanspruch gegen K an das Factoring-Unternehmen F ab. F hat gegen K einen Kaufpreisanspruch nach § 433 Abs. 2 BGB, den er durch Abtretung nach § 398 BGB von V erworben hat. Nach § 404 BGB kann K dem F allerdings die Einrede der nicht ordnungsgemäßen Erfüllung nach den § 273 BGB, § 433 Abs. 1 Satz 2 BGB (Mängeleinrede) entgegenhalten.

Leistet der Schuldner nach der Abtretung an den alten Gläubiger, wird er nach § 407 BGB durch diese Leistung gegenüber dem neuen Gläubiger frei, wenn er die Abtretung nicht kannte.

Beispiel: V verkauft dem K eine Uhr für 5.000 €. V tritt danach den Kaufpreisanspruch gegen K nach § 398 BGB an das Factoring-Unternehmen F ab. Nach der Abtretung zahlt K, der von der Abtretung nicht wusste, die 5.000 € an V. Der Kaufpreisanspruch nach § 433 Abs. 2 BGB ist zwar gemäß § 398 BGB durch Abtretung von V an F übergegangen, sodass K an den falschen Gläubiger gezahlt hat, was nach § 362 Abs. 1 BGB dazu führen würde, dass K nochmals an F zahlen muss. Jedoch kannte K die Abtretung von V an F nicht, weshalb er nach § 407 Abs. 1 BGB von seiner Leistungsverpflichtung gegenüber F frei wird. F muss sich das Geld nun wiederum bei K holen. Die entsprechende Anspruchsgrundlage (§ 816 Abs. 2 BGB) wird im Bereicherungsrecht behandelt (s. Rn. 376 ff.).

> **Beachten Sie:**
> Der Schuldnerschutz gilt nicht nur für eine Leistung des Schuldners an den alten Gläubiger, sondern auch für alle Erfüllungssurrogate, wie bspw. die Aufrechnung (§ 406 BGB). Ein Forderungsübergang kann nicht nur durch Abtretungsvertrag, sondern auch Kraft gesetzlicher Vorschriften erfolgen. Bestimmte gesetzliche Vorschriften ordnen an, dass eine Forderung auf einen Dritten übergeht. In diesem Fall bestimmt § 412 BGB, dass die Vorschriften der §§ 399–404 BGB und §§ 406–410 BGB entsprechend gelten.

Beispiel: A verbürgt sich für eine Darlehensforderung des B. Als B nicht zahlen kann, befriedigt A durch Zahlung den Gläubiger. Durch die Zahlung des A an den Gläubiger geht die Darlehensforderung des Gläubigers gegen den B nach § 774 Abs. 1 BGB auf den A über. A kann nunmehr den Darlehensanspruch aufgrund der übertragenen Forderung gegenüber B geltend machen.

VIII. Beteiligung mehrerer an Schuldverhältnissen

249 Warum ist das Thema für Sie von Bedeutung:
Insbesondere im Deliktsrecht (bei unerlaubten Handlungen) und im Gesellschaftsrecht kommt es in der Praxis häufig vor, dass mehrere Personen für eine Schuld haften. Verletzen A und B etwa gemeinschaftlich den C, so haften sie beiden als Gesamtschuldner gegenüber dem C auf den vollen Betrag der Heilbehandlungskosten. Daher sollen im Folgenden kurz die Grundsätze der Gesamtschuldner- und der Gesamtgläubigerschaft dargestellt werden.

1. Gesamtschuldnerschaft

250 Der Begriff der **Gesamtschuldnerschaft** umschreibt den Fall der Schuldnermehrheit, also den Fall, bei dem mehrere Schuldner einem Gläubiger eine Leistung schulden und zwar in der Form, dass der Gläubiger **von jedem** der Gesamtschuldner die **volle Leistung** fordern kann, diese jedoch **nur einmal** erhält. Die allgemeinen Regelungen über die Gesamtschuldnerschaft sind in den §§ 420 ff. BGB geregelt.

251 Die Gesamtschuldnerschaft kann **durch Gesetz** angeordnet oder durch **vertragliche Vereinbarung** geregelt werden:
- So haften bspw. bei einer unerlaubten Handlung mehrere deliktische Schädiger als Gesamtschuldner und zwar gleichgültig, ob sie den Schaden als Mittäter (§ 830 BGB) oder als unabhängig voneinander handelnde Nebentäter (§ 840 BGB) verursacht haben.
- Nach § 123 HGB haften mehrere Gesellschafter einer OHG für die Schulden der Gesellschaft ebenfalls als Gesamtschuldner. Diese Norm wird auch auf die Gesellschafter einer BGB Gesellschaft angewandt.
- Weitere Normen, die eine Gesamtschuldnerschaft anordnen, sind bspw. § 613a Abs. 2 BGB, § 769 BGB und § 1357 Abs. 1 BGB.
- Daneben kann eine Gesamtschuld auch ausdrücklich vertraglich vereinbart werden.

252 Fehlt es an einer gesetzlichen Regelung oder einer vertraglichen Vereinbarung, entsteht nach § 421 BGB eine Gesamtschuld, wenn:
- mehrere Schuldner dem Gläubiger eine Leistung schulden,
- der Gläubiger von jedem Gesamtschuldner die volle Leistung fordern kann, aber
- diese insgesamt nur einmal fordern darf.

Ein solcher Fall liegt nach § 427 BGB im Zweifel vor, wenn sich mehrere Parteien durch Vertrag gemeinschaftlich zu einer teilbaren Leistung verpflichten.

Beispiel: A und B haben gemeinsam eine Wohnung angemietet und den Mietvertrag gemeinsam unterschrieben. Hier haften A und B nach § 421 BGB in Verbindung mit § 427 BGB als Gesamtschuldner. Das bedeutet, der Vermieter kann sowohl von A als auch von B den vollen Mietzins nach § 535 BGB verlangen, aber eben insgesamt nur einmal.

253 Besteht eine Gesamtschuldnerschaft und erbringt einer der Gesamtschuldner die Leistung an den Gläubiger, stellt sich die Frage, wie sich die Gesamtschuldner im **Innenver-**

hältnis auszugleichen haben. Hier regelt § 426 Abs. 1 BGB, dass die Gesamtschuldner im Verhältnis zueinander (also im Innenverhältnis) zu gleichen Anteilen verpflichtet sind, soweit nicht ein anderes bestimmt ist.

Beispiel: Die Firmen A und B verkaufen Zement und sind Wettbewerber. Sie treffen die illegale Absprache, dass sie künftig die Tonne Zement nicht mehr unter 70 € verkaufen, obwohl der Marktpreis nur bei 60 € lag. A liefert 1.000 t Zement an den Kunden K, B 500 t. Als die wettbewerbswidrige Abrede aufgedeckt wird, möchte K von A Schadenersatz in Höhe von 10 € pro Tonne für die insgesamt bezogenen 1.500 t Zement, mithin insgesamt 15.000 €. Nach § 33 Abs. 3 GWB bzw. nach § 823 Abs. 2 BGB, 1 GWB hat K einen Anspruch auf Schadensersatz für den kartellbedingt überhöhten Mehrpreis von 10 € pro Tonne bezogenem Zement. Da es sich hierbei um einen Anspruch aus unerlaubter Handlung handelt, haften A und B nach § 840 Abs. 1 BGB als Gesamtschuldner. Gemäß § 421 BGB kann K daher von A die gesamte Leistung fordern, mithin den gesamten Schadensersatz für die bezogenen 1.500 t Zement (also auch für die von B bezogenen Zementmengen).
Zahlt A nunmehr 15.000 € Schadenersatz an den K, hat er nach § 426 Abs. 1 BGB hier einen Ausgleichsanspruch gegen B. Grundsätzlich ist der Ausgleich zu „gleichen Anteilen" vorzunehmen, was bedeuten würde, dass B dem A 7.500 € ersetzen muss. Man kann jedoch auch davon ausgehen, dass sich die jeweilige Schadenersatzpflicht im Innenverhältnis nach den Lieferanteilen bestimmt, dann müsste B nur für die 500 t, die er an den K geliefert hat, einen Ausgleich leisten, mithin 5.000 € bezahlen.

Neben der Ausgleichspflicht nach § 426 Abs. 1 BGB bestimmt § 426 Abs. 2 BGB, dass die Forderung des Gläubigers auf den Gesamtschuldner übergeht, der den Gläubiger befriedigt.

2. Gesamtgläubigerschaft

Spiegelbildlich zur Gesamtschuldnerschaft gibt es auch eine **Gesamtgläubigerschaft**. Eine solche liegt nach § 428 BGB vor, wenn mehrere eine Leistung zu fordern berechtigt sind, wobei jeder die ganze Leistung fordern kann, der Schuldner die Leistung aber nur einmal bewirken muss.

> **Beachten Sie:**
> Abzugrenzen ist die Gesamtgläubigerschaft von der **Gläubigergemeinschaft**. Eine solche liegt nach § 432 BGB dann vor, wenn mehrere einen Anspruch auf eine unteilbare Leistung haben. In diesem Fall muss der Schuldner die Leistung an alle Gläubiger gemeinsam bewirken.
>
> **Beispiel:** A und B nehmen gemeinsam ein Taxi. Hier schuldet der Taxifahrer die Beförderung (die nicht teilbar ist) nur einmal und zwar zusammen an A und B.

IX. Ausgewählte Vertragstypen

1. Allgemeine Grundlagen

Wie bereits dargestellt regeln die §§ 433–853 BGB das **besondere Schuldrecht**. Hierbei handelt es sich um diejenigen Normen des Schuldrechts, die einzelne Arten von Schuldverhältnissen betreffen. Im Rahmen der vertraglichen Schuldverhältnisse hat der Gesetzgeber die wichtigsten Verträge umfassend geregelt. Ziel des Gesetzgebers war es hierbei, den Besonderheiten der einzelnen Vertragstypen Rechnung zu tragen. Im Folgenden werden die im Rahmen der Ausbildung an Hochschulen bedeutendsten Verträge, nämlich der Kaufvertrag, der Mietvertrag, der Werkvertrag, der Dienstvertrag und der Darlehensvertrag näher dargestellt.

2. Kaufvertrag

257 **Warum ist das Thema für Sie von Bedeutung:**
Der Kaufvertrag ist im Wirtschaftsleben das häufigste Umsatzgeschäft. Im Kern geht es in einem Kaufvertrag um den Austausch von Gegenständen gegen Geld. Es handelt sich letztendlich um einen Tausch, bei dem die Gegenleistung in Geld besteht. Sowohl im Privatleben als auch in Ihrer späteren beruflichen Tätigkeit werden Sie permanent mit Kaufverträgen konfrontiert sein. Es handelt sich sicher um den bedeutsamsten Vertragstyp des besonderen Schuldrechts. Auch zivilrechtliche Klausuren im Rahmen Ihrer Ausbildung drehen sich häufig um den Kaufvertrag.

258 a) **Kaufgegenstand.** Gegenstände von **Kaufverträgen** können sein:
- bewegliche und unbewegliche Sachen (§ 90 BGB) oder Tiere (§ 90a BGB) oder
- Rechten und sonstigen Gegenständen, da nach § 453 BGB die Vorschriften über den Kauf von Sachen auch auf den Kauf von Rechten und sonstigen Gegenständen Anwendung finden.

Beispiel:
- **Rechte**, die Gegenstand eines Kaufvertrages sein können, sind bspw. Forderungen, Anteile an Gesellschaften, Markenrechte, Patentrechte, Miterbenanteile etc. Sie werden durch Abtretung übertragen.
- **Sonstige Gegenstände** können auch Sach- und Rechtsgesamtheiten (bspw. ein ganzes Unternehmen) sein. Weitere Beispiele für sonstige Gegenstände sind Know-How, Software, Strom oder Fernwärme, die ebenfalls Gegenstände von Kaufverträgen sein können.

259 Das Kaufrecht enthält in den §§ 433–453 BGB allgemeine Vorschriften, die auf jede Art von Kaufverträgen anwendbar sind. In den §§ 454–473 BGB sind Regelungen für bestimmte Sonderformen von Kaufverträgen enthalten, nämlich den Kauf auf Probe, den Wiederkauf und den Vorkauf. Wichtige Sonderregelungen enthalten die §§ 474–479 BGB. Dort ist der sogenannte Verbrauchsgüterkauf (§ 447 Abs. 1 BGB) geregelt.

Beachten Sie:
Soweit die Regelungen in den §§ 433–479 BGB spezielle Regelungen für den Kaufvertrag enthalten, gehen diese nach dem **Spezialitätsprinzip** den dargestellten Regelungen des allgemeinen Schuldrechts vor. Erst wenn es keine spezielle Regelung gibt, wird auf die allgemeinen Regelungen zurückgegriffen.

260 b) **Inhalt und Gegenstand des Kaufvertrages.** Wie jeder Vertrag kommt der Kaufvertrag durch zwei übereinstimmende Willenserklärungen zustande. Kaufverträge sind in der Regel formfrei, können also mündlich, schriftlich oder durch konkludentes Handeln abgeschlossen werden. Lediglich bei bestimmten Kaufverträgen gibt es einen Formzwang.

Beispiele für Kaufverträge mit Formzwang:
- Kauf von Immobilien (§ 311b Abs. 1 BGB),
- Kauf von GmbH-Anteilen (§ 15 Abs. 4 GmbHG) oder
- Erbschaftskauf (§ 2371 BGB).

261 c) **Vertragspflichten beim Kaufvertrag.** Nach § 433 Abs. 1 BGB wird der Verkäufer einer Sache durch den Kaufvertrag verpflichtet, dem Käufer die Sache zu übergeben und das Eigentum an der Sache zu verschaffen. Die Verpflichtung zur Übergabe beinhaltet die Übertragung der tatsächlichen Sachherrschaft. Der Verkäufer muss dem Käufer also Besitz an der Kaufsache nach den Regelungen der §§ 854 ff. BGB verschaffen. Weiterhin muss der Verkäufer dem Käufer das Eigentum an der Kaufsache verschaffen. Dies geschieht bei beweglichen Sachen durch Übereignung nach den §§ 929 ff. BGB (s. Rn. 452 ff.), bei Immobilien durch Übereignung nach den §§ 873 ff. BGB (s. Rn. 474 ff.) und bei Forderungen durch Abtretung nach den §§ 398 ff. BGB (s. Rn. 40 ff.).

> **Beachten Sie:**
> § 433 Abs. 1 BGB „verpflichtet" den Verkäufer zur Eigentumsverschaffung. Hierzu ist ein gesonderter Rechtsakt, nämlich die Übereignung (bei beweglichen Sachen bspw. nach den §§ 929 ff. BGB) erforderlich. Das Eigentum an der Kaufsache geht daher nicht automatisch durch den Kaufvertrag über. Entsprechendes gilt im Übrigen für den Kaufpreis. Es muss daher zwischen dem Kaufvertrag (Verpflichtungsgeschäft) und der Übertragung der Kaufsache (Verfügungsgeschäft) streng unterschieden werden. Dieses sogenannte **Trennungsprinzip** führt dazu, dass die einzelnen Geschäfte, also das Verpflichtungs- und das Verfügungsgeschäft, in ihrer Wirksamkeit voneinander unabhängig sind (**Abstraktionsprinzip**).

Abbildung 27: Abstraktionsprinzip

Beispiel: V verkauft dem K einen echten Picasso, in der irrigen Annahme, es handele sich um einen billigen Kunstdruck. In Erfüllung des Kaufvertrages (§ 362 Abs. 1 BGB) übergibt V dem K das Bild und übereignet es nach § 929 Satz 1 BGB. Als V den Irrtum bemerkt, ficht er den Kaufvertrag an. Das **Verpflichtungsgeschäft**, also der Kaufvertrag nach § 433 Abs. 1 BGB ist durch die Anfechtung nach § 119 Abs. 1 BGB gemäß § 142 Abs. 1 BGB nichtig. Die Übereignung nach § 929 BGB (das **Verfügungsgeschäft**) ist nach dem Abstraktionsprinzip hiervon unabhängig zu beurteilen. Die Übereignung selbst ist nicht nach § 119 Abs. 1 BGB anfechtbar, denn V wollte dem K das Eigentum an eben diesem Bild verschaffen. Das Verpflichtungsgeschäft (der Kaufvertrag) war allerdings der Grund (der Rechtsgrund) warum V dem K das Eigentum an dem Bild durch das Verpflichtungsgeschäft (die Übereignung) verschafft. Da die Übereignung aufgrund der Anfechtung des Verpflichtungsgeschäfts ohne Rechtsgrund erfolgte, kann V nach den Regelungen des Bereicherungsrechts (sogenanntes Kondiktionsrecht) gemäß § 812 Abs. 1 BGB von K allerdings die Rückübertragung des Bildes verlangen.

> **Beachten Sie:**
> Es handelt sich hierbei um eine Besonderheit des deutschen Rechts. Im Gegensatz dazu arbeiten andere Rechtsordnungen, bspw. das französische Recht in Artikel 1583 des Code Civil, mit dem Einheitsprinzip, wonach bereits der Kaufvertrag das Eigentum an der Kaufsache übergehen lässt.

262 Neben der Verpflichtung zur Übergabe und zur Eigentumsverschaffung ist der Verkäufer auch verpflichtet, dem Käufer die Sache frei **von Sach- und Rechtsmängeln** zu verschaffen (§ 433 Abs. 1 Satz 2 BGB). Verstößt er gegen diese Verpflichtung, greift das sogenannte **Gewährleistungsrecht** nach den §§ 434 ff. BGB.

263 Darüber hinaus treffen den Verkäufer bestimmte **Nebenpflichten**, wie bspw. die Sache ordnungsgemäß zu verpacken, den Käufer über Umstände aufzuklären, die für dessen Kaufentscheidung erkennbar wesentlich sind, den Käufer ordnungsgemäß in den Gebrauch der Kaufsache einzuweisen etc. Eine Verletzung dieser Nebenpflichten stellt eine Pflichtverletzung dar, die zu einem Schadenersatzanspruch des Käufers nach § 280 Abs. 1 BGB führt (s. Rn. 39, 50, 54, 185).

264 Der **Käufer** ist nach § 433 Abs. 2 BGB zur **Zahlung** des vereinbarten **Kaufpreises** verpflichtet. Dies ist die korrespondierende – im Gegenseitigkeitsverhältnis stehende – Hauptleistungspflicht des Käufers. Weiterhin muss der Käufer nach § 433 Abs. 2 BGB die Kaufsache abnehmen, soweit diese frei von Sach- und Rechtsmängeln ist.

265 d) Besondere Regelungen zum Gefahrübergang. Die Gefahr des zufälligen Untergangs der Kaufsache trägt bis zur Übereignung grundsätzlich der Verkäufer. Hiervon gibt es aber praxisrelevante Ausnahmen. Übergibt der Verkäufer dem Käufer die Sache vor der Übereignung und geht die Kaufsache nach der Übergabe, aber vor der Übereignung unter, so trägt nach § 446 Satz 1 BGB der Käufer die Gefahr des zufälligen Untergangs der Kaufsache (s. Rn. 223).

> **Beispiel:** V verkauft dem K einen Pkw und vereinbart mit dem K Ratenzahlung. V übergibt dem K den Pkw und vereinbart mit diesem, dass das Eigentum erst dann übergehen soll, wenn K den Kaufpreis vollständig bezahlt hat (**Eigentumsvorbehalt** nach den §§ 929 Satz 1, § 158 Abs. 1 BGB). Nach der Übergabe, aber vor Zahlung der letzten Rate, gerät K – ohne sein Verschulden – in einen Verkehrsunfall, bei dem der Pkw völlig zerstört wird. Hier wird V von seiner Verpflichtung zur Übereignung nach § 433 Abs. 1 Satz 1 BGB in Folge der Zerstörung des Pkw nach § 275 Abs. 1 BGB von seiner Leistungspflicht frei. Nach § 326 Abs. 1 BGB würde dies dazu führen, dass auch K den Kaufpreis nicht mehr bezahlen muss. Allerdings regelt § 446 Satz 1 BGB, dass mit der Übergabe der verkauften Sache die Gefahr des zufälligen Untergangs und der zufälligen Verschlechterung auf den Käufer übergeht. Aufgrund dieser speziellen Gefahrtragungsregel muss K den Pkw nach § 433 Abs. 2 BGB bezahlen.

266 Beim Versendungskauf gilt nach § 447 Satz 1 BGB, dass in dem Fall, in dem die Sache auf Verlangen des Käufers an einen anderen Ort als den Erfüllungsort versendet wird, die Gefahr mit der Übergabe an den Spediteur, Frachtführer oder die sonstige Transportperson übergeht (s. Rn. 225).

267 Ist der Käufer mit seiner Abnahmepflicht nach § 433 Abs. 2 BGB in Annahmeverzug (dazu §§ 293 ff. BGB), so trägt er ab diesem Zeitpunkt gemäß § 446 Satz 3 BGB ebenfalls die Gefahr des zufälligen Untergangs.

> **Beachten Sie:**
> Die Gefahrtragungsregelung des § 447 Satz 1 BGB gilt nicht bei einem Verbrauchsgüterkauf, da hierfür § 447 Abs. 2 BGB eine Sonderregelung enthält.

e) **Gewährleistung.** Das kaufrechtliche **Gewährleistungsrecht** gilt sowohl für **Sachmängel** (§ 434 BGB), als auch für **Rechtsmängel** (§ 435 BGB). Da der Verkäufer nach § 433 Abs. 1 Satz 2 BGB verpflichtet ist, die Sache frei von Sach- und Rechtsmängeln zu übergeben und zu übereignen, muss der Käufer eine mangelhafte Sache nicht abnehmen. Hinsichtlich der Zahlung des Kaufpreises kann er in diesem Fall die Einrede nach § 320 BGB erheben. Hat der Käufer die Sache allerdings abgenommen, greifen die Regelungen des Gewährleistungsrechts.

> **Beachten Sie:**
> Liefert der Verkäufer eine mangelhafte Sache, stellt dies eine Pflichtverletzung im Sinne des § 280 Abs. 1 BGB dar. Die Regelungen des kaufrechtlichen Gewährleistungsrechts gehen der allgemeinen Regelung des § 280 Abs. 1 BGB vor. Diese Sonderregelung gilt allerdings nur für die Mängelhaftung. Verletzt der Verkäufer andere Pflichten aus dem Kaufvertrag, bspw. seine Nebenpflichten, gelten die Regelungen des allgemeinen Schuldrechts (insbesondere § 280 Abs. 1 BGB).

> **Fallbeispiel 6 (Lösung s. Rn. 296).:**
> V handelt mit teuren Springpferden. Der Pferdesportler K erwirbt bei V ein Pferd zum Preis von 250.000 € und stellt nach kurzer Zeit fest, dass das Pferd immer wieder lahmt. Der daraufhin konsultierte Tierarzt diagnostiziert, dass das Pferd aufgrund eines Geburtsfehlers unter einer Beinfehlstellung leidet, die nicht behandelt werden kann. K möchte nunmehr von V den gezahlten Kaufpreis zurückerhalten.

Liegt eine mangelhafte Sache vor, bestimmen sich die Rechte des Käufers nach § 437 BGB. Der Käufer kann in diesem Fall zunächst **Nacherfüllung** nach § 439 BGB verlangen. Nacherfüllung bedeutet, dass der Käufer nach seiner Wahl entweder die Beseitigung des Mangels oder die Lieferung einer mangelfreien Sache verlangen kann.

Schlägt die Nacherfüllung fehl, wird sie verweigert, ist sie nicht möglich oder erbringt der Verkäufer nicht die Nacherfüllung innerhalb einer angemessenen vom Käufer gesetzten Frist, kann der Käufer als nachrangige Rechtsbehelfe den Kaufpreis nach § 441 BGB mindern oder vom Kaufvertrag nach den §§ 440, 323, 326 Abs. 5 BGB zurücktreten und nach den §§ 440, 280, 281, 383 und 311a BGB Schadenersatz oder nach § 284 BGB Ersatz vergeblicher Aufwendungen verlangen.

> **Beachten Sie:**
> Den **Sekundärrechtsbehelfen** (**Minderung, Rücktritt** und **Schadenersatz**) ist immer die Nacherfüllung vorgelagert. Nur wenn diese nicht funktionieren, greifen die Sekundärrechtsbehelfe. Die Nacherfüllung ist daher nicht nur eine Verpflichtung, sondern auch ein Recht des Verkäufers.

Die Rechte des Käufers wegen Sach- und Rechtsmängeln unterliegen der **Verjährung** nach § 438 BGB. Nach Ablauf der Verjährungsfrist können sie nicht mehr geltend gemacht werden.

f) **Rechte des Käufers bei Mängeln.** Die Rechte des Käufers bei Mängeln richten sich nach § 437 BGB. Dieser lautet wie folgt:

*„Ist die Sache **mangelhaft**, kann der **Käufer**, wenn die Voraussetzungen der folgenden Vorschriften vorliegen und **soweit nicht ein anderes bestimmt ist**,*
- *nach § 439 Nacherfüllung verlangen,*
- *nach den §§ 440, 323 und 326 Abs. 5 vom Vertrag zurücktreten oder nach § 441 den Kaufpreis mindern und*
- *nach den §§ 440, 280, 281, 283 und 311a Schadensersatz oder nach § 284 Ersatz vergeblicher Aufwendungen verlangen"*

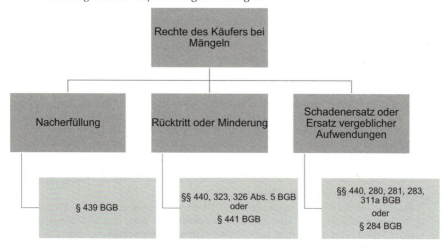

Abbildung 28: Rechte des Käufers bei Mängeln

273 Aus dieser Norm lassen sich folgende **Voraussetzungen** ableiten:
- Es muss ein wirksamer Kaufvertrag nach § 433 BGB vorliegen.
- Die Kaufsache muss bei Gefahrübergang (§§ 446, 447 BGB) einen Sachmangel (§ 434 BGB) oder einen Rechtsmangel (§ 435 BGB) aufweisen.
- Es darf nichts anderes bestimmt sein, mithin kein Gewährleistungsausschluss vorliegen. Gewährleistungsausschlüsse können sich insbesondere aus vertraglichen Vereinbarungen oder gesetzlichen Vorschriften (§§ 442, 445 BGB, § 377 HGB) ergeben.
- Weiterhin darf der Anspruch nicht nach § 438 BGB verjährt sein.

Fortsetzung der Lösung zum Fallbeispiel 3:
A könnte gegen die X GmbH einen Anspruch auf Rückzahlung des Kaufpreises in Höhe von 1.599 € aus § 346 Abs. 1 BGB haben.
(I) Voraussetzung hierfür ist das Bestehen eines gesetzlichen oder vertraglichen Rücktrittrechts.
    (1) Ein vertragliches Rücktrittsrecht haben A und die X-GmbH nicht vereinbart.
    (2) Ein gesetzliches Rücktrittsrecht könnte sich aus § 437 Nr. 2 BGB ergeben.
        (a) A und die X GmbH haben einen wirksamen Kaufvertrag geschlossen.
        (b) Der Kaufvertrag wurde auch nicht fristgerecht von A nach § 356 Abs. 1 BGB widerrufen.
        (c) Die Kaufsache hatte bei Übergabe, also bei Gefahrübergang (§ 446 BGB) einen Sachmangel nach § 434 Abs. 1 BGB, da der Rechner nicht funktionierte.

(d) Vorliegend war in den AGB der X-GmbH zwar ein Gewährleistungsausschluss vereinbart, dieser war jedoch nach den §§ 307 ff. BGB unwirksam.

(e) Nach den §§ 437 Nr. 1 BGB, 439 BGB muss A vor dem Rücktritt grundsätzlich erfolglos eine angemessene Frist zur Nacherfüllung setzen, was er nicht getan hat. Allerdings hat die X-GmbH erklärt, dass sie nichts für A tun könne und hiermit die Nacherfüllung verweigert. Daher ist die Fristsetzung im vorliegenden Fall entbehrlich (§§ 323 Abs. 2 Nr. 1, 440, 437 Nr. 2 BGB).

(II) Ergebnis: A hat daher gegen die X-GmbH einen Anspruch auf Rückzahlung des Kaufpreises.

aa) Mangel. Ein **Sachmangel** liegt nach § 434 BGB vor, wenn
- die Kaufsache nicht die vereinbarte Beschaffenheit hat (§ 434 Abs. 1 Satz 1 BGB),
- wenn sich die Kaufsache nicht zur vertraglich vorausgesetzten Verwendung eignet (§ 434 Abs. 1 Satz 2 Nr. 1 BGB) oder
- wenn sie sich nicht zur gewöhnlichen Verwendung eignet (§ 434 Abs. 1 Satz 2 Nr. 2 BGB).

Hinsichtlich der Frage, ob ein **Beschaffenheitsmangel** vorliegt, ist nach § 434 Abs. 1 Satz 1 BGB zunächst auf die vertraglichen Vereinbarungen abzustellen. Die vertraglichen Vereinbarungen definieren die Sollbeschaffenheit der verkauften Ware. Weicht die Ist-Beschaffenheit von den vertraglichen Vereinbarungen ab, so liegt ein Sachmangel vor.

Beispiel: K bestellt bei V einen Porsche Boxter in hellblau. Geliefert wird ein – ansonsten einwandfreier – Porsche Boxter in dunkelblau. Hier weicht die vertraglich vereinbarte Soll-Beschaffenheit (hellblau) von der Ist-Beschaffenheit (dunkelblau) ab. Daher ist der Porsche mangelhaft (§ 434 Abs. 1 Satz 1 BGB).

> **Beachten Sie:**
> Es spielt grundsätzlich keine Rolle, ob durch den Mangel die Gebrauchstauglichkeit der Kaufsache beeinflusst wird oder nicht. Ebenfalls spielt die Erheblichkeit des Mangels keine Rolle.

Fehlt es an einer Vereinbarung über besondere Beschaffenheitsmerkmale der Kaufsache, kommt es hinsichtlich der Frage, ob die Kaufsache mangelhaft ist oder nicht, nach § 434 Abs. 1 Satz 2 Nr. 1 BGB darauf an, ob sich die Sache für die **nach dem Vertrag vorausgesetzte Verwendung** eignet. Lässt sich aus dem Kaufvertrag also ein bestimmter vorhergesehener Gebrauch der Ware entnehmen, muss diese gerade für diesen Einsatz tauglich sein und die dazu notwendigen Eigenschaften aufweisen.

Beispiel: K bestellt bei V einen hellblauen Porsche Boxter S. Es wird auch ein hellblauer Porsche Boxter S geliefert, der Wagen hat jedoch kein Lenkrad. Hier haben V und K keine Vereinbarung darüber getroffen, dass der Wagen ein Lenkrad haben muss. Dennoch ist der Wagen mangelhaft, da er sich nicht für die vertraglich vorausgesetzte Verwendung, nämlich mit dem Porsche zu fahren, eignet.

Soweit weder eine ausdrückliche Beschaffenheitsvereinbarung noch ein vertraglich vorausgesehener Gebrauch die Soll-Beschaffenheit der Kaufsache definiert, muss sich diese nach § 434 Abs. 1 Satz 2 Nr. 2 BGB zur **gewöhnlichen Verwendung** eignen und die für derartige Waren übliche und vom Käufer zu erwartende Beschaffenheit aufweisen. Die übliche Beschaffenheit ist nach der Verkehrssitte zu ermitteln. Sie kann sich allerdings auch aus öffentlichen Äußerungen des Verkäufers in der Werbung oder der Kennzeichnung der Waren ergeben (§ 434 Abs. 1 Satz 3 BGB).

278 Einem Sachmangel gleichgestellt sind nach § 434 Abs. 2 BGB **Montagemängel** durch unsachgemäß durchgeführte Montage (§ 434 Abs. 2 Satz 1 BGB) und mangelhafte Montageanleitungen (§ 434 Abs. 2 Satz 2 BGB). Weiterhin liegt ein Sachmangel bei **Falsch- und Mankolieferungen** vor, wenn also eine andere als die geschuldete Sache geliefert wird (§ 434 Abs. 3 Alt. 1 BGB) oder wenn Mindermengen geliefert werden (§ 434 Abs. 3 Satz 2 BGB). Montagemängel im Sinne von § 434 Abs. 2 BGB liegen vor, wenn der Verkäufer neben der reinen Übergabe und Übereignung der Sache auch die Montage schuldet. Die unsachgemäße Durchführung der vereinbarten Montage durch den Verkäufer führt dann zu einem Sachmangel, auch wenn die verkaufte Sache unbeschädigt ist.

> **Beispiel:** Möbelhändler V verkauft dem K eine Küche und übernimmt auch die Montage. Die gelieferte Küche ist einwandfrei, allerdings werden die Hängeschränke mangelhaft montiert, sodass diese nach einer Weile aus der Wand brechen. Hier besteht ein Sachmangel nach § 434 Abs. 2 Satz 1 BGB.

279 Ein Sachmangel liegt weiterhin vor, wenn bei einer zur Montage bestimmten Sache die **Montageanleitung** fehlerhaft ist und so die zunächst unbeschädigte Sache in Folge einer fehlerhaften Selbstmontage einen Defekt erleidet. Eine Mangelhaftigkeit der Montageanleitung liegt dann vor, wenn unter normalen Umständen nicht zu erwarten ist, dass sie bei einem durchschnittlich begabten Käufer zu einer sachgemäßen Montage führt.

Schließlich begründet die Lieferung einer **anderen Sache** als die gekaufte nach § 434 Abs. 3 Alt. 1 BGB einen Sachmangel.

> **Beispiel:** K bestellt bei V einen hellblauen Porsche Boxter S. Geliefert wird ein hellblauer Porsche Boxter.

280 Gleiches gilt bei der Lieferung von zu **geringen Mengen** (§ 434 Abs. 3 Alt. 2 BGB).

> **Beispiel:** K bestellt bei V 100 Festmeter Rundholz. Geliefert werden allerdings nur 99 Festmeter Rundholz.

281 Entscheidender **Zeitpunkt** für das Vorliegen eines Sachmangels nach § 434 BGB ist der **Gefahrübergang** (s. Rn. 265).

> **Beachten Sie:**
> Unterstreichen Sie sich im Gesetz die Voraussetzung „**bei** Gefahrübergang", da die Prüfung dieser Voraussetzungen in Klausuren oft vergessen wird.

282 Der Zeitpunkt des Gefahrübergangs ist entscheidend für die Frage, ob ein Sachmangel vorliegt oder nicht. Tritt der Sachmangel erst nach Gefahrübergang (in der Regel also nach Übergabe – § 446 BGB) auf, hat der Käufer keine Gewährleistungsrechte. Deswegen begründen bspw. Verschleißschäden, die nach der Übergabe an der Kaufsache auftreten, keinen Mangel im Sinne von § 434 BGB.

> **Beachten Sie:**
> Kann nicht festgestellt werden, ob der Mangel bereits bei Gefahrübergang vorlag oder erst später eingetreten ist, hat der **Käufer** keine Gewährleistungsrechte, denn nach den allgemeinen Beweisregeln muss der Käufer beweisen, dass der Mangel bereits bei Gefahrübergang vorlag. Eine praktisch wichtige Ausnahme gilt bei einem **Verbrauchsgüterkauf** nach § 447 Abs. 1 BGB. Hier normiert § 476 BGB eine **Beweislastumkehr**. Danach gilt, wenn sich der Mangel innerhalb von sechs Monaten nach Gefahrübergang zeigt, dass dann vermutet wird, dass die Sache bereits bei Gefahrübergang mangelhaft war. Tritt also bei einem Verbrauchsgüterkauf inner-

> halb von sechs Monaten ein Sachmangel zutage, muss ausnahmsweise nicht der Käufer beweisen, dass der Sachmangel bereits bei Gefahrübergang vorlag, sondern der Verkäufer, dass der Mangel erst später eingetreten ist.

283 Ein **Rechtsmangel** liegt nach § 435 BGB vor, wenn ein Dritter aufgrund privater oder öffentlicher Rechte das Eigentum, den Besitz oder den Gebrauch der Kaufsache beeinträchtigen oder entziehen kann. In diesen Fällen hat der Verkäufer nämlich seine Vertragspflicht, dem Käufer das Eigentum an der Kaufsache zu verschaffen, verletzt.

> Beispiel: V verkauft dem K eine Fotografie. Da D Urheber des Fotos ist und dem V keine Lizenzrechte zur Weiterveräußerung eingeräumt hat, kann D nach urheberrechtlichen Vorschriften von K die Vernichtung des Fotos fordern. In diesem Fall liegt ein Rechtsmangel im Sinne von § 435 BGB vor, der zu Gewährleistungsrechten des K nach § 437 BGB führt.

284 bb) Gewährleistungsausschlüsse und Verjährung. Nach § 437 BGB hat der Käufer nur dann Gewährleistungsrechte, wenn **nichts anderes bestimmt** ist. Das bedeutet, dass die Gewährleistungsrechte kraft **vertraglicher Vereinbarung** oder **gesetzlicher Regelungen** ausgeschlossen sein können, weiterhin können die Gewährleistungsrechte verjährt sein.

285 Aus § 444 BGB ergibt sich, dass die Parteien des Kaufvertrages die gesetzlichen Gewährleistungsrechte durch **vertragliche Vereinbarungen** einschränken oder ausschließen können. Das gilt allerdings nicht, wenn der Verkäufer den Mangel arglistig verschweigt oder eine Garantie für die Beschaffenheit der Kaufsache übernommen hat. Ein arglistiges Verschweigen liegt auch dann vor, wenn der Verkäufer Angaben über die Kaufsache „ins Blaue hinein" macht.

> Beispiel: Der Gebrauchtwagenhändler V behauptet gegenüber dem Käufer K, dass der Pkw unfallfrei sei, obwohl er dies überhaupt nicht überprüft hat.

> Beachten Sie:
> Beim **Verbrauchsgüterkauf** nach § 474 Abs. 1 BGB ist auch durch eine individualvertragliche Vereinbarung zwischen Käufer und Verkäufer eine vertragliche Beschränkung der Käuferrechte nach § 437 BGB **nicht** möglich (§ 475 Abs. 1 BGB). Eine Ausnahme gilt nach § 475 Abs. 3 BGB lediglich für den Ausschluss des Schadenersatzanspruchs, der auch zwischen einem Unternehmer und einem Verbraucher vereinbart werden kann.

286 In der Praxis werden Gewährleistungsrechte häufig **in AGB** ausgeschlossen. Für diese Fälle gelten die Regelungen über die Inhaltskontrolle nach den §§ 307–309 BGB. Insbesondere ist hier die Regelung des § 309 Nr. 8b BGB zu beachten, wonach bei der Lieferung neu hergestellter Sachen ein Gewährleistungsausschluss nicht möglich ist.

287 **Gesetzliche Regelungen** über den Gewährleistungsausschluss enthalten § 442 BGB sowie § 445 BGB.
– Nach § 442 BGB sind die Gewährleistungsrechte des Käufers ausgeschlossen, wenn er den Mangel bei Vertragsschluss kennt. Ist dem Käufer der Mangel in Folge grober Fahrlässigkeit bei Vertragsschluss unbekannt geblieben, kann er die Gewährleistungsrechte nur geltend machen, wenn der Verkäufer den Mangel arglistig verschwiegen oder eine Garantie für die Beschaffenheit der Sache übernommen hat (§ 442 Abs. 1 Satz 2 BGB).
– Wird eine Sache im Wege der öffentlichen Versteigerung verkauft, ist nach § 445 BGB grundsätzlich ebenfalls das Gewährleistungsrecht ausgeschlossen.

– Einen besonders praxisrelevanten Ausschluss des Gewährleistungsrechts enthält § 377 HGB. Verletzt der Käufer bei einem beiderseitigen Handelsgeschäft seine **Untersuchungs- und Rügepflicht**, sind seine Gewährleistungsrechte ausgeschlossen (s. Rn. 567).

288 Schließlich soll der Käufer im Interesse des Rechtsfriedens nicht „ewig" die Möglichkeit der Gewährleistung haben. Deswegen **verjähren** die Ansprüche nach § 437 BGB grundsätzlich gemäß § 438 Abs. 1 Nr. 3 BGB zwei Jahre nach der Ablieferung (§ 438 Abs. 2 BGB). Wenn die gekaufte Sache in einem Bauwerk verwendet wird, beträgt die Verjährungsfrist demgegenüber fünf Jahre (§ 438 Abs. 1 Nr. 1 und Nr. 2 BGB).

289 cc) **Nacherfüllungsrecht.** Liegen die oben dargestellten Voraussetzungen vor, hat der Käufer zunächst einen Anspruch auf **Nacherfüllung** nach § 437 Nr. 1 BGB in Verbindung mit § 439 Abs. 1 BGB. Der Nacherfüllungsanspruch beinhaltet, dass der Käufer nach seiner Wahl entweder
– Nachbesserung (Reparatur) oder
– Nachlieferung

verlangen kann. Bei der **Nachbesserung** muss der Verkäufer also den Mangel an der gelieferten Sache beseitigen, während er bei der **Nachlieferung** eine neue Sache liefern muss.

> **Beachten Sie:**
> Die Entscheidung welche Art der Nacherfüllung der Verkäufer erringen muss trifft der Käufer.

290 § 439 Abs. 3 BGB räumt dem Verkäufer das Recht ein, die vom Käufer gewählte Form der Nacherfüllung zu **verweigern, wenn** diese unverhältnismäßig ist. Bei der Beurteilung, was unverhältnismäßig und damit dem Verkäufer unzumutbar ist, sind insbesondere wirtschaftliche Aspekte entscheidend.

> **Beispiel:** K kauft bei V einen neuen Porsche Boxter S. Bei Anlieferung stellen V und K fest, dass eine Zündkerze defekt ist. K möchte keinen Austausch der Zündkerze, sondern die Lieferung eines neuen Porsche. Hier kann V nach § 439 Abs. 3 BGB die Neulieferung verweigern und stattdessen die Zündkerze austauschen. Umgekehrt: K kauft sich an einer Tankstelle ein Feuerzeug für 1 €, bei dem der Zündstein defekt ist. Der Verkäufer gibt K ein neues Feuerzeug, K will jedoch, dass das alte Feuerzeug repariert wird. Hier kann V infolge der Unverhältnismäßigkeit der Kosten die Reparatur verweigern und K stattdessen auf die Lieferung eines mangelfreien Feuerzeugs verweisen.

291 Die Kosten der Nacherfüllung trägt nach § 439 Abs. 2 BGB ausschließlich der Verkäufer. Er muss also insbesondere alle Transport-, Wege-, Arbeits- und Materialkosten der Nacherfüllung tragen.

292 dd) **Nachrangige Gewährleistungsrechte.** Nach § 437 Nr. 2 BGB in Verbindung mit § 440 und § 323 BGB kann der Käufer dem Verkäufer zur Nacherfüllung eine angemessene Frist setzen. Läuft diese Frist fruchtlos ab, kann der Käufer statt der Nacherfüllung die **nachrangigen Gewährleistungsrechte** (**Rücktritt oder Minderung**) verlangen.

293 Welche Frist **angemessen** ist, ist eine Frage des Einzelfalls. Dem Verkäufer muss ausreichend Zeit zur zügigen Nacherfüllung gegeben werden. Ist die vom Käufer gesetzte Frist zur kurz, wird mit ihr eine angemessene Frist in Gang gesetzt. Nach § 440 BGB in Verbindung mit § 323 Abs. 2 BGB bedarf es einer Fristsetzung **nicht,** wenn der

Verkäufer die Nacherfüllung verweigert. Weiterhin bedarf es einer Fristsetzung dann nicht, wenn die Nacherfüllung nach § 275 BGB unmöglich ist. Schließlich regelt § 440 Satz 2 BGB, dass die Nacherfüllung dann fehlgeschlagen ist, wenn sie zweimal erfolglos versucht wird. In diesem Fall bedarf es auch keiner Nachfristsetzung durch den Käufer.

294 Nach fruchtlosem Ablauf der gesetzten Frist bzw. wenn die Fristsetzung entbehrlich ist, kann der Käufer nach den §§ 437 Nr. 2, 346 BGB vom Vertrag zurücktreten und den Kaufpreis gegen Rückgabe der Kaufsache zurückverlangen. Der Rücktritt muss vom Käufer gemäß § 349 BGB erklärt werden.

295 Alternativ steht dem Käufer das Recht zu, die Kaufsache zu behalten, und den Kaufpreis nach § 441 BGB zu **mindern**. Die Höhe der Minderung bestimmt sich nach § 441 Abs. 3 BGB, wonach der Kaufpreis in dem Verhältnis herabzusetzen ist, in welchem zur Zeit des Vertragsschlusses der Wert der Sache in mangelfreiem Zustand zu dem wirklichen Wert der Sache gestanden haben würde. Neben dem Recht auf Wandlung und Minderung kann der Käufer nach § 437 Nr. 3 BGB **Schadenersatz** geltend machen. Die Vorschrift verweist auf die allgemeinen Regelungen der §§ 280, 281, 283, 311a bzw. 284 BGB.

296 Liefert der Verkäufer also eine mangelhafte Sache, kann der Käufer – wenn der Verkäufer den Mangel zu vertreten hat – insbesondere Schadenersatz nach § 280 BGB verlangen. Neben dem Ersatz von Mangelfolgeschäden, kann der Käufer insbesondere:
– Nach § 281 Abs. 1 BGB **Schadenersatz statt der Leistung** verlangen. Hierzu gehören neben der Rückzahlung des Kaufpreises bspw. entgangener Gewinn, Kosten der Ersatzbeschaffung, Rechtsverfolgungskosten etc.
– Weiterhin kann der Verkäufer unter den zusätzlichen Voraussetzungen des § 286 BGB nach § 280 Abs. 2 BGB die **Verzugsschäden** geltend machen.
– Statt des Schadensersatzes kann der Käufer auch nach § 284 BGB **Ersatz seiner vergeblichen Aufwendungen** verlangen.

Lösung zu Fallbeispiel 6:
K könnte einen Anspruch auf Rückzahlung seines Kaufpreises nach § 437 Nr. 2 BGB in Verbindung mit § 346 BGB haben.
(I) Voraussetzung ist, dass dem K ein Rücktrittsrecht nach § 437 Nr. 2 BGB zusteht.
 (1) V und K haben einen **Kaufvertrag** im Sinne von § 433 BGB über das Springpferd geschlossen.
 (2) Weiterhin muss die Sache nach § 437 BGB **mangelhaft** sein. Den Begriff „Sachmängel" definiert § 434 BGB. Zwar sind Tiere nach § 90a BGB keine Sachen, für sie gelten jedoch die Vorschriften über Sachen entsprechend. Deswegen ist § 434 BGB anwendbar. Laut Sachverhalt haben V und K keine ausdrückliche Vereinbarung darüber getroffen, welche Beschaffenheit das Pferd haben sollte. Insofern scheidet ein Mangel nach § 434 Abs. 1 Satz 1 BGB aus. Jedoch war für V aus den Umständen erkennbar, dass K das Pferd als Springpferd einsetzen wollte. Da das Pferd aufgrund der fehlerhaften Beinstellung nicht als Springpferd geeignet war, könnte ein Mangel gemäß § 434 Abs. 1 Satz 2 Nr. 1 BGB vorliegen. In jedem Fall liegt allerdings ein Mangel nach § 434 Abs. 1 Satz 2 Nr. 2 BGB vor, denn aufgrund der fehlerhaften Beinstellung weist das Pferd nicht die übliche Beschaffenheit auf, die der Käufer erwarten darf. Der Mangel lag auch bei Gefahrübergang, nämlich bei Übergabe des Pferdes (§ 446 BGB) bereits vor.

(3) Vertragliche oder gesetzliche Gewährleistungsausschlüsse sind nicht ersichtlich.

(4) K kann allerdings erst **vom Vertrag zurücktreten**, wenn eine **Nacherfüllung** nach den §§ 437 Nr. 1, 439 BGB **ausscheidet**. Die gemäß § 440 BGB in Verbindung mit § 323 BGB grundsätzlich erforderliche Fristsetzung der Nacherfüllung könnte hier nach § 326 Abs. 5 BGB entbehrlich sein. Dies ist dann der Fall, wenn die Nacherfüllung nach § 275 BGB unmöglich ist. Da das Pferd nicht geheilt werden kann, scheidet eine Nachbesserung aus. Auch die Lieferung eines neuen, mangelfreien Pferdes scheidet aus, da V dem K ein ganz bestimmtes Pferd schuldet, mithin eine Stückschuld vorliegt. Daher ist die Nacherfüllung unmöglich. Nach § 326 Abs. 5 BGB ist die Fristsetzung entbehrlich.

(II) Ergebnis: K hat somit nach den §§ 437 Nr. 2, 434, 326 Abs. 5 in Verbindung mit § 323 BGB ein Rücktrittsrecht und kann gemäß § 346 Abs. 1 BGB die Rückzahlung des Kaufpreises verlangen.

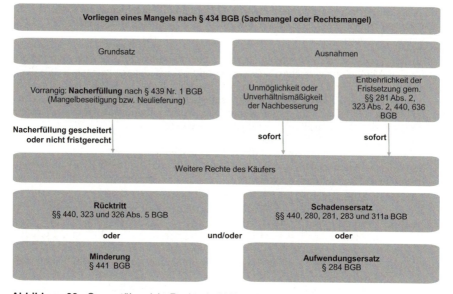

Abbildung 29: Gesamtübersicht Rechte bei Mängeln

Beachten Sie:
Im allgemeinen Sprachgebrauch werden die Begriffe **Garantie** und Gewährleistung oft fälschlicherweise synonym gebraucht. Im Unterschied zur Gewährleistung geht es jedoch bei der Garantie um eine vertraglich eingeräumte freiwillige Leistung des Garantiegebers gegenüber dem Käufer. Garantiegeber können hierbei neben dem Verkäufer auch der Hersteller oder weitere Personen sein. Der Inhalt der Garantie bestimmt sich nach dem Garantievertrag. Der Garantiegeber kann sich bspw. verpflichten im Garantiefall den Kaufpreis zu erstatten, die Sache auszutauschen oder nachzubessern oder Dienstleistungen im Zusammenhang mit der Sache zu erbringen. Aus § 443 Abs. 1 BGB ergibt sich, dass die Gewährleistungsansprüche durch ein Garantieversprechen nicht berührt werden. Der Käufer hat also **neben** den Garantieansprüchen die gesetzlichen Gewährleistungsrechte. Beispiele für Garantien sind die Beschaffenheitsgarantie und die Haltbarkeitsgarantie. Bei der **Beschaffenheitsgarantie** sichert der Garantiegeber dem Käufer eine bestimmte Funktionsfähig-

keit der Kaufsache zu. Fehlt die zugesicherte Beschaffenheit, so muss der Garantiegeber verschuldensunabhängig für die Folgen einstehen. Bei einer **Haltbarkeitsgarantie** hingegen sichert der Garantiegeber zu, dass die Kaufsache für eine bestimmte Dauer eine bestimmte Beschaffenheit behält.

ee) Verbrauchsgüterkauf. Der Begriff des **Verbrauchsgüterkaufs** ist in § 474 BGB definiert. Es handelt sich um einen Kaufvertrag über eine bewegliche Sache durch einen Verbraucher (§ 13 BGB) als Käufer von einem Unternehmer (§ 14 BGB) als Verkäufer. Liegt ein solcher Verbrauchsgüterkauf vor, finden bestimmte – oben dargestellte – Regelungen des Kaufrechts keine Anwendung. Hierzu gehören die Haftungsbeschränkung bei öffentlichen Versteigerungen nach § 445 BGB und der besondere Gefahrübergang beim Versendungskauf nach § 447 BGB. Beim Verbrauchsgüterkauf gilt hier die allgemeine Gefahrtragungsregel des § 446 BGB (Gefahrübergang bei Übergabe § 474 Abs. 4 BGB).

297

Nach § 475 BGB wird der Verbraucher weiterhin in Gewährleistungsfällen besonders geschützt. So ist beim Verbrauchsgüterkauf ein vertraglicher Haftungsausschluss sowohl bei gebrauchten als auch bei neuen Sachen generell unzulässig (§ 475 Abs. 1 BGB). Nach § 475 Abs. 3 BGB können lediglich die Schadensersatzansprüche des Käufers beschränkt oder ausgeschlossen werden. Auch darf nach § 475 Abs. 2 BGB durch vertragliche Vereinbarung beim Verbrauchsgüterkauf die Verjährung der Gewährleistungsansprüche nicht zum Nachteil des Käufers auf unter zwei Jahre bei neuen Sachen und auf unter ein Jahr bei gebrauchten Sachen reduziert werden. Schließlich wird beim Verbrauchsgüterkauf der Käufer dadurch rechtlich besser gestellt, dass durch die Beweislastumkehr des § 476 BGB der Käufer nicht beweisen muss, dass der Mangel bereits bei Gefahrübergang vorlag, wenn dieser innerhalb von sechs Monaten nach der Übergabe der Kaufsache zutage getreten ist. In diesen Fällen wird das Vorhandensein des Mangels im Zeitpunkt des Gefahrübergangs vermutet. Der Verkäufer kann diese Vermutung allerdings durch einen Gegenbeweis erschüttern.

298

> **Beachten Sie:**
> Das Verhältnis zwischen einem Händler und seinem Lieferanten wird in dem Fall, in dem der Händler an den Endverbraucher verkauft, nach den §§ 478, 479 BGB ebenfalls besonderen Regelungen unterworfen. Durch diese Regelungen des sogenannten **Unternehmerregresses** soll verhindert werden, dass der Einzelhändler als Letztverkäufer das volle Risiko eines Verbrauchsgüterkaufs nach den §§ 474 ff. BGB tragen muss, da sein Kaufvertrag mit dem Endverbraucher einen Verbrauchsgüterkauf darstellt, während der Händler als Unternehmer beim Lieferanten einkauft und daher § 474 BGB keine Anwendung findet. Entsprechend wird der Händler bei der Rückabwicklung in Gewährleistungsfällen gegenüber seinem Lieferanten privilegiert, wenn er vom Verbraucher aus gesetzlicher Gewährleistung in Anspruch genommen wird. Hier sieht § 478 Abs. 1 BGB bspw. die Entbehrlichkeit der Fristsetzung durch den Letztverkäufer vor. Weiterhin enthält § 478 Abs. 2 BGB einen eigenen verschuldensunabhängigen Anspruch, aus dem der Händler seine Aufwendungen gegenüber dem Verbraucher vom Lieferanten ersetzt verlangen kann. Schließlich regelt § 479 BGB die Verjährung der Regressansprüche des Händlers gegenüber dem Lieferanten so, dass die Verjährung frühestens zwei Monate nach dem Zeitpunkt beginnt, in dem der Händler die Gewährleistungsansprüche des Endverbrauchers erfüllt hat (spätestens tritt die Verjährung nach fünf Jahren ein).

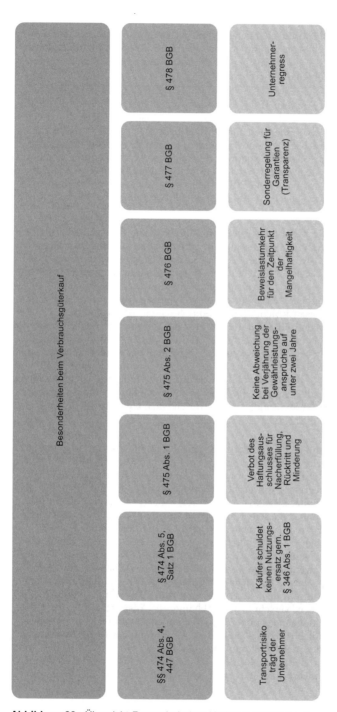

Abbildung 30: Übersicht Besonderheiten Verbrauchsgüterkauf

3. Mietvertrag

Warum ist das Thema für Sie von Bedeutung: 299
Der Mietvertrag bezeichnet eine Vereinbarung, nach der der Vermieter dem Mieter den Mietgegenstand zum zeitweisen Gebrauch gegen Entgelt überlässt. In der Regel denkt man bei Mietverträgen als Erstes an Mietverhältnisse über Wohnraum oder Gewerberäume. In der Praxis sind die Anwendungsfelder jedoch viel weiter. Jede Art der entgeltlichen Gebrauchsüberlassung auf Zeit wird nach den Mietvertragsregeln der §§ 535 ff. BGB behandelt. Hierunter fallen bspw. die Vermietung von Baumaschinen und Baugeräten, Auto- und Lkw-Vermietung etc.

a) **Mietgegenstand.** Nach § 535 Abs. 1 BGB verpflichtet sich der **Vermieter** beim Mietvertrag dem Mieter den Gebrauch der Mietsache während des Mietzeitraums zu gewähren. Der **Mieter** hingegen ist nach § 535 Abs. 1 BGB verpflichtet, dem Vermieter die vereinbarte Miete zu bezahlen. Auch bei einem **Leihvertrag** erfolgt eine Gebrauchsüberlassung, diese ist jedoch unentgeltlich (§§ 598 ff. BGB). Der **Pachtvertrag** unterscheidet sich vom Mietvertrag dadurch, dass der Verpächter dem Pächter nicht nur den Gebrauch des Mietgegenstandes überlässt, sondern dem Pächter nach § 581 Abs. 1 BGB auch den Genuss der Früchte (§ 99 BGB), soweit sie nach den Regeln der ordnungsgemäßen Wirtschaft als Ertrag anzusehen sind, während der Pachtzeit gewährt. Ein Pachtvertrag kann im Übrigen nicht nur über Sachen, sondern auch über Rechte geschlossen werden. In Folge des „Fruchtziehungsrechts" des Pächters wird häufig bei der Pacht als Gegenleistung nicht wie bei der Miete ein fester monatlicher Mietzins vereinbart, sondern die Zahlung einer Pacht in Abhängigkeit vom Umsatz und Ertrag. 300

Beispiel:
– Gaststättenpachtverträge,
– Landpachtverträge,
– Unternehmenspachtverträge,
– Lizenzverträge etc.

Gegenstand des Mietvertrages können bewegliche und unbewegliche Sachen sein. Der Aufbau des Mietrechts differenziert hier zwischen den **allgemeinen Vorschriften** für Mietverträge (§§ 535–548 BGB), die für alle Arten von Mietverträgen gelten. Bei der **Vermietung von Räumen** gelten ergänzend besondere Vorschriften, wobei für Mietverhältnisse über Wohnraum die §§ 549–577a BGB gelten und für Mietverhältnisse über Grundstücke und Räume, die keine Wohnräume sind, diese Vorschriften nach § 578 BGB nur eingeschränkt gelten. Dies erklärt sich daraus, dass hier besondere mieterschützende Vorschriften nicht erforderlich sind. 301

Eine spezielle Form des Mietvertrages ist der **Untermietvertrag**. Beim Untermietvertrag vermietet der Mieter eine Sache weiter. Die **Gebrauchsüberlassung** an Dritte ist in den §§ 540 und 553 BGB speziell geregelt. 302

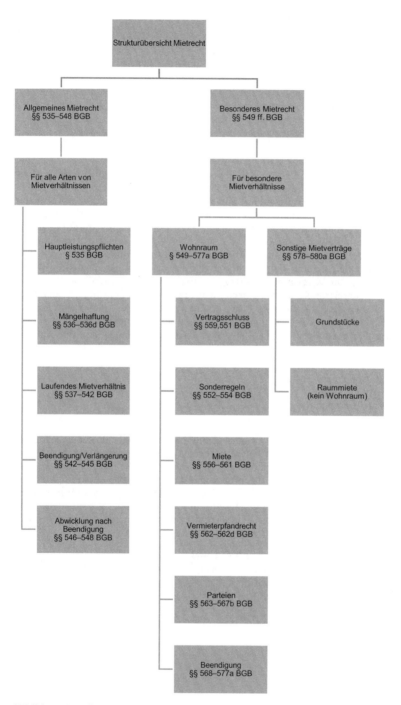

Abbildung 31: Gesamtübersicht Mietrecht

b) Vertragspflichten beim Mietvertrag. Das **Zustandekommen** des Mietvertrages regelt sich nach den allgemeinen Regelungen. Der Mietvertrag kann formfrei geschlossen werden, Besonderheiten ergeben sich aus den §§ 550, 578 BGB, wonach bei befristeten Mietverträgen mit einer Mietdauer von mehr als einem Jahr über Grundstücke oder Räume ein schriftlicher Mietvertrag abzuschließen ist. Die Nichtbeachtung der Form führt allerdings **nicht** zur Nichtigkeit des Vertrages nach § 125 BGB, sondern dazu, dass der Mietvertrag als für unbefristete Zeit abgeschlossen gilt. **303**

Zu den **Hauptleistungspflichten** des Vermieters gehört neben der Gebrauchsüberlassung an den Mieter, die Mietsache während der Mietzeit in einem vertragsgemäßen Zustand zu erhalten. Weiterhin muss der Vermieter nach § 535 Abs. 1 Satz 3 BGB die auf der Mietsache ruhenden Lasten tragen. **304**

Beispiel:
- Grundsteuern,
- Kosten der Müllabfuhr etc.

Häufig wird in der Praxis vereinbart, dass diese Kosten auf den Mieter umgelegt werden. **305**

Der Mieter hingegen verpflichtet sich, dem Vermieter die vereinbarte Miete zu entrichten (§ 535 Abs. 2 BGB) und dem Vermieter die gemietete Sache nach Ende des Mietverhältnisses zurück zu gewähren (Anspruchsgrundlage § 546 Abs. 1 BGB). Tritt während der Mietzeit ein **Mangel** an der Mietsache auf, so hat der Mieter dies dem Vermieter nach § 536c Abs. 1 BGB unverzüglich anzuzeigen. Unterlässt er die Anzeige, ist er dem Vermieter zum Ersatz des daraus entstehenden Schadens nach § 536c Abs. 2 BGB verpflichtet.

c) Beendigung des Mietvertrages. Anders als beim Kaufvertrag, bei dem es sich um ein punktuelles Austauschverhältnis handelt, ist der Mietervertrag auf eine gewisse Dauer angelegt. Es handelt sich mithin um ein **Dauerschuldverhältnis**. Bei Dauerschuldverhältnissen sind besondere Regelungen über die Beendigung (Kündigung) zu beachten. **306**

Fallbeispiel 7 (Lösung s. Rn. 313):
M hat von V eine Wohnung zu einem monatlichen Mietzins von 1.000 € gemietet. Aufgrund von Zahlungsschwierigkeiten überweist M im Mai und im Juni jeweils nur die Hälfte der Miete, mithin 500 €. Daraufhin kündigt V den Mietvertrag und möchte von M die Herausgabe der Mietwohnung.

Nach § 542 Abs. 2 BGB endet ein Mietvertrag, der auf eine **bestimmte Zeit** geschlossen ist, mit Ablauf der vereinbarten Mietzeit, ohne dass es einer Kündigung bedarf. Bei Mietverträgen, die auf **unbestimmte Zeit** abgeschlossen wurden, endet der Mietvertrag entweder durch **ordentliche Kündigung** (§ 542 Abs. 1 BGB) oder durch außerordentliche **fristlose Kündigung** aus wichtigem Grund (gemäß § 543 BGB). **307**

> **Beachten Sie:**
> Bei Mietverträgen über Wohnraum gelten zum Schutz des Mieters zahlreiche Einschränkungen, insbesondere für die Kündigung durch den Vermieter (§§ 573–574c BGB).

Ist das Mietverhältnis auf unbestimmte Zeit eingegangen, so kann jede Partei die ordentliche Kündigung des Mietverhältnisses erklären (§ 542 Abs. 1 BGB). Die einzuhaltende **Kündigungsfrist** ergibt sich entweder aus den vertraglichen Vereinbarungen zwischen den Parteien oder aus den gesetzlichen Regelungen. Bei beweglichen Sachen sieht § 580a Abs. 3 BGB vor, dass die ordentliche Kündigung, wenn die Miete nach Tagen bemessen ist, jeden Tag zum Ablauf des folgenden Tages möglich ist. Ist die **308**

Miete nach längeren Zeitabschnitten bemessen (bspw. monatlich), ist die ordentliche Kündigung spätestens am dritten Tag vor dem Tag möglich, mit dessen Ablauf das Mietverhältnis enden soll. Bei Mietverhältnissen über Geschäftsräume ist die ordentliche Kündigung nach § 580a Abs. 2 BGB spätestens am dritten Werktag eines Kalendervierteljahres zum Ablauf des nächsten Kalendervierteljahres zulässig.

Beispiel: M hat von V Gewerberäumlichkeiten gemietet. Da der erste Januar ein gesetzlicher Feiertag ist, kann er bis zum Ablauf des vierten Januar die ordentliche Kündigung zum Ablauf des nächsten Kalendervierteljahres (mithin bis zum 30.6.) erklären.

309 Bei Mietverhältnissen über Grundstücke und Räume, die keine Geschäftsräume sind, bestimmt sich die Kündigungsfrist nach § 580 Abs. 1 BGB.

> **Beachten Sie:**
> Bei Mietverhältnissen über **Wohnraum** gelten wieder besondere Kündigungsfristen. Nach § 573c Abs. 1 BGB ist die Kündigung spätestens am dritten Werktag eines Kalendermonats zum Ablauf des übernächsten Monats zulässig. Die Frist verlängert sich jedoch für den Vermieter nach fünf und nach acht Jahren seit Überlassung des Wohnraums um jeweils drei Monate (§ 573c Abs. 1 Satz 2 BGB). Weitere Einschränkungen der Kündigung von Mietverhältnissen über Wohnraum ergeben sich bspw. aus § 568 Abs. 1 BGB, wonach die Kündigung der Schriftform bedarf. Weiterhin darf der Vermieter nach § 573 Abs. 1 BGB nur kündigen, wenn er ein berechtigtes Interesse an der Beendigung des Mietverhältnisses hat.
>
> **310** **Beispiel:** Der Mieter hat seine Vertragspflichten schuldhaft nicht unerheblich verletzt, der Vermieter benötigt die Wohnung für sich, seine Familienangehörigen oder Angehörigen seines Haushaltes (Eigenbedarf). Der Vermieter wird durch die Fortsetzung des Mietverhältnisses an einer angemessenen wirtschaftlichen Verwertung des Grundstücks gehindert und würde dadurch erhebliche Nachteile erleiden (§ 573 Abs. 2 BGB). Auch hat der Mieter bei der Kündigung des Vermieters in diesen Fällen ein Widerspruchsrecht nach § 574 BGB, auf das der Vermieter den Mieter hinweisen soll (§ 568 Abs. 2 BGB).

311 Liegen wichtige Gründe vor, können sowohl der Vermieter als auch der Mieter das Mietverhältnis aus wichtigem Grund **fristlos kündigen** (§ 543 Abs. 1 BGB). Die Frage, wann ein wichtiger Grund vorliegt, ist grundsätzlich eine Frage des Einzelfalls. Ein wichtiger Grund liegt dann vor, wenn dem Kündigenden unter Berücksichtigung aller Umstände des Einzelfalls, insbesondere eines Verschuldens der anderen Vertragspartei, und unter Abwägung der beiderseitigen Interessen die Fortsetzung des Mietverhältnisses bis zum Ablauf der Kündigungsfrist oder bis zur sonstigen Beendigung des Mietverhältnisses nicht zugemutet werden kann (§ 543 Abs. 1 BGB).

312 Der Gesetzgeber hat jedoch zahlreiche Beispiele aufgenommen, bei denen ein wichtiger Kündigungsgrund angenommen wird. So kann der **Mieter** aus wichtigem Grund kündigen, wenn
- ihm der vertragsgemäße Gebrauch der Mietsache ganz oder zum Teil nicht rechtzeitig gewährt oder wieder entzogen wird (§ 543 Abs. 2 Nr. 1 BGB),
- bei Mietverhältnissen über Wohnraum Gesundheitsgefahren vorliegen (§ 596 Abs. 1 BGB).

313 Für den **Vermieter** liegt ein wichtiger Grund zur Kündigung vor, wenn
- der Mieter die Mietsache durch Vernachlässigung der ihm obliegenden Sorgfalt erheblich gefährdet oder sie unbefugt an Dritte überlässt (§ 543 Abs. 2 Nr. 2 BGB),

2. Kapitel: Vertragliche Schuldverhältnisse

- der Mieter für zwei aufeinander folgende Termine mit der Entrichtung der Miete oder eines nicht unerheblichen Teils der Miete in Verzug ist (§ 543 Abs. 3a BGB),
- der Mieter in einem Zeitraum, der sich über mehr als zwei Termine erstreckt, mit der Entrichtung der Miete in Höhe eines Betrages in Verzug ist, der die Miete für zwei Monate erreicht (§ 543 Abs. 2 Nr. 3b BGB),
- bei Mietverhältnissen über Wohnraum, wenn der Mieter mit einer Sicherheitsleistung nach § 551 BGB (Kaution) in Höhe eines Betrages in Verzug ist, der der zweifachen Monatsmiete entspricht.

> **Beachten Sie:**
> Das Gesetz sieht noch weitere außerordentliche Kündigungsgründe vor, die allerdings teilweise mit bestimmten Kündigungsfristen versehen sind.
> **Beispiele:**
> - § 540 Abs. 1 Satz 2 BGB
> - § 544 BGB
> - § 561 BGB
> - § 580 Abs. 1 BGB

Lösung zu Fallbeispiel 7:
Nach § 546 Abs. 1 BGB ist M verpflichtet, dem V die Mietsache zurückzugeben, wenn das Mietverhältnis beendet ist.
(I) V und M haben einen **wirksamen Mietvertrag** nach § 535 BGB geschlossen.
(II) Nach § 543 Abs. 1 Satz 1 BGB endet der Mietvertrag durch Kündigung aus **wichtigem Grund**.
   (1) Ein wichtiger Grund für die Kündigung des Vermieters liegt nach § 543 Abs. 2 Nr. 3a BGB vor, wenn der Mieter für zwei aufeinander folgende Termine mit der Entrichtung der Miete oder eines nicht unerheblichen Teils der Miete in Verzug ist. Nach § 556b Abs. 1 BGB ist die Miete spätestens bis zum dritten Werktag der Zeitabschnitte zu entrichten, nach denen sie bemessen ist.
   (2) Im vorliegenden Fall muss M also jeweils die Monatsmiete bis zum dritten Werktag eines laufenden Monats entrichten. Tut er dies nicht, tritt nach § 286 Abs. 1 BGB Verzug ein. Eine Mahnung ist nach § 286 Abs. 2 Nr. 1 BGB entbehrlich. Allerdings hat M für die zwei in Frage stehenden Monate jeweils die Hälfte gezahlt und ist daher nicht mit der Entrichtung der Miete für zwei aufeinander folgende Monate in Verzug. Auch ist M nicht mit einem erheblichen Teil der Miete in Verzug (§ 543 Abs. 3a Alt. 2 BGB), denn bei Mietverhältnissen über Wohnraum gilt ergänzend zu § 543 Abs. 2 Nr. 3 BGB, dass die rückständige Miete nur dann als nicht unerheblich anzusehen ist, wenn sie die Miete für einen Monat **übersteigt** (§ 569 Abs. 3 Nr. BGB). Eine außerordentliche Kündigung scheidet also aus.
   (3) Auch eine ordentliche Kündigung nach § 542 Abs. 1 in Verbindung mit § 573 Abs. 1, Abs. 2 Nr. 1 BGB scheidet aus, denn insoweit verdrängen die spezielleren Regelungen über die fristlose Kündigung die allgemeine Regelung des § 573 Abs. 2 Nr. 1 BGB.
(III) Ergebnis: V hat daher keinen Anspruch gegen M auf Rückgabe der Mietsache.

> **Beachten Sie:**
> Veräußert der Vermieter die Mietsache, stellt dies keinen Kündigungsgrund dar. Das Mietverhältnis geht dann nach dem Grundsatz **„Kauf bricht nicht Miete"** auf den neuen Eigentümer über (§ 566 BGB).

d) Gewährleistung

314 Fallbeispiel 8 (Lösung s. Rn. 320):
V vermietet an den M Geschäftsräume zur gewerblichen Nutzung. Bereits bei Vertragsschluss war ein Elektrokabel beschädigt. In Folge des beschädigten Elektrokabels kam es nach dem Einzug des M zu einem Schwelbrand, der die EDV-Anlage des M zerstörte. M begehrt von V nunmehr Ersatz des Schadens in Höhe von 20.000 €.

Wie beim Kaufvertrag enthalten auch die Regelungen des Mietvertrages besondere Gewährleistungsregelungen, die den Vorschriften des allgemeinen Schuldrechts über die Leistungsstörungen vorgehen. Der **Erfüllungsanspruch** des Mieters umfasst nach § 535 Abs. 1 Satz 2 BGB auch den Anspruch auf Nachbesserung bezüglich Mängeln, die bei der Übergabe bereits vorhanden sind oder während der Mietzeit entstehen. Liegt ein Mangel vor, hat der Mieter folgende Rechte:
– Mietminderung nach § 536 Abs. 1 BGB,
– Schadenersatz nach § 536a Abs. 1 BGB,
– Aufwendungsersatz nach § 536a Abs. 2 Nr. 1 BGB und
– das Recht zur außerordentlichen Kündigung nach § 543 Abs. 1, Abs. 2 Satz 1 Nr. 1 BGB.

315 Das **Recht zur Mietminderung** nach § 536 Abs. 1 BGB befreit den Mieter bei Vorliegen von Mängeln von der Verpflichtung zur Entrichtung der Miete, soweit der Mangel zu einem Entzug oder einer Aufhebung der Gebrauchsmöglichkeit führt. Wird die Gebrauchstauglichkeit nur teilweise entzogen bzw. aufgehoben, so hat der Mieter das Recht zur teilweisen Mietminderung nach § 536 Abs. 1 Satz 2 BGB.

> **Beachten Sie:**
> Bei dem Vorliegen eines Mangels tritt die Mietminderung nach § 536 Abs. 1 BGB automatisch ein, ohne dass der Mieter sich hierauf berufen muss (es handelt sich um eine rechtsvernichtende Einwendung). Hat der Mieter zu viel Miete gezahlt, kann er diese nach den Regelungen über das Kondiktionsrecht (§ 812 Abs. 1 BGB) zurückfordern (s. Rn. 370 ff.).

316 Weiterhin hat der Mieter das **Recht auf Schadenersatz** nach § 536a BGB. Tritt also aufgrund des Mangels ein Schaden beim Mieter ein, so kann er diesen zusätzlich zur Mietminderung nach § 536a Abs. 1 BGB ersetzt verlangen. Lag der Mangel bereits bei Vertragsschluss vor, so haftet der Vermieter nach § 536a Abs. 1 Variante 1 BGB auch, wenn er den Mangel nicht zu vertreten hat (es handelt sich um eine Garantiehaftung). Tritt der Mangel erst später auf bzw. ist der Vermieter mit der Beseitigung des Mangels in Verzug, so haftet er nach § 536a Abs. 1 Satz 1 Variante 2 bzw. Variante 3 BGB nur dann, wenn er den Mangel zu vertreten hat.

> **Beachten Sie:**
> Der Schadenersatz nach § 536 Abs. 1 BGB umfasst auch die Mangelfolgeschäden. Ist ein Dritter in den Schutzbereich des Mietvertrages einbezogen, was insbesondere dann der Fall ist, wenn ein Dritter – bspw. ein Ehegatte – mit Kenntnis des Vermie-

ters den Mietgegenstand mit nutzt, dann kann auch der Dritte den Anspruch nach § 536a Abs. 1 BGB geltend machen.

317 Ist der Vermieter mit der Beseitigung des Mangels in Verzug, oder ist eine umgehende Beseitigung des Mangels zur Erhaltung oder im Wege der Herstellung des Bestandes der Mietsache notwendig, dann kann der Mieter den Mangel selbst beseitigen und nach § 536a Abs. 2 BGB vom Vermieter die hierfür **erforderlichen Aufwendungen** verlangen (Reparaturkosten, Handwerkerkosten etc.).

318 Hat der Mieter dem Vermieter unter Angabe der Mängel eine angemessene Frist für die Beseitigung gesetzt, und hat der Vermieter den Mangel nicht innerhalb dieser Frist beseitigt, kann der Mieter den Mietvertrag nach § 543 Abs. 3 BGB **fristlos kündigen**. In Fällen des § 543 Abs. 3 Satz 2 BGB ist die Fristsetzung ausnahmsweise entbehrlich.

319 Ähnlich wie beim Kaufvertrag ist der Anspruch auf Gewährleistung beim Mietvertrag **ausgeschlossen**, wenn der Mieter den Mangel bei Vertragsschluss kennt, bzw. er ihm in Folge von grober Fahrlässigkeit unbekannt geblieben ist (§ 536b BGB). Weitere gesetzliche Ausschlussgründe für die Gewährleistung ergeben sich aus den §§ 536c Abs. 2, 326 Abs. 2 BGB. Auch im Mietvertrag kann die Gewährleistung durch die vertragliche Vereinbarung oder durch allgemeine Geschäftsbedingungen ausgeschlossen werden. Dies gilt allerdings nach § 536d BGB nicht, wenn der Vermieter den Mangel arglistig verschwiegen hat.

320 Für die **Verjährung der Gewährleistungsansprüche** enthält das Mietrecht keine besonderen Regelungen, es gelten daher die allgemeinen Verjährungsregelungen der §§ 195, 199 BGB.

Lösung zu Fallbeispiel 8:
M könnte gegen V einen Anspruch auf Schadenersatz in Höhe von 20.000 € aus § 536a Abs. 1 BGB haben.
(I) V und M haben einen wirksamen Mietvertrag im Sinne von § 535 BGB abgeschlossen.
(II) Weitere Voraussetzung ist, dass die Mietsache einen Mangel hat.
  (1) Nach § 536 BGB liegt ein **Mangel** vor, wenn die **Tauglichkeit** der Mietsache zum vertraglichen Gebrauch **aufgehoben** oder **gemindert** ist. Die Gewerberäume hatten eine defekte Elektroleitung, sodass es zu einem Schwelbrand kommen konnte.
  (2) Die überlassene Mietsache war daher **bereits zum Zeitpunkt des Vertragsschlusses** mangelhaft. Da der Mangel bereits bei Vertragsschluss vorlag (anfänglicher Mangel), haftet V auch ohne Verschulden (sogenannte Garantiehaftung).
(III) Ergebnis: Vertragliche oder gesetzliche Gewährleistungsausschlüsse bestehen nicht, weshalb M von V nach § 536a BGB Ersatz des Schadens in Höhe von 20.000 € verlangen kann.

4. Werkvertrag

321 **Warum ist das Thema für Sie von Bedeutung:**
Der Werkvertrag stellt neben dem Kaufvertrag sowohl in der Praxis als auch in der Ausbildung an Hochschulen einen der wichtigsten Verträge des besonderen Schuldrechts dar und gehört damit zum Basiswissen. Verträge, bei denen ein bestimmter Erfolg geschuldet ist, sind grundsätzlich Werkverträge. In der Praxis kommen Werkverträge in vielerlei Formen vor, bspw. als Bauverträge, Verträge mit Ar-

chitekten, Verträge über die Erstellung von Gutachten, Schneidern eines Maßanzuges, Reparaturaufträge an Werkstätten etc.

322 a) **Vertragsgenstand.** Nach § 631 Abs. 1 BGB wird der Unternehmer durch den Werkvertrag zur Herstellung des versprochenen Werkes verpflichtet, der Besteller zur Entrichtung der vereinbarten Vergütung (Werklohn). § 631 Abs. 2 BGB stellt klar, dass Gegenstand des Werkvertrages sowohl die Herstellung oder Veränderung einer Sache, als auch ein anderer durch Arbeit oder Dienstleistung herbeizuführender Erfolg sein kann.

323 Anders als bei einem Dienstvertrag nach den §§ 611 ff. BGB wird beim Werkvertrag nicht der Arbeitseinsatz an sich geschuldet, sondern die Herstellung eines vereinbarten Werkes, mit anderen Worten: ein **Erfolg**.

Abbildung 32: Abgrenzung des Werkvertrages von anderen Vertragstypen

324 Hat der Vertrag die Lieferung einer noch herzustellenden oder zu erzeugenden beweglichen Sache zum Gegenstand, liegt ein sogenannter **Werklieferungsvertrag** nach § 651 BGB vor. Auf ihn finden die Vorschriften über den Kauf Anwendung. Handelt es sich allerdings um die Lieferung herzustellender, nicht vertretbarer Sachen (§ 91 BGB), werden gemäß § 651 Satz 3 BGB einzelne Vorschriften des Werkvertrages für anwendbar erklärt. Nicht vertretbare Sachen liegen vor, wenn Sachen nach besonderen Wünschen des Auftraggebers speziell für diesen hergestellt werden.

Beispiel: **325**
Maßanzug, Kunstwerk, vom Schreiner angefertigter Kleiderschrank etc. Vertretbare Sachen sind hingegen bspw. Zement, Waren aus Serienfertigung etc.

b) Inhalt und Gegenstand des Werkvertrages

Fallbeispiel 9 (Lösung s. Rn. 331): **326**
B vereinbart mit dem Bauunternehmer U, dass dieser ihm ein Einfamilienhaus zu einem Festpreis herstellt. Als das Haus weitestgehend fertiggestellt ist, zeigen sich Risse im Mauerwerk. Ein Sachverständiger stellt fest, dass U das Fundament des Hauses nicht ausreichend dimensioniert hat, weshalb das Haus einsturzgefährdet sei. B erklärt, er verweigere die Abnahme und die Zahlung des vereinbarten Werklohns.

Die **Hauptleistungspflicht des Unternehmers** beim Werkvertrag besteht in der Herstellung des versprochenen Werkes (§ 631 Abs. 1 BGB). Hierbei muss das Werk nach § 633 Abs. 1 BGB frei von Sach- und Rechtsmängeln sein. Typische **Nebenpflichten** des Unternehmers sind Schutz- und Sicherungspflichten, Aufklärungs- und Informationspflichten, Überwachungspflichten sowie Obhuts- und Verwahrungspflichten. Verletzt der Unternehmer eine solche Nebenpflicht, ist er nach § 280 Abs. 1 BGB schadenersatzpflichtig.

> **Beachten Sie:**
> Macht der Unternehmer dem Besteller einen verbindlichen Kostenvoranschlag, kann er vom Besteller nur den veranschlagten Betrag verlangen, auch wenn seine tatsächlichen Herstellkosten diesen überschreiten. Die Überschreitung eines unverbindlichen **Kostenvoranschlages** muss der Unternehmer dem Besteller nach § 650 Abs. 2 BGB unverzüglich anzeigen, ansonsten macht er sich nach § 280 Abs. 1 BGB ebenfalls schadenersatzpflichtig.

Der **Besteller** ist nach § 631 Abs. 1 BGB zur Entrichtung der vereinbarten Vergütung **327** verpflichtet. Soweit eine Vereinbarung über die Höhe der Vergütung nicht getroffen wurde, muss der Unternehmer zum einen beweisen, dass seine Leistung überhaupt zu vergüten ist und keine unentgeltliche Leistung vorliegt. Nach § 632 Abs. 1 BGB wird allerdings vermutet, dass eine Vergütung als stillschweigend vereinbart gilt, wenn die Herstellung des Werkes den Umständen nach nur gegen Vergütung zu erwarten ist. Weiterhin muss der Unternehmer die Höhe der Vergütung beweisen. Nach § 632 Abs. 2 BGB gilt, dass im Zweifel die „übliche Vergütung" zu entrichten ist.

Zur Sicherung seines Vergütungsanspruches hat der Unternehmer nach § 647 BGB ein **328** gesetzliches **Pfandrecht** an der von ihm hergestellten oder ausgebesserten beweglichen Sache des Bestellers, soweit er diese in Besitz hat. Bauunternehmer können nach § 648 BGB auch die Eintragung einer Sicherungshypothek an dem Baugrundstück verlangen. Eine weitere Sicherungsmöglichkeit ergibt sich aus § 648a BGB.

> **Beachten Sie:**
> Die besonderen Sicherungsrechte sind dem Umstand geschuldet, dass die Vergütung des Unternehmers nach § 641 BGB grundsätzlich erst mit der Abnahme nach § 640 BGB entsteht. Eine Ausnahme besteht nach § 632a BGB für in sich geschlossene Teile des Werkes, für die der Unternehmer Abschlagszahlungen verlangen

kann. Der Unternehmer ist daher vorleistungspflichtig, was ein besonderes Sicherungsbedürfnis begründet.

329 Eine weitere Verpflichtung des Bestellers ist, dass er das vertragsgemäß hergestellte Werk nach § 640 Abs. 1 BGB abzunehmen hat. Die **Abnahme** ist ein zentraler Begriff im Werkvertragsrecht. Eine Abnahme liegt vor, wenn der Besteller das Werk körperlich entgegennimmt und ausdrücklich oder stillschweigend (konkludent) dieses als im Wesentlichen vertragsgemäß billigt. Eine solche konkludente Billigung kann bspw. in der Ingebrauchnahme des Werkes liegen. Bei nicht körperlichen Werken tritt die Vollendung anstelle der Abnahme (§ 646 BGB).

330 Eine mangelhafte Werkleistung muss der Besteller nicht abnehmen, da diese nicht „vertragsgemäß" im Sinne des § 640 Abs. 1 BGB ist (§ 633 Abs. 1 BGB). Allerdings regelt § 640 Abs. 1 Satz 2 BGB, dass der Besteller die Abnahme nicht wegen unwesentlicher Mängel verweigern kann. Nach § 640 Abs. 1 Satz 3 BGB steht es der Abnahme gleich, wenn der Besteller das Werk nicht innerhalb einer vom Unternehmer bestimmten, angemessenen Frist abnimmt, obwohl er dazu verpflichtet ist, das Werk also mangelfrei hergestellt wurde.

331 An die Abnahme knüpft das Werkvertragsrecht zahlreiche Rechtsfolgen. So ist bspw. die Vergütung des Unternehmers nach § 641 BGB bei der Abnahme zu entrichten.

Lösung zu Fallbeispiel 9:
U könnte gegen B einen Anspruch auf Zahlung der vereinbarten Vergütung aus § 631 Abs. 1 BGB haben.
(I) Die Parteien haben im vorliegenden Fall einen **wirksamen Werkvertrag** abgeschlossen. U schuldet die Herstellung des versprochenen Einfamilienhauses, mithin einen Erfolg nach § 633 Abs. 2 BGB.
(II) Nach § 641 Abs. 1 Satz 1 BGB tritt die **Fälligkeit des Vergütungsanspruchs** jedoch erst mit der Abnahme nach § 640 BGB ein. § 641 Abs. 1 BGB ist somit eine speziellere Regelung zu § 271 BGB.
    (1) Die **Abnahme** beschreibt die körperliche Entgegennahme des Werkes, verbunden mit der Erklärung des Bestellers, dass er das Werk als in der Hauptsache vertragsgemäß anerkennt.
    (2) Im vorliegenden Fall hat B die Abnahme nicht erklärt, er hat sie vielmehr ausdrücklich verweigert.
    (3) Nach § 640 Abs. 1 Satz 3 BGB steht es der Abnahme gleich, wenn der Besteller das Werk nicht innerhalb einer angemessenen Frist abnimmt, obwohl er dazu verpflichtet ist. Eine Verpflichtung zur Abnahme besteht nach § 640 Abs. 1 Satz 1 BGB, wenn das Werk vertragsgemäß ist. Das Werk ist nach § 633 Abs. 1 BGB vertragsgemäß, wenn es frei von Sach- und Rechtsmängeln ist. Ein Sachmangel liegt nach § 633 Abs. 2 BGB vor, wenn das Werk nicht die vereinbarte Beschaffenheit hat, wenn es sich für die nach dem Vertrag vorausgesetzte oder gewöhnliche Verwendung nicht eignet. Im vorliegenden Fall hat U weder eine Frist gesetzt noch ist das Werk vertragsgemäß. In Folge der falschen Dimensionierung des Fundamentes ist das Haus einsturzgefährdet. Der Mangel ist auch nicht unerheblich im Sinne von § 640 Abs. 1 Satz 2 BGB.
    (4) Eine Abnahme ist auch nicht nach § 646 BGB entbehrlich, da diese Regelung nur anwendbar ist, wenn eine Abnahme grundsätzlich nicht möglich ist.
(III) Ergebnis: Im Ergebnis ist daher der Werklohnanspruch des U nicht fällig. Er hat keinen Zahlungsanspruch aus § 631 Abs. 1 BGB.

Die Abnahme nach § 640 BGB hat neben der Fälligkeit der Vergütung nach **332**
§ 641 BGB folgende weitere Konsequenzen:
- Bis zur Abnahme muss der Unternehmer die Mangelfreiheit des Werkes beweisen, ab der Abnahme ändert sich die Beweislast dahingehend, dass der Besteller die Mangelhaftigkeit beweisen muss.
- Ab der Abnahme geht die Gefahr nach den §§ 644, 645 BGB auf den Besteller über.
- Ab der Abnahme ist die Vergütung des Unternehmers nach § 641 Abs. 4 BGB zu verzinsen.
- Ab der Abnahme beginnt die Verjährungsfrist für die Gewährleistungsansprüche des Bestellers nach § 634a Abs. 2 BGB zu laufen.

> **Beachten Sie:**
> Nimmt der Besteller trotz Kenntnis eines Mangels die Werkleistung vorbehaltslos ab, führt dies zum Verlust seiner Gewährleistungsansprüche nach § 640 Abs. 2 BGB.

c) Gewährleistung. Auch das Werkvertragsrecht enthält in den §§ 633–639 BGB – wie **333**
der Kaufvertrag – spezifische Gewährleistungsvorschriften, die den allgemeinen Regelungen über die Leistungsstörungen vorgehen.

Fallbeispiel 10: (Lösung s. Rn. 344):
B beauftragt den Bauunternehmer U mit der Erneuerung der Leitungen seines Einfamilienhauses. Am 30.3.2010 ist U mit den Arbeiten fertig und B nimmt diese ab. Am 10.4.2017 kommt es zu einem Wasserrohrbruch. Ein Sachverständiger stellt fest, dass U damals eine Rohrverbindung falsch verlegt hatte, was dann zu dem Wasserrohrbruch führte. B verlangt von U nunmehr die Neuherstellung der Wasserleitungen in seinem Haus.

Die Gewährleistungsregeln im Werkvertragsrecht sind denjenigen des Kaufrechts sehr **334**
ähnlich. Die §§ 633–639 BGB gehen den Regelungen über Leistungsstörungen des allgemeinen Schuldrechts vor. Die zentrale Vorschrift im Kaufrecht (§ 437 BGB) findet im Werkvertragsrecht in § 634 BGB ihre Entsprechung. Die Norm bestimmt Folgendes:

„Ist das Werk mangelhaft, kann der Besteller, wenn die Voraussetzungen der folgenden Vorschriften vorliegen und soweit nicht ein anderes bestimmt ist,
- *nach § 635 Nacherfüllung verlangen,*
- *nach § 637 den Mangel selbst beseitigen **und** Ersatz der erforderlichen Aufwendungen verlangen,*
- *nach den §§ 636, 323 und 326 Abs. 5 vom Vertrag zurücktreten **oder** nach § 638 die Vergütung mindern **und***
- *nach den §§ 636, 280, 281, 283 und 311a Schadensersatz **oder** nach § 284 Ersatz vergeblicher Aufwendungen verlangen."*

Entscheidender **Zeitpunkt** für die Beurteilung der Primäransprüche des werkvertraglichen Gewährleistungsrechts ist auch hier die Abnahme. **335**
- Zeigt sich ein Mangel **vor der Abnahme**, hat der Besteller das Recht zur Neuherstellung nach § 631 BGB. Er kann also verlangen, wenn das Werk mit Fehlern behaftet ist, dass dieses neu hergestellt wird, soweit die Beseitigung des Mangels nicht möglich ist und die Neuherstellung dem Unternehmer zugemutet werden kann. Ist die Beseitigung des Mangels nicht möglich bzw. ist die Neuherstellung dem Unternehmer nicht zumutbar, so greifen die nachrangigen Gewährleistungsrechte ein.

– Mit der **Abnahme** des Werkes erlischt der Anspruch auf Neuherstellung nach § 631 BGB. In diesem Fall hat der Besteller – vergleichbar mit dem Kaufrecht – ein Recht auf Nacherfüllung nach den §§ 634 Nr. 1 BGB i. V. m. § 635 Abs. 1 BGB. Die Voraussetzungen des § 634 BGB entsprechen denen des Kaufrechts. Das heißt, Voraussetzungen sind:
– das Bestehen eines wirksamen Werkvertrages,
– das Vorliegen eines Sach- oder Rechtsmangels und
– die Gewährleistung darf nicht ausgeschlossen sein.

336 aa) **Mangel.** Den Begriff des Mangels definiert § 633 BGB. Nach § 633 Abs. 2 BGB ist das Werk frei von Sachmängeln, wenn es die vereinbarte Beschaffenheit hat. Soweit die Beschaffenheit nicht vereinbart ist, ist das Werk frei von Sachmängeln, wenn es sich für die nach dem Vertrag vorausgesetzte – sonst die gewöhnliche Verwendung – eignet und eine Beschaffenheit aufweist, die bei Werken der gleichen Art üblich ist, und die der Besteller nach der Art des Werkes erwarten kann. § 633 Abs. 2 BGB entspricht insoweit der Regelung des Kaufrechts in § 434 BGB.

> **Beachten Sie:**
> Nach § 633 Abs. 3 BGB führen auch Rechtsmängel zur Mangelhaftigkeit des Werkes.

337 bb) **Gewährleistungsausschluss und Verjährung.** Wie beim Kaufvertrag, kann beim Werkvertrag aufgrund gesetzlicher Vorschriften sowie aufgrund vertraglicher Vereinbarungen die Gewährleistung ausgeschlossen sein. Nach § 639 BGB kann sich der Unternehmer jedoch nicht auf einen Gewährleistungsausschluss berufen, wenn er den Mangel arglistig verschwiegen oder eine Garantie für die Beschaffenheit des Werkes übernommen hat. Der wichtigste gesetzliche Gewährleistungsausschluss ist § 640 Abs. 2 BGB. Danach sind die Gewährleistungsrechte nach den §§ 634 Nrn. 1–3 BGB ausgeschlossen, wenn der Besteller ein mangelhaftes Werk abnimmt, obschon er den Mangel kennt, und wenn er sich in diesem Fall seine Rechte wegen Mangels nicht bei der Abnahme ausdrücklich vorbehält.

338 Werkvertragliche Gewährleistungsrechte verjähren nach § 634 BGB. Die Verjährung beginnt gemäß § 634a Abs. 2 BGB mit der Abnahme. Nach § 634a Abs. 1 Nr. 3 BGB beträgt die Verjährungsfrist 3 Jahre. Bei Bauwerken bzw. Werken, deren Erfolg in der Erbringung von Planungs- oder Überwachungsleistungen für Bauwerke besteht, beträgt die Verjährungsrist nach § 634a Abs. 1 Nr. 2 BGB 5 Jahre. Besteht die Leistung in der Herstellung, Wartung oder Veränderung einer Sache, die kein Bauwerk ist, so beträgt die Verjährung nach § 634a Abs. 1 BGB lediglich 2 Jahre.

339 cc) **Nacherfüllungsrecht.** Liegen die oben genannten Voraussetzungen vor, hat der Besteller nach § 634 Nr. 2 BGB i. V. m. § 635 Abs. 1 BGB ein Nacherfüllungsrecht. Der Besteller hat hier einen Anspruch auf die Herstellung eines mangelfreien Werkes durch den Unternehmer, der die hierfür erforderlichen Kosten nach § 635 Abs. 2 BGB tragen muss. Anders als im Kaufrecht obliegt jedoch im Werkvertragsrecht dem Unternehmer und nicht dem Besteller die Wahl, ob er die Nacherfüllung durch die Neuherstellung des Werkes oder durch Nachbesserung erbringen will. Stellt der Unternehmer im Zuge der Nacherfüllung ein neues Werk her, kann er das alte, mangelhafte Werk vom Besteller nach § 635 Abs. 4 BGB herausverlangen.

340 dd) **Nachrangige Gewährleistungsrechte.** Hat der Besteller dem Unternehmer zur Nacherfüllung eine angemessene Frist gesetzt, und hat der Unternehmer diese fruchtlos verstreichen lassen, so kann der Besteller nachrangige Gewährleistungsrechte geltend

machen. Gleiches gilt, wenn die Nacherfüllung für den Besteller nicht zumutbar ist, bspw. weil der Unternehmer die Nacherfüllung verweigert hat. Nachrangige Gewährleistungsrechte sind:
- die Ersatz- oder Selbstvornahme nach § 637 BGB,
- der Rücktritt nach den §§ 634 Nr. 3, 636, 323 BGB,
- die Minderung nach den §§ 634 Nr. 3, 638 BGB oder
- Schadenersatz nach den §§ 634 Nr. 4, 636, 280 f., 311a BGB.

341 Das Recht auf **Selbstvornahme** ermöglicht es dem Besteller, nach erfolglosem Ablauf einer dem Unternehmer gesetzten Frist den Mangel zu beseitigen, dies selbst zu tun und die hierfür erforderlichen Kosten beim Unternehmer geltend zu machen. Hinsichtlich der Frage, welche Frist zur Nacherfüllung angemessen ist, gelten dieselben Kriterien wie bei der Nacherfüllung im Kaufrecht. Auch hier ist nach den §§ 637 Abs. 2, 323 Abs. 2 BGB die Fristsetzung in bestimmen Fällen entbehrlich. Weiterhin ist die Fristsetzung nach § 637 BGB entbehrlich, wenn die Nacherfüllung zweimal erfolglos versucht wurde und daher fehlgeschlagen ist.

342 Unter den genannten Voraussetzungen kann der Besteller auch nach den §§ 634 Nr. 3, 636, 323 BGB vom Werkvertrag **zurücktreten (Rücktritt)** und dann nach § 346 Abs. 1 BGB die bisher erbrachten Zahlungen zurückfordern.

343 Statt Rücktritt kann der Besteller nach den §§ 634 Nr. 3, 638 BGB auch **Minderung** verlangen. Hierbei bestimmt sich die Höhe der Minderung nach der Regelung des Kaufrechts (§ 441 Abs. 3 BGB). Hat der Besteller bereits im Falle der Minderung einen zu hohen Betrag gezahlt, kann er diesen nach § 641 Abs. 4 Satz 1 BGB zurückfordern.

344 Schließlich steht dem Besteller nach § 634 Nr. 4 BGB ein Recht auf **Schadenersatz** zu. Er kann hier Schadenersatz statt der Leistung verlangen, aber auch weitere Schäden (Mangelfolgeschäden) geltend machen. Voraussetzung ist jedoch, dass der Unternehmer den Mangel nach § 280 Abs. 1 BGB zu vertreten hat.

Lösung zu Fallbeispiel 10:
Im vorliegenden Fall könnte B gegen U einen Anspruch auf Nacherfüllung in Form der Neuherstellung nach den §§ 634 Nr. 1, 635 Abs. 1 Alt. 2 BGB haben.
(I) Voraussetzung ist zunächst das Vorliegen eines **wirksamen Werkvertrages**. U hat sich hier zur Herstellung, mithin zur Erbringung eines Erfolges, verpflichtet, weshalb ein Werkvertrag nach § 631 BGB vorliegt.
(II) Weiterhin liegt bei Gefahrübergang ein **Sachmangel** im Sinne von § 633 Abs. 2 Nr. 1 BGB vor, da der Sachverständige festgestellt hat, dass die Rohrverbindungen mangelhaft waren, mithin nicht für den vertraglich vorhergesehenen Gebrauch geeignet waren. Die Abnahme fand am 30.3.2010 statt (§ 640 Abs. 1 Satz 1 BGB).
(III) Vertragliche oder gesetzliche Gewährleistungsausschlüsse sind nicht erkennbar, sodass grundsätzlich ein Nacherfüllungsanspruch des B nach § 635 BGB besteht.
(IV) Allerdings **verjährt** dieser Anspruch nach § 634a Abs. 1 Nr. 2 BGB (Bauwerk) innerhalb von 5 Jahren. Die Frist beginnt mit der Abnahme, hier also am 30.3.2010 (§ 634a Abs. 2 BGB). Am 10.4.2017 war die Gewährleistungsfrist also abgelaufen, der Anspruch mithin verjährt. U hat daher ein Leistungsverweigerungsrecht (§ 214 Abs. 1 BGB).
(V) Ergebnis: Ein Nacherfüllungsanspruch des B nach den §§ 634 Nr. 1, 635 Abs. 1 BGB scheidet daher aus.

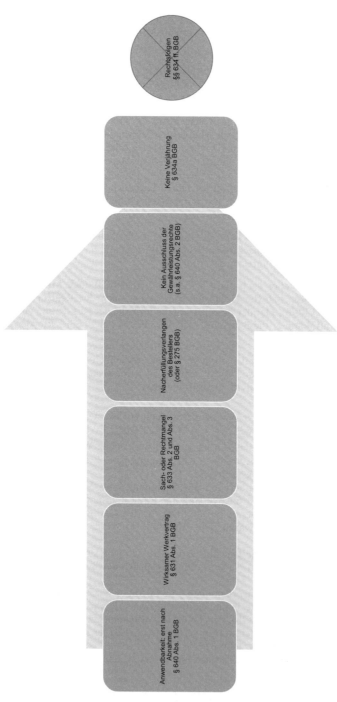

Abbildung 33: Prüfungsschema Gewährleistungsrecht Werkvertrag

d) Kündigungsrecht des Bestellers. Nach § 649 BGB kann der Besteller beim Werkvertrag – anders als beim Kaufvertrag – den Werkvertrag durch Kündigung beenden. In diesem Fall muss der Besteller allerdings nach § 649 Satz 2 BGB dem Unternehmer den vollen Werklohn entrichten. Der Unternehmer muss sich lediglich die Ersparnisse durch die nicht mehr auszuführenden Arbeiten anrechnen lassen. **345**

> **Beachten Sie:**
> Hat sich der Besteller einen unverbindlichen Kostenvoranschlag nach § 650 BGB eingeholt, und wird dieser wesentlich überschritten, kann der Besteller ebenfalls nach § 649 BGB kündigen. In diesem Fall kommt allerdings § 649 Satz 2 BGB (Entrichtung der Vergütung) nicht zur Anwendung. Der Besteller muss nach § 645 Abs. 1 BGB lediglich eine Vergütung zahlen, die dem entspricht, was der Unternehmer bereits an Arbeiten vorgenommen hat.

5. Dienstvertrag

Der Dienstvertrag ist in den §§ 611 ff. BGB geregelt. Er ist ein gegenseitiger Vertrag, bei dem der eine Teil zur Leistung der versprochenen Dienste und der andere Teil zur Entrichtung der vereinbarten Vergütung verpflichtet sind. **346**

> **Beachten Sie:**
> In Abgrenzung zum Werkvertrag schuldet der Dienstverpflichtete lediglich eine Leistung, aber keinen Erfolg.

Das wichtigste Beispiel für den Dienstvertrag ist der Arbeitsvertrag (s. Rn. 646 ff.). Weitere Beispiele für Dienstverträge sind der Behandlungsvertrag mit einem Arzt, der Mandatsvertrag mit einem Rechtsanwalt, Unterrichtsverträge sowie Mobilfunkverträge. **347**

> **Beachten Sie:**
> Der Architektenvertrag ist kein Dienstvertrag, sondern ein Werkvertrag im Sinne von § 631 BGB, da der Architekt einen konkreten Erfolg schuldet.

6. Darlehensvertrag

> **Warum dieses Thema für Sie von Bedeutung ist:**
> Ein weiterer zentraler Vertragstyp des besonderen Schuldrechts, der sowohl in der Praxis als auch in der Ausbildung an Hochschulen eine wichtige Rolle einnimmt, ist der Darlehensvertrag. Der Darlehensvertrag, der umgangssprachlich auch Kredit genannt wird, ist ein schuldrechtlicher Vertrag, bei dem ein Kreditgeber oder Darlehensgeber einem Kreditnehmer oder Darlehensnehmer Geld oder vertretbare Sachen zur vorübergehenden Nutzung überlässt. Der Darlehensnehmer ist dann bei Fälligkeit des Darlehens verpflichtet, dem Darlehensgeber den Nennbetrag der Geldschuld bzw. bei Sachdarlehen eine gleichwertige Sache zurück zu gewähren. Hierbei kann das Darlehen entgeltlich sein, sodass der Darlehensnehmer nicht nur zur Rückgewähr der Darlehensvaluta, sondern auch zur Zahlung eines Zinses verpflichtet wird. Der Darlehensvertrag ist in der Ausbildung auch die „Verlinkung" zum Sachenrecht, denn zur Sicherung eines Kredits durch den Darlehensnehmer werden oft Kreditsicherheiten gestellt, wie z.B. Personalsicherheiten (Bürgschaft, Schuldbeitritt) oder Realsicherheiten (Sicherungsübereignung oder Grundschulden etc.). **348**

349 In der Praxis treten Darlehen in verschiedenen Formen auf. Die bekanntesten Formen sind nachfolgend dargestellt:

Arten von Darlehen	Beschreibung
Endfällige Darlehen	Darlehen wird am Ende der Laufzeit in einem einmaligen Betrag zurückgezahlt
Annuitätsdarlehen	Jährlich vom Darlehensnehmer zu zahlender Betrag aus Zinsen und Tilgung ist immer gleich hoch (während der Laufzeit steigt der Tilgungsanteil an und der Zinsanteil sinkt entsprechend)
Tilgungsdarlehen	Tilgung bleibt während der Laufzeit konstant, die Zinsen werden aus dem verbleibenden Kapital gerechnet (dadurch sinken die Raten während der Darlehenslaufzeit)
Ratenkredite	Tilgungsraten bleiben gleich, die Kreditzinsen sinken jedoch tilgungsbedingt
Laufzeitzinsdarlehen (auch Ratendarlehen)	Der Zinsbetrag für die gesamte Laufzeit wird am Anfang der Laufzeit in einem Betrag dem Darlehensbetrag zugerechnet, dieser wird anschließend bis zum Ende der Laufzeit in gleichen Beträgen zurückbezahlt
Patriarchische Darlehen	Darlehensgeber erhält statt Zinsen eine Gewinnbeteiligung
Hypothekendarlehen	Darlehensforderung ist durch eine Hypothek oder Grundschuld gesichert (bspw. Bausparkassenvertrag, Massedarlehen etc.)

Abbildung 34: Arten von Darlehen

350 a) **Vertragsgegenstand.** Das BGB unterscheidet zwei grundsätzliche Formen von Darlehen:
- Gelddarlehen §§ 488–509 BGB.
- Sachdarlehen §§ 607–609 BGB.

351 Während bei **Sachdarlehensverträgen** nach § 607 Abs. 1 BGB der Darlehensgeber verpflichtet wird, dem Darlehensnehmer eine vereinbarte vertretbare Sache zu überlassen, ist der Darlehensgeber nach § 488 Abs. 1 BGB beim **Gelddarlehensvertrag** verpflichtet, dem Darlehensnehmer einen Geldbetrag in der vereinbarten Höhe zur Verfügung zu stellen.

> **Beachten Sie:**
> Nach § 91 BGB sind **vertretbare Sachen** im Sinne des Gesetzes bewegliche Sachen, die im Verkehr nach Zahl, Maß oder Gewicht bestimmt werden können.

Beispiel: Mehl, Zucker, Wertpapiere etc. Aber auch Geld ist eine vertretbare Sache im Sinne von § 91 BGB. Zur Abgrenzung zwischen Gelddarlehen und Sachdarlehen sieht § 607 Abs. 2 BGB deswegen ausdrücklich vor, dass die Regelungen über Sachdarlehen auf die Überlassung von Geld **keine** Anwendung finden.

352 Die Überlassung einer **nicht vertretbaren Sache**, also einer solchen Sache, die nach individuellen Merkmalen bestimmt ist, kann daher keine Sachdarlehen im Sinne von § 607 BGB sein.

Beispiel: Einzelstücke, Sonderanfertigungen, Grundstücke etc. Denn hier muss genau die (nicht vertretbare) Sache wieder zurückgegeben werden. Ein entgeltliche Gebrauchsüberlassung ist in diesem Fall eine Miete (§ 535 BGB), eine unentgeltliche Gebrauchsüberlassung hingegen eine Leihe (§ 598 BGB).

353 Die folgenden Darstellungen beziehen sich auf den (Geld-)Darlehensvertrag nach den §§ 488 ff. BGB.

354 b) **Inhalt und Gegenstand des Darlehensvertrages.** Die Vorschriften über den Darlehensvertrag gliedern sich in allgemeine Vorschriften (§§ 488-490 BGB), die für alle Darlehensverträge gelten. Die §§ 491–505d BGB enthalten besondere Vorschriften für Darlehensverträge zwischen einem Unternehmer als Darlehensgeber und einem Verbraucher als Darlehensnehmer (sogenannter Verbraucherdarlehensvertrag). Schließlich enthalten die §§ 506–508 BGB besondere Regelungen für Finanzierungshilfen zwischen einem Unternehmer und einem Verbraucher und § 510 BGB eine Regelung für Ratenlieferungsverträge zwischen einem Unternehmer und einem Verbraucher.

aa) Allgemeine Regelungen. Ein Darlehensvertrag nach § 488 BGB kommt nach den allgemeinen Vorschriften über den Vertragsschluss zustande. Gegenstand des Darlehensvertrages ist die Verpflichtung des Darlehensgebers, dem Darlehensnehmer den vereinbarten Geldbetrag zur Verfügung zu stellen. Der Darlehensnehmer hingegen ist verpflichtet, die vereinbarten Zinsen zu zahlen und bei Fälligkeit das zur Verfügung gestellte Darlehen zurück zu zahlen. Haben die Parteien sich nicht über einen konkreten Zeitpunkt zur Rückzahlung des Darlehens geeinigt, können diese den Darlehensvertrag nach § 488 Abs. 3 BGB kündigen, wobei die Kündigungsfrist 3 Monate beträgt. **355**

> Beachten Sie:
> Es gibt keine besonderen Formvorschriften für den Darlehensvertrag, sodass dieser auch formfrei (bspw. mündlich) abgeschlossen werden kann.

Eine außerordentliche Kündigung des Darlehens ist nach § 490 BGB möglich. So kann der Darlehensgeber insbesondere kündigen, wenn sich die Vermögensverhältnisse des Darlehensnehmers oder eine für das Darlehen gestellte Sicherheit wesentlich verschlechtern (§ 490 Abs. 1 BGB). Der Darlehensnehmer kann nach § 490 Abs. 2 BGB insbesondere in dem Fall kündigen, in dem das Darlehen durch eine Grundschuld gesichert ist, soweit es seine berechtigten Interessen gebieten und seit dem vollständigen Empfang der Darlehensvaluta 6 Monate abgelaufen sind. Ein berechtigtes Interesse liegt insbesondere dann vor, wenn der Darlehensnehmer die Sicherheit (Grundschuld) anderweitig einsetzen will. **356**

bb) Verbraucherdarlehensvertrag. Neben den allgemeinen Vorschriften für Darlehensverträge gelten die Sonderregelungen der §§ 492–498 BGB, wenn das Darlehen von einem Unternehmer an einen Verbraucher gewährt wurde (§ 491 Abs. 1 BGB). Diese Sonderregelungen sollen den Verbraucher insbesondere vor übereilten Entscheidungen bei Abschluss eines Darlehensvertrages schützen. Auch sollen die Vorschriften sicherstellen, dass geschäftsunerfahrene Verbraucher hinreichend informiert werden. **357**

> Beachten Sie:
> Die §§ 491 Abs. 2, 491 Abs. 3 sowie die §§ 503–505 BGB enthalten wiederum Sondervorschriften. Danach finden die Vorschriften des Verbraucherdarlehens gemäß § 491 Abs. 2 BGB keine Anwendung, wenn der Nettodarlehensbetrag weniger als 200 € beträgt, wenn es sich um kurzfristige Darlehen handelt, bei denen der Darlehensnehmer das Darlehen binnen drei Monaten zurück zu zahlen hat, oder wenn es sich um ein Arbeitgeberdarlehen handelt.

Nach § 510 BGB gelten die Vorschriften über Verbraucherdarlehen auch für natürliche Personen, die sich ein Darlehen, einen **Zahlungsaufschub** (§ 506 BGB) oder eine **sonstige Finanzierungshilfe** für die Aufnahme einer gewerblichen oder selbstständigen beruflichen Tätigkeit gewähren lassen (Existenzgründer) oder zu diesem Zweck einen Ratenlieferungsvertrag (§ 510 BGB) schließen, es sei denn, der Nettodarlehensbetrag oder der Barzahlungspreis übersteigt 75.000 €. **358**

Bei Verbraucherdarlehensverträgen bestehen zunächst besondere **vorvertragliche Informationspflichten** nach § 491a BGB. Der Verbraucher muss hier vom Unternehmer nach Maßgabe des Art. 247 EGBGB (Einführungsgesetz zum Bürgerlichen Gesetzbuch) informiert werden. Insbesondere muss der Darlehensgeber nach § 491a Abs. 3 BGB den Darlehensnehmer vor Abschluss des Verbraucherdarlehensvertrages ange- **359** messene Erläuterungen geben, damit der Darlehensnehmer in die Lage versetzt wird, zu beurteilen, ob der Vertrag dem von ihm verfolgten Zweck und seinen Vermögensverhältnissen gerecht wird.

360 Eine weitere Besonderheit des Verbraucherdarlehensvertrages ist, dass dieser – anders als sonstige Darlehensverträge – nach § 492 Abs. 1 BGB **schriftlich** geschlossen werden muss. Der Darlehensgeber muss die Erklärung zwar nicht unterzeichnen (§ 492 Abs. 1 Satz 2 BGB), der Darlehensnehmer aber sehr wohl.

361 Wird die nach § 492 Abs. 1 BGB geforderte Schriftform nicht eingehalten, oder erfüllt der Darlehensgeber seine Informationspflichten nach Art. 247 EGBGB nicht, ist der Vertrag nach § 495 Abs. 1 BGB insgesamt nichtig. Er wird jedoch nach § 494 Abs. 2 BGB wirksam (sogenannte Heilung), wenn der Darlehensnehmer das Darlehen empfängt oder in Anspruch nimmt. In diesem Fall „bestraft" das Gesetz den Darlehensgeber jedoch gemäß § 494 Abs. 2 Satz 2 BGB damit, dass dieser nicht mehr den vertraglich vereinbarten Zins fordern kann, sondern nur den gesetzlichen Zinssatz, wenn die Angabe des Sollzinssatzes, des effektiven Jahreszinses oder des Gesamtbetrages fehlt. Weiterhin muss der Verbraucher nach § 494 Abs. 4 BGB solche Kosten nicht zahlen, die im Vertrag nicht vom Darlehensgeber angegeben wurden. Fehlen Angaben zum Kündigungsrecht und zur Laufzeit, so kann der Darlehensnehmer nach § 494 Abs. 6 BGB das Darlehen jederzeit kündigen.

362 Nach § 495 Abs. 1 BGB steht dem Darlehensnehmer weiterhin bei Verbraucherdarlehensverträgen ein **Widerrufsrecht** nach § 355 BGB zu. Lediglich in den in § 495 Abs. 2 BGB aufgeführten Fällen besteht das Widerrufsrecht nicht.

363 Schließlich besteht bei Verbraucherdarlehen eine Besonderheit beim **Verzug des Darlehensnehmers**. Nach § 497 Abs. 1 BGB schuldet der Darlehensnehmer während des Verzuges zunächst die gesetzlichen Verzugszinsen nach § 288 Abs. 1 BGB. Ist das Darlehen jedoch mit Grundpfandrechten (Grundschulden oder Hypotheken) gesichert, beträgt der Verzugszinssatz nach § 497 Abs. 4 BGB nur 2,5 % über dem Basiszinssatz. Der Darlehensgeber kann im Verzugsfall bei einem Verbraucherdarlehensvertrag nach § 498 BGB das Darlehen nur dann kündigen, wenn der Darlehensnehmer mit mindestens zwei aufeinanderfolgenden Teilzahlungen ganz oder teilweise in Verzug ist, oder bei einer Vertragslaufzeit von bis zu 2 Jahren der Verbraucher mit mindestens 10 % oder bei einer Vertragslaufzeit von mehr als 3 Jahren mit mindestens 5 % des Nettobetrages des Darlehens in Verzug ist. Weiterhin muss der Darlehensgeber dem Darlehensnehmer hier eine 2-wöchige Frist zur Zahlung der rückständigen Beträge mit der Erklärung gesetzt haben, dass er nach Ablauf der Frist die gesamte Restschuld verlange (also das Darlehen gesamtfällig stelle) und diese Frist muss erfolglos abgelaufen sein.

> **Beachten Sie:**
> In der Praxis sind Verbraucherdarlehensverträge häufig mit anderen Verträgen, insbesondere mit Kaufverträgen, verbunden.

Beispiel:
Der Verbraucher V kauft im Möbelhaus I eine Küche „auf Raten". Hier schließt der Verbraucher mit dem Möbelhaus einen normalen Kaufvertrag (§ 433 BGB) und mit einer finanzierenden Bank einen Verbraucherdarlehensvertrag nach § 491 BGB. Das Möbelhaus erhält dann den Kaufpreis von der finanzierenden Bank, an die der Verbraucher wiederum die Darlehensraten zahlt.

364 Der Käufer schließt in diesen Fällen also **zwei rechtlich selbstständige Verträge** ab (Kaufvertrag und Darlehensvertrag). Jedoch sind diese Verträge nach § 358 Abs. 3

BGB verbunden, wenn sie eine „wirtschaftliche Einheit" bilden. Eine solche **wirtschaftliche Einheit** liegt nach § 358 Abs. 3 Satz 2 BGB insbesondere dann vor, wenn der Unternehmer selbst die Gegenleistung des Verbrauchers finanziert, oder im Falle der Finanzierung durch einen Dritten (in der Regel durch eine Bank), wenn sich der Darlehensgeber bei der Vorbereitung oder dem Abschluss des Darlehensvertrages der Mitwirkung des Unternehmers bedient.

365 In diesen Fällen gilt, dass, wenn der Verbraucher den Kaufvertrag widerrufen hat, gleichzeitig ein Widerruf des damit verbundenen Darlehensvertrages vorliegt (§ 358 Abs. 1 BGB) und wenn er nach den §§ 355, 495 Abs. 1 BGB oder nach § 414 Abs. 2 Satz 1 BGB den Darlehensvertrag wirksam widerrufen hat und er nach § 358 Abs. 2 BGB auch nicht mehr an die Willenserklärung des (verbundenen) Kaufvertrages gebunden ist.

366 Im Ergebnis sind also Verträge, die eine wirtschaftliche Einheit nach § 358 BGB bilden, hinsichtlich des Widerrufsrechts, aber auch hinsichtlich von Nichtigkeitsgründen (bspw. Anfechtung, Sittenwidrigkeit etc.) wie ein einheitlicher Vertrag zu behandeln. Nach § 359 Abs. 1 BGB kann der Verbraucher bspw. auch die Rückzahlung des Darlehens verweigern, soweit er Einwendungen aus dem verbundenen Kaufvertrag hat (bspw. die Einrede der Mangelhaftigkeit der Kaufsache). Dies gilt nach § 395 Abs. 2 BGB allerdings nicht, wenn das finanzierte Entgelt weniger als 200 € beträgt.

> **Beachten Sie:**
> Die Vorschriften über verbundene Verträge (§§ 358–360 BGB) gelten bspw. auch für den Fall, in dem der Unternehmer dem Verbraucher einen entgeltlichen Zahlungsaufschub oder eine entgeltliche Finanzierungshilfe gewährt (§ 506 Abs. 1 BGB).

3. Kapitel: Gesetzliche Schuldverhältnisse

I. Grundlagen

367 Wie bereits dargestellt, ist der Gläubiger nach § 241 Abs. 1 BGB kraft eines Schuldverhältnisses berechtigt, von dem Schuldner eine Leistung zu fordern, die auch in einem Unterlassen bestehen kann. Bislang haben wir uns mit vertraglichen Schuldverhältnissen beschäftigt, also Schuldverhältnissen, die durch einen Vertrag (zwei übereinstimmende Willenserklärungen) zustande kommen. Schuldverhältnisse können allerdings auch ohne vertragliche Vereinbarungen entstehen. In diesem Fall spricht man von den sogenannten **gesetzlichen Schuldverhältnissen**.

> **Beispiel:** A nimmt dem B die Vorfahrt und beschädigt hierbei den Pkw des B. Es liegt auf der Hand dass A – zumindest wenn er schuldhaft gehandelt hat – dem B zum Schadenersatz verpflichtet ist. Die Rechtsbeziehung zwischen A und B ist hier allerdings nicht durch einen Vertrag entstanden, sondern dadurch, dass A unerlaubt in die Rechtssphäre des B (dessen Eigentum) eingegriffen hat.

368 Der Begriff der gesetzlichen Schuldverhältnisse lässt sich also als sämtliche Rechtsbeziehungen zwischen Gläubiger und Schuldner definieren, die aufgrund ihres Verhaltens die Geltung bestimmter gesetzlicher Bestimmungen auslösen.
Gesetzliche Schuldverhältnisse entstehen dadurch, dass ein bestimmtes Verhalten gesetzlich vorgesehene Voraussetzungen erfüllt, und nach diesen Vorschriften als Rechts-

folge jemand zu einer Leistung verpflichtet wird. Zu den gesetzlichen Schuldverhältnissen des BGB gehören insbesondere:
- die Regelungen über ungerechtfertigte Bereicherung, auch Kondiktionsrecht genannt (§§ 812–822 BGB),
- die Regelungen über unerlaubte Handlungen, auch Deliktsrecht genannt (§§ 823–853 BGB) und
- die Regelungen über Geschäftsführung ohne Auftrag (§§ 677–687 BGB) sowie
- die sogenannte Vindikationslage (§§ 987 ff. BGB).

369 Die **Vindikationslage** wird im Kapitel Sachenrecht (Rn. 472 f.) erläutert. Die gesetzlichen Schuldverhältnisse der Geschäftsführung ohne Auftrag, ungerechtfertigte Bereicherung und unerlaubte Handlung zielen im Ergebnis alle darauf ab, dass eine benachteiligte Person einen Ausgleich erhält. So muss bspw. der ungerechtfertigt Bereicherte nach § 812 BGB die erlangte Leistung zurückgewähren, bzw. wenn dies ausgeschlossen ist, einen angemessenen Wertersatz leisten. Derjenige, der eine unerlaubte Handlung begeht, muss dem Geschädigten nach den Regelungen der unerlaubten Handlung Schadenersatz leisten.

II. Kondiktionsrecht

370 Warum ist das Thema für Sie von Bedeutung:
Im Kondiktionsrecht geht es darum, rechtsgrundlose Vermögensverschiebungen rückgängig zu machen. Aus dem Abstraktionsprinzip (s. Rn. 244, 261) folgt, dass Verpflichtungs- und Verfügungsgeschäfte rechtlich voneinander unabhängig zu betrachten sind. Dies begründet die Notwendigkeit, Verfügungsgeschäfte, bei denen ein (wirksames) Verpflichtungsgeschäft fehlt, wieder rückabzuwickeln. Dies geschieht im Rahmen des Kondiktionsrechts. Etwas pathetisch: „das Kondiktionsrecht heilt die Wunden, die das Abstraktionsprinzip schlägt" (Heinrich Dernburg). In der Praxis spielt das Kondiktionsrecht daher immer dann eine Rolle, wenn eine nicht gerechtfertigte Vermögensverschiebung stattgefunden hat. Im Rahmen der Ausbildung an Hochschulen kann man anhand des Kondiktionsrechts hervorragend prüfen, ob das Abstraktionsprinzip verstanden wurde.

Fallbeispiel 11: (Lösung s. Rn. 376):
V verkauft dem K einen Fernseher. K ist beim Abschluss des Kaufvertrages, was V nicht erkennt, erst 17 Jahre alt. K bezahlt den Kaufpreis in bar und nimmt den Fernseher gleich mit. Die Eltern des K verweigern die Genehmigung des Kaufvertrages. Nunmehr will K sein Geld und V seinen Fernseher zurückhaben.

371 Der „Grundtatbestand" des Kondiktionsrechts ist § 812 Abs. 1 BGB (Herausgabeanspruch), der wie folgt lautet:

„Wer **durch die Leistung** eines anderen **oder in sonstiger Weise** auf dessen Kosten **etwas ohne rechtlichen Grund** erlangt hat, ist ihm zur Herausgabe verpflichtet".

372 Aus dieser Norm lassen sich die folgenden Anspruchsvoraussetzungen für den Herausgabeanspruch lesen:
1. der Anspruchsgegner hat etwas erlangt,
2. durch die Leistung eines anderen (Leistungskondiktion) **oder** in sonstiger Weise (Nichtleistungskondiktion) und dies
3. ohne rechtlichen Grund.

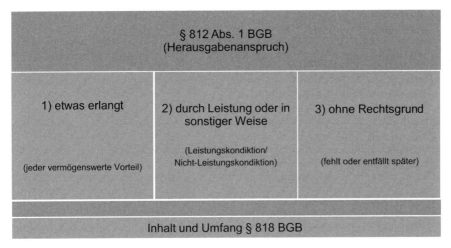

Abbildung 35: Bereicherungstatbestand

1. **Etwas erlangt**

Gegenstand des Kondiktionsanspruches ist „etwas". Hierunter ist jeder vermögenswerte Vorteil zu verstehen.

> Beispiel: Eigentum an einer Sache, Besitz an einer Sache, ein Forderungsrecht, Gebrauchsvorteile etc.

> Beachten Sie:
> In der Klausur sollten Sie auf die Rechtsposition abstellen und nicht auf den erlangten Gegenstand. Schreiben Sie also nicht, dass K einen Fernseher erlangt hat, sondern das K das Eigentum an einem Fernseher erlangt hat.

2. **Durch Leistung oder in sonstiger Weise**

a) **Leistungskondiktion.** Die Leistungskondiktion ist dadurch gekennzeichnet, dass der Anspruchsgegner das „etwas" durch Leistung des Anspruchstellers erlangt hat. Unter einer Leistung versteht man jede bewusste und zweckgerichtete Mehrung fremden Vermögens. Hieran fehlt es, wenn die Vermögensmehrung unbewusst erfolgt.

> Beachten Sie:
> Es muss immer genau festgestellt werden, wer an wen geleistet hat, da die kondiktionsrechtliche Rückabwicklung von Leistungsbeziehungen entlang der jeweils konkreten Leistungsbeziehung erfolgt.

> Beispiel: Überweist der Käufer den Kaufpreis an den Verkäufer und erteilt er hierzu seiner Bank einen Überweisungsauftrag, leistet nicht die Bank an den Verkäufer, da diese gegenüber dem Verkäufer keine Verbindlichkeit erfüllen will, sondern lediglich ihre Verpflichtung aus dem Girovertrag mit dem Käufer erfüllt. Die Leistungsbeziehung besteht in diesem Fall zwischen dem Verkäufer und dem Käufer einerseits und zwischen der Bank und dem Käufer andererseits.

b) **Nicht-Leistungskondiktionen.** Erfolgt die Bereicherung des Anspruchsgegners nicht durch Leistung, sondern „in sonstiger Weise" auf Kosten eines anderen, so handelt es sich um eine Nicht-Leistungskondiktion (§ 812 Abs. 1 Satz 1 Alt. 2 BGB).

Beispiel: Ein Postbote stellt versehentlich ein von A bestelltes Buch an dessen Nachbarn B zu. A möchte nun das Buch von B herausgaben. Eine Vertragsbeziehung zwischen A und B besteht nicht. Auch hat A das Buch nicht durch Leistung, also durch bewusste und zweckgerichtete Mehrung fremden Vermögens, an B übertragen. Eine Leistungskondiktion nach § 812 Abs. 1 Satz 1 Alt. 1 BGB scheidet aus. Jedoch hat B das Buch in sonstiger Weise auf Kosten des A erlangt, sodass eine Nicht-Leistungskondiktion nach § 812 Abs. 1 Satz 1 Alt. 2 BGB in Betracht kommt.

> **Beachten Sie:**
> Die Nicht-Leistungskondiktion (auch **Eingriffskondiktion** genannt) ist gegenüber der Leistungskondiktion subsidiär (nachrangig). Kann also irgendjemand eine Leistungskondiktion geltend machen, so ist die Nicht-Leistungskondiktion ausgeschlossen.

Beispiel: A leiht dem B für einen Tag seine Kamera. B verleiht diese für einen Tag weiter an C. Nach einer Woche verlangt A die Kamera von C heraus. A hat hier nicht an C geleistet, weshalb allenfalls eine Nicht-Leistungskondiktion nach § 812 Abs. 1 Satz 1 Alt. 2 BGB in Betracht kommt. Der Anspruch scheitert jedoch daran, dass C die Kamera bereits durch Leistung des B erworben hat. Damit ist die Nicht-Leistungskondiktion ausgeschlossen. A kann allenfalls in seinem Leistungsverhältnis gegenüber B den Herausgabeanspruch des B gegenüber C im Wege der Leistungskondiktion abgetreten verlangen (daneben besteht noch ein Herausgabeanspruch des A gegen C direkt aus einem Eigentümerbesitzerverhältnis § 985 BGB).

3. Ohne rechtlichen Grund

Kernelement des Bereicherungsrechtes ist es, dass der rechtliche Grund für das Behalten dürfen des Erlangten von Anfang an fehlt, oder später entfallen ist.

Lösung zu Fallbeispiel 11:
V hat gegen K einen Anspruch auf Rückgabe des Fernsehers nach § 812 Abs. 1 Satz 1 Alt. 1 BGB.
(I) K hat von V zumindest Besitz an dem Fernseher erlangt (§ 854 Abs. 1 BGB).
(II) Er hat dies auch durch **bewusste und zweckgerichtete** Vermögensmehrung seitens des V erhalten, denn dieser hat K den Fernseher willentlich übergeben.
(III) Der rechtliche Grund für die Übertragung des Besitzes war der zwischen V und K abgeschlossene Kaufvertrag (§ 433 BGB). Da K jedoch nicht volljährig war (§ 106 BGB), bedurfte der Abschluss eines wirksamen Kaufvertrages entweder der Einwilligung der gesetzlichen Vertreter (§ 107 BGB) oder der Genehmigung nach § 108 Abs. 1 BGB. Da die Eltern des K keine Einwilligung erteilt hatten und auch die Genehmigung verweigerten, ist der Kaufvertrag nichtig. Es besteht also kein rechtlicher Grund für das Behalten dürfen des Fernsehers, weshalb K diesen nach § 812 Abs. 1 Satz 1 Alt. 1 BGB an K herausgeben muss.
(VI) Ergebnis: Entsprechend hat K gegen V einen Anspruch auf Herausgabe des Geldes.

> **Beachten Sie:**
> Neben dem Besitz hat K von V auch das Eigentum an dem Fernseher nach § 929 Satz 1 BGB erlangt, da die Eigentumsübertragung für den Minderjährigen einen lediglich rechtlichen Vorteil im Sinne von § 107 BGB darstellt, weshalb die Übereignung wirksam ist. V kann daher nicht nur die Rückgabe des Besitzes, sondern auch die Rückübertragung des Eigentums verlangen. Umgekehrt hat V kein Eigentum an

dem Kaufpreis erworben, da dieses Geschäft für den Minderjährigen K nicht lediglich rechtlich vorteilhaft war.

377 Der Anspruch nach § 812 Abs. 1 Satz 1 Alt. 1 BGB ist **ausgeschlossen**, wenn der Anspruchsteller bei der Leistung wusste, dass **kein rechtlicher Grund** besteht (§ 814 BGB). Gleiches gilt, wenn die Leistung **gegen** ein gesetzliches Verbot oder die **guten Sitten verstoßen** hat (§ 817 Satz 2 BGB).

Beispiel: Verkauft also V dem K Drogen und beruft sich später auf die Nichtigkeit des Kaufvertrages wegen Sittenwidrigkeit, kann er die Drogen nicht zurückfordern (§ 817 Satz 2 BGB).

378 Eine **Leistungskondiktion** kommt nicht nur dann in Betracht, wenn der rechtliche Grund von Anfang an fehlte (was insbesondere bei Nichtigkeitsgründen der Fall ist), sondern nach § 812 Abs. 1 Satz 2 Alt. 1 BGB auch dann, wenn der rechtliche Grund später wegfällt. Weiterhin kommt eine Leistungskondiktion in Betracht, wenn der mit einer Leistung bezweckte Erfolg nicht eintreten kann (§ 812 Abs. 1 Satz 2 Alt. 2 BGB). Hierzu ist erforderlich, dass die Parteien sich hinsichtlich des mit dem Rechtsgeschäft bezweckten Erfolges einig sind. Ein weiterer Fall der Leistungskondiktion ist § 817 Satz 1 BGB. Nach dieser Vorschrift kann das Geleistete herausgefordert werden, wenn der Empfänger mit der Annahme der Leistung gegen ein gesetzliches Verbot oder die guten Sitten verstoßen hat.

Beispiel: A beantragt eine Baugenehmigung, auf die er jedoch nach baurechtlichen Vorschriften keinen Anspruch hat. A zahlt an den zuständigen Beamten beim Bauamt eine Summe von 10.000 €, weswegen dieser die Baugenehmigung dennoch erteilt. Hier käme ein Anspruch nach § 817 Satz 1 BGB in Betracht. Da jedoch A seinerseits durch die Bestechung gegen strafrechtliche Vorschriften verstoßen hat, ist der Anspruch wiederum nach § 817 Satz 2 BGB ausgeschlossen.

379 Auch bei der **Nicht-Leistungskondiktion** gibt es Sonderfälle. Hierzu gehört bspw. § 816 Satz 1 BGB, wonach jemand, der als Nichtberechtigter eine Verfügung über einen Gegenstand trifft, die auch dem Berechtigten gegenüber wirksam ist, diesem das aus der Verfügung Erlangte herauszugeben hat.

Beispiel: Hersteller H verkauft Waren unter Eigentumsvorbehalt an den Händler V. Obwohl V aufgrund des Eigentumsvorbehaltes noch nicht Eigentümer der Ware war, verkauft er diese an seinen gutgläubigen Kunden K weiter. Aufgrund der Gutgläubigkeit wird K nach den §§ 929, 932 BGB Eigentümer der Ware, auch wenn er diese vom nichtberechtigten Händler V erworben hat. H kann daher keine Ansprüche mehr aus dem Eigentum (§ 985 BGB) gegen V geltend machen. Allerdings kann H von V den Kaufpreis, den dieser von K vereinnahmt hat, gemäß § 816 Abs. 1 Satz 1 BGB herausverlangen, da V als Nichtberechtigter (nicht Eigentümer) über das Eigentum des H eine Verfügung (nämlich eine Übereignung nach § 929 Satz 1 BGB) getroffen hat, die aufgrund des gutgläubigen Erwerbs des K gemäß § 932 BGB auch dem V gegenüber wirksam ist.

380 Ein weiterer Sonderfall ist die Regelung des § 816 Abs. 2 BGB. Nach dieser Regelung kann, wenn an einen Nichtberechtigten eine Leistung bewirkt wird, die dem Berechtigten gegenüber wirksam ist, der Berechtigte vom Nichtberechtigten die Herausgabe des Geleisteten verlangen.

Beispiel: V hat gegen K eine Kaufpreisforderung. Er tritt diese an A ab. Einen Tag später zahlt K, der von der Abtretung nichts wusste, an V. Hier hat K an einen Nichtberechtigten (nämlich an V) eine Leistung bewirkt. Nach der Abtretung der Forderung war V nicht mehr Gläubiger und daher zur Entgegennahme der Leistung nicht berechtigt. Berechtigt war vielmehr A, der durch die Abtretung nach § 398 BGB die Forderung wirksam erworben hatte. Da K allerdings von der Abtretung nichts wusste, war die Zahlung an V gemäß den Schuldnerschutzvorschriften des Abtretungsrechts (§ 407 Abs. 1 BGB) gegenüber A wirksam. K muss daher nicht mehr an seinen (richtigen) Gläubiger, nämlich den A, bezahlen. Die Leistung an den V war also auch gegenüber dem tatsächlich Berechtigten wirksam. Genau diesen Fall will § 816 Abs. 2 BGB erfassen. Nach dieser Vorschrift kann nunmehr A von V die Zahlung herausverlangen.

4. Inhalt und Umfang des Bereicherungsanspruchs

381 Nach dem Bereicherungsrecht hat der Schuldner dasjenige herauszugeben, was er durch die rechtsgrundlose Bereicherung erlangt hat. Neben dem Herausgabeanspruch sind nach § 818 Abs. 1 BGB auch die gezogenen Nutzungen herauszugeben.

Beispiel:
V hat dem K einen Pkw verkauft, wobei sich im Nachhinein herausstellte, dass der Kaufvertrag nichtig war. Hier kann V von K nach § 812 Abs. 1 Satz 1 Alt. 1 BGB zunächst den Pkw heraus verlangen. Hat K den Pkw in der Zwischenzeit genutzt, so muss er für die genutzten Kilometer nach § 818 Abs. 1 BGB auch die Nutzungen herausgeben. Da dies nicht möglich ist, muss er nach § 818 Abs. 2 BGB Wertersatz leisten.

382 Eine Besonderheit des Bereicherungsrechts ist der Einwand des **Wegfalls der Bereicherung** nach § 818 Abs. 3 BGB. Danach ist der Bereicherungsanspruch ausgeschlossen, wenn das Erlangte bei dem Bereicherten nicht mehr vorhanden ist. Man spricht dann davon, dass der Bereicherte „entreichert" ist.

Beispiel: V verkauft dem K einen Pkw für 10.000 €. Im Nachhinein stellt sich heraus, dass der Kaufvertrag nichtig ist. V hat die 10.000 € in der Zwischenzeit jedoch bereits im örtlichen Casino verspielt. Hier ist der Kondiktionsanspruch des K nach § 812 Abs. 1 Satz 1 Alt. 1 BGB gemäß § 818 Abs. 3 BGB ausgeschlossen, da V das Erlangte (also die 10.000 €) nicht mehr hat.

> **Beachten Sie:**
> Der Einwand der Entreicherung kann nur dann geltend gemacht werden, wenn im Vermögen des Bereicherten auch keinerlei Ersatz für den Gegenstand vorhanden ist. Der Einwand kann daher nur bei „Luxusaufwendungen" geltend gemacht werden.

III. Geschäftsführung ohne Auftrag (GOA)

1. Grundlagen

383 Ein weiteres gesetzliches Schuldverhältnis ist die sog. Geschäftsführung ohne Auftrag (GoA). Diese ist in den §§ 677–687 BGB geregelt. § 677 BGB lautet hierzu wie folgt:

„*Wer ein Geschäft **für einen anderen** besorgt, ohne von ihm beauftragt oder ihm gegenüber sonst dazu berechtigt zu sein, hat das Geschäft so zu führen, wie das Interesse des Geschäftsherrn mit Rücksicht auf dessen wirklichen oder mutmaßlichen Willen es erfordert.*"

384 Die GoA erfasst also Fälle, in denen jemand ohne Auftrag oder Berechtigung für einen anderen rechtsgeschäftlich oder tatsächlich tätig wird.

Beispiel: A ist im Urlaub. Während des Urlaubs fängt es an zu schneien und die Straßen werden glatt. Sein Nachbar B kauft Streusalz und streut den Gehweg vor dem Haus des A, damit Fußgänger nicht stürzen. Da die Streupflicht hier eigentlich dem A oblag, hat der Nachbar B (ohne Auftrag oder sonstige Berechtigung) ein fremdes Geschäft übernommen, weshalb eine Geschäftsführung ohne Auftrag im Sinne von § 677 BGB vorliegt.

385 Die Vorschriften zur Geschäftsführung ohne Auftrag regeln hier insbesondere die Frage, wann derjenige, der das Geschäft durchgeführt hat (**Geschäftsführer**) von demjenigen, in dessen Pflichten- oder Interessenkreis er das Geschäft vorgenommen hat (**Geschäftsherr**) Ersatz seiner Aufwendungen verlangen darf. Hierbei sind folgende Tatbestandmerkmale zu erfüllen:
1. liegt ein **fremdes Geschäft** vor und
2. handelt der Geschäftsführer mit **Fremdgeschäftsführerwillen**, obwohl
3. er **keinen Auftrag** oder sonstige Berechtigung hat, und
4. liegt die Geschäftsführung ohne Auftrag im **Interesse des Geschäftsherrn** und dessen wirklichem oder mutmaßlichen Willen,

so kann der Geschäftsführer nach § 683 BGB **Ersatz seiner Aufwendungen** wie ein Beauftragter, also nach § 670 BGB, verlangen.

Geschäftsführung ohne Auftrag (GoA) §§ 677–687 BGB			
Fremdes Geschäft	Fremdgeschäfts-führungswille	Ohne Auftrag oder sonstige Berechtigung	Interesse oder mutmaßlicher Wille des Geschäftsherren

Abbildung 36: Übersicht Geschäftsführung ohne Auftrag

386 a) **Fremdes Geschäft.** Ein fremdes Geschäft liegt vor, wenn das Geschäft **objektiv zum Pflichten- und Interessenkreis eines anderen** gehört. Es reicht hierbei für die Anwendung der §§ 677 ff. BGB aus, wenn der Geschäftsführer sowohl eigene als auch fremde Interessen verfolgt (sog. auch fremdes Geschäft).

387 b) **Fremdgeschäftsführerwillen.** Der Geschäftsführer muss auch den **Willen** haben, ein **fremdes Geschäft zu führen**, d. h. er muss auch für einen anderen tätig werden wollen. Dieser Wille wird vermutet, wenn das Geschäft objektiv das Geschäft eines anderen ist.

388 c) **Ohne Auftrag oder sonstige Berechtigung.** Weiterhin muss der Geschäftsführer ohne Auftrag oder sonstige Berechtigung tätig geworden sein. Es darf also kein vertragliches oder sonstiges gesetzliches Schuldverhältnis vorliegen. Liegt ein solches Schuldverhältnis vor, ist die Geschäftsführung ohne Auftrag ausgeschlossen. Die Regelungen zur Geschäftsführung ohne Auftrag sind daher subsidiär (nachrangig).

389 d) **Interesse oder mutmaßlicher Wille.** Die Geschäftsführung muss weiterhin im Interesse des Geschäftsherrn liegen, d. h. sie muss dessen **wirklichen** oder **mutmaßlichen Willen** widerspiegeln. Maßgeblich hierfür ist, ob sich der Geschäftsherr bei objektiver Beurteilung aller Umstände mit dem Geschäft einverstanden erklärt hätte.

Beispiel: A bemerkt bei einem Spaziergang, dass das Obergeschoss des Hauses des B in Brand steht. Er betritt daraufhin das Untergeschoss des Hauses und rettet die Wertgegenstände des B, die er finden kann, vor dem Feuer. Hier lag das Verhalten des A im mutmaßlichen Interesse des B, da sich B bei objektiver Beurteilung aller Umstände mit der Rettung seiner Sachen einverstanden erklärt hätte.

> **Beachten Sie:**
> Das Geschäft darf jedoch dem tatsächlichen Willen nicht entgegenstehen. Hat der Geschäftsherr also seinen tatsächlichen Willen erklärt, darf der Geschäftsführer nicht gegen diesen handeln.

2. Rechtsfolgen

390 Liegt danach ein Fall der **berechtigten Geschäftsführung ohne Auftrag** vor, kann der Geschäftsführer nach den §§ 677, 683, 670 BGB Ersatz derjenigen Aufwendungen verlangen, die er für erforderlich halten durfte. Weiterhin müssen Schäden ersetzt werden, die der Geschäftsführer erlitten hat.

> **Beachten Sie:**
> Dass auch Schäden zu ersetzen sind, steht nicht unmittelbar im Gesetz. Dies nimmt die Rechtsprechung in einer entsprechenden (analogen) Anwendung von § 670 BGB an.

Beispiel: Hat A sich in dem Brandfall die Hose bei der Rettung der Gegenstände des B zerrissen, ist auch diese zu ersetzen.

391 Entsprach die Geschäftsführung ohne Auftrag **nicht** den tatsächlichen oder mutmaßlichen Interessen des Geschäftsherrn, liegt eine **unberechtigte Geschäftsführung ohne Auftrag** vor. In diesem Fall besteht kein Aufwendungsersatzanspruch. Vielmehr hat der Geschäftsführer nach § 678 BGB in dem Fall, in dem er die Nichtberechtigung erkennen musste, für den Schaden einzustehen, der dem Geschäftsherrn aus der Geschäftsführung entsteht. Weiß der Geschäftsführer, dass er zu dem Geschäft nicht berechtigt ist, liegt eine **angemaßte Eigengeschäftsführung** vor (§ 687 Abs. 2 BGB).

IV. Delikt

392 **Warum ist das Thema für Sie von Bedeutung:**
Das Deliktsrecht bezeichnet diejenigen Rechtsvorschriften, die sich mit den Rechtsfolgen aus unerlaubten Handlungen beschäftigen. Das Deliktsrecht spielt sowohl in der Praxis als auch in Klausuren eine herausragende Rolle. Im BGB ist das Deliktsrecht in den §§ 823–853 BGB geregelt. Zweck des Deliktsrechts ist es, dass der Schädiger dem Geschädigten einen entstandenen Schaden (§§ 249 ff. BGB) ersetzt. Neben der Haftungsbegründung haben die Vorschriften des Deliktsrechts allerdings auch präventiven Charakter. Im Bereich des Wirtschaftsrechts spielt hierbei insbesondere die Produkthaftung eine wichtige Rolle. Hier geht es darum, dass der Hersteller auf Ersatz derjenigen Schäden haften soll, die beim Endabnehmer infolge eines fehlerhaften Produktes entstanden sind. Die Produkthaftung beruht auf einer europäischen Richtlinie (EG-Richtlinie 85/374 EG). Mit ihr soll der Endabnehmer

vor bestimmten, von einem fehlerhaften Produkt ausgehenden Gefahren, unabhängig von einem Verschulden des Herstellers, geschützt werden. Deliktsrechtliche Vorschriften sind allerdings auch in vielen anderen Wirtschaftsgesetzen enthalten. So ist bspw. nach § 33 Abs. 3 GWB derjenige, der einen Verstoß gegen die Vorschriften des Gesetzes gegen Wettbewerbsbeschränkungen (Kartellgesetz) begeht, demjenigen, der hierdurch geschädigt wurde, zum Schadenersatz verpflichtet (bspw. der Abnehmer von kartellbedingt übertaeuerten Waren). Entsprechende Regelungen finden sich bspw. im Gesetz gegen den unlauteren Wettbewerb (UWG), im Markenrecht (MarkenG), im Patentrecht (PatentG) etc.

1. Grundlagen des Deliktsrechts

393 Das Recht der unerlaubten Handlung (Deliktsrecht) kann grundsätzlich in drei große Komplexe gegliedert werden:
1. die Verschuldenshaftung,
2. die Haftung für vermutetes Verschulden und
3. die Gefährdungshaftung.

394 Unter der **Verschuldenshaftung** versteht man all diejenigen deliktischen Vorschriften, bei denen der Haftungsgrund voraussetzt, dass der Schädiger rechtswidrig und schuldhaft im Sinne des § 276 BGB gehandelt hat.

Beispiel: § 823 Abs. 1 BGB, § 823 Abs. 2 BGB, § 824 BGB, § 825 BGB, § 826 BGB, § 839 BGB und § 839a BGB.

395 Neben den Deliktstatbeständen, die ein Verschulden voraussetzen, gibt es auch noch Haftungstatbestände, bei denen das Verschulden vermutet wird (**Haftung für vermutetes Verschulden**). In diesen Fällen geht das Gesetz also davon aus, dass ein schuldhaftes Verhalten des Schädigers vorliegt, dieser kann die Vermutung aber widerlegen (er kann sich exkulpieren).

Beispiel: § 831 BGB, § 832 BGB.

396 Schließlich gibt es noch die Tatbestände der sogenannten **Gefährdungshaftung**. Diese Tatbestände setzen ein Verschulden als Tatbestandsmerkmal nicht voraus. Die Tatbestände der Gefährdungshaftung knüpfen vielmehr an ein gefährliches Tun an, für das der Schädiger, unabhängig von einem Verschulden haftet, wenn sich das Risiko aus diesem gefährlichen Tun realisiert.

Beispiel: § 833 BGB, § 1 ProdhaftG, § 7 StVG.

> **Beachten Sie:**
> Häufig kommen hinsichtlich ein und derselben Handlung sowohl ein vertraglicher als auch ein deliktischer Schadenersatzanspruch in Betracht. Diese bestehen parallel nebeneinander und sind in der Klausur auch beide zu prüfen.

Beispiel: A geht zum Frisör. Der Frisör F verletzt beim Haareschneiden infolge einer Unachtsamkeit den A am Ohr. In diesem Fall hat A gegen F einen Schadenersatzanspruch nach § 280 Abs. 1 BGB, da dieser seine Verpflichtungen aus dem Werkvertrag (§ 631 BGB) zumindest fahrlässig (§ 276 Abs. 1 BGB) verletzt hat. Neben diesem vertraglichen Anspruch besteht auch ein deliktischer Anspruch des A auf Schadenersatz nach § 823 Abs. 1 BGB, da F schuldhaft (nämlich fahrlässig) den Körper des A verletzt hat.

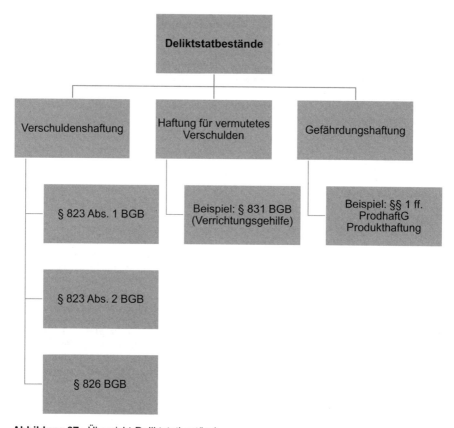

Abbildung 37: Übersicht Deliktstatbestände

2. Verschuldenshaftung

a) § 823 Abs. 1 BGB

397 Fallbeispiel 12 (Lösung s. Rn. 415):
Die Firma P beauftragt den W mit Wartungsarbeiten an einer Heizkraftanlage. Unter Verstoß gegen Arbeitssicherheitsvorschriften und aus Unachtsamkeit öffnet W ein Leitungsrohr, in dem eine ätzende Flüssigkeit geführt wird. Die Flüssigkeit spritzt aus dem Heizungsrohr und verletzt einen Mitarbeiter der Firma P schwer. Weiterhin verätzt die Flüssigkeit zahlreiche Kabelstränge, sodass die Heizungsanlage für mehrere Wochen ausfällt und aufwendig repariert werden muss. Der Mitarbeiter der Firma P verlangt Schadenersatz und Schmerzensgeld, die Firma P selber beansprucht von W Ersatz der Reparaturkosten für die Heizungsanlage sowie den dadurch entstandenen Produktionsausfall.

398 Der Grundtatbestand der deliktsrechtlichen Verschuldenshaftung (§ 823 Abs. 1 BGB) hat folgenden Wortlaut:
„Wer vorsätzlich oder fahrlässig das Leben, den Körper, die Gesundheit, die Freiheit, das Eigentum oder ein sonstiges Recht eines anderen widerrechtlich verletzt, ist dem anderen zum Ersatz des daraus entstehenden Schadens verpflichtet."

3. Kapitel: Gesetzliche Schuldverhältnisse

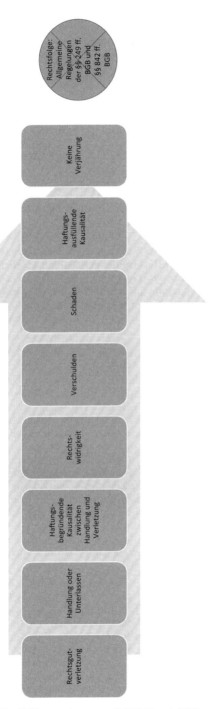

Abbildung 38: Prüfungsschema zu § 823 Abs. 1 BGB

399 Der Schadenersatzanspruch nach § 823 Abs. 1 BGB hat folgende sechs **Voraussetzungen**:
1. Rechtsgutsverletzung,
2. Handlung,
3. Kausalität zwischen Handlung und Rechtsgutsverletzung (sogenannte haftungsbegründende Kausalität),
4. Rechtswidrigkeit,
5. Verschulden und
6. Kausaler Schaden (sogenannte haftungsausfüllende Kausalität).

400 Liegen diese Voraussetzungen vor, ist Schadenersatz nach den allgemeinen Regelungen der §§ 249 ff. BGB zu bezahlen (s. Rn. 199).

> **Beachten Sie:**
> Deliktische Ansprüche verjähren nach den allgemeinen Regelungen der §§ 195, 199 BGB.

401 aa) **Rechtsgutsverletzung.** Ein Anspruch aus § 823 Abs. 1 BGB setzt zunächst voraus, dass eines der dort genannten **Rechte oder Rechtsgüter verletzt** wurde. Hierbei handelt es sich um die Schutzgüter Leben, Körper, Gesundheit und Eigentum. Bei diesen Schutzgütern handelt es sich um sogenannte „absolute Rechte", d. h. Rechte, die gegenüber jedermann bestehen. Soweit § 823 Abs. 1 BGB von „sonstigen Rechten" spricht, ist dieser Wortlaut missverständlich. Gemeint sind hier nur sonstige Rechte, die ebenfalls absolut wirken.

402 – Das **Rechtsgut Leben** meint die physische Existenz. Wird das Rechtsgut Leben verletzt, entstehen Ersatzansprüche nach § 840 BGB.
– Die **Rechtsgüter Körper und Gesundheit** schützen die körperliche Unversehrtheit. Hierunter fallen auch ärztliche Heileingriffe. Ein ärztlicher Heileingriff kann allerdings durch die Einwilligung des Patienten gerechtfertigt sein.
– Unter dem Begriff **Freiheit** im Sinne des § 823 Abs. 1 BGB ist lediglich die körperliche Fortbewegungsfreiheit zu verstehen, jedoch nicht bspw. die psychische Freiheit von Druck etc.
– Das **Schutzgut Eigentum** im Sinne des § 823 Abs. 1 BGB entspricht dem des Sachenrechts (s. Rn. 442 ff.). Es kann bspw. durch die Entziehung der Sache (Diebstahl etc.) oder durch die Beschädigung oder Zerstörung einer Sache verletzt werden. Wird im Rahmen einer kaufvertraglichen Beziehung eine mangelhafte Sache geliefert, so stellt dies keine Eigentumsverletzung dar, denn der Käufer war nie Eigentümer einer mangelfreien Sache. Kommt es auf Grundlage einer mangelhaften Sache allerdings zu Schäden an anderen (mangelfreien) Sachen des Geschädigten, so liegt hierin durchaus eine Eigentumsverletzung im Sinne von § 823 Abs. 1 BGB (sogenannter „weiterfressender Mangel").

Beispiel: K verkauft dem V einen Pkw. Der Pkw hat eine defekte Bremsscheibe, was K auch hätte erkennen können. Infolge der defekten Bremsscheibe verursacht V einen Unfall, der zu einem Totalschaden führt. In diesem Fall war hier nicht die ganze Sache (der Pkw) mangelhaft, sondern nur ein (kleines) funktionell abgrenzbares Teil (Bremsscheibe), das dann die restliche mangelfreie Sache zerstört hat. Liegt bei einem Kaufvertrag ein funktionell abgrenzbares Teil vor, war der Fehler für einen Fachmann leicht zu erkennen und zu beheben, und hatte die Sache auch ohne den defekten Teil einen gewissen Wert, so stellt die Beschädigung oder Zerstörung der mangelfreien Teile durch die mangelhaften Teile eine Eigentumsverletzung im Sinne von § 823 BGB dar.

- Eine Eigentumsverletzung im Sinne von § 823 Abs. 1 BGB kann schließlich in der **Beeinträchtigung des Sachgebrauchs** liegen, wenn hierdurch die Gebrauchsfähigkeit völlig aufgehoben wird.
  Beispiel: A versenkt die Sonnenbrille des B im Meer.
- Aus der konkreten Aufzählung der Rechtsgüter in § 823 Abs. 1 BGB ergibt sich, dass unter dem Begriff „**sonstige Rechte**" im Sinne der Norm nur absolute Rechtsgüter gemeint sein können, d. h. solche, die gegenüber jedermann gelten.
  Beispiel: Dingliche Rechte des Sachenrechts (Nießbrauch, Dienstbarkeit etc.), Immaterialgüterrechte (urheberrechtliche Nutzungsrechte, Markenrechte etc.), Geschäftsanteile an einer Kapitalgesellschaft.

> **Beachten Sie:**
> Keine absoluten Rechte sind schuldrechtliche Forderungsrechte, die nicht gegenüber jedermann, sondern nur gegenüber den am Schuldverhältnis beteiligten Personen wirken (sogenannte relative Rechte).

Unter dem Begriff des „sonstigen Rechts" fallen nach der Rechtsprechung zwei weitere Rechte, die ähnlich wie absolute Rechte wirken: **403**
- das allgemeine Persönlichkeitsrecht und
- das Recht am eingerichteten und ausgeübten Gewerbebetrieb.

Hierbei umfasst das **Recht am eingerichteten und ausgeübten Gewerbebetrieb** alles, was in seiner Gesamtheit den wirtschaftlichen Wert eines Gewerbebetriebs ausmacht. Hierzu gehört nicht nur das Betriebsvermögen, wie Anlage- und Umlaufvermögen, sondern insbesondere auch der gute Ruf eines Unternehmens, der Kundenstamm eines Unternehmens oder die Lieferbeziehungen. **404**

Beispiel: Handwerker H behauptet wahrheitswidrig, dass sein Wettbewerber V Zahlungsschwierigkeiten habe und kurz vor der Insolvenz stünde. Infolge dieser geschäftsschädigenden Äußerung bleiben V die Kunden fern, und die Lieferanten beliefern V nur noch gegen Vorkasse.

Die Anwendung des § 823 Abs. 1 BGB auf Eingriff in den eingerichteten und ausgeübten Gewerbebetrieb ist nachrangig (subsidiär). Es ist immer vorab zu prüfen, ob bereits andere Vorschriften einen ausreichenden Schutz gewähren. Im oben genannten Beispiel der geschäftsschädigenden Äußerungen über die wirtschaftliche Situation des V haftet H bspw. vorrangig nach § 826 BGB, wenn er vorsätzlich handelte und wusste, dass seine Aussage nicht wahr ist. **405**

Weiterhin muss es sich bei dem Gegenstand der Schädigung um einen Gewerbebetrieb handeln, wobei hierbei nicht nur Gewerbebetriebe im Sinne des HGB (s. Rn. 503) erfasst sind, sondern auch freiberufliche Tätigkeiten wie Rechtsanwälte, Unternehmensberater, Ärzte, Physiotherapeuten etc. **406**

Die wichtigste Voraussetzung für die Begründung eines Eingriffs in den eingerichteten und ausgeübten Gewerbebetrieb ist die sogenannte **Betriebsbezogenheit**. Ein solcher betriebsbezogener Eingriff liegt vor, wenn sich die Handlung unmittelbar gegen den Gewerbebetrieb als solchen richtet und nicht gegen Rechtsgüter, die auch anderen (Privat-)Personen zustehen können. Es muss also gerade der betriebliche Organismus betroffen sein. Dies ist bspw. bei geschäftsschädigenden Äußerungen, Boykottaufrufen und Blockaden oder ungerechtfertigten Abmahnungen der Fall. Fehlt die Betriebsbezogenheit, liegt keine Verletzung eines sonstigen Rechts im Sinne von § 823 Abs. 1 BGB vor. **407**

Beispiel: B führt in einer Gemeinde Bauarbeiten durch. Versehentlich durchtrennt er bei den Bauarbeiten ein Stromkabel, was dazu führt, dass es im Betrieb des Unternehmens U zu einem Stromausfall kommt, weshalb U einen Produktionsausfall hat. In diesem Fall verletzt B kein Eigentum des U. Der Eingriff in den eingerichteten und ausgeübten Gewerbebetrieb, der zum Produktionsausfall bei U geführt hat, richtet sich nicht spezifisch gegen den U, er ist daher nicht betriebsbezogen. Der Stromausfall trifft Dritte (Privat-)Personen genauso wie den U.

408 Ist ein Eingriff in den eingerichteten und ausgeübten Gewerbetrieb festgestellt, so ist abschließend noch eine **Güter- und Interessenabwägung** erforderlich. Das bedeutet, dass nicht jeder Eingriff in den eingerichteten und ausgeübten Gewerbebetrieb rechtswidrig ist, sondern diese Rechtswidrigkeit positiv festgestellt werden muss.

Beispiel: U lässt seine Produkte in Pakistan (Kinderarbeit) herstellen. Die Menschenrechtsorganisation M ruft daher zum Boykott der Produkte des U auf, solange dieser nicht sicherstellt, dass seine Produkte nicht durch Kinderarbeit hergestellt werden.

409 Der Boykottaufruf stellt zunächst einen betriebsbezogenen Eingriff in den eingerichteten und ausgeübten Gewerbebetrieb des U dar. Allerding ist das Verhalten der Menschenrechtsorganisation M über die verfassungsrechtlich garantierte Meinungsfreiheit nach Art. 5 Abs. 1 GG abgedeckt, soweit es sich um eine sachliche Kritik handelt. In diesem Fall ist zu prüfen, ob im Rahmen einer Güter- und Interessenabwägung ein rechtswidriges Verhalten der M vorliegt, oder ob diese nicht berechtigte Interessen wahrnimmt. Dies ist letztlich eine Frage der Verhältnismäßigkeit des Eingriffs.

410 bb) **Handlung**. Der Eingriff in die dargestellten Rechtsgüter des § 823 Abs. 1 BGB setzt grundsätzlich eine **Handlung** des Schädigers voraus. Für ein **Unterlassen** (also eine Untätigkeit) muss nicht gehaftet werden. Lediglich in den Fällen, in denen jemand – zur Verhinderung der Rechtsgutsverletzung – hätte handeln müssen, kommt eine Haftung nach § 823 Abs. 1 BGB in Betracht. Solche Handlungspflichten entstehen rechtlich durch Verkehrssicherungspflichten. Besteht eine solche Verkehrssicherungspflicht gegenüber dem Verletzten, so muss derjenige, den die Verkehrssicherungspflicht trifft, alle erforderlichen und zumutbaren Maßnahmen treffen, um eine Rechtsgutsverletzung zu verhindern. Tut er dies nicht, haftet er ebenfalls nach § 823 BGB.

411 Die wichtigsten Verkehrssicherungspflichten entstehen durch:
- **Berufliche Stellung**: Bringen berufliche Tätigkeiten besondere Gefahren mit sich, können sich hieraus Verkehrssicherungspflichten ergeben.

  Beispiel: Ein Arzt haftet, wenn er notwendige Untersuchungen nicht vornimmt.

- **Sachbeherrschung**: Derjenige, der die Verfügungsgewalt über (gefährliche) Sachen hat, hat die Verkehrssicherungspflicht, von der Sache ausgehende Gefahren zu verhindern.

  Beispiel: Wer ein Schwimmbad im Garten hat, muss dieses absperren oder anderweitig sichern, damit hierin keine Kinder ertrinken können.
  Wer eine Baustelle im öffentlichen Raum eröffnet, muss die Baustelle hinreichend vor unbefugten Zutritten absperren.

- **Verkehrseröffnung**: Wer auf einem Grundstück den Verkehr für die Öffentlichkeit ermöglicht, muss die Gefahren im Zusammenhang mit dem bestimmungsgemäßen Gebrauch ausschließen.

  Beispiel: Wer eine öffentliche Hochschulparty veranstaltet, muss dafür Sorge tragen, dass die Zufahrtswege ausreichend beleuchtet sind.

- **Inverkehrbringen gefährlicher Sachen:** Der Produzent einer Sache ist verpflichtet, Schäden, die von seinem Produkt ausgehen, im Rahmen des Möglichen und Zumutbaren zu verhindern. Diese sogenannte **Produzentenhaftung** unterscheidet sich von der Produkthaftung nach dem Produkthaftungsgesetz, die eine Gefährdungshaftung darstellt. Die Besonderheiten der Produzentenhaftung liegen darin, dass bei der Verletzung einer Verkehrssicherungspflicht der Ursachenzusammenhang zwischen der Rechtsgutsverletzung und der Verletzung der Verkehrssicherungspflicht vermutet wird. Weiterhin wird das Verschulden des Herstellers vermutet, soweit es sich um einen Konstruktions- oder Fabrikations- bzw. einen Instruktions- oder Produktbeobachtungsfehler handelt. Denn in diesen Fällen wird ein Organisationsverschulden des Herstellers unterstellt.

  Beispiel: Ein Hersteller von Kindernahrung weist nicht darauf hin, dass die Kindernahrung Zucker enthält, und daher zu Karies führen kann. Das Kleinkind A isst die Kindernahrung und erkrankt an Karies. Hier stellt sich die Frage, ob die Gesundheitsverletzung (Karies) durch den Produzenten verursacht wurde. Der Produzent hat die Verkehrssicherungspflicht, auf besondere Gefahren (erhöhte Kariesgefahr bei Kleinkindern infolge hohen Zuckeranteils) hinzuweisen. Tut er dies nicht, liegt die Verletzung einer Verkehrssicherungspflicht vor. Die Frage des Ursachenzusammenhangs zwischen der Rechtsgutsverletzung (Erkrankung des Kleinkindes) und der Verletzung der Verkehrssicherungspflicht wird vermutet. Es wird also unterstellt, dass das Kind, wäre der Hinweis auf den Babynahrungsprodukten enthalten gewesen, nicht an Karies erkrankt wäre. Da es sich um einen Instruktionsfehler handelt, wird gleichzeitig das Verschulden des Herstellers vermutet, weshalb er nach § 823 Abs. 1 BGB auf Schadenersatz haftet.

cc) **Rechtswidrigkeit.** Liegt eine Rechtsgutsverletzung vor, so wird grundsätzlich indiziert, dass diese widerrechtlich ist. Es ist aber möglich, dass die Verletzungshandlung in Folge besonderer Umstände nicht von der Rechtsordnung missbilligt wird, mithin gerechtfertigt ist. Dies ist der Fall, wenn ein (gesetzlicher) Rechtfertigungsgrund vorliegt.

  Beispiel: Einwilligung des Verletzten, § 229 BGB (Selbsthilfe), § 227 BGB (Notwehr), § 827 (Defensivnotstand), § 904 BGB (Aggressivnotstand).

Ein zentraler Rechtfertigungsgrund in Arzthaftungsfällen ist die Einwilligung des Patienten. Voraussetzung für eine wirksame Einwilligung ist allerdings dessen Einwilligungsfähigkeit, die unter anderem davon abhängt, dass der Arzt den Patienten über mögliche Risiken des Eingriffs umfassend aufgeklärt hat. Fehlt es an einer solchen ärztlichen Aufklärung, haftet der Arzt in Folge einer fehlenden bzw. unwirksamen Einwilligung des Patienten auch dann, wenn er den Eingriff nach den Regeln der ärztlichen Kunst (lege artis) durchgeführt hat.

dd) **Verschulden.** Schließlich muss der Eingriff schuldhaft sein. Das Verschulden setzt zunächst voraus, dass der Schädiger überhaupt **deliktsfähig** ist. Die Deliktsfähigkeit fehlt bspw. bei Minderjährigen, die das siebte Lebensjahr noch nicht vollendet haben (§ 828 BGB und § 827 BGB). Weiterhin muss der Schädiger die Rechtsgutsverletzung **fahrlässig oder vorsätzlich** herbeigeführt haben. Hier gilt der Sorgfaltsmaßstab des § 276 BGB.

ee) **Rechtsfolgen.** Ist der Tatbestand des § 823 BGB erfüllt, so haftet der Schädiger gegenüber dem Geschädigten nach den allgemeinen Regeln der §§ 249 ff. BGB. Spezielle Regelungen betreffend der Einschränkung der Arbeitskraft enthalten die §§ 842 ff. BGB. Der Geschädigte hat auch einen Anspruch auf Unterlassung künftiger Beeinträchtigungen (analog § 1004 BGB) und der Beseitigung fortlaufender Störungen. Mehrere Schädiger haften nach § 840 BGB als Gesamtschuldner.

Lösung zu Fallbeispiel 12:
(I) Der verletzte Arbeitnehmer der Firma P hat gegen W einen Schadenersatzanspruch nach § 823 Abs. 1 BGB.
  (1) Durch das Öffnen des Rohres mit der säurehaltigen Flüssigkeit (Handlung) wurde der Arbeitnehmer in seinen **Rechtsgütern** Gesundheit und Körper verletzt.
  (2) Die Verletzung erfolgte widerrechtlich, da keine **Rechtfertigungsgründe** vorliegen und
  (3) schuldhaft, da W die im Verkehr erforderliche Sorgfalt außer Acht gelassen und gegen Arbeitssicherheitsbestimmungen verstoßen hat (§ 276 Abs. 1 BGB). W handelte daher fahrlässig.
(II) Der Arbeitnehmer hat daher einen Anspruch auf Ersatz der Heilbehandlungskosten nach den §§ 249 ff. BGB sowie einen Anspruch auf Schmerzensgeld nach § 253 Abs. 2 BGB.
(III) Ergebnis: Die Firma P hat gegen W einen Anspruch auf Schadenersatz nach § 280 Abs. 1 BGB. W hat die Verpflichtungen aus dem Schuldverhältnis (Werkvertrag) schuldhaft verletzt, weshalb er nach § 249 BGB die Reparaturkosten und nach § 252 BGB den entgangenen Gewinn in Folge des Produktionsausfalls ersetzen muss (Beachte: Es handelt sich nicht um einen Schadensatzanspruch nach § 634 Nr. 4 BGB, da es hier um eine sonstige Pflichtverletzung und nicht um ein mangelhaftes Werk geht).
(IV) Daneben haftet W der Firma P auch auf Schadenersatz nach § 823 Abs. 1 BGB, denn es liegt eine rechtswidrige und schuldhafte Eigentumsverletzung vor. Die Rechtsfolgen entsprechen der Haftung des § 280 BGB.

416 b) **§ 823 Abs. 2 BGB.** Ein weiterer Fall der Verschuldenshaftung ist in § 823 Abs. 2 BGB geregelt. Dieser lautet wie folgt:

*„Die gleiche Verpflichtung trifft denjenigen, welcher gegen ein **den Schutz eines anderen bezweckendes Gesetz** verstößt."*

417 Durch den Verweis auf die Regelung des § 823 Abs. 2 BGB erweitert die Vorschrift den Kreis der zum Schadenersatz führenden Handlungen auf solche Fälle, die nicht unter § 823 Abs. 1 BGB subsumiert werden können, weil keines der dort genannten (absoluten) Rechtsgüter verletzt wurde. Damit kann bei Eingreifen der Voraussetzungen des § 823 Abs. 2 BGB auch ein Vermögensschaden ersatzfähig sein. Maßgebliche Anspruchsvoraussetzung ist, dass der Schädiger gegen (irgendein) Gesetz verstößt, das (zugleich) den Schutz eines anderen bezweckt. Weiterhin muss gerade der Geschädigte durch die verletzte Norm geschützt sein. Die übrigen Voraussetzungen entsprechen denjenigen des § 823 Abs. 1 BGB. Es muss also ein Verschulden vorliegen (§ 823 Abs. 2 Satz 2 BGB) und ein Schaden im Sinne der §§ 249 ff. BGB. Schließlich muss der Verstoß gegen das Schutzgesetz rechtswidrig gewesen sein.

Beispiel: Schutzgesetze können sich aus öffentlich-rechtlichen Normen wie der Straßenverkehrsordnung (StVO) oder strafrechtlichen Vorschriften wie Körperverletzung (§§ 223 ff. StGB), Sachbeschädigung (§§ 303 ff. StGB), Vermögensdelikte wie Diebstahl, Betrug und Unterschlagung (§§ 242 ff. StGB), aber auch aus zahlreichen Wirtschaftsgesetzen wie bspw. § 1 GWB (Verbot kartellrechtswidriger Handlungen) ergeben.

> **Beachten Sie:**
> Die Voraussetzungen des verletzten Schutzgesetzes sind in der Klausur innerhalb des § 823 Abs. 2 Satz 1 BGB (inzident) zu prüfen. Bereits im Obersatz und bei der Anspruchsgrundlage sollten Sie § 823 Abs. 2 BGB und das im konkreten Fall (möglicherweise) verletzte Schutzgesetz benennen.

> **Beispiel:** A könnte gegen B einen Anspruch auf Schadenersatz nach § 823 Abs. 2 Satz 1 BGB in Verbindung mit § 242 StGB haben.

c) **§ 826 BGB.** Nach § 826 BGB schuldet derjenige Schadensersatz, der einem anderen in sittenwidriger Weise vorsätzlich einen Schaden zufügt. Der Tatbestand ergänzt die Vorschriften des § 823 BGB insoweit, als dass bei sittenwidrigen Schädigungen auch reine Vermögensschäden ersetzt werden. § 826 BGB lautet wie folgt:

> *„Wer in einer **gegen die guten Sitten verstoßenden Weise** einem anderen **vorsätzlich Schaden** zufügt, ist dem anderen zum Ersatz des Schadens verpflichtet."*

Im Unterschied zu den Voraussetzungen des § 823 Abs. 1 BGB reicht hier also jede Verletzung eines Rechtsguts zur Tatbestandsverwirklichung aus. Die schädigende Handlung muss allerdings sittenwidrig und vorsätzlich sein. Fahrlässige Verstöße reichen nicht zur Tatbestandsverwirklichung aus. Weiterhin ist – wie bei § 823 BGB – der Eintritt eines Schadens erforderlich.

Ein **sittenwidriger Verstoß** im Sinne der Vorschrift liegt vor, wenn die schädigende Handlung gegen das Anstandsgefühl aller billig und gerecht Denkenden verstößt.

Hinsichtlich des **Vorsatzes** ist Wissen und Wollen in zweierlei Richtungen erforderlich: Der Vorsatz muss sich einmal auf die Sittenwidrigkeit beziehen und zum anderen auf den Schaden. Hierbei reicht der sog. „dolus eventuales" aus. Dieser liegt vor, wenn der Schädiger den Schaden als möglich erkennt und ihn billigend in Kauf nimmt. Hinsichtlich der Sittenwidrigkeit muss der Schädiger Kenntnis hinsichtlich der Umstände haben, die die Sittenwidrigkeit begründen. Ob der Schädiger daraus den Schluss zieht, sein Tun sei sittenwidrig, ist hingegen unerheblich.

Die Rechtsprechung hat insbesondere folgende Fallgruppen entwickelt, bei denen eine Sittenwidrigkeit im Sinne von § 826 BGB angenommen werden kann:

- **Kollusion zum Nachteil Dritter:** Wirken ein Vertreter und der Geschäftspartner vorsätzlich zum Nachteil des Vertretenen zusammen, ist dies in der Regel sittenwidrig.

  Beispiel: Der (Fremd-)Geschäftsführer einer GmbH beauftragt die Unternehmensberatung seiner Ehefrau mit der Erarbeitung einer Studie zu völlig überhöhten und marktunüblichen Preisen. Den Gesellschaftern erklärt der Geschäftsführer wahrheitswidrig, dass lediglich die Unternehmensberatung seiner Ehefrau in der Lage sei, die fragliche Studie durchzuführen. Hier hat die GmbH einen Anspruch aus § 826 BGB sowohl gegenüber dem eigenen Geschäftsführer als auch gegenüber der Ehefrau des Geschäftsführers. Beide haften nach § 840 BGB als Gesamtschuldner.

- **Verhalten bei Vertragsschluss:** Wird ein Vertragsschluss durch eine Täuschung herbeigeführt, ist in der Regel von einer sittenwidrigen Schädigung nach § 826 BGB auszugehen.

  Beispiel: Ein Gebrauchtwagenhändler verkauft einen Pkw und erklärt, obwohl er weiß, dass dies nicht stimmt, dass der Wagen unfallfrei ist. Neben den vertraglichen Ansprüchen (§ 437 BGB) kann der Käufer in diesem Fall nach § 826 BGB auch Ersatz seines entstandenen Schadens verlangen.

- **Verleitung zum Vertragsbruch:** Das vorsätzliche Verleiten eines anderen, gegen seine vertraglichen Verpflichtungen zu verstoßen, begründet ebenfalls eine sittenwidrige Handlung im Sinne von § 826 BGB.
  Beispiel: V hat dem K einen Pkw veräußert. Noch bevor K den Pkw abholt, besticht B, der von dem Verkauf weiß, den Mitarbeiter M des V, mittels einer Bargeldzahlung, ihm den Wagen zu verkaufen und gleich zu übereignen.
- **Übersicherung:** Eine sittenwidrige Schädigung liegt weiterhin vor, wenn im Rahmen von Sicherungsverträgen vorsätzlich zu hohe Sicherheiten von Geschäftspartnern gefordert werden.
- **Gläubigergefährdung:** Das Wegschaffen von Sicherheiten oder die einseitige Bevorzugung bestimmter Gläubiger ist insbesondere dann eine sittenwidrige Schädigung, wenn hierdurch konkrete Gläubigerinteressen gefährdet werden.
  Beispiel: A ist in wirtschaftlichen Schwierigkeiten. Er hat für seine Kreditverpflichtungen gegenüber der Volksbank S seinen Pkw sicherungsübereignet. Er verkauft den Pkw nur zum Schein an seinen Schwager, der diesen dann nach Lateinamerika verbringt, damit die Bank keinen Zugriff mehr darauf hat.
- **Sonstiges Wettbewerbsverhalten:** Weitere Umstände, die zu einer vorsätzlichen sittenwidrigen Schädigung führen können, sind bspw. Zahlung von Schmiergeldern, Missbrauch von Monopolstellungen, Erschleichen von Vollstreckungstiteln.

3. Haftung für vermutetes Verschulden

423 Bei den Haftungstatbeständen für vermutetes Verschulden vermutet das Gesetz (widerleglich), dass der Schädiger schuldhaft gehandelt hat. Der Geschädigte muss dies also nicht beweisen, vielmehr muss der Schädiger einen Entlastungsbeweis führen. Dieser kann sich exkulpieren. Fälle der Haftung für vermutetes Verschulden im BGB sind die Haftung für den Verrichtungsgehilfen (§ 831 BGB), die Haftung von Aufsichtspflichtigen (§ 832 BGB), Tierhaltern für Nutztiere (§ 833 Satz 2 BGB), Tieraufsehern (§ 834 BGB) sowie die Haftung von Grundstücks- und Gebäudebesitzern bzw. Gebäudeunterhaltungspflichtigen (§§ 836–838 BGB).

424 Der wichtigste Tatbestand in der Praxis ist § 831 BGB. Nach § 831 BGB haftet der Geschäftsherr für das **Verschulden seiner Verrichtungsgehilfen**, sofern er nicht nachweisen kann, dass er die Verrichtungsgehilfen ordnungsgemäß ausgesucht und überwacht hat.

> **Fallbeispiel 13 (Lösung s. Rn. 431):**
> B beauftragt das Bauunternehmen U mit der Renovierung der Fassade an seinem Gebäude. Während der Bauarbeiten stößt der Mitarbeiter des U, M, in Folge von Unachtsamkeit einen mit Mörtel gefüllten Eimer vom Gerüst. Der Eimer fällt herunter und beschädigt das ordnungsgemäß geparkte Auto des Z. Z möchte nun von U den entstandenen Schaden ersetzt haben.

425 § 831 Abs. 1 BGB lautet wie folgt:

> „*Wer einen anderen zu einer **Verrichtung bestellt**, ist zum Ersatz des Schadens verpflichtet, den der andere in **Ausführung der Verrichtung** einem Dritten **widerrechtlich zufügt**.*"

426 Nach § 831 Abs. 1 Satz 2 BGB tritt die Ersatzpflicht nicht ein, wenn der Geschäftsherr bei der Auswahl der bestellten Person, und, sofern er Vorrichtungen oder Gerätschaften zu beschaffen oder die Ausführung der Verrichtung zu leisten hat, bei der Beschaffung oder der Leitung die im Verkehr erforderliche Sorgfalt beachtet, oder wenn der Schaden auch bei Anwendung dieser Sorgfalt entstanden sein würde. Aus der Negativformulierung „Die Ersatzpflicht tritt nicht ein" wird abgeleitet, dass der Schädiger für den Exkulpationsbeweis verantwortlich ist.

a) Verrichtungsgehilfe. Voraussetzung ist, dass derjenige, der den Schaden verursacht hat, Verrichtungsgehilfe des Anspruchsgegners (Geschäftsherr) ist. Unter Verrichtungsgehilfe versteht man eine Person, die im Interesse des Geschäftsherrn und mit dessen Wissen und Wollen tätig ist und dabei weisungsgebunden ist. Das Merkmal der **Weisungsgebundenheit** ist entscheidend. Diese liegt dann vor, wenn der Geschäftsherr die Tätigkeit des Verrichtungsgehilfen jederzeit beschränken oder entziehen kann und insbesondere die Tätigkeit des Verrichtungsgehilfen nach Zeit und Umfang bestimmen kann.

427

Beispiel: Verrichtungsgehilfen sind insbesondere alle Arbeitnehmer. Selbstständig tätige Personen sind im Regelfall keine Verrichtungsgehilfen (bspw. Rechtsanwalt, Steuerberater, Wirtschaftsprüfer).

> Beachten Sie:
> Die Weisungsgebundenheit begründet auch den Unterschied zwischen einem Verrichtungsgehilfen nach § 831 BGB und einem Erfüllungsgehilfen nach § 278 BGB. Im Unterschied zum Verrichtungsgehilfen ist Erfüllungsgehilfe jeder, der mit Wissen und Wollen des Schuldners bei der Erfüllung einer Verbindlichkeit tätig wird. Auf die Weisungsgebundenheit kommt es bei Erfüllungsgehilfen nicht an.

Da Organe von juristischen Personen nicht weisungsgebunden sind (Geschäftsführer, Vorstand etc.), sind sie auch keine Verrichtungsgehilfen im Sinne von § 831 BGB. Soweit ein Organ einer juristischen Person in Ausführung seiner Tätigkeit einem Dritten einen Schaden zufügt, haftet die juristische Person nach der Rechtsprechung hierfür in analoger Anwendung des § 31 BGB. Es handelt sich hierbei aber nicht um eine eigene Anspruchsgrundlage, sondern um eine **Zurechnungsnorm** des Verhaltens des Organs an die jeweilige juristische Person.

428

b) Unerlaubte Handlung. Weitere Voraussetzung ist, dass der Verrichtungsgehilfe eine unerlaubte Handlung im Sinne der §§ 823 ff. BGB begangen hat. Hierbei ist zu prüfen, ob der Verrichtungsgehilfe den Tatbestand einer unerlaubten Handlung (im Regelfall § 823 Abs. 1 BGB) erfüllt hat, also eine tatbestandsmäßige und rechtswidrige Handlung vorliegt. Das **Verschulden** des Erfüllungsgehilfen muss hingegen nicht geprüft werden, da es hierauf für die Haftung nach § 831 BGB nicht ankommt. Die Haftung gründet ja gerade auf einem (vermuteten) Eigenverschulden des Geschäftsherren.

429

c) Kausaler Schaden. Geprüft werden muss allerdings, ob ein kausaler Schaden im Sinne der §§ 249 ff. BGB vorliegt. Hier besteht die Besonderheit darin, dass der Schaden gerade in Ausführung der Verrichtung durch den Verrichtungsgehilfen entstanden sein muss und nicht nur **bei Gelegenheit** der Verrichtung. Dies ist dann der Fall, wenn zwischen der vom Geschäftsherren aufgetragenen Verrichtung und der Schadenszufügung durch den Erfüllungsgehilfen ein innerer Zusammenhang besteht.

430

Beispiel: Stiehlt der Mitarbeiter eines Möbelhändlers, der mit dem Aufbau einer Küche beim Kunden beauftragt wurde, anlässlich des Küchenaufbaus Schmuck des Kunden, so besteht kein innerer Zusammenhang mit der aufgetragenen Verrichtung. Der Mitarbeiter hat lediglich bei Gelegenheit der Verrichtung gehandelt. Hier haftet zwar der Mitarbeiter nach § 823 Abs. 1 bzw. § 823 Abs. 2 BGB in Verbindung mit § 242 StGB für den entstandenen Schaden, nicht jedoch der Möbelhändler gemäß § 831 BGB.

431 d) **Kein Entlastungsbeweis.** Aufgrund der Formulierung in § 831 Abs. 1 Satz 2 BGB wird das Verschulden des Geschäftsherrn vermutet. Er kann jedoch den Entlastungsbeweis führen und nachweisen, dass er den Verrichtungsgehilfen ordnungsgemäß ausgesucht und überwacht hat und daher nicht nach § 831 BGB haftet. Hier stellt sich die Frage, ob ein sog. **dezentraler Entlastungsbeweis** möglich ist. Dies spielt insbesondere dann eine Rolle, wenn der Unternehmer aufgrund der Unternehmensgröße nicht in der Lage ist, sein gesamtes Personal selbst auszuwählen und zu überwachen. Der Unternehmer kann in diesem Falle Personen einsetzen, die wiederum ihrerseits mit der Auswahl und Überwachung der jeweiligen Mitarbeiter beauftragt werden. Der Unternehmer muss dann allerdings nachweisen, dass er diese Mitarbeiter sorgfältig ausgewählt und überwacht hat.

Lösung zu Fallbeispiel 13:
(I) Im Fallbeispiel hat Z einen Anspruch auf Schadensersatz gegen den Mitarbeiter M nach § 823 Abs. 1 BGB.
   (1) M hat ein absolutes Rechtsgut im Sinne von § 823 Abs. 1 BGB, nämlich das Eigentum des Z, verletzt.
   (2) Er handelte hierbei auch widerrechtlich, da kein Rechtfertigungsgrund vorlag, und schuldhaft. A handelte unachtsam und somit unter Verstoß gegen die im Verkehr erforderliche Sorgfalt (§ 276 Abs. 2 BGB).
(II) M ist daher verpflichtet, dem Z den an seinem Pkw entstandenen Schaden nach den §§ 249 ff. BGB zu ersetzen.
(III) Z könnte allerdings auch einen Anspruch gegen U aus § 831 BGB haben.
   (1) M war **Verrichtungsgehilfe** des U, da M im Interesse des U und mit dessen Willen und Wollen bei der Fassadenrenovierung tätig war. Als Arbeitnehmer war er auch weisungsgebunden, U konnte insbesondere Zeit und Umfang der Tätigkeit des M bestimmen.
   (2) M hat in Ausführung seiner Verrichtung fahrlässig den Tatbestand des § 823 Abs. 1 BGB erfüllt.
   (3) M stieß den Eimer im Rahmen der Fassadenrenovierung, also in Ausführung der Verrichtung, und nicht nur bei Gelegenheit der Verrichtung, um. Das Verschulden des U wird vermutet (§ 831 Abs. 1 Satz 2 BGB).
(IV) Kann U nicht nachweisen, dass er den M ordnungsgemäß ausgesucht und überwacht hat, haftet er daher ebenfalls für den Schaden, der Z entstanden ist. In diesem Fall haften M und U als Gesamtschuldner nach § 840 Abs. 1 BGB.

4. Gefährdungshaftung

432 Wie bereits dargestellt, zeichnet sich die Gefährdungshaftung dadurch aus, dass bei Eintritt eines Schadens **unabhängig** von dem Vorliegen eines Verschuldens gehaftet wird. Der Gedanke des Gesetzgebers ist hierbei, dass er ein gefährliches Verhalten (bspw. Autofahren, Inverkehrbringen von Arzneimitteln, Betreiben von Atomanlagen, Luftverkehr etc.) zwar grundsätzlich zulässt und nicht verbietet. Allerdings muss in dem Fall, in dem sich die Gefahr realisiert, derjenige, der das gefährliche Verhalten zu verantworten hat, unabhängig von seinem Verschulden für den Schaden haften.

433 Die Gefährdungshaftung ist in zahlreichen Tatbeständen geregelt. Im BGB bspw. in § 833 Satz 1 BGB, wonach der Halter von Luxustieren dafür haftet, wenn das Tier einen Menschen tötet, den Körper oder die Gesundheit eines Menschen verletzt oder eine Sache beschädigt. Ein weiterer wichtiger Fall der Gefährdungshaftung ist § 7 StVG, nach dem der Halter (nicht unbedingt der Fahrer) eines Pkw für Unfallschäden haftet. Weiterhin haftet bspw. das Inverkehrbringen von Arzneimitteln nach § 84 Arzneimittelgesetz oder der Betreiber von Atomanlagen nach § 25 Atomgesetz für bestimmte Schäden im Wege der Gefährdungshaftung. Der in der Unternehmenspraxis sicher wichtigste Fall der Gefährdungshaftung ist die **Produkthaftung**.

> **Fallbeispiel 14 (Lösung s. Rn. 441):**
> Die Firma B stellt elektronische Heizdecken her, die sie über Online-Händler an Endverbraucher verkauft. Der Endverbraucher V erwirbt beim Online-Händler H eine solche Heizdecke. V liest sorgfältig die Bedienungsanleitung und nimmt die Heizdecke entsprechend den Anweisungen des Herstellers B in Betrieb. Als er auf der Heizdecke einschlief, zog er sich schwere Verbrennungen zu, da der automatische Temperaturregler der Heizdecke nicht funktionierte und diese dauerhaft auf eine Temperatur von rund 80°C heizte. Die Ursache des Fehlers konnte nicht geklärt werden. V möchte nunmehr von B Ersatz der erforderlichen Heilbehandlungskosten und Schmerzensgeld.

434 Die Produkthaftung ist nicht im BGB, sondern im Produkthaftungsgesetz (ProdhaftG) geregelt, das den Tatbestand des § 823 Abs. 1 BGB ergänzt. § 1 Abs. 1 ProdhaftG lautet wie folgt:

> „*Wird durch den **Fehler** eines **Produktes** jemand **getötet, sein Körper oder seine Gesundheit verletzt** oder eine Sache beschädigt, so ist der **Hersteller** des Produktes verpflichtet, dem Geschädigten den daraus entstehenden Schaden zu ersetzen.*"

435 Damit setzt die Produkthaftung folgendes voraus:
- Vorliegen eines **Produkts** im Sinne von § 2 ProdhaftG,
- Vorliegen eines **Produktfehlers** im Sinne von § 3 ProdhaftG,
- Verletzung von Leben, Körper, Gesundheit oder Sachbeschädigung,
- der Anspruchsgegner muss **Hersteller** des Produkts im Sinne von § 4 ProdhaftG sein, und
- es muss ein Schaden entstanden sein.
- Weiterhin darf **kein Haftungsausschluss** nach § 1 Abs. 2 oder 3 ProdhaftG vorliegen.

436 a) **Vorliegen eines Produkts.** Was ein Produkt im Sinne des ProdhaftG ist, ist in § 2 ProdhaftG geregelt. Danach liegt ein Produkt bei einer beweglichen Sache vor, auch wenn sie einen Teil einer anderen beweglichen Sache oder einer unbeweglichen Sache bildet. Weiterhin liegt ein Produkt bei Elektrizität vor.

437 b) **Vorliegen eines Produktfehlers.** Ein Produktfehler liegt nach § 3 Abs. 1 ProdhaftG vor, wenn das Produkt nicht die Sicherheit bietet, die unter Berücksichtigung aller Umstände, insbesondere seiner Darbietung, des Gebrauchs, mit der billigerweise gerechnet werden kann, und des Zeitpunkts, in dem es in den Verkehr gebracht wurde, berechtigterweise erwartet werden kann. Ein Produktfehler liegt daher dann vor, wenn das Produkt nicht die **erforderliche Sicherheit** bietet. Bei der Bewertung des erforderlichen Maßes an Sicherheit sind die vom Gesetzgeber genannten Kriterien, wie
- die Darbietung des Produktes,
- der zu erwartende Gebrauch und
- der Zeitpunkt des Inverkehrbringens zu beachten.

Wichtig ist, dass der Fehler bereits zum **Zeitpunkt des Inverkehrbringens** vorgelegen haben muss und nicht später durch übliche Abnutzung oder Einwirkung entstanden ist. Bei der Fehlerbeurteilung können die Kategorisierungen aus der Produzentenhaftung entsprechend herangezogen werden. Gehaftet wird damit für Konstruktions- und Fabrikationsfehler sowie für den Verstoß gegen die Instruktions- und Produktbeobachtungspflichten durch den Hersteller.

438 c) **Schutzgutverletzung.** Wie bei § 823 Abs. 1 BGB schützt § 1 Abs. 1 ProdhaftG nur **besondere Schutzgüter**. Hierzu gehören Leben, Körper, Gesundheit und andere Sachen als die fehlerhafte Sache. Hinsichtlich der Definitionen der Begriffe kann auf die Darstellung zu § 823 Abs. 1 BGB verwiesen werden (s. Rn. 402 ff.). Die Haftung für Beschädigungen von Sachen nach dem Produkthaftungsgesetz ist auf andere Sachen als das fehlerhafte Produkt beschränkt, welche zum privaten Ge- oder Verbrauch bestimmt waren und hierzu vom Geschädigten hauptsächlich verwendet wurden. Danach greift das Produkthaftungsgesetz nicht für Schäden an Erzeugnissen, die überwiegend gewerblich oder beruflich genutzt wurden.

439 d) **Anspruchsgegner ist Hersteller.** Der Anspruchsgegner muss Hersteller im Sinne von § 4 ProdhaftG sein. Hersteller ist zunächst jeder, der das Endprodukt, einen Grundstoff oder ein Teilprodukt hergestellt hat. Nach § 4 Abs. 1 Satz 2 ProdhaftG gilt als Hersteller auch derjenige, der durch das Anbringen seines Namens, seiner Marke oder eines anderen unterscheidungskräftigen Kennzeichens sich als Hersteller ausgibt. Hierbei handelt es sich um sog. Quasi-Hersteller, die auf fremden Produkten ihre Marke anbringen (bspw. Eigenmarken des Handels). Nach § 4 Abs. 2 ProdhaftG ist auch derjenige Hersteller, der Produkte aus Drittstaaten in den europäischen Wirtschaftsraum einführt.

440 e) **Ersatzfähiger Schaden.** Aus § 1 Abs. 1 Satz 2 ProdhaftG ergibt sich, dass das fehlerhafte Produkt selbst nicht zu ersetzen ist, sondern nur Schäden, die ohne das fehlerhafte Produkt nicht entstanden wären (Folgeschäden). Neben dem Ersatz materieller Schäden nach §§ 249 ff. BGB besteht bei Körperverletzung nach § 8 Satz 2 ProdhaftG auch ein Anspruch auf Schmerzensgeld gemäß § 253 Abs. 2 BGB. § 10 Abs. 2 ProdhaftG sieht bei Personenschäden einen Höchstbetrag von 85.000.000 € für die Haftung vor, bei Sachschäden besteht gemäß § 11 ProdhaftG eine Selbstbeteiligung des Geschädigten von 500 €.

> **Beachten Sie:**
> Der Schadenersatzanspruch verjährt gemäß § 12 ProdhaftG drei Jahre nachdem der Geschädigte vom Schaden, dem Fehler und der Person des Ersatzpflichtigen Kenntnis erlangt hat oder hätte erlangen müssen. Spätestens erlischt der Anspruch aber zehn Jahre nach dem Zeitpunkt, in dem der Hersteller das Produkt, das den Schaden verursacht hat, in den Verkehr gebracht hat (§ 13 Abs. 1 ProdhaftG).

441 f) **Keine Haftungsausschlüsse.** In bestimmten Fällen ist die Haftung nach § 1 Abs. 2 und § 1 Abs. 3 ProdhaftG ausgeschlossen. Hierunter fallen die Fälle, in denen der Hersteller das Produkt nicht in den Verkehr gebracht hat, wenn das Produkt zum Zeitpunkt des Inverkehrbringens fehlerfrei war, wenn der Produktfehler auf zwingenden Rechtsvorschriften beruht oder wenn der Produktfehler im Zeitpunkt des Inverkehrbringens nach dem Stand der Wissenschaft und Technik nicht hätte erkannt werden können.

    Lösung zu Fallbeispiel 14:
(I) V könnte gegen B einen Anspruch auf Schadenersatz und Schmerzensgeld nach § 8 i. V. m. § 1 Abs. 1 ProdhaftG haben.
   (1) Die Heizdecke ist als bewegliche Sache zunächst ein **Produkt** im Sinne von § 2 ProdhaftG.
   (2) Die Heizdecke ist auch **fehlerhaft** im Sinne von § 3 ProdhaftG, da sie nicht die Sicherheit geboten hat, die unter Berücksichtigung ihrer Darbietung, des ordnungsgemäßen Gebrauchs und des Zeitpunkts ihres Inverkehrbringens erwartet werden konnte.
   (3) Durch den Produktfehler wurde die Gesundheit des V verletzt.

(4) Die Anspruchsgegnerin B ist **Herstellerin** des Produktes im Sinne von § 4 Abs. 1 ProdhaftG, Haftungsausschlüsse nach § 1 Abs. 2 und § 1 Abs. 3 ProdhaftG sind nicht ersichtlich.
(II) Nach § 8 Satz 1 ProdhaftG haftet B damit für die Heilbehandlungskosten. Weiterhin haftet B nach § 8 Abs. 2 ProdhaftG i. V. m. § 253 Abs. 2 BGB auf ein angemessenes Schmerzensgeld.
(III) Ergebnis: Ob daneben ein Anspruch nach § 823 Abs. 1 BGB in Betracht kommt, hängt davon ab, ob B eine Verkehrssicherungspflicht im Rahmen der Produzentenhaftung verletzt hat. Ist dies der Fall, wird ein schuldhaftes Verhalten von B vermutet. Jedoch kann sich B – anders als bei der Haftung nach dem Produkthaftungsgesetz – hinsichtlich des Verschuldens exkulpieren, also nachweisen, dass im konkreten Fall kein Verschulden der B vorlag.

Teil 3: Sachenrecht

442 **Warum dieses Thema für Sie von Bedeutung ist:**
Das Sachenrecht regelt die Rechtsverhältnisse von Rechtssubjekten zu körperlichen Gegenständen. Körperliche Gegenstände können einmal bewegliche Sachen und unbewegliche Sachen (Grundstücke) sein. Gegenstand der sachenrechtlichen Regelungen ist insbesondere die Verfügung über bewegliche und unbewegliche Sachen (also der Eigentumswechsel) sowie sog. beschränkte dingliche Rechte, zu denen insbesondere Verwertungsrechte gehören. In der unternehmerischen Praxis spielt v. a. das Recht der Kreditsicherheiten eine wichtige Rolle.

1. Kapitel: Grundlagen

443 Nach § 90 BGB sind **Sachen** im Sinne des Gesetzes körperliche Gegenstände. Das Sachenrecht regelt im 3. Buch des BGB, also den §§ 854–1296 BGB, die Rechtsbeziehungen von Rechtssubjekten zu Sachen sowohl objektiv (bspw. Befugnisse des Eigentümers oder Besitzers) als auch die Veränderung von Rechten an Sachen (bspw. die Übereignung). Zum Verständnis des Sachenrechts ist es unumgänglich, zunächst einige wichtige Begriffe darzustellen und sodann die fünf Grundprinzipien des Sachenrechts zu erläutern.

I. Wichtige Begriffe im Sachenrecht

444 Die zentralen Begriffe des Sachenrechts ergeben sich weitestgehend aus dem Gesetz (§§ 90 ff. BGB). Im Folgenden werden die Begriffe Sache, Bestandteil, Zubehör, Früchte einer Sache, Erzeugnisse, Verfügungen und Besitz kurz definiert und die wesentlichen Eigenschaften erläutert.

> **Beachten Sie:**
> Damit Sie in der Klausur nicht lange suchen müssen, lesen die Begriffe unbedingt vorher im Gesetz nach.

445
- **Sachen** sind nach § 90 BGB körperliche Gegenstände. Der Aggregatszustand (fest, flüssig, gasförmig) spielt hierbei keine Rolle. Nach § 90a BGB sind Tiere keine Sachen, für sie sind aber die für Sachen geltenden Vorschriften entsprechend anzuwenden. In der Klausur können Sie daher unbedenklich die sachenrechtlichen Vorschriften anwenden, erwähnen Sie aber, dass nach § 90a BGB Tiere keine Sachen sind.
  Beispiel: Ein Pferd kann nach § 433 BGB ge- und verkauft werden. Es wird sachenrechtlich nach den §§ 929 ff. BGB übereignet.
- Ein **Bestandteil** ist ein Teil einer Sache, der nicht selbstständig ist. Zur Beurteilung der Frage der Selbstständigkeit ist die Verkehrsauffassung maßgeblich.
  Beispiel: Der Auspuff eines Autos ist Bestandteil des Pkw und keine eigene Sache.
- Nach § 93 BGB sind **wesentliche Bestandteile** einer Sache all diejenigen, die nicht voneinander getrennt werden können, ohne dass der eine oder andere Teil zerstört

1. Kapitel: Grundlagen

oder seinem Wesen nach verändert wird. Konsequenz ist, dass wesentliche Bestandteile nicht Gegenstand besonderer Rechte sein können. Eine Ausnahme besteht bei der völligen Unterordnung einer Einzelsache. Bei Grundstücken gilt ergänzend zu § 93 BGB der § 94 BGB. Danach sind wesentliche Bestandteile eines Grundstücks alle mit dem Grund und Boden fest verbundenen Sachen, insbesondere Gebäude. Zu den wesentlichen Bestandteilen eines Gebäudes gehören wiederum die zur Herstellung des Gebäudes eingefügten Sachen (§ 94 Abs. 2 BGB).

> **Beachten Sie:**
> Daher ist bspw. die umgangssprachliche Bezeichnung „ich kaufe ein Haus" juristisch gesehen falsch. Gekauft wird das Grundstück, das Haus ist nach § 94 Abs. 1 BGB wesentlicher Bestandteil des Grundstücks.

Ist eine Sache nur zu einem vorübergehenden Zweck mit einem Grundstück verbunden, so wird sie nicht wesentlicher Bestandteil des Grundstücks.
    Beispiel: Für eine Hochzeit wird ein Festzelt auf einem Grundstück aufgebaut.

– **Zubehör** sind bewegliche Sachen, die ohne Bestandteil der Hauptsache zu sein dem wirtschaftlichen Zweck der Hauptsache zu dienen bestimmt sind und zu ihr in einem dieser Bestimmung entsprechenden räumlichen Verhältnis stehen (§ 97 Abs. 1 BGB). Zum wirtschaftlichen Zweck der Hauptsache zu dienen bestimmt sind bspw. bei einem Gebäude, das für einen gewerblichen Betrieb dauernd eingerichtet ist, die zum Betrieb bestimmten Maschinen oder sonstigen Gerätschaften (§ 98 BGB), bei einem landwirtschaftlichen Betrieb das Gerät und Vieh.
    Beispiel: Der Traktor eines landwirtschaftlichen Betriebes ist damit auf Grund des räumlichen und wirtschaftlichen Zusammenhangs Zubehör. Verkauft der Landwirt L sein ausschließlich zu landwirtschaftlichen Zwecken genutztes Grundstück an den K, erwirbt K auch den Traktor, der Zubehör im Sinne der §§ 97, 98 BGB darstellt. Dies gilt gemäß § 311c BGB selbst für den Fall, dass der Traktor im Kaufvertrag überhaupt nicht erwähnt wurde.

– **Früchte einer Sache** sind nach § 99 BGB die Erzeugnisse der Sache und die sonstige Ausbeute, welche aus ihr bestimmungsgemäß gewonnen wurde. **Früchte eines Rechts** sind die Erträge, welche das Recht seiner Bestimmung gemäß gewährt (bspw. Zinsen). **Nutzungen** sind nach § 100 BGB die Früchte einer Sache oder eines Rechts sowie Vorteile, welche der Gebrauch der Sache oder des Rechts gewährt. Wichtig ist, dass die Muttersache erhalten bleibt, daher sind bspw. Verbrauch, Verarbeitung oder Veräußerung einer fremden Sache keine Nutzungen.

– **Erzeugnisse** sind alle organischen Produkte einer Sache (z. B. Hühnereier).

– **Verfügungen** sind dingliche Rechtsgeschäfte, die unmittelbar auf ein bestehendes Recht einwirken, und zwar durch dessen Belastung, Inhaltsänderung, Übertragung oder Aufhebung.

– Nach § 854 Abs. 1 BGB ist derjenige **unmittelbarer Besitzer** einer Sache, der die tatsächliche Sachherrschaft über die Sache hat. Dabei ist nicht unbedingt eine unmittelbare Nähe der Person zur Sache erforderlich, es reicht aus, dass jemand Verfügungsgewalt über die Sache hat und sie beansprucht.
    Beispiel: Der Mieter einer Sache hat Besitz an seiner Wohnung, auch wenn er sich im Urlaub oder bei der Arbeit befindet.

– Je nach Willensrichtung, ob jemand eine Sache für sich oder einen anderen besitzt, unterscheidet das Gesetz zwischen **Eigen- und Fremdbesitz** (§ 872 BGB). Da der Besitz die tatsächliche Sachherrschaft beschreibt, ist Besitz kein Recht, er ist aber weitestgehend einem Recht gleichgestellt. So regelt das Gesetz Besitzschutzrechte bei verbotener Eigenmacht (§ 858 BGB), auf die der Besitzer mit Selbsthilfe reagieren kann (§§ 859, 860 BGB) und sogar einen Herausgabeanspruch des Besitzers (§ 861 BGB). Auch wird der Besitz als „sonstiges Recht" im Sinne des § 823 Abs. 1 BGB anerkannt. Da der Besitz gewisse Rechtsfunktionen hat, bildet der Gesetzgeber Fälle, in denen derjenige, der die tatsächliche Sachherrschaft hat, gesetzlich nicht als Besitzer angesehen wird und umgekehrt Fälle, in denen jemand, der keine tatsächliche Sachherrschaft hat, trotzdem als Besitzer anerkannt wird. Der erste Fall ist der Fall der sog. **Besitzdienerschaft** im Sinne des § 855 BGB. Übt jemand in einer nach außen erkennbaren sozialen Abhängigkeit den Besitz für einen anderen aus, so ist er trotz der tatsächlichen Sachherrschaft nicht Besitzer, sondern nur der andere.

Beispiel: Eine Haushälterin ist nicht Besitzerin der Sachen des betreuten Haushaltes. Eine Ladenangestellte ist nicht Besitzerin der Waren im Laden.

– Nach § 868 BGB ist hingegen jemand **mittelbarer Besitzer**, wenn ein anderer die tatsächliche Sachherrschaft mit Fremdbesitzerwillen im Rahmen eines Besitzmittlungsverhältnisses ausübt, bei dem ein durchsetzbarer Herausgabeanspruch besteht.

Beispiel: Der Vermieter einer Sache ist danach mittelbarer Besitzer im Sinne von § 868 BGB, der Mieter unmittelbarer Besitzer. Weitere Besitzmittlungsverhältnisse wären Leihe, Pacht, Verwahrung, Leasing etc.

Abbildung 39: Mittelbarer Besitz

II. Die fünf Grundprinzipien des Sachenrechts

446 Die fünf Grundprinzipien des Sachenrechts sind das Publizitätsprinzip, die Absolutheit, die Spezialität, der Typenzwang und das Abstraktionsprinzip.

1. Publizitätsprinzip

447 Die sachenrechtlichen Vorschriften regeln die rechtliche Zuordnung von Eigentum und anderen dinglichen Rechten zu bestimmten Rechtsträgern. Das **Publizitätsprinzip** beschreibt in diesem Zusammenhang, dass anhand äußerer Umstände erkennbar sein muss, wem eine bestimmte Sache gehört. Der Publizitätsträger ist bei beweglichen Sachen der Besitz (§ 854 BGB), also die tatsächliche Sachherrschaft, und bei Grundstücken das Grundbuch.

Beispiel: Wenn jemand einen Geldbeutel in seiner Jackentasche trägt, schließen Sie hieraus automatisch, dass der Träger des Geldbeutels auch der Eigentümer ist. Tatsächlich können Sie zunächst nur feststellen, dass der Träger des Geldbeutels der Besitzer im Sinne von § 854 BGB ist. Sie schließen aus der tatsächlichen Sachherrschaft auf das Eigentum. Dies muss aber nicht zwingend richtig sein. Vielleicht ist der Geldbeutel nur geliehen oder der Träger hat diesen gerade gefunden. Aus dem Publizitätsprinzip ergibt sich allerdings bspw. dass der Rückschluss von der tatsächlichen Sachherrschaft (dem Publizitätsträger) auf ein Rechtsverhältnis (das Eigentum) durchaus zulässig ist. So regelt § 1006 Abs. 1 BGB, dass zugunsten des Besitzers einer beweglichen Sache vermutet wird, dass er Eigentümer der Sache sei.

2. Spezialitätsgrundsatz

Der sachenrechtliche **Spezialitätsgrundsatz**, auch **Bestimmtheitsgrundsatz** genannt, beschreibt, dass im Zeitpunkt einer dinglichen Einigung über die Verfügung über eine Sache klar und eindeutig feststehen muss, auf welche konkrete Sache sich die dingliche Verfügung bezieht. Die Einigung muss derart konkretisiert sein, dass sich für einen dritten Beobachter alleine auf Grund der Vereinbarung ergibt, auf welche Sachen sich diese Vereinbarung bezieht, ohne dass er sonstige Umstände zur Bestimmung der Sachen heranziehen muss.

448

> **Beispiel:** Bei der Übereignung eines Warenlagers nach § 929 Satz 1 BGB wäre die Einigung, dass der Erwerber 50 % der Waren erwerben solle, zu unbestimmt, denn ein objektiver Dritter kann in diesem Fall nicht bestimmen, wem eine konkrete Sache aus dem Warenlager jetzt gehört. Anders wäre dies beispielsweise, wenn auf jede zweite Sache aus dem Warenlager ein roter Punkt geklebt würde und sich die Parteien darauf einigen, dass alle Sachen, auf denen ein roter Punkt klebt, nunmehr dem Erwerber gehören sollen. Hier ist auch für einen Dritten klar bestimmbar, wem die Sachen gehören.

3. Typenzwang

Während im schuldrechtlichen Teil des BGB das Prinzip der Vertragsfreiheit gilt, gibt es im Sachenrecht einen sogenannten **Typenzwang** (Numerus clausus der Sachenrechte). Im Schuldrecht können die Parteien den Inhalt von Verträgen frei bestimmen und sind nicht an die im besonderen Schuldrecht vorgegebenen Vertragstypen gebunden.

449

> **Beispiel:** Leasingverträge, Lizenzverträge, Franchiseverträge etc. sind keine gesetzlich geregelten Vertragstypen, sondern von der Rechtspraxis im Rahmen der schuldrechtlichen Vertragsfreiheit entwickelt. Der sachenrechtliche Typenzwang beinhaltet, dass die Parteien die Inhalte dinglicher Rechte, wie sie in den sachenrechtlichen Vorschriften geregelt sind, nicht verändern dürfen und auch diesbezüglich keine abweichenden Vereinbarungen treffen können.

> **Beispiel:** Die sachenrechtlichen Vorschriften sehen eine Hypothek nur für Immobilien vor. An beweglichen Sachen können die Parteien keine Hypothek vereinbaren, da die sachenrechtlichen Vorschriften dies nicht vorsehen.

4. Absolutheit

Während schuldrechtliche Rechte nur zwischen den Parteien Rechte und Pflichten begründen, die an dem Schuldverhältnis beteiligt sind (Gläubiger und Schuldner), wirken dingliche Rechte absolut, also gegenüber jedermann. Dies beschreibt der sogenannte **Absolutheitsgrundsatz** im Sachenrecht.

450

> **Beispiel:** Nach § 985 BGB kann der Eigentümer einer Sache von jedem, der die Sache besitzt, diese herausverlangen.

5. Abstraktionsprinzip

Das **Abstraktionsprinzip** (s. Rn. 261) beschreibt, dass dingliche Rechtsgeschäfte (Verfügungsgeschäft) in ihrer Begründung und Wirksamkeit von dem zugrundeliegenden schuldrechtlichen Verpflichtungsgeschäft unabhängig sind. Diesen Grundsatz haben Sie bereits im Kaufrecht und bei der Zession näher kennengelernt. Er findet im Sachenrecht ebenfalls Anwendung.

451

Prinzip	Inhalt
Publizität	Sachenrechtliche Zugehörigkeit muss erkennbar sein. Publizitätsträger: - Bei beweglichen Sachen: Besitz (= tatsächliche Sachherrschaft) - Bei Grundstücken (und Grundstücksrechten): Grundbuch
Absolutheit	Dingliche Rechte wirken gegenüber jedermann.
Spezialität (Bestimmtheitsgrundsatz)	Eindeutige Festlegung der übertragenen Sachen im Augenblick der dinglichen Einigung.
Typenzwang (Numerus clausus der Sachenrechte)	Begründung, Übertragung und Aufhebung von dinglichen Rechten sind nur in der gesetzlichen Form möglich.
Abstraktion	Unabhängigkeit des dinglichen Verfügungsgeschäfts vom schuldrechtlichen Verpflichtungsgeschäft. → Ausnahmen möglich, bspw. Fehleridentität (z. B. bei arglistiger Täuschung)

Abbildung 40: Übersicht der 5 Grundprinzipien des Sachenrechts

2. Kapitel: Mobiliarsachenrecht

I. Übereignung beweglicher Sachen

452 Fallbeispiel 15 (Lösung s. Rn. 463):
Zur Sicherung von Darlehensforderungen schloss die Volksbank K mit dem Baumaschinenhändler S GmbH, der inzwischen insolvent ist, am 1.2.2017 einen Raumsicherungsvertrag, wonach sämtliche auf dem Betriebsgelände der S vorhandenen oder dorthin verbrachten Baumaschinen an die K zur Sicherheit übereignet wurden. Im Sicherungsübereignungsvertrag heißt es: „Die Übergabe der als Sicherheit dienenden Baumaschinen an die Volksbank wird durch folgende Vereinbarung ersetzt: Die Volksbank belässt dem Baumaschinenhändler den unmittelbaren Besitz der als Sicherheit dienenden Baumaschinen und gestattet S, die im Eigentum der Volksbank stehenden Baumaschinen in eigenem Namen zu verkaufen. Die Volksbank kann das Besitzrecht jederzeit widerrufen." Am 20.2.2017 widerrief K die Ermächtigung zur Weiterveräußerung, da S den Zahlungsverpflichtungen nicht mehr nachkam. Am 31.3.2017 kauft die B GmbH, die mit S in langer Geschäftsbeziehungen stand, von dieser mehrere gebrauchte Bagger. Bei der Übergabe der Maschinen konnte S für vier Bagger keine Fahrzeugbriefe vorlegen. Dies war nicht unüblich, da S die Fahrzeugscheine erst von der finanzierenden Gesellschaft einfordern musste. K verlangt von B Herausgabe dieser vier Bagger.

453 Der Eigentumserwerb an beweglichen Sachen vollzieht sich nach den §§ 929 ff. BGB. Der Übereignungstatbestand nach § 929 Satz 1 BGB lautet wie folgt:

*„Zur Übertragung des Eigentums an einer beweglichen Sache ist erforderlich, dass der **Eigentümer** die Sache dem Erwerber **übergibt** und beide darüber **einig** sind, dass das Eigentum übergehen soll."*

454 Die vier Voraussetzungen für den Eigentumsübergang nach §§ 929 ff. sind danach:
1. Einigung über den Eigentumsübergang,
2. Übergabe der Sache,
3. Einigsein bei Übergabe (steht nicht im Gesetz),
4. Berechtigung.

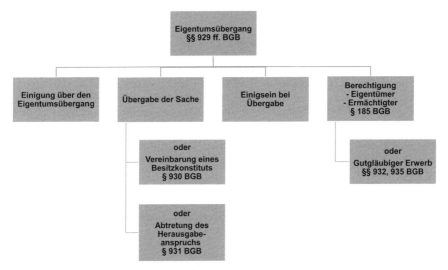

Abbildung 41: Übersicht Eigentumsübergang §§ 929 ff. BGB

1. Einigung

Nach § 929 BGB müssen sich die Parteien darüber einig sein, dass das Eigentum übergehen soll. Die Einigung vollzieht sich nach den allgemeinen Vorschriften über den Vertragsschluss (s. Rn. 55 ff.). Erforderlich sind also zwei übereinstimmende Willenserklärungen. Auch die allgemeinen Nichtigkeitsgründe von Verträgen sind auf diese Einigung anwendbar. Weiterhin ist bei der Einigung der Bestimmtheitsgrundsatz (s. Rn. 448) zu beachten.

2. Übergabe

Nach § 929 Satz 1 BGB ist für die Übereignung weiterhin erforderlich, dass der Veräußerer dem Erwerber die Sache übergibt. Die Übergabe im Sinne dieser Vorschrift ist vollzogen, wenn der Veräußerer jeglichen Besitz an der zu übereignenden Sache aufgegeben hat und der Erwerber irgendeine Form von Besitz erworben hat.

> **Beachten Sie:**
> Es ist nicht erforderlich, dass der Erwerber unmittelbarer Besitzer wird, es reicht aus, wenn er den mittelbaren Besitz erwirbt. Weiterhin ist erforderlich, dass der Erwerb des Besitzes auf Veranlassung des Veräußerers geschieht. Der Erwerber muss den Besitz nicht zwingend selbst erwerben. Es reicht für die Übergabe aus, wenn auf seine Veranlassung ein Dritter (sog. Geheißperson) den Besitz erwirbt.

Beispiel: E kauft beim Elektrohändler V einen neuen Fernseher und bittet den V, den Fernseher an seine Tochter T zu liefern. Liefert V den Fernseher an T aus, so liegt darin eine Übergabe im Sinne des § 929 Satz 1 BGB von V an E. Zwar hat E keinen Besitz erworben, jedoch hat T auf Veranlassung des E den unmittelbaren Besitz an dem Fernseher erlangt.

Nach § 930 BGB kann die Übergabe im Sinne des § 929 Satz 1 BGB ersetzt (surrogiert) werden. Man spricht in diesem Fall von sog. **Übergabesurrogaten**. Die Parteien vereinbaren in diesen Fällen ein sogenanntes **Besitzkonstitut**. Hier wird die Übergabe vom Veräußerer an den Erwerber dadurch ersetzt, dass der Veräußerer und der Erwerber ein Rechtsverhältnis vereinbaren, kraft dessen der Erwerber den mittelbaren Besitz an der Sache erlangt.

Beispiel: Die Volksbank S gewährt dem Unternehmen A ein Darlehen. Als Sicherheit hierfür möchte S die Übereignung der Firmen-Lkw des A. Da A die Lkw jedoch im Rahmen seines ordnungsgemäßen Geschäftsbetriebs benötigt, vereinbart er mit der Bank, dass diese ihm die Lkw leihweise (unentgeltlich) zur Verfügung stellt. Die Parteien haben dadurch ein Besitzkonstitut nach § 930 BGB vereinbart, da S den mittelbaren Besitz erworben hat. Dies ist für die Übereignung ausreichend.

458 Weiterhin kann die Übergabe nach § 931 BGB durch die **Abtretung des Herausgabeanspruchs** gegen einen Dritten ersetzt werden, wenn sich der Dritte im Besitz der Sache befindet.

Beispiel: V hat dem L sein Fahrrad geliehen. Nunmehr möchte V das Fahrrad an E nach § 929 BGB übereignen. Hier kann die Übergabe nach § 929 Satz 1 BGB gemäß § 931 BGB dadurch ersetzt werden, dass V seinen Herausgabeanspruch gegen L aus dem Leihvertrag an E abtritt.

3. Einigsein bei Übergabe

459 Anders als im Schuldrecht kann die Einigung im Sinne des § 929 BGB bis zur Übergabe widerrufen werden. Liegt bei der Übergabe der ursprüngliche Einigungswillen nicht mehr vor, so scheitert eine Übereignung nach § 929 BGB.

4. Berechtigung

460 Nach dem Wortlaut des § 929 Satz 1 BGB muss derjenige, der über die Sache verfügt, **Eigentümer** sein. Dieser Begriff ist nicht ganz korrekt. Im Regelfall ist zwar der Eigentümer zur Übereignung der Sache berechtigt, dies ist jedoch dann nicht der Fall, wenn ein gerichtliches oder gesetzliches Verfügungsverbot vorliegt.

Beispiel: In der Insolvenz kann der Eigentümer nicht über seine Sachen verfügen. Dies obliegt gemäß §§ 80, 81 InsO dem Insolvenzverwalter.

461 Auf der anderen Seite kann auch ein Nicht-Eigentümer zur Verfügung befugt sein, wenn der Eigentümer ihn hierzu **ermächtigt** (§ 185 BGB).

462 Schließlich sieht das Gesetz in den §§ 932 ff. BGB die Möglichkeit des **gutgläubigen Erwerbs** von Nicht-Berechtigten vor. Voraussetzung ist, dass der Erwerber gutgläubig ist, das heißt, dass er daran glaubt, dass der Veräußerer auch Eigentümer der Sache ist und insoweit keine grobe Fahrlässigkeit vorliegt. Weiß der Erwerber, dass der Veräußerer nicht Eigentümer ist, oder ist ihm dies in Folge grober Fahrlässigkeit unbekannt geblieben, scheidet ein gutgläubiger Erwerb nach § 932 Abs. 2 BGB aus. Grobe Fahrlässigkeit liegt vor, wenn der Erwerber diejenigen Umstände außer Acht lässt, die ihm in der gegebenen Situation ohne weiteres hätten einleuchten müssen. Gibt es also konkrete Anhaltspunkte dafür, dass der Veräußerer tatsächlich nicht der Eigentümer ist, so muss der Erwerber ggfs. nachforschen.

> **Beachten Sie:**
> § 932 BGB schützt nur den guten Glauben an das Eigentum, nicht aber an die Verfügungsbefugnis des Veräußerers. Behauptet der Veräußerer daher zu Unrecht, er sei vom Eigentümer nach § 185 BGB zur Verfügung befugt, kann sich hieran kein gutgläubiger Erwerb anknüpfen.

2. Kapitel: Mobiliarsachenrecht

Das **Publizitätsprinzip** erfordert weiterhin für den gutgläubigen Erwerb, dass der Veräußerer **im Besitz der Sache** ist. § 1006 Abs. 1 BGB begründet die Vermutung, dass der Besitzer einer Sache Eigentümer ist. Wird die Übergabe durch ein Übergabesurrogat ersetzt, so gilt für die Vereinbarung eines Besitzkonstituts nach § 930 BGB der § 933 BGB, wonach ein gutgläubiger Erwerb nur dann möglich ist, wenn der Veräußerer dem Erwerber die Sache auch tatsächlich übergibt (die reine Begründung des Besitzkonstituts reicht daher nicht aus). Bei der Abtretung eines Herausgabeanspruchs nach § 931 BGB reicht hingegen gemäß § 934 BGB die Abtretung des Anspruchs. Ein gutgläubiger Erwerb ist weiterhin ausgeschlossen, wenn dem Eigentümer die Sache gestohlen wurde oder sonst abhandengekommen ist (§ 935 BGB). **Abhandenkommen** im Sinne dieser Vorschrift liegt bei jedem unfreiwilligen Verlust des unmittelbaren Besitzes vor. Schließlich scheidet ein gutgläubiger Erwerb auch dann aus, wenn wirtschaftlich gesehen gar keine „echte" Übereignung vorliegt, weil der Veräußerer und der Erwerber wirtschaftlichen nicht personenverschieden sind.

463

Beispiel: A ist alleiniger Gesellschafter einer GmbH und gleichzeitig einziger Geschäftsführer. Er übereignet als Vertreter der GmbH an sich selbst einen Firmenwagen. Hier liegt kein Rechtsgeschäft im Sinne eines Verkehrsgeschäfts vor, da die GmbH und A wirtschaftlich gesehen dieselbe Person sind. Ein gutgläubiger Erwerb scheidet in diesen Fällen aus

Lösung zu Fallbeispiel 15:
(I) K könnte gegen die B GmbH einen Anspruch auf Herausgabe der Bagger aus § 985 BGB haben.
(II) Tatbestandsvoraussetzungen sind, dass K Eigentümer der Bagger und B Besitzerin derselben ist.
   (1) Da B die tatsächliche Sachherrschaft über die streitgegenständlichen Bagger hat, ist sie nach § 854 Abs. 1 BGB **Besitzerin**.
   (2) Zu klären ist, ob K **Eigentümerin** der Bagger ist
   Tipp: Gehen Sie bei sachenrechtlichen Prüfungen immer chronologisch vor.
     (a) Ursprünglich war S Eigentümerin der Bagger.
     (b) K könnten jedoch durch das Verbringen der Bagger auf das Gelände der S GmbH das Eigentum an den Bagger erworben haben. Eine Übereignung nach § 929 Satz 1 BGB liegt nicht vor, da eine Übergabe der Bagger an K nicht stattgefunden hat. Es könnte hier aber eine Übereignung nach §§ 929 Satz 1, 930 BGB vorliegen. Die S und K haben sich über die Übereignung der Bagger, die auf das Gelände der S gelangen, im Sicherungsübereignungsvertrag **geeinigt**. Die Parteien haben vereinbart, dass die S die Bagger im Rahmen eines Besitzmittlungsverhältnisses (Sicherungsübereignungsvertrags) für die K besitzt. K ist daher durch das Verbringen der Bagger auf das Gelände der S GmbH mittelbare Besitzerin nach § 868 BGB geworden. Die Übergabe ist daher nach § 930 BGB ersetzt worden. Als Eigentümerin war die S auch zur Verfügung **berechtigt**. Damit lässt sich als Zwischenergebnis festhalten, dass K Eigentümerin der streitgegenständlichen Bagger geworden ist.
     (c) Möglicherweise ist jedoch sodann die B GmbH durch Übereignung nach § 929 Satz 1 BGB neue Eigentümerin geworden. Die B GmbH und die S haben sich über den Eigentumsübergang an den Bagger **geeinigt**. Es hat weiterhin eine **Übergabe** von der S an die B GmbH im Sinne von § 929 Satz 1 BGB stattgefunden. Da die S jedoch nicht mehr Eigentümerin der streitgegenständlichen Bagger war, war sie zur Übereignung nicht **berechtigt**. Die S war auch von der tatsächlichen Eigentümerin – der K – nicht nach § 185 BGB zur Verfügung ermäch-

tigt. Die Befugnis wurde zwar ursprünglich im Sicherungsvertrag eingeräumt, jedoch später gem. den Vertragsbedingungen wirksam widerrufen. Die B GmbH könnte das Eigentum aber **gutgläubig** nach § 932 Abs. 1 BGB erworben haben. Die Bagger waren der K nicht abhandengekommen. Fraglich ist, ob die B GmbH beim Erwerb gutgläubig war und an das Eigentum der S glauben durfte. Dies ist nach § 932 Abs. 2 BGB nicht der Fall, wenn sie das fehlende Eigentum der S kannte bzw. grob fahrlässig nicht kannte. Für die grobe Fahrlässigkeit spricht im vorliegenden Fall, dass sich die B GmbH nicht die Fahrzeugbriefe hatte vorlegen lassen, aus der sich die fehlende Eigentumsstellung der S ergab. Normalerweise muss beim Erwerb der Fahrzeugschein eingesehen werden, da ansonsten grobe Fahrlässigkeit vorliegt. Im vorliegenden Fall bestand aber zwischen der S und der B GmbH eine langjährige Geschäftsbeziehung, in deren Rahmen es auch üblich war, dass die Fahrzeugbriefe erst später nachgereicht wurden. Konkrete Anhaltspunkte an dieser ständigen Geschäftspraxis zu zweifeln, bestanden für die B GmbH nicht, weshalb die Gutgläubigkeit bejaht werden kann.

(III) Ergebnis: Aus diesem Grund ist die B GmbH Eigentümerin der streitgegenständlichen Bagger geworden, weshalb ein Herausgabeanspruch der K nach § 985 BGB nicht besteht.

II. Sicherungsrechte

1. Eigentumsvorbehalt

464 Fallbeispiel 16 (Lösung s. Rn. 467):
Die Volksbank S gewährt dem Unternehmer U ein Darlehen. Zur Sicherung des Rückzahlungsanspruchs trat U der S alle künftigen Forderungen gegen ihre Kunden mit den Anfangsbuchstaben M – Z ab. Zu einem späteren Zeitpunkt vereinbarte U mit dem Hersteller G – wie es branchenüblich ist – die Lieferung von Waren unter verlängertem Eigentumsvorbehalt. U verkauft einen Teil der Ware an seinen Kunden X. Nach Aufdeckung der Sicherungsabtretung zahlt X an S. G fordert von S die Herausgabe des Kaufpreises an sich.

465 Der **Eigentumsvorbehalt** ist ein wichtiges Sicherungsmittel für Warenkreditgeber. Wird dem Käufer die Sache übereignet, bevor er den Kaufpreis gezahlt hat, so trägt der Verkäufer das Risiko der Insolvenz des Käufers. Um dies zu verhindern, kann sich der Verkäufer einer beweglichen Sache das Eigentum bis zur vollständigen Zahlung des Kaufpreises vorbehalten. In diesem Fall ist nach § 449 Abs. 1 BGB anzunehmen, dass das Eigentum unter der **aufschiebenden Bedingung** (§ 158 BGB) der vollständigen Bezahlung des Kaufpreises übertragen wird.

Beispiel: Großhändler G verkauft an den Einzelhändler E Waren und vereinbart, dass E den Kaufpreis in Raten zahlt. Übereignet G nun die Waren an E nach § 929 Satz 1 BGB, kann er dies unter der aufschiebenden Bedingung der vollständigen Zahlung des Kaufpreises tun. E erwirbt in diesem Fall das Eigentum erst dann, wenn er die letzte Kaufpreisrate gezahlt hat. Muss E vor der Zahlung der letzten Rate Insolvenz anmelden, kann G (der ja noch Eigentümer der Waren ist) nach § 985 BGB Herausgabe der Ware vom Insolvenzverwalter verlangen (auch § 47 InsO). Er ist also in diesem Fall abgesichert. Hätte G den Eigentumsvorbehalt nicht vereinbart, so wäre er im Falle der Insolvenz des E nur ein sogenannter

Massegläubiger (§ 53 InsO). In diesem Fall würde er lediglich die Insolvenzquote (bspw. 7 % der ursprünglichen Forderung) bekommen.

Abbildung 42: Eigentumsvorbehalt

In der Praxis ist es üblich, nicht nur einen einfachen Eigentumsvorbehalt, sondern einen sogenannten **verlängerten Eigentumsvorbehalt** zu vereinbaren. Bei diesem verlängerten Eigentumsvorbehalt ermächtigt der Veräußerer nach § 185 BGB den Erwerber, die Ware im ordnungsgemäßen Geschäftsgang weiter zu veräußern.

466

Beispiel: Der Großhändler G ermächtigt den Einzelhändler E im oben genannten Beispiel, die Waren an seine Kunden weiterzuverkaufen. Verkauft E jetzt die Ware an seine Kunden, werden die Kunden nach § 929 Satz 1 i. V. m. § 185 BGB Eigentümer der Ware. Dies beinhaltet natürlich, dass G sein Eigentum – und damit sein Sicherungsmittel – verliert. Auf der anderen Seite erhält E durch den Weiterverkauf Umsatzerlöse, mit denen er den Kaufpreis an G bezahlen kann.

Damit der Veräußerer durch die Weiterveräußerung sein Sicherungsmittel nicht verliert, wird in der Regel beim verlängerten Eigentumsvorbehalt vereinbart, dass der Erwerber die aus der Weiterveräußerung entstehenden Kundenforderungen nach § 398 BGB an den Veräußerer abtritt. Der Veräußerer ermächtigt dann den Erwerber weiterhin, nach § 185 BGB die abgetretene Kundenforderung für den Veräußerer einzuziehen.

467

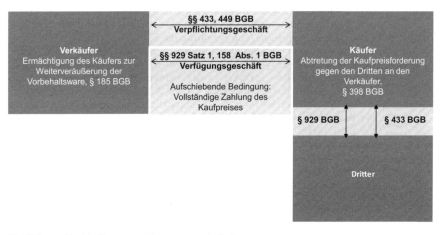

Abbildung 43: Verlängerter Eigentumsvorbehalt

> **Beachten Sie:**
> In der Praxis gibt es neben dem verlängerten oft auch einen erweiterten Eigentumsvorbehalt in der Form eines Konzernvorbehaltes oder eines Kontokorrentvorbehaltes. In diesen Fällen werden alle Forderung aus einer bestimmten Geschäftsbeziehung (beispielsweise aus einem Kontokorrent oder mit anderen Konzerngesellschaften) in den Eigentumsvorbehalt einbezogen. Während ein Kontokorrentvorbehalt zulässig ist, erklärt § 449 Abs. 3 BGB einen Konzernvorbehalt für unzulässig.

Lösung zu Fallbeispiel 16:
(I) G könnte gegen S einen Anspruch auf Herausgabe des von X gezahlten Kaufpreises nach § 816 Abs. 2 BGB haben.
(II) Voraussetzung hierfür ist, dass die Volksbank S hinsichtlich der Vereinnahmung des Kaufpreises **nicht berechtigt** war, eine Leistung von X an die Volksbank S vorlag, der Anspruchsteller G, der tatsächlich Berechtigter war, und die Leistung von X an die Volksbank S dem G gegenüber wirksam war.
(1) Ursprünglicher Inhaber der Kaufpreisforderung war der Unternehmer U. Er hat dann seine Forderung an die Volksbank S nach § 398 BGB abgetreten. U und die Volksbank S haben einen Abtretungsvertrag im Sinne von § 398 BGB geschlossen. Später hat U die Forderung auch an den G im Rahmen des verlängerten Eigentumsvorbehalts abgetreten. Fraglich ist, wer jetzt Forderungsinhaber ist. Zum Zeitpunkt als die Abtretung von U an die Volksbank S erfolgte, hatte G noch keine Ware geliefert. Die Abtretung an die Volksbank war also zeitlich vor der Abtretung der Forderung an den G aufgrund des verlängerten Eigentumsvorbehalts (§§ 929 Satz 1, 158, 185, 398, 185 BGB). Nach dem Prioritätsprinzip gilt grundsätzlich, dass derjenige die Forderung erwirbt, dem sie zuerst abgetreten wurde. Dies war im vorliegenden Fall die Volksbank S. Da aber in der Praxis meistens die Bank als Kreditgeber die Forderungen zuerst abgetreten bekommt, hat der Lieferant unter verlängertem Eigentumsvorbehalt häufig das Nachsehen. Der Bundesgerichtshof ist davon ausgegangen, dass die Bank den Sicherungsgeber (also den Vorbehaltskäufer) praktisch zum Vertragsbruch zwinge. Würde er nämlich dem Lieferanten erzählen, dass er die Kundenforderung bereits an die Bank abgetreten hat und diese daher nicht mehr zur Besicherung im Rahmen des verlängerten Eigentumsvorbehalts zur Verfügung steht, würde der Lieferant höchstwahrscheinlich nicht liefern. Daher ist der Sicherungsgeber quasi gezwungen, dem Lieferanten die Vorabtretung an die Bank zu verschweigen, was einen strafrechtlich relevanten Betrug darstellt. Daher ist die Abtretung an die Bank nach § 138 Abs. 1 BGB sittenwidrig und damit nichtig, wenn die Bank nicht von vornherein auf diejenigen Kundenforderungen verzichtet, die üblicherweise der Besicherung von Warenlieferanten im Rahmen des verlängerten Eigentumsvorbehalts unterliegen. Folgt man dieser Rechtsprechung, war die Abtretung an die Volksbank S wegen Sittenwidrigkeit nach § 138 BGB nichtig. In diesem Fall ist die Volksbank S nicht Inhaberin der Forderung geworden, weshalb sie zur Einziehung nicht berechtigt war.
(2) X hat hier aber an die Volksbank S gezahlt, an diese also die **Leistung bewirkt**.
(3) Da die Abtretung im Rahmen des verlängerten Eigentumsvorbehalts an den G wirksam war, war G auch der eigentlich **Forderungsberechtigte**.
(4) Fraglich ist aber, ob die Leistung des X und an die Volksbank S **dem G gegenüber wirksam** war. Grundsätzlich muss X an den richtigen Gläubi-

ger zahlen. Tut er dies nicht, zahlt er (versehentlich) an den falschen Gläubiger, so muss er sich dort den Kaufpreis nach § 812 Abs. 1 BGB zurückholen. Allerdings sehen die Schuldnerschutzvorschriften der §§ 408, 407 BGB vor, dass im Falle einer Mehrfachabtretung zugunsten des Schuldners die Vorschrift des § 407 BGB, also die Wirksamkeit der Leistungsbewirkung, auch gegenüber dem früheren Erwerber gilt. Die Vorschrift findet auf den vorliegenden Fall zwar vom Wortlaut her keine unmittelbare Anwendung, jedoch gilt der Rechtsgedanke auch, wenn bei mehrfachen Abtretungen die erste Abtretung unwirksam ist.

(III) Ergebnis: Daher hat G im Ergebnis gegen S einen Anspruch auf Herausgabe des zu Unrecht vereinnahmten Kaufpreises nach § 816 Abs. 2 BGB.

> **Beachten Sie:**
> Bei dem Erwerb von Waren unter Eigentumsvorbehalt hat der Käufer bereits vor Eintritt der Bedingung ein sogenanntes **Anwartschaftsrecht**. Ein Anwartschaftsrecht liegt vor, wenn von einem mehraktigen Erwerbstatbestand bereits so viele Merkmale erfüllt sind, dass die Position des Erwerbers vom Veräußerer nicht mehr einseitig zerstört werden kann. Beim Eigentumsvorbehalt kann der Käufer alleine durch die vollständige Zahlung des Kaufpreises den Eigentumserwerb herbeiführen. Der Verkäufer kann dies nicht mehr einseitig verhindern. Der Käufer hat daher eine in gewisser Weise gesicherte Rechtsposition, ein Anwartschaftsrecht. Rechtlich wird das Anwartschaftsrecht als „wesensgleiches Minus" zum Vollrecht, also zum Eigentum, behandelt. Es kann daher genauso wie das Vollrecht übertragen werden. Das bedeutet, dass das Anwartschaftsrecht entsprechend § 929 Satz 1 BGB weiterveräußert werden kann. Mit dem Bedingungseintritt wird das Anwartschaftsrecht dann zum Vollrecht.

2. Sicherungsübereignung

468 Während der Eigentumsvorbehalt ein typisches Sicherungsmittel für den Warenkreditgeber ist, ist die Sicherungsübereignung ein typisches Sicherungsmittel an beweglichen Sachen für Geldkreditmittelgeber. Die Besonderheit der Sicherungsübereignung besteht darin, dass der Sicherungsgeber den Besitz der Sache behält und statt der Übergabe nach § 929 Satz 1 BGB zwischen den Parteien ein Besitzkonstitut im Sinne der §§ 930, 868 BGB vereinbart wird (s. Rn. 463). Das Besitzkonstitut kann hierbei jedes Besitzmittelungsverhältnis sein, durch das der Sicherungsnehmer mittelbaren Besitz erlangt.

Beispiel: Miete, Verwahrung, Leihe etc.

469 Die Sicherungsübereignung wird in der Praxis oft dann eingesetzt, wenn der Sicherungsgeber mit dem Gegenstand der Besicherung weiterarbeiten soll.

Beispiel: Die Volksbank S gibt dem Fuhrunternehmer F einen Betriebsmittelkredit für die Anschaffung eines neuen Lkw. Zur Sicherheit soll der Lkw an die Volksbank übereignet werden. Da F jedoch mit dem Lkw fahren – und Geld verdienen – soll, muss er im Besitz desselben bleiben. Die Übereignung der Bank erfolgt dann nach den §§ 929 Satz 1 BGB, 930 BGB.

470 Das Besitzkonstitut ist in diesen Fällen häufig der sogenannte **Sicherungsvertrag**. Hierbei handelt es sich um einen schuldrechtlichen Vertrag, der die Rechte und Pflichten der Parteien aus dem Sicherungsverhältnis regelt. Typische Regelungsgegenstände sind bspw., wann die Sache vom Sicherungsgeber zurückübertragen werden muss, oder wann der Sicherungsgeber die Sache verwerten (verkaufen) darf.

	Darlehensvertrag § 488 BGB	
Sicherungsgeber (Darlehensnehmer)	§§ 929 Satz 1, 930 BGB Sicherungsabrede	**Sicherungsnehmer** (Bank)

Abbildung 44: Sicherungsübereignung

> **Beachten Sie:**
> Die Sicherungsübereignung muss **hinreichend bestimmt** sein. Es muss also immer klar sein, welche beweglichen Sachen Gegenstand der Sicherungsübereignung sind. Dies spielt insbesondere dann eine Rolle, wenn der Bestand der Sicherheiten wechselt (revolviert). Dies kann dann der Fall sein, wenn ein Warenlager mit wechselndem Bestand zur Sicherung übereignet wird. Hier wird in der Praxis häufig vereinbart, dass alle Waren, die sich in einem bestimmten Raum befinden, sicherungsübereignet sind (sogenannte Raumsicherungsverträge). In diesem Fall muss aber für einen Dritten, ohne Zuhilfenahme sonstiger Umstände, feststellbar sein, welche Gegenstände der Sicherungsübereignung unterliegen und welche nicht. In diesem Zusammenhang ist auch darauf hinzuweisen, dass eine **Übersicherung** vorliegen kann, wenn die Sicherheiten 130 % der gesicherten Forderung übersteigen. In einem solchen Fall kann der Sicherungsvertrag nach § 138 BGB unwirksam sein. Um dies zu vermeiden, wird in der Praxis häufig eine ermessensunabhängige Freigabeklausel vereinbart, wonach der Sicherungsgeber ab Erreichen einer bestimmten Sicherungshöhe die nicht mehr benötigten Sicherheiten zurückfordern kann.

3. Gesetzlicher Eigentumserwerb

471 Neben dem rechtsgeschäftlichen Eigentumserwerb an beweglichen Sachen durch Übereignung gibt es auch gesetzliche Eigentumserwerbstatbestände. Hierzu gehören bspw.:
- Ersitzung nach § 937 BGB,
- Verbindung, Vermischung, Vermengung nach § 946 BGB bei der Verbindung einer beweglichen Sache mit einem Grundstück und
- nach §§ 947, 948 BGB bei der Verbindung, Vermischung oder Vermengung beweglicher Sachen,
- Verarbeitung nach § 950 BGB.

4. Das Eigentümer-Besitzer-Verhältnis

472 Der Eigentümer kann nach § 985 BGB vom Besitzer die Sache herausverlangen, soweit der Besitzer nicht zum Besitz der Sache berechtigt ist (§ 986 BGB). Die Berechtigung zum Besitz kann sich insbesondere aus schuldrechtlichen Verträgen ergeben (Miete, Leihe, Darlehen, Pacht, Leasing etc.). Diese Konstellation nennt man das Eigentümer-Besitzer-Verhältnis (abgekürzt: EBV oder auch Vindikationslage).

473 Neben dem Herausgabeanspruch nach § 985 BGB regelt das EBV das Rechtsverhältnis zwischen dem Eigentümer und dem Besitzer in dem § 987 ff. BGB. Diese Vorschriften regeln, inwieweit sich der Eigentümer und der Besitzer Nutzungs-, Schaden- und Verwendungsersatz schulden.

3. Kapitel: Immobiliarsachenrecht

Warum ist das Thema für Sie von Bedeutung:
Das Immobiliarsachenrecht spielt in der Praxis und im Wirtschaftsverkehr eine bedeutende Rolle. Neben der Verfügung über Immobilien dienen Grundstücke insbesondere als besonders werthaltige Sicherheit, weshalb Sie die speziellen Sicherungsinstrumente der Hypothek und der Grundschuld kennen sollten. In der wirtschaftsrechtlichen Ausbildung an Hochschulen spielt das Immobiliarsachenrecht jedoch eine vergleichsweise untergeordnete Rolle und ist häufig Gegenstand gesonderter Vorlesung in den einschlägigen Studiengängen. Grundsätzlich folgt das Immobiliarsachenrecht den dargestellten allgemeinen Prinzipien des Sachenrechts (s. Rn. 446 ff.). Gegenüber dem Mobiliarsachenrecht unterscheidet es sich insbesondere dadurch, dass der Rechtsscheinträger nicht der Besitz, sondern das Grundbuch ist. Die Eigentumsübertragung an Grundstücken (sog. Auflassung) ist – anders als bei beweglichen Sachen – nach § 925 Abs. 2 BGB nicht unter Bedingungen möglich, weshalb das Instrument des Eigentumsvorbehalts nicht vereinbart werden kann. Da zur Eigentumsübertragung an Grundstücken nach § 873 BGB die Eintragung ins Grundbuch erforderlich ist, ist der Erwerbstatbestand von Immobilien – im Unterschied zu beweglichen Sachen – in der Praxis relativ kompliziert und nimmt oft eine erhebliche Zeitspanne in Anspruch. Um den Eigentumserwerb in dieser Phase nicht zu gefährden, gibt es spezielle Sicherungsmittel im Immobiliarsachenrecht, namentlich die Vormerkung nach § 883 BGB. Im Kern sind sich aber die Mechanismen des Immobiliarsachenrechts und des Mobiliarsachenrechts sehr ähnlich.

I. Verfügung über Grundstücke

Fallbeispiel 17 (Lösung s. Rn. 482):
Nachdem der Grundstückseigentümer G verstorben war, nahm seine Tochter T den Nachlass in Besitz und ließ sich als neue Eigentümerin des Grundstücks im Grundbuch eintragen. Einige Wochen später verkaufte T das Grundstück an den Erwerber E und übereignete ihm das Grundstück. Wiederum einige Wochen später stellte sich heraus, dass G seinen Neffen N testamentarisch als alleinigen Erben eingesetzt hatte. N verlangt nun von E die Herausgabe des Grundstücks.

Der Eigentumserwerb an Grundstücken vollzieht sich nach den §§ 873 Abs. 1, 925 Abs. 1 BGB. Dieser lautet wie folgt:

*„Zur Übertragung des Eigentums an einem Grundstück, zur Belastung eines Grundstücks mit einem Recht sowie zur Übertragung oder Belastung eines solchen Rechts ist die **Einigung** des **Berechtigten** und des anderen Teils über den Eintritt der Rechtsänderung und die **Eintragung** der Rechtsänderung in das **Grundbuch** erforderlich, soweit nicht das Gesetz ein anderes vorschreibt."*

Hieraus lassen sich folgende Tatbestandsvoraussetzungen für die Übertragung des Eigentums an einem Grundstück lesen:
1. Einigung (= Auflassung),
2. Eintragung in das Grundbuch,
3. Einig sein zum Zeitpunkt der Eintragung (§ 873 Abs. 2 BGB),
4. Berechtigung.

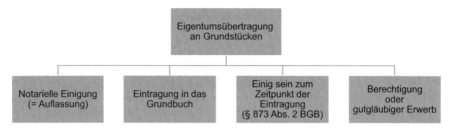

Abbildung 45: Eigentumsübertragung an Grundstücken

477 Aus § 873 Abs. 1 BGB ergibt sich, dass diese Voraussetzungen nicht nur für die Übertragung des Eigentums an Grundstücken erforderlich sind, sondern auch für Belastungen des Grundstücks bspw. mit einer Hypothek oder Grundschuld.

1. Auflassung

478 Die nach § 873 Abs. 1 BGB erforderliche Einigung wird bei der Übertragung von Grundstücken **Auflassung** genannt. Es handelt sich um einen schuldrechtlichen Vertrag, für den die allgemeinen Regelungen zum Vertragsschluss gelten. Aus § 925 Abs. 1 BGB ergibt sich, dass die Auflassung formbedürftig ist und vor einem Notar zu geschehen hat (§ 925 Abs. 1 Satz 2 BGB).

> Beachten Sie:
> Auch das schuldrechtliche Geschäft, also bspw. der Kaufvertrag über ein Grundstück, unterliegt einem Formerfordernis nach § 311b Abs. 1 BGB.

479 Nach § 925 Abs. 2 BGB darf die Auflassung keine Bedingungen enthalten. Zur Sicherung eines Immobilienkäufers wird daher in der Praxis häufig vereinbart, dass der Notar den Kaufpreis treuhänderisch für den Käufer in Empfang nimmt und ihn erst dann an den Verkäufer auszahlt, wenn die Eigentumsübertragung im Grundbuch eingetragen wurde, oder zumindest die nach der Grundbuchordnung erforderliche Anmeldung erfolgt ist.

2. Eintragung

480 Nach § 873 Abs. 1 BGB ist für die Eigentumsübertragung weiterhin die **Eintragung** in das Grundbuch erforderlich. Diese Voraussetzung entspricht letztlich der Voraussetzung der Übergabe im Mobiliarsachenrecht. Die Eintragung im Grundbuch läuft nach der sogenannten **Grundbuchordnung** (GBO). Das Grundbuchamt trägt die Rechtsänderung ein, wenn ein Antrag vorliegt (§ 13 GBO) und der formal nach dem Grundbuch Betroffene die Rechtsänderung bewilligt hat (§ 19 GBO). Der Grundbuchbeamte prüft dann nach § 20 GBO die materielle Wirksamkeit der Einigung zwischen den Parteien (sogenanntes **materielles Konsensprinzip**). Weiterhin muss die erforderliche Form eingehalten sein (§ 29 GBO) und der von der Rechtsänderung Betroffene muss im Grundbuch voreingetragen sein (§ 39 GBO).

3. Einigsein bei Eintragung

481 Wie im Mobiliarsachenrecht muss grundsätzlich die **Einigung** auch zum Zeitpunkt der Eintragung noch bestehen. Aus § 873 Abs. 2 BGB ergibt sich, dass ein Widerruf der Einigung dann nicht mehr möglich ist, wenn beide Parteien ihre Willenserklärung notariell beurkundet haben.

4. Berechtigung

482 Aus § 873 Abs. 1 BGB ergibt sich weiterhin, dass die Verfügung durch den Berechtigten erfolgen muss. Berechtigt ist – wie im Mobiliarsachenrecht – grundsätzlich der Eigentümer des Grundstücks oder jemand, der vom Eigentümer nach § 185 BGB die Verfügungsbefugnis erhalten hat. Auch bei Grundstücken ist – wie bei beweglichen Sachen – ein gutgläubiger Erwerb möglich. Dieser vollzieht sich nach den §§ 892, 893 BGB. Beim gutgläubigen Erwerb von Immobilien ist erforderlich,
- dass zwischen Veräußerer und Erwerber wirtschaftlich Personenverschiedenheit besteht (es muss also auch hier ein Rechtsgeschäft im Sinne eines **Verkehrsgeschäfts** vorliegen)
- weiterhin muss das **Grundbuch** fälschlicher Weise den eigentlich nicht berechtigten Veräußerer ausweisen. Wie im Mobiliarsachenrecht der „Rechtschein des Besitzes" vorliegen muss, muss hier der „**Rechtschein des Grundbuchs**" vorliegen. Es spielt aber keine Rolle, ob der Erwerber tatsächlich auf das Grundbuch vertraut, dieses also eingesehen hat
- schließlich muss der Erwerber hinsichtlich der Eigentümerstellung des Veräußerers **gutgläubig** sein. Der gute Glaube des Erwerbers fehlt nur dann, wenn er von der Nichteigentümerstellung des im Grundbuch Ausgewiesenen positive Kenntnis hat. Nach § 892 Abs. 2 BGB muss der gute Glaube bis zur Antragstellung zur Eigentumsübertragung beim Grundbuch vorliegen
- abschließend darf **kein Widerspruch** im Grundbuch eingetragen sein. Der materiell Berechtigte kann – wenn das Grundbuch falsch ist – hier einen Widerspruch im Grundbuch eintragen lassen. Ist ein solcher Widerspruch im Grundbuch vermerkt, scheidet ein gutgläubiger Erwerb aus.

> **Beachten Sie:**
> Auch bei Grundstücken kann der Eigentümer vom Besitzer nach § 985 BGB Herausgabe verlangen. Ist jedoch im Grundbuch eine nicht berechtigte Person eingetragen, so kann der tatsächlich Berechtigte nach § 854 BGB die Zustimmung zur Berichtigung des Grundbuchs verlangen (Anspruchsgrundlage).

Lösung zu Fallbeispiel 17:
(I) N könnte gegen E einen Anspruch auf Zustimmung zur Grundbuchberichtigung nach § 854 BGB haben. Voraussetzung ist, dass
 (1) der Anspruchsgegner im Grundbuch als Berechtigter ausgewiesen wird,
 (2) das Grundbuch tatsächlich unrichtig ist und
 (3) der Anspruchsteller der tatsächliche materiell Berechtigte ist.
(II) Im vorliegenden Fall weist das Grundbuch den Erwerber E als Berechtigten aus. Fraglich ist jedoch, ob das Grundbuch unrichtig ist, da tatsächlich N Eigentümer des Grundstücks ist. Ursprünglich war der Erblasser G Eigentümer des Grundstücks. Da N der wahre Erbe des G ist, wurde er nach § 1922 BGB durch Erbfall Eigentümer des Grundstücks. Allerdings könnte er durch die Übereignung von T an E das Eigentum verloren haben. T und E haben die Auflassung des Grundstücks gemäß den §§ 873 Abs. 1, 925 Abs. 1 BGB formwirksam erklärt. Aufgrund dieser Auflassung wurde E auch als neuer Eigentümer ins Grundbuch eingetragen, und T und E waren sich zum Zeitpunkt der Eintragung auch einig. Allerdings war T bei der Verfügung nicht Eigentümerin des Grundstücks und auch nicht vom wahren Eigentümer, also dem N, nach § 185 Abs. 1 BGB ermächtigt. E könnte das Grundstück aber von der Nichtberechtigten T gutgläubig nach den §§ 892, 893, BGB erworben haben. Die Verfügung von T an E war ein Rechtsgeschäft im Sinne eines Verkehrsgeschäfts. Das Grundbuch war zu die-

sem Zeitpunkt unrichtig und legitimierte die T als Eigentümerin des Grundstücks. Der Erwerber E war gutgläubig, da er die Unrichtigkeit des Grundstücks nicht kannte, und ein Widerspruch war nicht im Grundbuch eingetragen. E hat daher das Eigentum an dem Grundstück gutgläubig erworben.

(III) Ergebnis: Ein Anspruch des N auf Grundbuchberichtigung nach § 854 BGB scheidet aus.

> **Beachten Sie:**
> Bei der Übereignung von Grundstücken gibt es als spezielles Sicherungsmittel die **Vormerkung** nach den §§ 883 ff. BGB. Die Vormerkung sichert den Erwerber davor, dass der Veräußerer zwischen der Einigung über den Rechtserwerb und der Eintragung ins Grundbuch, die zeitlich weit auseinanderfallen können, keine anderweitigen Verfügungen trifft. Die Vormerkung begründet damit letztlich ein Anwartschaftsrecht des Erwerbers.

II. Sicherungsrechte

483 Die wichtigsten Sicherungsmittel an Grundstücken (Grundpfandrechte) sind die **Hypothek** (§ 1113 BGB) und die **Grundschuld** (§ 1191 BGB). Daneben existieren noch weitere Grundpfandrechte wie bspw. die Rentenschuld (§ 1199 BGB). Unter Grundpfandrechten versteht man Pfandrechte an Grundstücken zur Sicherung von Forderungen. Wird die gesicherte Forderung nicht erfüllt, so kann der Gläubiger durch Zwangsvollstreckung in das Grundstück den erzielten Verwertungserlös zur Tilgung seiner Forderung heranziehen. In der Praxis sichern die Grundpfandrechte häufig Kreditforderungen ab. Der Inhaber einer Hypothek oder einer Grundschuld kann vom Eigentümer verlangen, dass er die Zwangsversteigerung duldet (§ 1147 BGB). Daneben kann das Grundstück auch unter Zwangsverwaltung gestellt werden. Die Hypothek ist hierbei im BGB relativ ausführlich in den §§ 1113 ff. BGB geregelt. Auf die Grundschuld finden nach § 1192 BGB die meisten Vorschriften der Hypothek Anwendung. Die Bestellung der Grundpfandrechte erfolgt im Regelfall aufgrund eines schuldrechtlichen Sicherungsvertrages. In diesem schuldrechtlichen Sicherungsvertrag ist – ähnlich wie bei der Sicherungsübereignung – insbesondere geregelt, ab welchem Zeitpunkt der Gläubiger das Grundpfandrecht zurückgeben muss, ab wann er die Zwangsversteigerung oder Zwangsverwaltung fordern kann (bspw. wenn der Schuldner mit der Zahlung der Forderung in Verzug ist) und welchem konkreten Sicherungszweck das Grundpfandrecht dient.

> **Beachten Sie:**
> Wie auch bei der Sicherungsübereignung ist der Sicherungsvertrag bei Grundpfandrechten formlos wirksam. In der Praxis wird er häufig zusammen mit dem Vertrag über die besicherte Forderung (bspw. Darlehensvertrag) geschlossen. Die Parteien des Sicherungsvertrages nennen sich Sicherungsgeber und Sicherungsnehmer. Sicherungsnehmer ist dabei derjenige, der über den als Sicherheit vorgesehenen Vermögensgegenstand verfügen kann (also bspw. der Darlehensnehmer). Sicherungsgeber ist diejenige Partei, die eine Forderung gegen den Sicherungsnehmer hat, der besichert werden soll (bspw. Darlehensgeber).

484 In der Praxis ist die Grundschuld das mit Abstand häufigste Grundpfandrecht. Hypotheken kommen hingegen kaum vor. Dies hat seinen Grund in der sogenannten **Akzessorietät**. Die Hypothek ist ein akzessorisches Sicherungsrecht, was bedeutet, dass die

Wirksamkeit der Hypothek und ihr Umfang von dem (tatsächlichen) Bestand der besicherten Forderung abhängig sind. Dies ergibt sich bereits aus dem § 1113 BGB, wonach die Entstehung der Hypothek voraussetzt, dass die zu sichernde Forderung tatsächlich besteht. Die Grundschuld enthält hingegen eine solche Regelung nicht, weshalb sie ein nicht akzessorisches Grundpfandrecht ist. Die Akzessorietät wird hier erst durch die schuldrechtliche Sicherungsabrede hergestellt.

1. Hypothek

Nach § 1113 BGB kann ein Grundstück in der Weise belastet werden, dass an denjenigen, zu dessen Gunsten die Belastung erfolgt, eine bestimmte Geldsumme zur Befriedigung wegen einer ihm zustehenden Forderung aus dem Grundstück zu zahlen ist (Hypothek). Liest man diese Vorschrift in Verbindung mit § 873 Abs. 1 BGB, ergeben sich folgende Voraussetzungen für die **Entstehung** einer Hypothek:
1. Einigung (§§ 1113, 873 BGB),
2. Eintragung ins Grundbuch,
3. Einigsein bei Eintragung (§ 873 Abs. 2 BGB),
4. Berechtigung,
5. Bestehen der zu sichernden Forderung (Akzessorietät).

> **Beachten Sie:**
> Nach § 1116 Abs. 1 BGB ist für die Entstehung der Hypothek grundsätzlich weiterhin die Erteilung eines Hypothekenbriefs erforderlich, es sei denn, die Parteien haben die Erteilung des Briefes ausgeschlossen und eine Buchgrundschuld vereinbart (§ 1116 Abs. 2 BGB). Ist keine Buchgrundschuld vereinbart, so ist nach § 1117 Abs. 1 BGB die Übergabe des Hypothekenbriefes zwingende Voraussetzung für die Entstehung der Grundschuld. Die Übergabe des Briefes kann nach § 1117 Abs. 2 BGB dadurch ersetzt werden, dass die Parteien vereinbaren, dass der Gläubiger den Hypothekenbrief direkt vom Grundbuchamt erhält. In diesem Fall reicht schon die Vereinbarung, dass der Gläubiger sich den Hypothekenbrief vom Grundbuchamt aushändigen lassen soll. Für die Wirksamkeit der Hypothek kommt es dann auf die tatsächliche Abholung des Briefes nicht mehr an.

Genau wie beim Eigentumserwerb an Grundstücken kann auch eine Hypothek gutgläubig nach § 892 BGB erworben werden.

Besteht die zu besichernde Forderung nicht bzw. erlischt die zu besichernde Forderung (bspw. durch Erfüllung), existiert aufgrund der Akzessorietät auch die Hypothek nicht mehr. Sie ist dann automatisch eine **Eigentümergrundschuld** (§§ 1163 Abs. 1 Satz 1, 1177 Abs. 1 BGB). Dies gilt auch dann, wenn der Eigentümer des hypothekenbelasteten Grundstücks und der Schuldner personenverschieden sind. Erfüllt der Schuldner die Forderung, erlischt diese nach § 362 BGB und die Hypothek wird nach den §§ 1163 Abs. 1 Satz 2, 1177 Abs. 1 BGB zur Eigentümergrundschuld. Hat der Schuldner aber aufgrund eines Rechtsverhältnisses mit dem Eigentümer einen Regressanspruch gegen diesen, geht mit der Zahlung nach § 1164 BGB die Hypothek automatisch auf den Schuldner über. Zahlt umgekehrt der Eigentümer, so geht mit der Zahlung die Forderung gegen den Schuldner nach § 1143 BGB auf ihn über. Die Hypothek wird dann wieder zur Eigentümergrundschuld (§ 1177 Abs. 2 BGB).

Wird die besicherte Forderung nach § 398 BGB abgetreten, so geht die Hypothek nach § 401 BGB automatisch auf den Zessionar, also den neuen Gläubiger, über. Hier ist allerdings die Formvorschrift des § 1154 BGB zu beachten. Das bedeutet, dass für die Abtretung der Forderung zum einen die Abtretungserklärung in Schriftform und zum anderen die Übergabe des Hypothekenbriefs erforderlich sind. Bei einer Buchhypothek muss nach § 1154 Abs. 3 BGB eine Eintragung der Abtretung ins Grundbuch erfolgen.

> **Beachten Sie:**
> Mit der Abtretung der Forderung geht die Hypothek automatisch auf den neuen Gläubiger über. Dies ergibt sich bereits aus § 401 BGB, ist aber nochmals im Hypothekenrecht in § 1153 BGB ausdrücklich geregelt.

489 Will der Hypothekengläubiger die Hypothek durchsetzen, so ist die einschlägige Anspruchsgrundlage für die Duldung der Zwangsvollstreckung § 1147 BGB. Die Zwangsversteigerung oder Zwangsverwaltung des Grundstücks erfolgt dann nach dem Zwangsversteigerungsgesetz (ZVG). Nach § 1120 BGB erstreckt sich die Hypothek nicht nur auf das Grundstück selbst, sondern auch auf das gesamte Zubehör (§ 97 BGB).

Erwerb einer Hypothek	
Ersterwerb (Bestellung)	**Zweiterwerb (Abtretung)**
1. Forderung, §§ 1113, 1163 Abs. 1 BGB (Akzessorietät der Hypothek)	§§ 1153 Abs. 1, 401 BGB
2. Einigung, §§ 873 Abs. 1, 1113 BGB	1. Abtretung der Forderung
3. Eintragung, §§ 873 Abs. 1, 1115 BGB	• Schriftform, § 1154 Abs. 1 BGB
4. Hypothekenbrief bei Briefhypothek, § 1117 BGB	• Berechtigung hinsichtlich Forderung
5. Einigsein bei Eintragung	2. Übergang der Hypothek kraft Gesetzes, § 401 BGB
6. Berechtigung oder gutgläubiger Erwerb gemäß § 892 BGB	• Berechtigung hinsichtlich Hypothek

Abbildung 46: Hypothek

2. Grundschuld

490 Aus den §§ 1191, 1192 BGB ergibt sich, dass die Grundschuld – anders als die Hypothek – nicht akzessorisch, also in ihrem Entstehen und Bestand nicht abhängig von der besicherten Forderung ist. Daher regelt § 1192 Abs. 1 BGB, dass auf die Grundschuld alle Vorschriften über die Hypothek anzuwenden sind, mit Ausnahme derjenigen Vorschriften, die die Akzessorietät voraussetzen.

Beispiel: Nicht anwendbar auf die Grundschuld sind bspw. die §§ 1137, 1138, 1153, 1154, 1161, 1163 BGB.
Anwendbare Vorschriften sind bspw. die §§ 1116, 1117, 1120 ff., 1147, 1157 BGB.

491 Die Verknüpfung zwischen der besicherten Forderung und der Grundschuld wird in der Praxis daher durch den Sicherungsvertrag zwischen Gläubiger/Eigentümer und Schuldner hergestellt. Die **Entstehung der Grundschuld** nach den §§ 1191, 1192 BGB erfolgt wie bei der Hypothek durch
1. Einigung nach den §§ 1191, 873 BGB,
2. Eintragung in das Grundbuch,
3. Einig sein bei Eintragung (§ 8473 Abs. 2 BGB),
4. Berechtigung oder gutgläubiger Erwerb nach § 892 BGB und
5. Aushändigung des Grundschuldbriefs nach § 1117 BGB bzw. Vereinbarung einer Buchgrundschuld nach § 1116 Abs. 2 BGB.

492 Anders als bei der Hypothek ist also das **Bestehen der besicherten Forderung** keine Voraussetzung für die Grundschuld, ansonsten sind die Voraussetzungen identisch (§ 1192 Abs. 1 BGB). Aufgrund der fehlenden Akzessorietät der Grundschuld wird diese auch nicht nach den §§ 401, 1153 BGB automatisch bei einer Abtretung der besicherten Forderung mitübertragen. Soll eine Übertragung einer bestehenden Grundschuld erfolgen, muss dies also in einem separaten Akt erfolgen. Dies erfolgt entsprechend der Vorschrift des § 1154 BGB durch eine schriftliche Einigung zur Übertragung der Grundschuld und durch Briefübergabe seitens des Berechtigten. Bei einer Buchgrundschuld erfolgt die Übertragung entsprechend § 1154 Abs. 3 BGB, es muss also noch die Eintragung im Grundbuch hinzukommen.

Zahlt der Schuldner seine Verpflichtung und tritt damit betreffend des schuldrechtlichen Vertrages nach § 362 BGB Erfüllung ein, geht die Grundschuld entsprechend § 1143 BGB automatisch auf den Schuldner über, soweit dieser zugleich Eigentümer des besicherten Grundstücks ist. Dies gilt allerdings nur, wenn der Schuldner die gesamte Forderung auf einmal erfüllt. Bei einer ratenweisen Rückführung der besicherten Schuld findet § 1143 BGB keine entsprechende Anwendung, sondern in diesem Fall hat der Schuldner nach vollständiger Tilgung einen schuldrechtlichen Anspruch auf Rückübertragung der Grundschuld aus dem Sicherungsvertrag. Gleiches gilt, wenn der Eigentümer und der Schuldner nicht dieselbe Person sind und der Schuldner die besicherte Forderung erfüllt hat. Hat hingegen in diesem Fall der Eigentümer gezahlt, findet § 1143 BGB wieder entsprechende Anwendung.

493

Erwerb einer Grundschuld	
Ersterwerb (Bestellung)	Zweiterwerb (Abtretung)
	§§ 398, 413, 1192 Abs. 1, 1154 BGB
1. Einigung, §§ 873 Abs. 1, 1191 BGB 2. Eintragung, §§ 873 Abs. 1, 1192, 1115 BGB 3. Grundschuldbriefb ei Briefgrundschuld §§ 1117, 1192 BGB 4. Einigsein bei Eintragung 5. Berechtigung oder gutgläubiger Erwerb gemäß § 892 BGB	• Abtretung der Grundschuld → Schriftform (§ 1154 Abs. 1 BGB) oder Eintragung im Grundbuch (§ 1154 Abs. 2 BGB) • Berechtigung hinsichtlich Grundschuld

Abbildung 47: Grundschuld

Teil 4: Handelsrecht

494 **Warum das Thema für Sie von Bedeutung ist:**
Das Handelsrecht wird häufig als Sonderprivatrecht der Kaufleute bezeichnet. Hieraus lässt sich bereits erkennen, dass das Handelsrecht Bestandteil des Privatrechts ist. Es enthält zahlreiche Sonderregelungen für private Rechtsverhältnisse, an denen Kaufleute beteiligt sind. Die Grundidee des Handelsrechts ist es, dass bei Kaufleuten unterstellt wird, dass sie geschäftserfahrener als Privatleute sind und deshalb nicht wie Verbraucher des Schutzes des BGB bedürfen. Im Übrigen schließen Kaufleute im Rahmen ihrer Tätigkeit eine Vielzahl von Rechtsgeschäften ab und haben ein gesteigertes Bedürfnis nach einem schnellen und reibungslosen Ablauf, der es oft nicht ermöglicht, bestimmte Parameter eingehend zu prüfen, weshalb das Handelsrecht für Kaufleute im Geschäftsverkehr einen gesteigerten Verkehrs- und Vertrauensschutz implementiert. Die privatrechtlichen Sonderregelungen der Kaufleute sind im Handelsgesetzbuch (HGB) geregelt. Das Handelsgesetzbuch enthält in seinem zweiten Buch (§§ 105–236 ff. HGB) spezifische Regelungen für Personenhandelsgesellschaften (bspw. offene Handelsgesellschaft und Kommanditgesellschaft). Diese Regelungen sind Bestandteil des Gesellschaftsrechts. Im dritten Buch (§§ 238–243a HGB) regelt das Handelsgesetzbuch die Vorschriften zum Bilanzrecht, also zur Buchführung und zur Rechnungslegung. Diese Vorschriften werden in den entsprechenden Steuerrechtsvorlesungen behandelt. Im fünften Buch (§§ 446–905 HGB) regelt das Handelsgesetzbuch spezielle Vorschriften für den Seehandel, die im Rahmen des Wirtschaftsrechts ebenfalls keine Relevanz haben. Vorliegend soll daher das erste Buch des Handelsrechts (§§ 1–104 HGB) behandelt werden, das allgemeine Regelungen über die Kaufmannseigenschaften, das Handelsregister, die Handelsfirma und kaufmännische Hilfspersonen beinhaltet. Weiterhin hat im Rahmen der wirtschaftsrechtlichen Vorlesung an Hochschulen das vierte Buch des HGB (§§ 343–475 HGB), in dem es um Regelungen zu verschiedenen Handelsgeschäften geht, eine besondere Bedeutung.

1. Kapitel: Grundlagen

495 Als Sonderprivatrecht der Kaufleute ist die Geltung des Handelsrechts und damit der Vorschriften des HGB von der **Kaufmannseigenschaft** wenigstens eines der am Rechtsgeschäft beteiligten Rechtssubjekte abhängig. Der Name Handelsrecht ist insofern irreführend, als das Handelsrecht nicht nur für Kaufleute gilt, die Handel betreiben, sondern auch für Handwerk, Industrie und Urproduktion sowie auf Dienstleister, die keine freien Berufe betreiben.

Beispiel: Gastronomen, Taxiunternehmen, Kinos, Berater etc.

496 Das HGB ist keine in sich abgeschlossene Materie, sondern ergänzt und modifiziert die Vorschriften des BGB. Im Handelsrecht ist daher zunächst immer festzustellen, ob die Beteiligten Kaufleute sind und sodann, welche besonderen Pflichten oder Privilegien die Kaufmannseigenschaft auslöst. Diese können bspw. sein:
– Kaufleute haben ein höheres Maß an Privatautonomie als Nichtkaufleute. So dürfen bspw. anders als in § 343 BGB vereinbarte Vertragsstrafen unter Kaufleuten nach § 348 HGB nicht herabgesetzt werden. Bürgschaften, Schuldversprechen und

Schuldanerkenntnisse unter Kaufleuten bedürfen – anders als im BGB – keiner besonderen Form (§ 350 HGB).
- Während im BGB ohne besondere Vereinbarungen Rechtsgeschäfte im Regelfall unentgeltlich sind, sind sie unter Kaufleuten (auch ohne besondere Vereinbarung) im Regelfall entgeltlich (§ 354 HGB).
- Eine professionelle und zügige Abwicklung von Rechtsgeschäften unter Kaufleuten erfordert – anders als im BGB – nach § 377 HGB, gekaufte Waren unverzüglich zu untersuchen und erkannte Mängel unverzüglich zu rügen.
- Unter Kaufleuten besteht ein gesteigerter Verkehrs- und Vertrauensschutz, der sich bspw. aus der Publizität des Handelsregisters ergibt (§ 15 HGB) oder sich darin äußert, dass unter Kaufleuten bei Verfügungen (z. B. Übereignungen) nicht nur der gute Glaube an die Eigentümerstellung, sondern auch der gute Glaube an die Verfügungsbefugnis geschützt ist (§ 366 HGB).
- Neben unselbstständigen kaufmännischen Hilfspersonen, wie bspw. Prokuristen, setzen Kaufleute im Rahmen ihrer Absatzmittlungsverhältnisse oft selbstständige Dritte ein. Hierzu gehört bspw. der Handelsvertreter nach § 84 Abs. 1 HGB, der als selbstständiger Gewerbetreibender ständig damit betraut ist, für einen anderen Unternehmer Geschäfte zu vermitteln oder in dessen Namen abzuschließen. In ähnlicher Weise werden bspw. Vertragshändler eingesetzt, die als selbstständige Gewerbetreibende ständig damit betraut sind, die Produkte des Unternehmers in eigenem Namen und für eigene Rechnung zu vertreiben und deren Absatz in ähnlicher Weise wie ein Handelsvertreter oder ein Kommissionsagent zu fördern.

Tabelle 3: Sonderregelungen für Kaufleute

	Allgemeine Regelung im BGB	Sonderregelungen für Kaufleute
Formerfordernisse	§ 766 BGB: Schriftform der Bürgschaftserklärung	§ 350 HGB: Formfreie Bürgschaftserklärung
Abtretungsverbot	§ 399 Var. 2 BGB: Vereinbartes Abtretungsverbot verhindert die Abtretung	§ 354a Abs. 1 HGB: Unter Kaufleuten ist ein Abtretungsverbot bzgl. Geldforderungen unwirksam.
Gutgläubiger Erwerb beweglicher Sachen	§ 399 Var. 2 BGB: Vereinbartes Abtretungsverbot verhindert die Abtretung	§ 366 HGB: Schutz des guten Glaubens an Verfügungsbefugnis.
Untersuchungs- und Anzeigepflicht	§§ 434 ff. BGB: Eine unverzügliche Mängelrüge ist nicht erforderlich.	§ 377 Abs. 1 HGB: Obliegenheit des Käufers zur unverzüglichen Untersuchung der Ware und Mängelrüge

2. Kapitel: Kaufleute

I. Begriff

Als Sonderprivatrecht für Kaufleute sind die Vorschriften des HGB anwendbar, wenn die Beteiligten Kaufleute sind. Nach § 1 Abs. 1 HGB ist Kaufmann im Sinne des HGB, wer ein Handelsgewerbe betreibt. Im Unterschied zu Unternehmern nach § 14 BGB sind insbesondere Freiberufler zwar Unternehmer, aber keine Kaufleute. Neben der Kaufmannseigenschaft kraft des Betreibens eines Handelsgewerbes kann die Kaufmannseigenschaft auch kraft Rechtsform, Eintragung in das Handelsregister oder aufgrund tatsächlichen Verhaltens begründet werden.

1. Kaufmann kraft Betreibens eines Handelsgewerbes

498 Kaufleute kraft Betreibens eines Handelsgewerbes nach § 1 HGB (auch Ist-Kaufmann genannt) müssen ein Gewerbe betreiben. Der Begriff des Gewerbes ist im Gesetz nicht zu finden. Auch öffentlich-rechtliche Vorschriften wie die Gewerbeordnung definieren den Begriff des Gewerbes nicht. Eine gewerbliche Tätigkeit hat folgende Voraussetzungen:
1. es muss sich um eine äußerlich erkennbare Tätigkeit handeln,
2. die Tätigkeit muss selbstständig sein,
3. die Tätigkeit muss planmäßig,
4. die Tätigkeit muss auf eine gewisse Dauer ausgelegt sein und
5. die Ausübung der Tätigkeit muss mit Gewinnerzielungsabsicht erfolgen.

499 **Keine gewerbliche Tätigkeit** sind sogenannte freie Berufe. Freie Berufe sind solche, bei denen die persönliche Fähigkeit im Vordergrund der Tätigkeit steht und nicht die unternehmerische Organisation. Indiziell erzielen Freiberufler Einkünfte aus selbstständiger Arbeit nach § 18 EStG, sodass die Vorschrift des § 18 Abs. 1 Nr. 1 EStG für die Bestimmung der freien Berufe herangezogen werden kann.

> **Beispiel:** Zur freiberuflichen Tätigkeit gehört die selbstständig ausgeübte wissenschaftliche, künstlerische, schriftstellerische, unterrichtende oder erzieherische Tätigkeit, die selbstständige Berufstätigkeit der Ärzte, Zahnärzte, Tierärzte, Rechtsanwälte, Notare, Patentanwälte, Vermessungsingenieure, Ingenieure, Architekten, Handelschemiker, Wirtschaftsprüfer, Steuerberater, beratende Volks- und Betriebswirte, vereidigte Buchprüfer, Steuerbevollmächtigte, Heilpraktiker, Dentisten, Krankengymnasten, Journalisten, Berichterstatter, Dolmetscher, Übersetzer, Lotsen und ähnliche Berufe.

500 Das zentrale Abgrenzungskriterium für Kaufleute ist die **Selbstständigkeit**. Dieses Kriterium soll Kaufleute insbesondere von weisungsabhängigen Arbeitnehmern abgrenzen. Für Arbeitnehmer greifen die arbeitsrechtlichen Schutzvorschriften, wie bspw. das Bundesurlaubsgesetz, Mutterschutzgesetz, Entgeltfortzahlungsgesetz, Kündigungsgesetz etc., nicht jedoch die handelsrechtlichen Vorschriften. Die Abgrenzung, ob eine selbstständige oder eine weisungsgebundene Tätigkeit vorliegt, kann im Einzelfall extrem kompliziert sein. Ein wichtiges Indiz hierfür liefert § 84 Abs. 1 Satz 2 HGB, wonach selbstständig ist, wer im Wesentlichen frei seine Tätigkeit gestaltet und seine Arbeitszeit bestimmen kann. Kann also jemand Ort und Zeit seiner Arbeit frei bestimmen und ist hier nicht von den Weisungen eines anderen abhängig, ist er selbstständig. Für die Abgrenzung zwischen einer selbstständigen und einer weisungsabhängigen Tätigkeit kann auch die Definition aus § 7 Abs. 1 SGB IV (Sozialgesetzbuch) herangezogen werden.

> **Beispiel:** Kriterien zur Abgrenzung einer selbstständigen zu einer unselbstständigen Tätigkeit können das Vorhandensein eigener Arbeitskräfte, das Vorhandensein einer eigenen Betriebsstätte, die freie Gestaltung der Arbeitstätigkeit, das Tragen von Unternehmerrisiko, das Vorhandensein von Vorgesetzten, die Vereinbarung über Lohnabzüge, die Vereinbarung über Urlaub, Dokumentationspflichten des Auftragnehmers über seine Arbeit, die Bindung des Arbeitnehmers an nur einen Vertragspartner (Ausschließlichkeitsbindung), die Erbringung von Leistungen ausschließlich im Rahmen und auf Rechnung eines Auftraggebers, das Vorhandensein eines umfangreichen Vertragswerks des Auftraggebers ohne Gestaltungsspielraum für den Auftragnehmer sein, der Auftragnehmer bezieht im Wesentlichen von Gewinn und Verlust unabhängige Bezüge, Vorhandensein von Betriebsmitteln, Transportmitteln und Produktionsmitteln, Entscheidungsfreiheit des Auftragnehmers

über die Zahlweise des Kunden, Vorhandensein eigener Betriebsmittel, Einsatz von Betriebskapital, Vornahme von Kundenakquisition etc.

Weiterhin muss es sich bei der gewerblichen Tätigkeit um eine **äußerlich erkennbare Tätigkeit** handeln. Das bedeutet, dass der Kaufmann am Markt tätig ist. Die Tätigkeit muss anbietend (nicht nur nachfragend) sein. Im Wesentlichen soll das Kriterium eine gewerbliche Tätigkeit von einer reinen Vermögensverwaltung abgrenzen. **501**

Beispiel: Die bloße Verwaltung eigenen Immobilienvermögens ist keine gewerbliche, sondern eine vermögensverwaltende Tätigkeit.

Weiterhin muss für eine gewerbliche Tätigkeit **Gewinnerzielungsabsicht** vorliegen. Es muss also angestrebt sein, mehr Einnahmen als Ausgaben zu erzielen. Das Vorliegen einer Gewinnerzielungsabsicht wird im Regelfall vermutet. Sie fehlt bei rein karitativen Tätigkeiten. **502**

Für die Ist-Kaufmannseigenschaft ist nach § 1 Abs. 1 HGB aber nicht nur das Vorliegen eines Gewerbes, sondern das Vorliegen eines **Handelsgewerbes** erforderlich. Den Begriff des Handelsgewerbes definiert § 1 Abs. 2 HGB, wonach ein Handelsgewerbe jeder Gewerbebetrieb ist, es sei denn, dass das Unternehmen nach Art oder Umfang einen in kaufmännischer Weise eingerichteten Geschäftsbetrieb nicht erfordert. Aus der Formulierung des Gesetzes „*es sei denn*" ergibt sich bereits, dass bei einer gewerblichen Tätigkeit das Vorliegen einer handelsgewerblichen Tätigkeit vermutet wird. Sinn und Zweck der Vorschrift ist es, dass Kleingewerbetreibende, bspw. der Betreiber eines Kioskes mit einem monatlichen Gewinn von 1.000 €, die keine Notwendigkeit einer kaufmännischen Unternehmensorganisation, einer kaufmännischen Buchführung, Bilanzierung etc. haben, auszuschließen, damit diese nicht den strengen Vorschriften des Handelsrechts unterworfen sind. Die Frage, wann ein Unternehmen nach Art oder Umfang einen in kaufmännischer Weise eingerichteten Geschäftsbetrieb nicht erfordert, ist eine Frage des Einzelfalls. Wichtige Indizien hierfür sind die Anzahl der Mitarbeiter, der Umsatz, dass für die Buchhaltung eine eigene Abteilung vorgesehen ist etc. Starre Grenzen gibt es hierfür nicht. In der Praxis wird aber als grobe Orientierung davon ausgegangen, dass unter einem Jahresumsatz von 250.000 € kein in kaufmännischer Weise eingerichteter Geschäftsbetrieb erforderlich ist. **503**

2. Kaufmann kraft Eintragung

Nach § 2 HGB kann allerdings ein gewerbliches Unternehmen, dessen Gewerbebetrieb nicht schon nach § 1 Abs. 2 HGB ein Handelsgewerbe ist, durch **Eintragung ins Handelsregister** zum Kaufmann werden. Man spricht hier von einem Kaufmann kraft Eintragung oder auch von einem Kann-Kaufmann. Dem Kleingewerbetreibenden nach § 1 Abs. 2 HGB ist es selber überlassen, sich ins Handelsregister eintragen zu lassen und dadurch Kaufmann zu werden. Im Unterschied zu der Kaufmannseigenschaft kraft Handelsgewerbe, bei dem die Eintragung ins Handelsregister (§ 29 HGB) nur deklaratorische Bedeutung hat, ist bei Kann-Kaufleuten die Eintragung also konstitutiv (rechtsbegründend). Ist der Kleingewerbetreibende ins Handelsregister eingetragen, gelten die handelsrechtlichen Vorschriften für ihn uneingeschränkt. Er kann aber nach § 2 Satz 3 HGB jederzeit die Löschung seines Unternehmens aus dem Handelsregister verlangen. **504**

Gleiches gilt nach § 3 HGB für **land- und forstwirtschaftliche Betriebe**. Nach § 3 Abs. 1 HGB sind land- und forstwirtschaftliche Betriebe von dem Anwendungsbereich des § 1 HGB ausgenommen. Das bedeutet, dass diese Betriebe, auch wenn sie ein Handelsgewerbe betreiben, keine Kaufleute sind. Sie können sich aber nach § 3 Abs. 2 HGB ebenfalls ins Handelsregister eintragen lassen, wenn das Unternehmen nach Art und Umfang einen in kaufmännischer Weise eingerichteten Geschäftsbetrieb **505** erfordert (§ 3 Abs. 2 HGB). Im Unterschied zu den Kann-Kaufleuten nach § 2 HGB kann in dem Fall, in dem einmal die Eintragung eines land- oder forstwirtschaftlichen Unternehmens in das Handelsregister erfolgt ist, keine Löschung mehr beantragt werden. Nach § 3 Abs. 2 HGB können die land- und forstwirtschaftlichen Betriebe auch ihr Nebengewerbe (separat) im Handelsregister eintragen lassen. Nebengewerbe sind bspw. Mühlen und Brauereien.

506 Schließlich regelt § 5 HGB, dass eine Firma, die im Handelsregister eingetragen ist, gegenüber demjenigen, welcher sich auf die Eintragung beruft, nicht geltend machen kann, dass das unter der Firma betriebene Gewerbe überhaupt kein Handelsgewerbe sei. Die Regelung begründet also eine unwiderlegbare Vermutung, dass derjenige, der im Handelsregister eingetragen ist, auch tatsächlich Kaufmann ist. Dies gilt aber nur, soweit das Unternehmen tatsächlich ein Gewerbe betreibt. Sind die Voraussetzungen des Gewerbebegriffes nicht erfüllt, greift die Fiktion des § 5 HGB nicht ein.

Beispiel: Der Rechtsanwalt S ist im Handelsregister als Kaufmann eingetragen. Da jedoch eine freiberufliche Tätigkeit den Gewerbebegriff nicht erfüllt, wird seine Kaufmannseigenschaft auch nicht nach § 5 HGB fingiert.

> **Beachten Sie:**
> Kein Fiktivkaufmann im Sinne von § 5 HGB ist der sogenannte **Kaufmann kraft Rechtsscheins**. Dieser – gesetzlich nicht geregelte Fall – ist ein Anwendungsfall der allgemeinen Rechtsscheinhaftung. Er hat folgendes zum Inhalt: Tritt jemand im geschäftlichen Verkehr (ohne im Handelsregister so eingetragen zu sein) bspw. auf Briefköpfen, Visitenkarten, im Internet oder auf Anzeigen wie ein Kaufmann auf, so kann er sich gutgläubigen Dritten gegenüber nicht darauf berufen, dass er tatsächlich kein Kaufmann ist. Es handelt sich um eine ähnliche Rechtsfigur wie bei den Rechtsscheinvollmachten (s. Rn. 129 ff.). Wer aufgrund seines Verhaltens bei seinem Geschäftspartner den Rechtsschein erweckt, Kaufmann zu sein, kann sich später nicht auf die fehlende Kaufmannseigenschaft und damit die Nichtanwendbarkeit der handelsrechtlichen Sondervorschriften berufen. Dies ergibt sich letzten Endes aus dem Grundsatz von Treu und Glauben nach § 242 BGB.

3. Kaufmann kraft Rechtsform

507 Nach § 6 Abs. 1 HGB finden die für Kaufleute geltenden Vorschriften des HGB auch auf Handelsgesellschaften Anwendung. Handelsgesellschaften erfüllen daher immer die Kaufmannseigenschaft, auch wenn sie kein Gewerbe oder kein Handelsgewerbe betreiben. Dies ergibt sich für die **Handelsgesellschaften des HGB**, nämlich die offene Handelsgesellschaft aus § 105 HGB, wonach eine OHG zwingend voraussetzt, dass sie im Handelsregister eingetragen ist (§ 105 Abs. 2 HGB), oder dass ihr Betrieb auf ein Handelsgewerbe im Sinne des § 1 Abs. 2 HGB gerichtet ist. Sind die Voraussetzungen nicht erfüllt, so handelt es sich bei der Gesellschaft nicht um eine OHG, sondern um eine Gesellschaft des bürgerlichen Rechts nach den §§ 705 ff. BGB. Für die Kommanditgesellschaft (KG) ergibt sich dies aus dem Verweis des § 161 HGB. **Außerhalb des HGB** findet sich in den Regelungen für die Kapitalgesellschaften, Aktiengesellschaft (AG), Kommanditgesellschaft auf Aktien (KG aA), Gesellschaft mit beschränkter Haftung (GmbH) und eingetragene Genossenschaft (eG) diese Rechtsfolge aufgrund der Verweisung in den jeweiligen Spezialgesetzen. Dies ist geregelt:
- für die Aktiengesellschaft in § 3 AktienG,
- für die Kommanditgesellschaft auf Aktien in § 278 Abs. 3 AktienG,
- für die GmbH in § 13 Abs. 3 GmbHG und
- für die Genossenschaft in § 17 Abs. 2 GenG.

Ist eine solche Gesellschaft im Handelsregister eingetragen (dies ist Voraussetzung dafür, dass die Gesellschaft überhaupt entsteht), ist sie automatisch nach § 6 Abs. 2 BGB Kaufmann.

Kaufmann

kraft Handelsgewerbes	kraft Rechtsform (§ 6 HGB)	kraft Eintragung (§ 5 HGB)	kraft Rechtsscheins
Istkaufmann (§ 1 HGB) Kannkaufmann (§§ 2, 3 HGB) • Kleingewerbetreibende (§ 2 HGB) • Land- und Forstwirte (§ 3 HGB)	• Personenhandelsgesellschaften des HGB: oHG, KG • Kapitalgesellschaften: GmbH, AG	Fiktivkaufmann	Scheinkaufmann

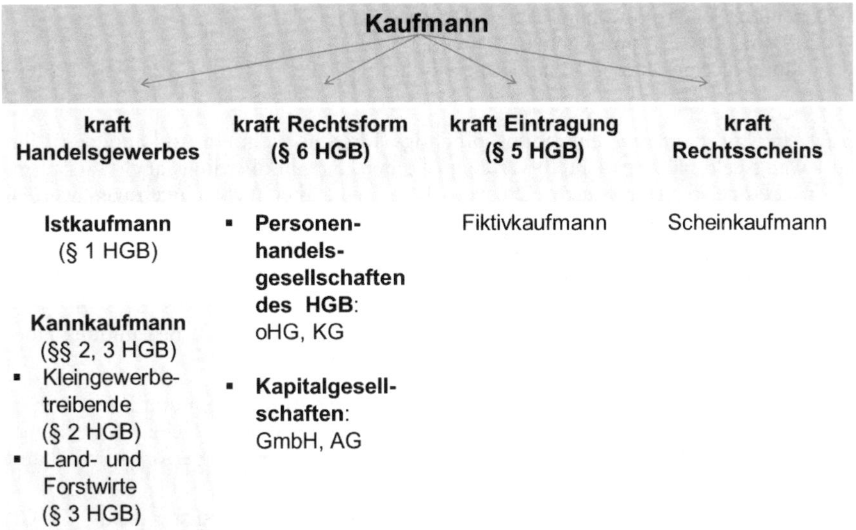

Abbildung 48: Arten von Kaufleuten

II. Handelsregister

Fallbeispiel 18 (Lösung s. Rn. 519):
Autohändler H erteilt seinem Verkaufsleiter P Prokura. Kurze Zeit später kommt es zwischen P und H zu einem Streit, was den H veranlasst, die Prokura zu widerrufen. Da die Prokuraerteilung selbst noch nicht im Handelsregister eingetragen war, unterbleibt auch jeglicher Vermerk über den Widerruf. Aus Verärgerung kauft P daraufhin beim Autohaus G, demgegenüber er sich als Prokurist des H ausgibt, im Namen des H einen BMW X5 und verschwindet damit. G verlangt nunmehr Bezahlung des BMW von H.

Das Handelsregister ist ein öffentliches Register, dessen Zweck es ist, Auskunft über Tatsachen und Rechtsverhältnisse zu geben, die für Dritte im Rechtsverkehr mit dem Kaufmann von Relevanz sind. Neben dieser Informationsfunktion dient das Handelsregister im Wesentlichen auch dem Schutz des Rechtsverkehrs. Nach § 8 Abs. 1 HGB wird das Handelsregister bei dem Amtsgericht geführt, an dem der Kaufmann seine Niederlassung hat. Nach § 9 HGB hat jedermann das Recht, Einsicht ins Handelsregister zu nehmen, ohne hierfür ein besonderes Interesse nachweisen zu müssen. In der Praxis kann über das elektronische Portal *www.handelsregister.de* eine Einsichtnahme erfolgen.

In das Handelsregister dürfen nur **eintragungsfähige Tatsachen** eingetragen werden. Eintragungsfähige Tatsachen sind solche, bei denen das Gesetz bestimmt, dass sie ins Handelsregister eingetragen werden können. Meistens sind eintragungsfähige Tatsachen auch **eintragungspflichtig**. Beispiele hierfür sind:

- Eintragung der Kaufmannseigenschaft nach § 1 HGB,
- Eintragung der Firma, des Ortes der Niederlassungen eines Kaufmanns nach § 29 HGB,
- Eröffnung eines Insolvenzverfahrens nach § 32 HGB,
- Erteilung der Prokura nach § 53 HGB,
- Erlöschen der Prokura nach § 53 HGB,
- Gründung einer offenen Handelsgesellschaft §§ 106 f. HGB, § 125 Abs. 4 HGB etc.

512 Trägt ein Kaufmann eine eintragungspflichtige Tatsache nicht ein, so kann gegen ihn ein Zwangsgeld nach § 14 HGB verhängt werden. Es gibt allerdings auch Tatsachen, die ins Handelsregister eingetragen werden können, aber nicht eingetragen werden müssen. Die wichtigsten Beispiele hierfür sind der Haftungsausschluss bei Unternehmensübertragungen nach den §§ 25 Abs. 2, 28 Abs. 2 HGB. Soweit das Gesetz keine Regelungen darüber enthält, dass eine bestimmte Tatsache ins Handelsregister einzutragen ist bzw. eingetragen werden kann, ist diese auch **nicht** eintragungsfähig.

Beispiel: Erteilung einer Handlungsvollmacht nach § 56 HGB, Begründung eines Handelsvertreterverhältnisses nach § 84 HGB etc.

513 Bei den eintragungsfähigen Tatsachen ist zwischen deklaratorischen und konstitutiven Eintragungen zu unterscheiden. **Konstitutive Eintragungen** sind solche, die rechtsbegründende Wirkung haben. Bei diesen Tatsachen ist die Eintragung erforderlich, damit das Recht überhaupt erst entsteht.

Beispiel: Die Eintragung eines Kann-Kaufmanns ins Handelsregister nach § 2 HGB und die Eintragung eines land- und forstwirtschaftlichen Betriebes ins Handelsregister nach § 3 HGB sind Voraussetzung dafür, dass die Kaufmannseigenschaft entsteht.

514 Daneben gibt es **deklaratorische Eintragungen** (die der Regelfall sind). Bei diesen Eintragungen ist der Eintritt der Rechtswirkung nicht von der Eintragung als solcher abhängig.

Beispiel: Die Erteilung der Prokura entsteht in dem Moment, in dem sie vom Inhaber des Handelsgeschäfts nach § 48 HGB erteilt wird. Die Eintragung nach § 53 HGB muss erfolgen, da ansonsten ein Zwangsgeld gegen den Kaufmann verhängt werden kann (§ 14 HGB). Die Entstehung der Prokura ist aber nicht von der Eintragung abhängig.

515 Da das Handelsregister neben der Informationsfunktion auch insbesondere dem Schutz des Rechtsverkehrs betreffend der inhaltlichen Richtigkeit des Handelsregisters dient, kommt dem Handelsregister nach § 15 HGB ein öffentlicher Glaube zu. Diese sogenannte Publizität des Handelsregisters bewirkt, dass diejenigen Personen, die sich auf die Richtigkeit des Handelsregisters verlassen, besonders geschützt werden. Der Schutz kann grob wie folgt unterschieden werden:
- Der Rechtsverkehr darf darauf vertrauen, dass alles, was im Handelsregister steht, richtig ist (**positive Publizität**) und
- dass alles, was nicht im Handelsregister eingetragen und bekannt gemacht wurde, aber hätte eingetragen werden müssen, nicht existiert (**negative Publizität**).
- Daneben schützt das Handelsregister noch vor unrichtigen Bekanntmachungen.

1. Positive Publizität

516 Die positive Publizität des Handelsregisters ist in § 15 Abs. 2 HGB geregelt und besagt, dass alle eintragungsfähigen Tatsachen, die im Handelsregister richtig eingetragen und bekannt gemacht wurden, grundsätzlich gegen den Geschäftspartner wirken.

Der eigentliche Regelungsgehalt dieser Vorschrift besteht darin, dass alle im Handelsregister eingetragenen und bekannt gemachten Tatsachen als bekannt vorausgesetzt werden. Es handelt sich streng genommen um keine Regelung des Vertrauensschutzes.

Beispiel: Ist das Erlöschen der Prokura eines Prokuristen nach § 53 Abs. 2 HGB ordnungsgemäß im Handelsregister eingetragen und bekannt gemacht worden, und tritt der Prokurist weiter unberechtigt als Inhaber einer Prokura am Markt auf, können sich Dritte nicht darauf berufen, dass ein Rechtschein der Prokura vorliegt, denn nach § 15 Abs. 2 HGB ist der Rechtschein des Handelsregisters stärker.

> **Beachten Sie:**
> Nach § 15 Abs. 2 Satz 2 HGB treten die Rechtswirkungen erst 15 Tage nach der Bekanntmachung ein.

2. Negative Publizität

Die negative Publizität ist in § 15 Abs. 1 HGB geregelt. Bei dieser Regelung handelt es sich um eine echte Regelung des Vertrauensschutzes. Sie normiert, dass das Vertrauen Dritter darauf, dass eintragungspflichtige Tatsachen ordnungsgemäß in das Handelsregister eingetragen wurden, geschützt ist. Das bedeutet, dass eintragungspflichtige Tatsachen für einen Dritten so lange nicht beachtlich sind, solange sie nicht im Handelsregister eingetragen und bekannt gemacht wurden. Eine Ausnahme besteht nur dann, wenn der Dritte von der einzutragenden Tatsache positive Kenntnis hatte. Die Vorschrift bezieht sich nur auf deklaratorische Eintragungen, denn bei konstitutiven Eintragungen entsteht das Recht ja erst mit der Eintragung in das Handelsregister.

> **Beachten Sie:**
> § 15 Abs. 1 HGB gilt nur bei Rechtsgeschäften und nicht im deliktischen Bereich, da bei Deliktstatbeständen das Vertrauen auf den Inhalt des Handelsregisters keine Rolle spielen kann.

§ 15 Abs. 1 HGB schützt hierbei das **abstrakte Vertrauen** des Dritten auf die Richtigkeit des Handelsregisters. Ob der Dritte also tatsächlich ins Handelsregister Einsicht genommen hat oder nicht, spielt keine Rolle. Die Abstraktheit der negativen Publizität bewirkt, dass diese auch dann greift, wenn bereits die Voreintragung fehlte. Wurde also eine eintragungspflichtige Tatsache nicht ins Handelsregister eingetragen, und wurde diese Tatsache später wieder aufgehoben, ist das Handelsregister zwar sachlich richtig, da der Dritte aber trotz der fehlenden Eintragung von einer eintragungspflichtigen Tatsache außerhalb des Handelsregisters Kenntnis erlangt haben konnte, kann angenommen werden, dass auch bei fehlender Voreintragung die Aufhebung der Tatsache eintragungspflichtig ist.

Beispiel: Die Erteilung einer Prokura wird entgegen § 53 Abs. 1 HGB nicht ins Handelsregister eingetragen. Dennoch muss das Erlöschen der Prokura nach § 53 Abs. 2 HGB eingetragen werden, ansonsten kann sich der Kaufmann gegenüber gutgläubigen Dritten nicht auf das Erlöschen berufen.

Da es sich bei § 15 Abs. 1 HGB um eine Norm des Schutzes des gutgläubigen Dritten handelt, kann der Dritte auch auf die Schutzwirkung verzichten. Er hat also ein Wahlrecht, ob er sich auf den Registerinhalt oder die wahre Sachlage berufen will (Rosinentheorie).

Lösung zu Fallbeispiel 18:
(I) G könnte gegen H einen Anspruch auf Zahlung des Kaufpreises für den BMW nach § 433 Abs. 2 BGB haben.

(1) Voraussetzung hierfür wäre ein **wirksamer Kaufvertrag**, der durch zwei übereinstimmende Willenserklärungen (Angebot und Annahme) zustande kommt. Hier haben G und H keinen Vertrag geschlossen, der Vertrag kam vielmehr zwischen G und P zustande.
(2) Nach § 164 Abs. 1 BGB ist H aus dem Kaufvertrag verpflichtet, wenn P diesen **wirksam vertreten** hat. P hat beim Abschluss des Kaufvertrages im Namen des H gehandelt, fraglich ist allerdings, ob er Vertretungsmacht hatte. Nach § 49 Abs. 1 HGB ermächtigt die Prokura zu allen Arten von gerichtlichen und außergerichtlichen Geschäften und Rechtshandlungen, die der Betrieb des Handelsgewerbes mit sich bringt. H hatte den P zunächst nach § 48 HGB wirksam zum Prokuristen bestellt. Vor Abschluss des Rechtsgeschäfts hatte H die Prokura aber nach § 52 Abs. 1 HGB widerrufen. Zwar muss der Widerruf nach § 53 Abs. 2 HGB ins Handelsregister eingetragen werden, jedoch ist diese Eintragung nur deklaratorisch, weshalb P keine Vertretungsmacht (mehr) hatte.
(3) Möglicherweise kann H den Widerruf der Prokura dem G nach § 15 Abs. 1 HGB aufgrund der negativen Publizität des Handelsregisters allerdings nicht entgegenhalten. Der Widerruf hätte nach § 53 Abs. 2 HGB ins Handelsregister eingetragen werden müssen. Da diese Eintragung nicht erfolgt ist, kann H nach § 15 Abs. 1 HGB dem G den Widerruf nicht entgegenhalten. Dass bereits die Erteilung der Prokura nicht im Handelsregister eingetragen war (sekundäre Unrichtigkeit), spielt keine Rolle, da die Aufhebung einer Tatsache auch dann ins Handelsregister eingetragen werden muss, wenn eine entsprechende Voreintragung fehlt.
(II) Ergebnis: Daher hat G gegen H einen Anspruch auf Bezahlung des Kaufpreises für den BMW nach § 433 Abs. 2 HGB.

§ 15 HGB		
Abs. 1: Negative Publizität	Abs. 2: Rechtswirkungen einer richtigen Eintragung / Bekanntmachung	Abs. 3: Positive Publizität
Voraussetzungen		
• Eintragungspflichtige Tatsache • Fehlende Eintragung / Bekanntmachung • Gutgläubigkeit des Dritten	• Eintragungspflichtige richtige Tatsache • Eintragung und Bekanntmachung	• Eintragungspflichtige Tatsache • Unrichtige Bekanntmachung • Gutgläubigkeit des Dritten • Auf Veranlassung des Eingetragenen
Rechtsfolge		
Wahlrecht des Dritten: Er kann sich auf Registerlage oder wahre Rechtslage berufen.	Kaufmann kann sich auf die publizierte Tatsache berufen.	Wahlrecht des Dritten: Er kann sich auf Registerlage oder wahre Rechtslage berufen.

Abbildung 49: Handelsregister

3. Falsche Bekanntmachung

Nach § 15 Abs. 3 HGB gilt, dass für den Fall, dass eine einzutragende Tatsache unrichtig bekannt gemacht wurde, sich der Dritte demjenigen gegenüber, in dessen Angelegenheit die Tatsache einzutragen war, auf die bekannt gemachte Tatsache berufen kann, es sei denn, dass er die Unrichtigkeit kannte. Die Regelung erfasst die sogenannte positive Publizität der Bekanntmachung (zur Bekanntmachung s. § 10 HGB).

Ist eine Tatsache also richtig eingetragen, wurde aber falsch bekannt gemacht, kann sich ein Dritter auch auf die Bekanntmachung berufen. Hierbei ist nicht entscheidend, ob die Bekanntmachung von der Eintragung abweicht, sondern nur, ob die Bekanntmachung von der tatsächlich (richtigen) Rechtslage abweicht. Das bedeutet, dass auch in dem Fall, in dem sowohl die Eintragung als auch die Bekanntmachung unrichtig waren, der Gutglaubensschutz nach § 15 Abs. 3 HGB greift. Wie in § 15 Abs. 1 HGB gilt die Publizität der Bekanntmachung nach § 15 Abs. 3 HGB nur bei Rechtsgeschäften und nicht im deliktischen Bereich.

III. (Handels-)Firma

521 Nach § 17 HGB ist die Firma der **Namen des Kaufmanns**. Unter der Firma betreibt der Kaufmann im Handelsverkehr seine Geschäfte, gibt seine Unterschrift ab und er kann unter der Firma klagen und verklagt werden. Die Firma ist also (nur) der Handelsname des Kaufmanns und bezeichnet den Unternehmensträger.

> **Beachten Sie:**
> Die Firma beschreibt also nicht das Unternehmen als solches, sondern nur den Namen des Kaufmanns als Unternehmensträger.

522 Während die Firma im Sinne von § 17 HGB den Unternehmensträger bezeichnet, bezeichnet eine Marke nach § 3 MarkenG als Kennzeichen ein Produkt oder eine Ware oder Dienstleistung (s. Rn. 729 ff.). Zwar können die Firma des Unternehmers und die Marke identisch sein (Beispiel: Coca Cola), dies ist aber keinesfalls zwingend.

Beispiel: Die Firma Procter & Gamble vertreibt die Marken „Always", „Ariel", „Braun", „Febreze", „Gillette", „Venus", „Oral B", „Pampers" etc.

523 Von der Firma weiterhin zu unterscheiden sind sogenannte **Geschäftsbezeichnungen**. Geschäftsbezeichnungen, die auch von Nicht-Kaufleuten gebraucht werden, weisen auf das Unternehmen selbst hin, während die Firma den Unternehmensträger bezeichnet.

Beispiel: Steigenberger Hotelgruppe (Firma), Hotel am Schloss (Geschäftsbezeichnung), Merkur Spielcenter (Firma), Spielcenter Ulm (Geschäftsbezeichnung).

524 Firmenähnliche Geschäftsbezeichnungen sind unzulässig und können vom zuständigen Registergericht nach § 37 Abs. 1 HGB untersagt werden.

1. Grundsätze der Firmenbildung

525 Obwohl für die Firma neben Personenbezeichnungen auch Sach- und Fantasiebezeichnungen zulässig sind, unterliegt die Bildung der Firma jedoch zahlreichen gesetzlichen Regelungen. Diese sind in den §§ 18 ff. HGB, teilweise aber auch in spezielleren Gesetzen wie § 4 GmbHG oder §§ 4, 279 AktienG geregelt. Hierbei gelten folgende Grundsätze für die Bildung einer Firma:
- Firmeneinheit
- Firmenunterscheidbarkeit
- Firmenwahrheit
- Firmenbeständigkeit
- Firmenöffentlichkeit

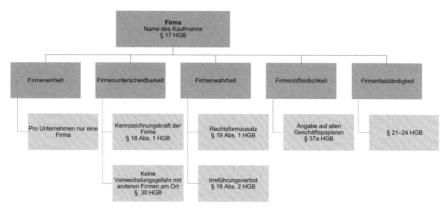

Abbildung 50: Firmenprinzipien

526 Der **Grundsatz der Firmeneinheit** ist gesetzlich nicht geregelt und besagt, dass ein Kaufmann für ein und dasselbe Unternehmen nur eine Firma führen darf. Bei organisatorisch selbstständigen Geschäften desselben Kaufmanns können aber mehrere Firmen verwendet werden.

527 Der **Grundsatz der Firmenunterscheidbarkeit** besagt zum einen, dass die von dem Unternehmer gewählte Firma die Fähigkeit besitzen muss, das Unternehmen identifizierbar zu machen. Nach § 18 Abs. 1 HGB muss die Firma zur Kennzeichnung geeignet sein und Unterscheidungskraft besitzen. Für die gewählte Firma darf also kein Freihaltebedürfnis bestehen, sie muss zur Individualisierung des Firmenträgers geeignet sein.

> **Beispiel:** Die Firma Pizzabringdienst ist zur Individualisierung eines Kaufmanns nicht geeignet. Die Firma ABC Pizzabringdienst wäre allerdings hinreichend individualisiert und geeignet, den Unternehmensträger von anderen Firmen zu unterscheiden.

528 Nach § 30 HGB muss sich die Firma darüber hinaus von den am selben Ort bereits bestehenden Unternehmen deutlich unterscheiden, d.h. es darf nicht zu einer Verwechslungsgefahr kommen. Dies gilt allerdings nur für die Gesellschaften am selben Ort. Es ist also möglich, dass die Firma Schmid GmbH einmal in Hamburg und einmal in Stuttgart eingetragen wird. Hinsichtlich der Bestimmung der Verwechslungsgefahr ist auf die Sicht des durchschnittlichen Verbrauchers abzustellen.

529 Der **Grundsatz der Firmenwahrheit** wirkt in zweierlei Richtungen. Zunächst muss nach § 19 Abs. 1 Nr. 1 HGB der richtige Rechtsformzusatz gewählt werden, damit deutlich wird, wer hinter einer Firma steht. Einzelkaufleute müssen daher den Zusatz „e. K.", „e. Kfm." oder „e. Kfr." wählen (§ 19 Abs. 1 Nr. 1 HGB). Eine offene Handelsgesellschaft muss die Abkürzung „OHG" und eine Kommanditgesellschaft die Abkürzung „KG" führen (§ 19 Abs. 1 Nr. 2, 3 HGB). Eine GmbH muss die Abkürzung „GmbH" führen (§ 4 GmbHG), eine Aktiengesellschaft die Abkürzung „AG" (§ 4 AktienG). Weiterhin beinhaltet der Grundsatz der Firmenwahrheit nach § 18 Abs. 2 HGB, dass die Firma keine Angaben enthalten darf, die geeignet sind, über geschäftliche Verhältnisse, die für Geschäftspartner wesentlich sein können, irrezuführen. Ob eine Irreführung vorliegt, ist wie bei der Verwechslungsgefahr aus Sicht eines durchschnittlichen Angehörigen der betroffenen Verkehrskreise zu bestimmen.

Beispiel: Maier Großhandelsunternehmen für einen Einzelhandelskaufmann; Dieter Bohlen Musik GmbH für ein Musikgeschäft, das in keinem Verhältnis zu Dieter Bohlen steht; Süddeutsche Brotfabrik für eine Ulmer Bäckerei etc.

Der **Grundsatz der Firmenbeständigkeit** ergibt sich aus den §§ 21–24 HGB. Im Kern besagt er, dass eine Firma unverändert bestehen bleiben darf, auch wenn sie zwischenzeitlich unrichtig geworden ist. Dies ist immer dann der Fall, wenn sich der Name des Einzelkaufmanns geändert oder der Unternehmensinhaber gewechselt hat. Der Wechsel der Inhaberschaft eines Handelsgeschäfts kann entweder rechtsgeschäftlich oder kraft Erbfolge erfolgen. Voraussetzung dafür, dass die Firma fortgeführt werden darf, ist allerdings, dass der bisherige Eigentümer oder seine Erben eingewilligt haben (§ 22 HGB). Gleiches gilt beim Ein- oder Austritt von Gesellschaftern (§ 24 HGB). Der Grundsatz der Firmenbeständigkeit ist somit eine Ausnahme vom Grundsatz der Firmenwahrheit. **530**

Der **Grundsatz der Firmenöffentlichkeit** nach § 37a HGB besagt schließlich, dass auf allen Geschäftsbriefen eines Kaufmanns, soweit sie an einen bestimmten Empfänger gerichtet sind, die Firma und der Rechtsformzusatz, der Ort der Handelsniederlassung, das Registergericht und die Handelsregisternummer, unter der die Firma eingetragen ist, angegeben werden müssen. **531**

> **Beachten Sie:**
> Diese Pflicht besteht auch für Handelsgesellschaften (§§ 125a, 177a HGB), für die Aktiengesellschaft (§ 80 AktG) sowie die GmbH (§ 35a GmbHG).

Gebraucht ein Kaufmann eine unzulässige Firma, kann er nach § 37 Abs. 1 HGB vom zuständigen Registergericht zur Unterlassung durch Festsetzung von Zwangsgeld verpflichtet werden. Auch Wettbewerber haben nach § 37 Abs. 2 HGB einen Unterlassungsanspruch. **532**

> **Beachten Sie:**
> Neben den handelsregisterrechtlichen Ansprüchen können auch Ansprüche aus der Verletzung von Namensrechten nach den §§ 12, 823, 1004 BGB, aus unerlaubter Handlung nach den §§ 823 Abs. 1, 1004 BGB oder wegen Verstoßes gegen das Lauterkeitsrecht nach den §§ 1, 3, 13 UWG bestehen.

2. **Haftung bei Firmenfortführung**

Fallbeispiel 19 (Lösung s. Rn. 535): **533**
G liefert im März Zündkerzen im Wert von 5.000 € an das „Autohaus X". Der im Handelsregister eingetragener Inhaber des Autohauses X war P. Da P mit den Mietzahlungen für das Autohaus in Verzug war, kündigte der Vermieter V ihm im September den Mietvertrag und vermietet das Autohaus am 31.3. an den Kaufmann M. Dieser führte das Autohaus seit dem 1.4. unter der Firma „Autohaus X, Inhaber M" weiter. Unter dieser Firma nimmt ihn G auf die Zahlung der 5.000 € in Anspruch. M macht geltend, er habe mit P einen Haftungsausschluss für Altverbindlichkeiten vereinbart. Infolge eines Versehens des Registergerichts wird dieser aber erst nach 12 Monaten in das Handelsregister eingetragen. Beurteilen Sie in einem Gutachten, ob M zahlen muss.

Der Grundsatz der Firmenbeständigkeit besagt, dass die Firma **übertragbar** ist, soweit dies zusammen mit dem Handelsgeschäft geschieht (§ 23 HGB). Voraussetzung ist die Einwilligung des bisherigen Geschäftsinhabers (§§ 22, 24 HGB). **534**

535 Die Frage der **Haftung** des neuen Firmeninhabers für Geschäftsschulden regeln die §§ 25, 26 und 27 HGB. Diese bestimmen grundsätzlich, dass bei einer Firmenfortführung der Erwerber für alle im Betrieb begründeten Verbindlichkeiten des früheren Inhabers haftet. Auch der Veräußerer des Unternehmens haftet dem Schuldner für die unter der Firma begründeten Verbindlichkeiten als Gesamtschuldner, jedoch ist diese Haftung gemäß § 26 HGB auf fünf Jahre, gerechnet ab dem Zeitpunkt der Eintragung des neuen Inhabers in das Handelsregister, begrenzt. Ob bei der Firmenfortführung ein neuer Inhaberzusatz gemacht wird, ist nach der Regelung des § 25 Abs. 1 HGB nicht entscheidend, solange der Firmenkern (also der prägende Teil) der Firma beibehalten wird. Nach § 25 Abs. 2 HGB kann die Haftung des Erwerbers durch Vereinbarung mit dem Veräußerer ausgeschlossen werden, dies muss jedoch ins Handelsregister eingetragen und bekannt gemacht werden. Die Eintragung muss allerdings – was nicht im Gesetz steht – unverzüglich erfolgen. Verzögerungen gehen zu Lasten des Erwerbers. Eine verspätete Eintragung macht den Haftungsausschluss gegenüber Dritten unabhängig davon unwirksam, ob die Parteien ihn verschuldet haben oder nicht.

> Beachten Sie:
> Die Regelung des § 25 HGB gilt auch für den Erbfall (§ 27 HGB). Tritt jemand als persönlich haftender Gesellschafter oder Kommanditist in das Geschäft eines Einzelkaufmanns ein, so haftet nach § 28 Abs. 1 HGB die Gesellschaft auch dann, wenn sie die Firma nicht fortführt für Altverbindlichkeiten. Weiterhin regelt § 25 Abs. 1 Satz 2 HGB, dass umgekehrt alle im Unternehmen begründeten Forderungen als auf den Erwerber übergegangen gelten, soweit der Inhaber in die Fortführung der Firma eingewilligt hat.

Lösung zu Fallbeispiel 19:
(I) G könnte gegen M einen Anspruch auf Zahlung der 5.000 € aus § 433 Abs. 2 BGB haben.
  (1) Voraussetzung ist, dass ein **wirksamer Kaufvertrag** besteht. G hat mit P unter seiner Firma (§ 17 Abs. 1 HGB) einen Kaufvertrag über die Waren zum Kaufpreis von 5.000 € abgeschlossen. Eine kaufvertragliche Beziehung zwischen G und M besteht hingegen nicht.
  (2) Möglicherweise haftet M aber für die Kaufpreisschuld des P nach § 25 Abs. 1 HGB. M hat das Handelsgeschäft des P „unter Lebenden" erworben. Da zwischen M und P hier keine rechtsgeschäftliche Beziehung bestand, sondern M nach der Kündigung durch den V das Geschäft von diesem gemietet hat, spielt keine Rolle, da § 25 Abs. 1 HGB dem Schutz des Rechtsverkehrs dient und es insofern nicht auf die Art des dahinterliegenden Erwerbsvorgangs ankommt. M hat auch die Firma des P fortgeführt. Dass er einen Inhaberzusatz aufgenommen hat, ist nach § 25 Abs. 1 Satz 1 HGB unerheblich.
  (3) Zwar hat M einen Haftungsausschluss nach § 25 Abs. 2 HGB ins Handelsregister eintragen lassen, diese Eintragung erfolgte jedoch nicht unverzüglich nach dem Erwerb des Handelsgeschäfts, sondern erst nach 12 Monaten, weshalb der Haftungsausschluss gegenüber G keine Wirksamkeit entfaltet.
(II) Ergebnis: M muss daher nach den §§ 433 Abs. 2 BGB, 25 Abs. 1 HGB die 5.000 € an G bezahlen.

3. Kapitel: Kaufmännische Hilfspersonen

I. Unselbstständige kaufmännische Hilfspersonen

1. Grundlagen

Das HGB unterscheidet bei kaufmännischen Hilfspersonen zwischen selbstständigen und unselbstständigen Hilfspersonen. **Selbstständige kaufmännische Hilfspersonen** sind diejenigen, die ihrerseits selbst Kaufmann sind und zu einem Kaufmann (oder Nichtkaufmann) in einem besonderen vertraglichen Absatzmittlungsverhältnis stehen.

Beispiel: Handelsvertreter, Handelsmakler, Vertragshändler, Kommissionäre, Franchisenehmer.

Unselbstständige kaufmännische Hilfspersonen sind hingegen solche, die aufgrund eines weisungsgebundenen Arbeitsverhältnisses abhängige Arbeit für den Kaufmann leisten. Sie sind selbst nicht Kaufmann, sondern (unselbstständige) Arbeitnehmer.

Beispiel: Prokuristen, Handlungsbevollmächtigte, Ladenangestellte.

Fallbeispiel 20 (Lösung s. Rn. 540):
Kaufmann K erklärt anlässlich des Einstellungsgesprächs eines neuen Vertriebsmitarbeiters P, dass dieser mit Abschluss des Anstellungsvertrages Prokura erhalte, seine Prokura allerdings auf Rechtsgeschäfte mit einem Gesamtbetrag von max. 50.000 € beschränkt sei. Bereits am Tag nach seiner Einstellung erwirbt P für seine Tätigkeit namens des K einen Porsche im Wert von 100.000 €. Beurteilen Sie, ob K den Kaufpreis für den Porsche bezahlen muss.

Unselbstständige Hilfspersonen	Selbständige Hilfspersonen
• Prokurist, §§ 48 ff. HGB • Handelsbevollmächtigter, §§ 54 ff. HGB • Ladenangestellte, § 56 HGB	**Absatzhelfer:** • Handelsvertreter, §§ 84 ff. HGB • Handelsmakler, §§ 93 ff. HGB **Absatzmittler:** • Vertragshändler • Franchisenehmer

Abbildung 51: Kaufmännische Hilfspersonen

2. Prokura

Bei der Prokura handelt es sich um eine handelsrechtliche Vollmacht mit einem gesetzlich geregelten Umfang. Die Prokura kann nur durch den Kaufmann persönlich und ausdrücklich erteilt werden (§ 48 Abs. 1 HGB). Der Prokurist muss hierbei eine natürliche, mindestens beschränkt geschäftsfähige Person sein. Die Prokura ist nach § 53 Abs. 1 HGB im Handelsregister einzutragen, wobei die Eintragung nur deklaratorisch wirkt. Der Prokurist kann nach § 52 Abs. 2 HGB die Prokura nicht übertragen oder vererben, auch darf er keine Unterbevollmächtigung erteilen. In der Praxis unterzeichnet der Prokurist meist durch einen Zusatz, der seine Stellung kennzeichnet (in der Regel „ppa."). Die Prokura hat nach § 49 Abs. 1 HGB einen **gesetzlich definierten Umfang** und ermächtigt den Prokuristen zu allen gerichtlichen und außergerichtlichen Geschäften, die der Betrieb (irgendeines) Handelsgewerbes mit sich bringt. Es kommt also nicht darauf an, dass gerade das Handelsgeschäft für das der Prokurist Prokura hat, solche Geschäfte tätigt.

> **Beachten Sie:**
> Der Prokurist kann daher nur solche Geschäfte nicht abschließen, die über den laufenden Betrieb eines kaufmännischen Unternehmens hinausgehen. Dies sind in der Regel nur Inhabergeschäfte wie bspw. die Änderung der Firma, Stellung eines Insolvenzantrages oder die Veräußerung des gesamten Handelsgeschäfts. Weiterhin kann der Prokurist keine Privatgeschäfte des Inhabers führen und nach § 49 Abs. 2 HGB keine Grundstücke veräußern oder belasten. Erwerben kann der Prokurist aber Grundstücke sehr wohl.

539 Die Prokura kann **im Innenverhältnis** durch Vereinbarung zwischen dem Kaufmann und dem Prokuristen beschränkt werden. Solche Beschränkungen wirken aber nach § 50 Abs. 1 und 2 HGB **nicht im Außenverhältnis** gegenüber Dritten, d. h. sie beschränken nicht die Vertretungsmacht des Prokuristen nach außen.

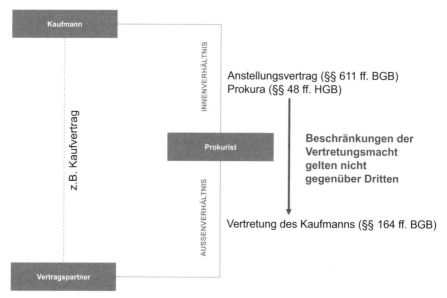

Abbildung 52: Unterscheidung Innenverhältnis und Außenverhältnis

Mit anderen Worten: Der Prokurist kann alles, auch wenn er es nicht darf.

540 Ausnahmen, bei denen auch im Außenverhältnis die Prokura begrenzt ist, ist die sogenannte Gesamt- und Filialprokura (§ 48 Abs. 2 und § 50 Abs. 2 HGB). Verletzt der Prokurist seine Begrenzungen der Prokura im Innenverhältnis, indem er Geschäfte abschließt, die er eigentlich nicht abschließen dürfte, sind diese zwar im Außenverhältnis wirksam (d. h. die Vertretungsregelungen greifen ein), im Innenverhältnis macht sich der Prokurist jedoch schadensersatzpflichtig (bspw. wegen Verletzung seiner vertraglichen Verpflichtungen nach § 280 Abs. 1 BGB). Das **Erlöschen** der Prokura ist nach § 53 Abs. 2 HGB ebenfalls im Handelsregister einzutragen, wobei auch diese Eintragung nur deklaratorisch ist. Die Prokura kann durch Widerruf des Geschäftsinhabers erlöschen (§ 52 Abs. 1 HGB). Sie erlischt regelmäßig auch dadurch, dass das

Dienstverhältnis (Anstellungsvertrag des Prokuristen) endet oder der Prokurist stirbt. Wird das Handelsgeschäft eingestellt, erlischt die Prokura ebenfalls.

Lösung zu Fallbeispiel 20:
K muss den Kaufpreis bezahlen, wenn P ihn beim Abschluss des Kaufvertrages (§ 433 Abs. 1 BGB) wirksam nach § 164 Abs. 1 BGB vertreten hat. P hat den Pkw im Namen des K erworben. Fraglich ist jedoch, ob P die erforderliche Vertretungsmacht hatte. Nach § 49 Abs. 1 HGB berechtigt die Prokura zu allen Arten von außergerichtlichen und gerichtlichen Geschäften und Rechtshandlungen, die der Betrieb eines Handelsgewerbes mit sich bringt. Die Erteilung der Prokura erfolgt nach § 48 Abs. 1 HGB durch ausdrückliche Erklärung des Inhabers eines Handelsgeschäfts. K ist Kaufman und hat P anlässlich des Einstellungsbetriebes ausdrücklich Prokura erteilt. Damit war P Prokurist des K. Die Prokura muss zwar nach § 53 Abs. 1 HGB im Handelsregister angemeldet werden, diese Eintragung ist jedoch lediglich deklaratorisch. Die Prokura des P war zwar im Innenverhältnis auf Rechtsgeschäfte bis zu einem Wert von 50.000 € beschränkt, jedoch ist diese Beschränkung nach § 50 Abs. 1 HGB gegenüber Dritten unwirksam. K ist daher verpflichtet, den Kaufpreis nach § 433 Abs. 2 BGB zu bezahlen.

3. Handlungsvollmacht

Nach § 54 Abs. 1 BGB ist eine Handlungsvollmacht jede im Betrieb eines Handelsgewerbes erteilte Vollmacht, die nicht Prokura ist. Die Handlungsvollmacht wird daher nach den allgemeinen Vorschriften des § 167 BGB erteilt. Sie kann ausdrücklich und konkludent erfolgen und bedarf keiner besonderen Form. Die Handlungsvollmacht muss **nicht** ins Handelsregister eingetragen werden. Sie kann nach § 168 Satz 2 BGB jederzeit widerrufen werden. Der Unterschied zwischen der handelsrechtlichen Handlungsvollmacht nach § 54 HGB und der einfachen Bevollmächtigung nach § 167 BGB besteht darin, dass die Handlungsvollmacht auf branchenübliche und nicht ungewöhnliche Rechtsgeschäfte beschränkt ist. Hierbei nennt § 54 Abs. 1 HGB drei Arten von Handlungsvollmachten:
– die **Generalhandlungsvollmacht**, die für alle Geschäfte, die der Betrieb des konkreten Handelsgewerbes gewöhnlich mit sich bringt, gilt,
– die **Arthandlungsvollmacht**, die für bestimmte Arten von Geschäften gilt und
– die **Spezialhandlungsvollmacht**, die nur für einzelne Geschäfte gilt.

Die Handlungsvollmacht gilt nach § 54 Abs. 2 HGB nicht für die Veräußerung und Belastung von Grundstücken sowie für die Eingehung von Wechselverbindlichkeiten, die Aufnahme von Darlehen und die Prozessführung. Hierfür bedarf es einer gesonderten Bevollmächtigung. Auch sind bei der Handlungsvollmacht – anders als bei der Prokura – rechtsgeschäftliche Einschränkungen der Vertretungsmacht im Außenverhältnis gegenüber Dritten möglich. Diese brauchen Dritte aber nur gegen sich gelten zu lassen, wenn sie diese kannten oder hätten kennen müssen (§ 54 Abs. 3 HGB).

Beispiel: Kaufmann K erteilt seinem Personalleiter V die Befugnis zur Einstellung von Mitarbeitern bis zu einem Jahresgehalt von 80.000 €. Stellt V nunmehr einen Mitarbeiter mit einem Jahresgehalt von 100.000 € ein, ist die vertragliche Beschränkung nach § 54 Abs. 3 HGB gegenüber dem neuen Mitarbeiter nur dann wirksam, wenn dieser sie kannte oder fahrlässig nicht kannte. Ist dies nicht der Fall, ist der Anstellungsvertrag zwischen dem neuen Mitarbeiter und dem K wirksam zustande gekommen, da V den K als Handlungsbevollmächtigter nach § 54 Abs. 1 HGB wirksam nach § 164 Abs. 1 BGB vertreten hat.

4. Ladenangestellte

Nach § 56 HGB gilt, dass jeder, der in einem Laden oder einem offenen Warenlager angestellt ist, zu Verkäufen und Empfangnahmen ermächtigt ist, die in einem derartigen Laden oder Warenlager gewöhnlich geschehen. Bei der Regelung handelt es sich um eine gesetzliche Rechtsscheinvollmacht.

II. Selbstständige kaufmännische Hilfspersonen

1. Grundlagen

544 Unter dem Begriff „selbstständige Hilfspersonen des Kaufmanns" werden im Handelsrecht Kaufleute erfasst, die als eigenständige Kaufleute in der Absatzorganisation eines anderen Unternehmers tätig sind. Sie erfüllen also **Absatzmittlungsfunktionen** für einen anderen Unternehmer. Unter Absatzmittlern versteht man Kaufleute, die innerhalb der Distributionspolitik vom Hersteller zum Endkunden tätig sind. Hierbei kann zwischen Absatzmittlern und Absatzhelfern unterschieden werden. **Absatzmittler** sind rechtlich und wirtschaftlich selbstständige Absatzorgane, die Waren erwerben (weil sie Eigentümer werden) und die Waren anschließend weiterverkaufen. Es handelt sich somit um Händler, die im eigenen Namen und auf eigene Rechnung an den (End-)Verbraucher oder an weitere Absatzstufen weiterverkaufen.

Beispiel: Vertragshändler und Franchisenehmer.

545 **Absatzhelfer** sind demgegenüber rechtlich selbstständige Kaufleute, die im Distributionsprozess eines Unternehmens unterstützend tätig werden, im Gegensatz zu den Absatzmittlern aber kein Eigentum an der Ware erwerben.

Beispiel: Handelsvertreter, Kommissionäre, Handelsmakler.

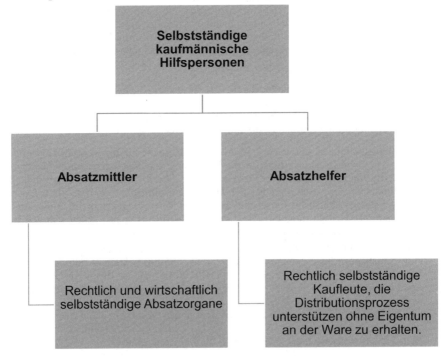

Abbildung 53: Unterscheidung der selbstständigen kaufmännischen Hilfspersonen

2. Absatzmittler

a) Handelsvertreter. Nach § 84 HGB ist ein Handelsvertreter ein selbstständiger Gewerbebetreibender, der ständig damit betraut ist, für einen anderen Unternehmer Geschäfte entweder zu vermitteln oder in dessen Namen abzuschließen.

> **Beachten Sie:**
> Ist der Vertreter nicht ständig mit der Vermittlung oder dem Abschluss von Geschäften betraut, handelt es sich in der Regel um einen (Handels-)Makler.

Der Handelsvertreter ist selbst Kaufmann. Er übernimmt die Absatzförderung für seinen Geschäftsherrn (Unternehmer), die Geschäfte mit dem Endkunden kommen aber direkt zwischen dem Endkunden und dem Unternehmer zustande. D. h. der Handelsvertreter handelt **in fremdem Namen und auf fremde Rechnung**. Der Handelsvertreter ist in erster Linie zur Absatzförderung verpflichtet (§ 86 Abs. 1 HGB). Hierbei muss er die Interessen des Unternehmers wahrnehmen, er muss dem Unternehmer berichten, insbesondere über von ihm getätigte Geschäftsabschlüsse (§ 86 Abs. 2 HGB), er muss hierbei mit der Sorgfalt eines ordentlichen Kaufmanns handeln (§ 86 Abs. 3 HGB), die Betriebs- und Geschäftsgeheimnisse des Unternehmers vertraulich behandeln (§ 90 HGB) und er unterliegt einem vertraglichen Wettbewerbsverbot nach § 90a HGB.

Unterscheidung des Handelsvertreters vom			
Handlungsgehilfen (§ 59 HGB)	Handelsmakler (§§ 93 ff. HGB)	Kommissionär, Kommissionsagenten (§§ 383 ff. HGB)	Vertragshändler Franchisenehmer
Der Handelsvertreter ist selbständig.	• Handelsvertreter: ständig betraut mit Geschäftsvermittlung und -abschluss • Handelsmakler hat als unabhängiger Vermittler die Interessen beider Vertragsparteien zu wahren.	• Handelsvertreter: Handeln in fremdem Namen für fremde Rechnung • Kommissionäre, Kommissionsagenten: Handeln in eigenem Namen für fremde Rechnung	• Handelsvertreter: Handeln in fremdem Namen für fremde Rechnung • Vertragshändler, Franchisenehmer: Handeln in eigenem Namen für eigene Rechnung

Abbildung 54: Übersicht Abgrenzung Handelsvertreter zu anderen selbstständigen kfm. Hilfspersonen

Als Gegenleistung für seine Tätigkeit erhält der Handelsvertreter **Provisionen**. Hat sich der Handelsvertreter verpflichtet, für die Erfüllung der Verbindlichkeit durch den Kunden einzustehen, so erhält er eine **Delkredereprovision** nach § 86 HGB. Hat er sich verpflichtet, von den Endkunden die Zahlungen für den Unternehmer einzuziehen, erhält er eine **Inkassoprovision** nach § 87 Abs. 4 HGB. Zentraler Bestandteil der Vergütung des Handelsvertreters ist allerdings die **Abschlussprovision** nach § 87 Abs. 1 HGB. Danach erhält der Handelsvertreter für alle während der Laufzeit des Handelsvertretervertrages zwischen dem Unternehmer und dem Endkunden abgeschlossenen Geschäfte, die mitursächlich auf seine Tätigkeit zurückzuführen sind eine Provision. Die Mitursächlichkeit bei Vertragsabschluss ist hierbei denkbar weit zu verstehen. Entscheidend ist, dass der Handelsvertreter eine (mit-)kausale Ursache für den Geschäftsabschluss gesetzt hat.

> **Beispiel:** H ist Handelsvertreter für Solaranlagen des U. Er bewirbt diese Solaranlagen beim Kunden K, der jedoch kein Interesse hat. Der Kunde K informiert allerdings seinen Freund F, der daraufhin beim Unternehmer U eine Solaranlage be-

stellt. Die Bestellung des F ist hierbei mitursächlich durch das Akquisitionsgespräch des H beim Kunden K ausgelöst worden, weshalb der Handelsvertreter H einen Anspruch auf Abschlussprovision nach § 87 Abs. 1 HGB hat.

549 Soweit dem Handelsvertreter im Handelsvertretervertrag ein bestimmter **Bezirk oder Kundenkreis** zugewiesen ist, hat er nach § 87 Abs. 2 HGB auch dann Anspruch auf die Provision, wenn das Geschäft ohne seine Mitwirkung mit Kunden innerhalb seines Bezirks oder seines zugewiesenen Kundenkreises abgeschlossen wird. Das bedeutet, dass bei Bestehen eines Gebiets- oder Kundenschutzes das Erfordernis der kausalen Mitwirkung entfällt.

Beispiel: Dem Handelsvertreter H ist das Gebiet Baden-Württemberg zur Bearbeitung zugewiesen worden. Hier muss der Unternehmen vor allem Bestellungen von Kunden aus Baden-Württemberg nach § 87 Abs. 2 HGB eine Provision an den Handelsvertreter H bezahlen, auch wenn der Handelsvertreter H diese Kunden nicht geworben hat.

> **Beachten Sie:**
> Nach § 87 Abs. 1 Satz 1 HGB sind auch Nachbestellungen provisionspflichtig. Hat der Handelsvertreter also einen Kunden geworben und bestellt dieser immer wieder beim Unternehmer, ist jeder Bestellvorgang – auch wenn keine weitere Tätigkeit des Handelsvertreters mehr erfolgt – provisionspflichtig.

550 Hat der Handelsvertreter vor Beendigung seines Handelsvertretervertrages Geschäfte angebahnt, werden diese aber erst nach Beendigung seines Handelsvertretervertrages abgeschlossen, hat der Handelsvertreter einen Anspruch auf **Überhangprovision** nach § 87 Abs. 3 HGB.

551 Die Modalitäten zur Auszahlung der Provision sind in den §§ 87a bis d HGB geregelt. Die Höhe der zu zahlenden Provision wird im Regelfall zwischen den Parteien vertraglich vereinbart (bspw. 3 % des Nettokaufpreises). Ist eine Vereinbarung über die Höhe nicht getroffen, gilt nach § 87d Abs. 1 HGB der übliche Satz. Der Handelsvertretervertrag **endet** durch ordentliche Kündigung nach § 89 HGB oder durch außerordentliche Kündigung nach § 89a HGB. Die Parteien können auch einen Aufhebungsvertrag schließen.

552 Eine Besonderheit bei der Beendigung von Handelsvertreterverträgen ist der **Ausgleichsanspruch nach § 89b HGB**. Der Ausgleichsanspruch beruht auf dem Grundgedanken, dass der Handelsvertreter mit seinen Akquisitionsleistungen Vorteile für den Unternehmer schafft, die auch dann fortdauern, wenn das Handelsvertreterverhältnis beendet ist, da der Handelsvertreter ja einen Kundenstamm aufgebaut hat, der auch nach Beendigung des Handelsvertreterverhältnisses Bestellungen beim Unternehmer auslöst.

553 Der Ausgleichsanspruch entsteht grundsätzlich nur, wenn der Unternehmer den Handelsvertretervertrag ordentlich kündigt oder wenn der Handelsvertretervertrag durch den Handelsvertreter aus wichtigem Grund gekündigt wird (§ 89b Abs. 3 HGB). Der Anspruch kann nicht durch vertragliche Vereinbarung vor Beendigung des Handelsvertreterverhältnisses ausgeschlossen werden (§ 89b Abs. 4 HGB) und muss vom Handelsvertreter innerhalb eines Jahres nach Beendigung des Vertragsverhältnisses geltend gemacht werden (§ 89b Abs. 4 Satz 2 HGB). Der Ausgleichsanspruch beträgt höchstens die eine nach dem Durchschnitt der letzten fünf Jahre der Tätigkeit des Handelsvertreters berechnete Jahresprovision (§ 89b Abs. 2 HGB).

554 Die tatsächliche Ermittlung der **Höhe des Ausgleichsanspruchs** des Handelsvertreters ist nach § 89b Abs. 1 HGB zu bestimmen. Maßgeblich sind zunächst die Vorteile, die der Unternehmer aus dem Aufbau oder der Erweiterung der Geschäftsbeziehung durch den Handelsvertreter hat. Vorteile hat der Unternehmer nur aus Geschäften mit Stammkunden, d. h. solchen Kunden, die auch nach Beendigung des Handelsvertreterverhältnisses beim Unternehmer weitere Bestellungen auslösen.

> Beachten Sie:
> Zur Bestimmung der Stammkunden wird in der Praxis abhängig von den vertriebenen Produkten der Wiederbestellzyklus bestimmt und hieran orientiert ermittelt, welcher Anteil der Kunden Stammkunden und welcher Anteil Einmalkunden sind.

555 Weiterhin müssen beim Handelsvertreter Provisionsverluste eintreten. Diese sind nach § 87 Abs. 1 HGB nur zu berücksichtigen, wenn sie mit dem Handelsvertreter während der Vertragslaufzeit neugeworbene Kunden oder im Umsatz erheblich gesteigerte Bestandskunden betreffen. Richtigerweise ist in diesem Zusammenhang auch der Anteil der Provision abzuziehen, der zur Kostendeckung des Handelsvertreters diente. Da der Handelsvertreter den Ausgleichsanspruch sofort erhält, Provisionen aber sukzessive erhalten hätte, muss der Ausgleichsanspruch abgezinst werden.

556 Weiterhin ist der Ausgleichsanspruch um Billigkeitsgesichtspunkte zu kürzen. Solche Billigkeitsgesichtspunkte können bspw. aufgrund einer starken „Sogwirkung" der Marke des Unternehmers, aufgrund von Fehlverhalten des Handelsvertreters während der Vertragslaufzeit oder einer vom Unternehmer mitfinanzierten Altersversorgung des Handelsvertreters gerechtfertigt sein.

Abbildung 55: Provision des Handelsvertreters

557 **b) Handelsmakler.** Im Unterschied zum Handelsvertreter nach § 84 HGB ist der Handelsmakler **nicht ständig** damit betraut, für einen Unternehmer tätig zu sein, sondern er übernimmt die gewerbsmäßige Vermittlung von Verträgen über Gegenstände des Handelsverkehrs (§§ 83 ff. HGB). Auch der Handelsmakler ist selbstständiger Kaufmann und vermittelt gegen Provision Geschäfte.

Beispiel: Versicherungsmakler, Börsenmakler, nicht jedoch Grundstücksmakler, die nach § 93 Abs. 2 HGB Makler nach dem BGB (§§ 652 ff. BGB) sind.

558 **c) Kommissionäre.** Ein Kommissionär übernimmt als selbstständiger Kaufmann Geschäftsabschlüsse im eigenen Namen, aber auf fremde Rechnung (§ 383 BGB). Im Unterschied zum Handelsvertreter handelt der Kommissionär also nicht in fremdem Namen. Der Kommissionär kann hierbei als Einkaufs- oder als Verkaufskommissionär tätig werden.

559 Wie der Handelsvertreter hat er seine Geschäfte mit der Sorgfalt eines ordentlichen Kaufmanns auszuführen (§ 384 Abs. 1 HGB) und dabei die Interessen des Kommittenten zu wahren und seine Weisungen zu befolgen (§ 385 HGB). Er hat den Kommittenten unterrichtet zu halten (§ 384 Abs. 2 HGB) und ist diesem gegenüber rechenschafts- und rechnungslegungspflichtig, wobei er insbesondere dasjenige herauszugeben hat, was er aus dem Kommissionsgeschäft erlangt hat (§ 384 Abs. 2 HGB). Der Kommissionär hat – wenn das Ausführungsgeschäft zustande kommt – einen Anspruch auf Provision (§ 396 Abs. 1 HGB). Hat er das Ausfallrisiko des Geschäftsgegners übernommen, erhält er weiterhin nach § 394 Abs. 2 HGB eine Delkredereprovision.

560 **d) Händler/Reseller.** Im Unterschied zu Absatzhelfern sind Absatzmittler selbstständige Kaufleute, die die Rechtsgeschäfte mit dem Endkunden im eigenen Namen und auf eigene Rechnung schließen. Es handelt sich also um klassische Händler (Reseller). Ihr Verhältnis zum Unternehmer ist zum einen dadurch gekennzeichnet, dass sie bei diesem Waren oder Dienstleistungen im eigenen Namen und auf eigene Rechnung einkaufen und diese dann wieder an den Endkunden im eigenen Namen und auf eigene Rechnung weiterverkaufen. Die Besonderheit gegenüber anderen Käufern und Wiederverkäufern besteht bei Absatzmittlern darin, dass diese zusätzlich über vertragliche Vereinbarungen in mehr oder weniger intensiver Form in die Absatzorganisation des Unternehmens eingebunden sind. Die wichtigsten Absatzmittler sind Vertragshändler und Franchisenehmer. Diese unterscheiden sich allerdings nur graduell hinsichtlich der Intensität der Einbindung in die Absatzorganisation des Unternehmers. Während bei Vertragshändlern die unternehmerische Selbstständigkeit im Außenverhältnis noch erkennbar ist, sind Franchisenehmer derart intensiv in die Absatzorganisation des Franchisegebers eingebunden, dass der Rechtsverkehr die Selbstständigkeit der Franchisenehmer nicht mehr erkennt.

> **Beispiel: Vertragshändler** werden bspw. oft in der Automobilindustrie eingesetzt. Hier wird die Selbstständigkeit bereits in der Firmierung erkennbar: „BMW Autohaus Müller", „VW Autohaus Schmidt" etc. In Franchisesystemen ist der **Franchisenehmer** hingegen für den Rechtsverkehr kaum noch identifizierbar. So nimmt der Kunde lediglich den Markennamen „McDonald's" wahr und erkennt nicht, dass er seine Waren tatsächlich beim Franchisenehmer, bspw. der Systemgastronomie GmbH Ulm bezieht.

561 **e) Vertragshändler.** Der Vertragshändler ist als selbstständiger Kaufmann im Ein- und Verkauf von Waren im eigenen Namen und auf eigene Rechnung tätig und dabei über den Vertragshändlervertrag in die Absatzorganisation des Herstellers eingebunden.

562 Der Vertragshändler ist gesetzlich nicht geregelt, sodass sich die Rechte und Pflichten der Parteien sowie die Beendigung des Vertrages und die daraus resultierenden Rechtsfolgen im Regelfall aus dem Vertragshändlervertrag (langfristiger Vertrag) ergeben. Da der Vertragshändler in gewisser Weise ähnlich dem Handelsvertreter schutzwürdig ist, werden für bestimmte rechtliche Themengebiete die Regelungen des Handelsvertretervertrages entsprechend (analog) angewandt. Hierzu gehören insbesondere die Regelungen
– über die Kündigung des Vertrages (§§ 89, 89a HGB) und
– den Ausgleichsanspruch nach § 89b HGB.

f) **Franchising.** Das Franchising zeichnet sich dadurch aus, dass der Franchisenehmer die Waren oder Dienstleistungen des Franchisegebers als selbstständiger Kaufmann in eigenem Namen und auf eigene Rechnung gegenüber den Endkunden anbietet und dabei mit allen Systemteilnehmern unter dem selben Namen nach außen einheitlich auftritt. Der Franchisenehmer benutzt die Symbole und Marken des Vertriebssystems und erhält vom Franchisegeber Leistungen hinsichtlich der Know-how-Vermittlung, Buchhaltung, Warenwirtschaft etc. Im Gegenzug zahlt der Franchisenehmer eine umsatzabhängige Gebühr (franchise fee) und eine Eintrittsgebühr (entry fee). Oft zahlt der Franchisenehmer auch eine umsatzabhängige Werbegebühr, die vom Franchisegeber für die überregionale Werbung eingesetzt wird. Franchisesysteme erfreuen sich – insbesondere bei Markenprodukten im Konsumgütermarkt – großer Beliebtheit.

Beispiel: McDonald's, Burger King, BackWerk, Coca-Cola, Hertz, ibis, Mercure, OBI etc.

Auch für Franchiseverträge gibt es keine gesetzlichen Regelungen, sodass die Rechte und Pflichten der Parteien im Wesentlichen durch den Franchisevertrag selbst bestimmt werden. Dieser enthält als sogenannter Typenkombinationsvertrag Elemente verschiedener Vertragstypen.

Beispiel: Überlassung der Marke nach dem Lizenzvertragsrecht. Die Überlassung von Know-how durch den Franchisegeber stellt ein dienstvertragliches Element nach den §§ 611 ff. BGB dar. Übernimmt der Franchisegeber die Einrichtung des Ladenlokals des Franchisenehmers, ist dies ein werkvertragliches Element nach den §§ 631 ff. BGB etc.

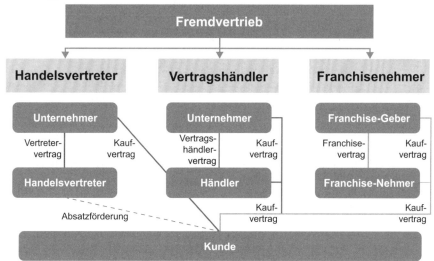

Abbildung 56: Vertragsarten im Fremdvertrieb

4. Kapitel: Handelsgeschäfte

565 In den §§ 343 ff. HGB finden sich allgemeine Vorschriften über Handelsgeschäfte. Die Vorschriften beinhalten diejenigen Regelungen, die auf bürgerlich-rechtliche Rechtsverhältnisse nach dem BGB Anwendung finden, wenn Kaufleute beteiligt sind. Nach der Definition des § 343 Abs. 1 HGB sind **Handelsgeschäfte** alle Geschäfte eines Kaufmanns, die zum Betrieb seines Handelsgewerbes gehören. Ein Handelsgeschäft liegt also vor, wenn ein Kaufmann ein betriebsbezogenes Geschäft tätigt. Schließt ein Kaufmann hingegen ein Privatgeschäft ab, so liegt kein Handelsgeschäft im Sinne des § 343 Abs. 1 HGB vor, es gelten dann nur die Vorschriften des BGB. Nach § 344 Abs. 1 HGB wird vermutet, dass das Geschäft eines Kaufmanns zu dem Betrieb seines Handelsgewerbes gehört. Liegt ein Handelsgeschäft vor, so gelten insbesondere folgende Besonderheiten:

- Nach dem BGB kann eine vereinbarte **Vertragsstrafe** gemäß § 343 BGB vom Richter herabgesetzt werden, soweit sie unverhältnismäßig hoch ist. Bei Kaufleuten gibt es nach § 348 HGB eine solche Möglichkeit nicht.
- Bei Privatpersonen hat **Schweigen** keinen Erklärungswert im Hinblick auf eine Willenserklärung. Bei Kaufleuten gilt Schweigen nach § 362 HGB in bestimmten Fällen als Annahme eines Vertragsangebotes. Weiterhin kann ein Schweigen auf ein kaufmännisches Bestätigungsschreiben konstitutive Wirkung haben (s. Rn. 69 f.).
- Während **Bürgschaften** nach dem BGB nur in Schriftform gültig sind (§ 766 BGB), können Kaufleute nach § 350 HGB auch mündliche Bürgschaften übernehmen.
- Bei Bürgschaften nach dem BGB hat der Bürge gegen die Inanspruchnahme aus der Bürgschaft die **Einrede der Vorausklage** gegen den Hauptschuldner (§ 771 BGB). Diese Einrede steht Kaufleuten nach § 349 HGB nicht zu.
- Während Privatpersonen nach dem BGB nur Vorsatz und Fahrlässigkeit zu vertreten haben (§ 276 BGB), treffen den Kaufmann erhöhte kaufmännische **Sorgfaltspflichten** (§ 367 HGB).
- Bei einem **gutgläubigen Erwerb** schützt § 932 BGB lediglich den guten Glauben des Erwerbers an das Eigentum des Veräußerers. Bei Kaufleuten wird nach § 366 HGB auch der gute Glaube an die Verfügungsbefugnis (Ermächtigung nach § 185 BGB) geschützt.
- Kaufleute haben nach § 353 HGB **Zinsen** schon ab Fälligkeit der Forderung und nicht erst, wie Privatleute, ab Verzug zu zahlen. Im Übrigen sind die Zinsen unter Kaufleuten nach § 352 HGB höher.
- Schließlich trifft Kaufleute nach § 377 HGB beim Handelskauf eine besondere **Untersuchungs- und Rügeobliegenheit**.

Fallbeispiel 21 (Lösung s. Rn. 567):
K bestellt beim Händler L fünf Paletten Joghurt. L selbst kauft den Joghurt wiederum beim Bauern B, dessen Betrieb im Handelsregister nach § 3 HGB eingetragen ist. L und B vereinbaren, dass B den Joghurt unmittelbar zu K bringen soll. Als L drei Wochen später Bezahlung des Joghurts von K verlangt, erklärt K dem L, er wolle den Joghurt nicht behalten, da er überwiegend verdorben sei. L zeigt dem B den Mangel am Joghurt an und setzt ihm eine Nachfrist zur mangelfreien Lieferung. Nachdem B die Frist fruchtlos verstreichen ließ, erklärt L den Rücktritt vom Vertrag und möchte seinen bezahlten Kaufpreis zurückhaben.

566 Das HGB normiert in § 377 Abs. 1 HGB, dass in dem Fall, indem der Kauf für **beide Teile** ein Handelsgeschäft ist, der Käufer die Ware unverzüglich nach Anlieferung durch den Verkäufer im Rahmen des ordnungsgemäßen Geschäftsgangs zu **untersuchen**, und wenn sich ein Mangel zeigt, **zu rügen** hat. Zeigt sich ein Mangel, muss der Käufer dem Verkäufer dies unverzüglich anzeigen. Soweit er diese Anzeige unterlässt, gilt nach § 377 Abs. 2 HGB die Ware als genehmigt. Gewährleistungsrechte nach den

§§ 437 ff. BGB sind damit **ausgeschlossen**. Eine Ausnahme besteht nach § 377 Abs. 2 HGB, wenn der Mangel bei der Untersuchung nicht erkennbar war. Dies gilt im Übrigen nach § 377 Abs. 3 HGB auch in dem Fall, in dem sich der Mangel erst später zeigt. Nach § 377 Abs. 4 HGB reicht die rechtzeitige Absendung der Anzeige.

Voraussetzung für die kaufmännische Untersuchungs- und Rügepflicht ist also, dass ein **beiderseitiges Handelsgeschäft** vorliegt. Daher müssen beide Vertragspartner bei Vertragsschluss Kaufleute sein. Ist dies der Fall, muss der Käufer eine Wareneingangsprüfung vornehmen. In welchem **Umfang** der Käufer die Waren untersuchen muss, kann nicht pauschal gesagt werden. Maßgeblich sind hier die äußeren Umstände des Einzelfalls, die sich insbesondere anhand der Zumutbarkeit, der besonderen Art der Ware und der Branchenüblichkeit beurteilen lassen. Größere Gegenstände, wie bspw. Möbel, müssen lediglich äußerlich untersucht werden. Größere Warenmengen (bspw. viele Paletten Spargel) müssen stichprobenartig überprüft werden. Es müssen also einzelne Pakete geöffnet werden. Zeigt sich bei der Untersuchung ein Mangel, muss der Käufer diesen unverzüglich anzeigen. Die Unverzüglichkeit bestimmt sich nach § 121 BGB. Im Regelfall beträgt die Frist 1–3 Tage. Der Käufer muss also unverzüglich untersuchen und – zeigt sich ein Mangel – unverzüglich rügen. Ist der Mangel trotz Einhaltung der Untersuchungspflicht nicht erkennbar, muss der Käufer nach § 377 Abs. 3 BGB unverzüglich rügen, wenn er den Mangel später tatsächlich erkennt. Die Rügeverpflichtung erstreckt sich auf Sachmängel (§ 434 Abs. 1 und 2 BGB), aber auch auf Mengenfehler (§ 434 Abs. 3 BGB) oder wenn gar eine völlig andere als die vereinbarte Ware geliefert wird (sogenannte **Aliudlieferung**). Die Untersuchungs- und Rügepflicht besteht nicht, wenn der Verkäufer den Mangel arglistig verschwiegen hat (§ 377 Abs. 5 HGB). Die Rügepflicht kann auch durch vertragliche Vereinbarung aufgehoben werden.

Lösung zu Fallbeispiel 21:
(I) L könnte einen Anspruch auf Rückzahlung des Kaufpreises gegen B aus § 346 Abs. 1 BGB haben.
(II) Voraussetzung ist, dass ein vertraglicher oder gesetzlicher Rücktrittsgrund besteht. Ein gesetzlicher Rücktrittsgrund könnte sich hier aufgrund der Mangelhaftigkeit der Kaufsache aus § 437 Nr. 2 BGB ergeben.
  (1) L und B haben einen wirksamen Kaufvertrag (§ 433 Abs. 1 BGB) geschlossen.
  (2) Die Kaufsache, also der Joghurt war zum Zeitpunkt des Gefahrübergangs verdorben und damit mangelhaft nach § 433 Abs. 1 BGB.
  (3) Ein vertraglicher oder gesetzlicher **Gewährleistungsausschluss** besteht nicht. Allerdings könnte die Gewährleistung nach § 377 Abs. 2 HGB ausgeschlossen sein. Sowohl der Händler L als auch der Bauer B sind Kaufleute. Sie haben den Kaufvertrag im Rahmen ihrer betrieblichen Tätigkeit abgeschlossen, weshalb ein Handelsgeschäft im Sinne von § 343 HGB vorliegt. L hätte die Ware daher bei Wareneingang unverzüglich untersuchen müssen. In diesem Fall hätte er auch festgestellt, dass der Joghurt verdorben war, was er nach § 377 Abs. 1 HGB unverzüglich hätte rügen müssen. Im vorliegenden Fall hat L die Ware aber nie erhalten, da diese direkt an K ausgeliefert wurde. Dies entbindet L allerdings nicht von seiner Untersuchungspflicht. Bei einem Streckengeschäft ist zwar anerkannt, dass der weiterverkaufende Zwischenhändler die Untersuchung des Kaufobjekts seinem Abnehmer überlassen darf. Er muss in diesem Fall aber auch dafür Sorge tragen, dass der Abnehmer ihn sobald wie möglich über Mängel unterrichtet. Kommt es zu vermeidbaren Verzögerungen bei der Mängelanzeige, muss sich der Zwischenhändler den Gewährleistungsausschluss nach § 377 Abs. 2 HGB entgegenhalten lassen.

In Folge der Verletzung der Rügeobliegenheit sind die Gewährleistungsansprüche des L, also nach § 377 Abs. 2 HGB, ausgeschlossen.
(III) Ergebnis: L hat daher gegen B keinen Anspruch auf Rückzahlung des Kaufpreises.

Teil 5: Gesellschaftsrecht

1. Kapitel: Grundlagen

Warum ist das Thema für Sie von Bedeutung: 568
Im Gesellschaftsrecht geht es um Zusammenschlüsse mehrerer Personen zu einer gemeinschaftlichen Zweckverfolgung. In der Praxis sind vertiefte gesellschaftsrechtliche Kenntnisse vor allem für alle Berufsfelder im Controlling, der Steuerberatung und Wirtschaftsprüfung sowie in den Bereichen Finanzen und M&A zwingend erforderlich. Aber auch im Übrigen spielt das Gesellschaftsrecht eine wichtige Rolle im beruflichen Alltag des Nichtjuristen, insbesondere wenn es um Vertretungs- und Haftungsfragen geht. Gesellschaften ermöglichen den Gesellschaftern eine Bündelung ihrer Ressourcen Kapital und Arbeit. Das Gesetz stellt hierzu verschiedene Gesellschaftsformen zur Verfügung, die jedoch auf die gesetzlich vorgesehenen Fälle beschränkt sind (sog. Numerus Clausus der Gesellschaftsformen). Die Arten der vorhandenen Gesellschaftsformen werden im Gesetz abschließend bestimmt. Die Gesellschafter können – anders als im Schuldrecht – wie im Sachenrecht (Typenzwang) keine neuen Gesellschaftsformen erfinden. Die Kriterien, die bei der Wahl der passenden Rechtsform eine Rolle spielen, sind vielfältig. Zu ihnen gehören Überlegungen wie: Steuerbelastung der Gesellschaft und der Gesellschafter, besteht eine persönliche Haftung der Gesellschafter mit ihrem Privatvermögen oder ist die Haftung auf die Gesellschaft beschränkt, wie schnell und einfach kann über die Gesellschaftsanteile verfügt werden, wollen die Gesellschafter die Geschäftsführung selbst übernehmen (Eigengeschäftsführung) oder wollen sie auch Dritte einsetzen (Fremdgeschäftsführung), wie hoch soll das Gründungskapital sein, wie hoch sind die Gründungskosten, sollen die Bilanzen der Gesellschaft veröffentlicht werden (Publizitätspflicht), wird das Unternehmen über Eigenkapital oder Fremdkapital finanziert, wie viele Gesellschafter soll es geben etc.

Die zentralen rechtlichen Fragen des Gesellschaftsrechts sind die **Rechtsfähigkeit** der 569
jeweiligen Gesellschaftsform, die konkreten **Haftungsverhältnissen** und, wie die **Geschäftsführungs- und Vertretungsbefugnis** der Gesellschaftsform ausgestaltet sind.

Die Frage der **Rechtsfähigkeit** beantwortet, ob es sich bei einer Gesellschaftsform um 570
ein eigenes Rechtssubjekt (s. Rn. 4) handelt, das selbstständig am Rechtsverkehr teilnehmen kann, also in der Lage ist, Rechte zu erwerben und Verpflichtungen zu begründen. Eine Gesellschaft ist danach vollrechtsfähig, wenn sie neben der Möglichkeit, Rechte zu erwerben und Pflichten zu begründen, unter der eigenen Firma vor Gericht klagen und verklagt werden kann, und die Fähigkeit besitzt, im Grundbuch als Eigentümer und Inhaber von dinglichen Rechten an Grundstücken eingetragen zu sein. Fehlt es an einem dieser Elemente, ist die Gesellschaft teilrechtsfähig.

Bei den **Haftungsverhältnissen** geht es darum, ob für die Verbindlichkeiten der Gesell- 571
schaft nur die Gesellschaft selbst oder daneben auch die Gesellschafter mit ihrem Privatvermögen haften. Die Frage der Haftung ist dabei nicht nur für die Gesellschafter (Haftungsrisiko) von Relevanz, sondern insbesondere auch für die Gläubiger der Gesellschaft (Ausfallrisiko). So wird bspw. eine Bank einer Gesellschaft mit beschränkter Haftung mit einem Stammkapital von 25.000 € bei der nur das Gesellschaftsvermögen, nicht aber die Gesellschafter persönlich haften, aufgrund des Ausfallrisikos im Falle einer Insolvenz, nicht ohne Sicherheiten ein Darlehen über 500.000 € zur Verfügung stellen.

572 Die Frage der **Geschäftsführungs- und Vertretungsbefugnis** beantwortet schließlich, wer im Innenverhältnis zwischen den Gesellschaftern verbindlich darüber entscheidet, wie die von den Gesellschaftern zur Verfolgung des gemeinsamen Zwecks eingebrachten Beiträge eingesetzt werden (Geschäftsführung). Typische Geschäftsführungsmaßnahmen sind Entscheidungen über die Unternehmensstrategie, Abschlüsse von Verträgen mit Banken, Lieferanten und Kunden, Entscheidungen über die Personalpolitik der Gesellschaft, Erschließung neuer Märkte, RnD etc. Wie bei der Stellvertretung (s. Rn. 113 ff.) ist die Frage der Vertretung der Gesellschaft im Außenverhältnis (Vertretungsmacht) von der Geschäftsführung im Innenverhältnis strikt zu trennen.

> **Beachten Sie:**
> Die Geschäftsführungsbefugnis beschreibt, was die Geschäftsführer (im Innenverhältnis) DÜRFEN, die Vertretungsbefugnis beschreibt, was sie (im Außenverhältnis) KÖNNEN.

573 Die Geschäftsführung und Vertretung obliegen bei Personengesellschaften in der Regel den Gesellschaftern, bei Kapitalgesellschaften den sog. Organen. Die konkreten Gesellschaftsformen lassen sich in zwei Hauptgruppen einteilen, nämlich:
- **Personengesellschaften** und
- **Körperschaften.**

Personengesellschaften	Körperschaften
BGB-Gesellschaft (auch Gesellschaft bürgerlichen Rechts – GbR genannt)	Vereine
Offene Handelsgesellschaft (oHG)	Genossenschaften
Kommanditgesellschaft (KG)	Gesellschaft mit beschränkter Haftung (GmbH)
Stille Gesellschaft	Aktiengesellschaft (AG)
Partnerschaft	Kommanditgesellschaft auf Aktien (KGaA)
Europäische wirtschaftliche Interessenvereinigung (EWIV)	

Abbildung 57: Gesellschaftsformen

574 Die Gesellschaftsformen unterscheiden sich in der Frage der **Haftungsbeschränkung**. Bei Körperschaften haftet nur die Gesellschaft selbst gegenüber den Gesellschaftsgläubigern (§ 13 Abs. 2 GmbHG, § 1 Abs. 1 Satz 2 AktG, § 2 GenG), während bei Personengesellschaften neben der Haftung der Gesellschaft zusätzlich eine unbeschränkte persönliche Haftung der Gesellschafter besteht.

> **Beachten Sie:**
> Dies gilt nicht durchgängig: So ist z. B. eine GmbH & Co.KG eine Personengesellschaft, dennoch ist die Haftung auf das Gesellschaftsvermögen beschränkt.

575 Die Frage der **Rechtsfähigkeit der Gesellschaft** ist hingegen kein hilfreiches Unterscheidungskriterium mehr, denn zwischenzeitlich ist auch die Rechtsfähigkeit von Personengesellschaften (analog § 124 HGB) weitestgehend anerkannt. Ein entscheidender Unterschied der Gesellschaftsformen ist, dass bei Körperschaften die Mitgliedschaftsrechte weitgehend verselbstständigt sind („Träger der Gesellschaft ist mehr das Kapital als die Personen").

> **Beispiel:** Wenn Sie Aktien von Daimler kaufen, sind Sie Aktionär und haben Dividendenrechte, Rechte auf Teilnahme an der Hauptversammlung etc. An der Struktur von Daimler verändert sich aber durch den Aktienkauf nichts. Gleiches gilt beim Verkauf der Aktien. Gründen Sie mit einem Freund in Ulm den Friseursalon

„Simone & Daniel" als GbR und scheidet ihr Freund aus der GbR aus, dann verändert sich die Gesellschaft grundlegend.

Die Personengesellschaft basiert in der Regel auf dem gegenseitigen Vertrauen der Gesellschafter, die sich gerade im Hinblick auf die jeweils anderen Gesellschafter zur gemeinsamen Zweckverfolgung zusammengeschlossen haben. Änderungen in der personellen Zusammensetzung von Personengesellschaften sind daher nur unter erschwerten Bedingungen möglich. So erfordert ein Gesellschafterwechsel bei den Personengesellschaften in der Regel neben dem Ausscheiden des alten Gesellschafters eine Änderung des Gesellschaftsvertrages hinsichtlich des Eintritts des neuen Gesellschafters, dem die übrigen Gesellschafter zustimmen müssen.

Auch unterscheiden sich Körperschaften und Personengesellschaften betreffend der **Geschäftsführung und Vertretung**. Bei Personengesellschaften gilt der Grundsatz der **Selbstorganschaft**. Das bedeutet, dass die Geschäftsführung und Vertretung von den Gesellschaftern selbst übernommen werden muss. Bei Körperschaften hingegen wird die Geschäftsführung durch besondere Organe (Vorstand, Geschäftsführer etc.) wahrgenommen. Diese können auch mit Personen besetzt werden, die keine Gesellschafter sind. Es gilt daher der Grundsatz der **Fremdorganschaft**.

2. Kapitel: Personengesellschaften

I. Überblick

Die wichtigsten **Personengesellschaften** finden Sie nachfolgend dargestellt. Folgende Unterschiede sind bei den einzelnen Gesellschaftsformen festzustellen:
- Die **BGB-Gesellschaft** oder **Gesellschaft bürgerlichen Rechts** (GbR) ist in den §§ 705 ff. BGB geregelt ist. Bei ihr verpflichten sich die Gesellschafter im Gesellschaftsvertrag zur Förderung eines beliebigen gemeinsamen Zwecks, der nicht auf den Betrieb eines Handelsgewerbes i. S. v. § 1 Abs. 2 HGB gerichtet ist.
- Die **offene Handelsgesellschaft** (oHG) ist in den §§ 105 ff. HGB geregelt, die weitgehend auf die Regelungen der §§ 705 ff. BGB Bezug nehmen. Im Unterschied zur GbR ist hier der Gesellschaftszweck auf den Betrieb eines Handelsgewerbes unter gemeinschaftlicher Firma gerichtet.
- Die **Kommanditgesellschaft** (KG). Die §§ 161 ff. HGB enthalten Regelungen für den Kommanditisten, im Übrigen verweisen sie auf die Regelungen für die oHG (§§ 105 ff. HGB), die wiederum auf die Regelungen für die GbR verweisen (§§ 705 ff. BGB). Bei der KG ist der Gesellschaftsvertrag wie bei der oHG auf den Betrieb eines Handelsgewerbes unter gemeinschaftlicher Firma gerichtet. Es gibt zwei Arten von Gesellschaftern: Die persönlich haftenden Gesellschafter (Komplementäre), die für die Gesellschaftsverbindlichkeiten unbeschränkt persönlich haften und die beschränkt haftenden Gesellschafter (Kommanditisten), die nur bis zur Höhe ihrer Haftsumme haften.
- Die **GmbH & Co. KG** ist eine Kommanditgesellschaft, bei der die Komplementärin eine GmbH ist.
- Die **Partnerschaftsgesellschaft** (PartG), die im Partnerschaftsgesellschaftsgesetz (PartGG) geregelt ist, ist eine Gesellschaftsform für Freiberufler, die der oHG und der KG vergleichbar ist. Da Freiberufler kein Gewerbe betreiben, können Sie keine oHG gründen.
- Die **stille Gesellschaft** ist in den §§ 230 ff. HGB geregelt. Bei ihr handelt es sich um eine Beteiligung am Handelsgewerbe eines anderen, bei der der stille Gesell-

schafter eine Einlage in das Vermögen des Geschäftsinhabers leistet und dafür eine Gewinnbeteiligung erhält. Die stille Gesellschaft ist eine reine Innengesellschaft, d. h. sie tritt nicht nach außen im Rechtsverkehr auf.
- Die **Europäische Wirtschaftliche Interessenvereinigung** (EWIV) schließlich ist in der EWIV-Verordnung der Europäischen Gemeinschaft geregelt. Es handelt sich um eine europarechtliche Gesellschaft mit Gesellschaftern in mindestens zwei Mitgliedstaaten der EU, die die Kooperation über die nationalen Grenzen hinweg ermöglichen soll. Die EWIV ist eine rechtsfähige Personengesellschaft.

	GbR	Partnerschaft	OHG	KG
Bedeutung	Gesellschaft bürgerlichen Rechts gem. BGB	Partnerschaft gem. PartGG	Offene Handelsgesellschaft gem. HGB	Kommanditgesellschaft gem. HGB
Eintragung ins Handelsregister	Nein	Ja, ins Partnerschaftsregister	Ja	Ja
Gewerbe	Nein	Nein	Ja	Ja
Geschäftsführung	Alle Gesellschafter gemeinschaftlich	Alle Partner jeweils für ihre Tätigkeit, vertragliche Regelung möglich, jedoch kann kein Partner von der Geschäftsführung ausgeschlossen werden.	Alle Gesellschafter gemeinsam, vertragliche Übertragung auf Einzelne möglich, diese sind dann einzeln geschäftsführungsbefugt.	Nur persönlich haftende Gesellschafter (Komplementäre); Kommanditisten sind von der Geschäftsführung ausgeschlossen.
Haftung	Alle Gesellschafter persönlich, solidarisch und mit Privat- und Gesellschaftsvermögen	Partner persönlich, solidarisch und mit Privat- und Partnerschaftsvermögen.	Gesellschafter persönlich als Gesamtschuldner mit Privat- und Gesellschaftsvermögen	Gesellschaft mit Betriebsvermögen, Komplementäre mit Privatvermögen und Einlagen, Kommanditist mit Einlagen
Sonstiges		Nur für freie Berufe (§ 18 EStG)		

Abbildung 58: Übersicht Personengesellschaften

II. Gesellschaft bürgerlichen Rechts (GbR)

578 **Warum ist das Thema für Sie von Bedeutung:**
Die GbR kann als Gesellschaftsform für wirtschaftliche und nichtwirtschaftliche Zwecken eingesetzt werden. Bei wirtschaftlichen Zwecken kommt sie insbesondere dann in Betracht, wenn kein vollkaufmännisches Handelsgewerbe betrieben werden soll, und damit die Voraussetzungen einer oHG nicht erfüllt sind. Weiterhin kommt die GbR häufig bei Zusammenschlüssen von Freiberuflern vor, da diese kein Gewerbe betreiben und daher ebenfalls nicht die Rechtsform der oHG oder KG wählen können. Die GbR wird hier allerdings zunehmend durch die Partnerschaftsgesellschaft in den Hintergrund gedrängt. Schließlich kommt die (wirtschaftliche) GbR im Rahmen überbetrieblicher Kooperationen zur gemeinsamen Durchführung einzelner Geschäftsvorhaben in der Praxis häufig vor (Konsortium, Arbeitsgemeinschaft, Bieter- und Liefergemeinschaft, Forschungs- und Entwicklungskooperationen etc.) Auch von Privatpersonen wird die GbR häufig zur Durchführung einzelner Vorhaben mit Gewinnerzielungsabsicht gewählt (gemeinsame Anschaffungen, Lotto-Gemeinschaft etc.). Schließlich werden in der Rechtsform der GbR oft kulturelle oder gemeinnützige Zwecke verfolgt (Nachbarschaftshilfe, Theatergemeinschaften etc.).

1. Grundlagen

579 Die GbR ist die Grundform der Personengesellschaften. Bei ihr verpflichten sich die Gesellschafter gegenseitig, die Erreichung eines gemeinsamen Zwecks in der durch den Vertrag bestimmten Weise zu fördern, insbesondere die vereinbarten Beiträge zu leisten § 705 BGB). Dabei kann die GbR im Rechtsverkehr in Erscheinung treten (Außengesellschaft) oder rein einen Zweck zwischen den Gesellschaftern erfassen (Innengesellschaft).

Beispiel: Eine Außengesellschaft wäre etwa ein minderkaufmännischer Friseursalon, eine Sozietät von Steuerberatern und Wirtschaftsprüfern oder eine Liefergemeinschaft zwischen zwei Transportbetongesellschaften. Will A ein Haus kaufen und vermieten und beteiligt sich B an den Anschaffungskosten gegen einen Teil der Mieten, so handelt es sich um eine Innengesellschaft.

Lange Zeit war die Frage, ob eine GbR rechtsfähig ist, also eigene Rechte und Pflichten begründen und vor Gericht klagen und verklagt werden kann, unter Juristen leidenschaftlich umstritten. Zwischenzeitlich ist die (Teil-) Rechtsfähigkeit der GbR aber allgemein anerkannt. Streitig ist eigentlich nur noch, ob die GbR im Grundbuch eingetragen werden kann. Sie können insoweit die Regelung des § 124 HGB auf die GbR entsprechend anwenden.

2. Entstehung und Auflösung der GbR

Die GbR **entsteht** durch Vertrag, der den Inhalt hat, dass sich die Gesellschafter zur Verfolgung eines gemeinsamen Zwecks verpflichten. Der Gesellschaftsvertrag unterliegt grundsätzlich den allgemeinen Regeln des Vertragsschlusses (s. Rn. 56 ff.). Die Willenserklärungen der Gesellschafter können auch nichtig sein, wenn ein gesetzlicher Nichtigkeitsgrund (s. Rn. 75 f.) eingreift. Die Rechtsfolgen der zivilrechtlichen Nichtigkeits- und Anfechtungstatbestände passen allerdings nicht auf das Gesellschaftsrecht, denn wenn eine Gesellschaft bereits in Vollzug gesetzt ist, kann sie schwerlich als von Anfang an unwirksam angesehen und nach Bereicherungsrecht rückabgewickelt werden. Daher besteht Einigkeit darüber, dass eine Gesellschaft, wenn sie in Vollzug gesetzt worden ist, aufgrund eines allgemein zivilrechtlichen Anfechtungs- oder Nichtigkeitstatbestandes nur mit Wirkung für die Zukunft beendet werden kann. Für die Vergangenheit genießt sie als sogenannte „**fehlerhafte Gesellschaft**" Bestandsschutz. Dies gilt nur dann nicht, wenn aus gewichtigen Belangen der Allgemeinheit oder bestimmter besonders schutzwürdiger Personen eine „zeitweise Anerkennung" der Gesellschaft unvertretbar ist. Dies ist in der Regel bei sittenwidrigen Gesellschaftsverträgen (§ 138 BGB) der Fall und wenn an der Gesellschaft Minderjährige unter Verstoß gegen die §§ 105 ff. BGB beteiligt sind.

Zur **Beendigung** der GbR muss diese zunächst aufgelöst (bspw. gekündigt) und dann auseinandergesetzt (liquidiert) werden. Die Beendigung der Gesellschaft setzt also zunächst die Auflösung der Gesellschaft voraus. Diese führt jedoch nicht dazu, dass die Gesellschaft die Rechtspersönlichkeit verliert, vielmehr ändert sich nur der Gesellschaftszweck, indem an die Stelle des bisherigen Zwecks der Zweck tritt, die Gesellschaft abzuwickeln (die Gesellschaft ist dann in Liquidation [i. L.]). Solche Gründe zur Auflösung einer GbR sind:
- Zweckerreichung (§ 726 BGB),
- Eröffnung des Insolvenzverfahrens über das Vermögen der Gesellschaft (§ 728 Abs. 1 BGB),
- Kündigung durch einen Gesellschafter (§ 723 Abs. 1 BGB),
- Tod eines Gesellschafters (§ 727 BGB), oft enthält der Gesellschaftsvertrag aber eine Fortsetzungsklausel (§ 736 Abs. 1 BGB),
- Eröffnung des Insolvenzverfahrens über das Vermögen eines Gesellschafters (§ 728 Abs. 2 Satz 1 BGB).

Anstelle der Beendigung kann im Gesellschaftsvertrag auch vereinbart werden, dass der betroffene Gesellschafter aus der Gesellschaft ausscheidet (§§ 736, 737 BGB), und sein Anteil am Gesellschaftsvermögen den anderen Gesellschaftern anwächst (§ 738 Abs. 1 Satz 1 BGB). Im Gegenzug erhält der ausscheidende Gesellschafter eine Abfindung, die dem anteiligen Wert seiner Mitgliedschaft entspricht (§ 738 Abs. 1 Satz 2 BGB). Ist die Gesellschaft aufgelöst, wird sie nach den §§ 730 ff. BGB auseinandergesetzt. Im Rahmen dieser Auseinandersetzung werden zunächst die Verbindlichkeiten der Gesellschaft gegenüber den Gläubigern befriedigt. Eventuell übriges Vermögen wird den Gesellschaftern zurückgewährt.

3. Stellung der Gesellschafter

584 Grundsätzlich stehen allen Gesellschaftern kraft ihrer Beteiligung
- Vermögensrechte und
- Verwaltungsrechte

zu.

585 So hat der Gesellschafter einer GbR das Recht auf eine Beteiligung am Gesellschaftsgewinn. Diese richtet sich in erster Linie nach dem Gesellschaftsvertrag. Ist dort nichts geregelt, greifen die §§ 721 und 722 BGB.

586 Die Verwaltungsrechte der Gesellschafter der GbR umfassen insbesondere die Mitwirkung in der Geschäftsführung und die Vertretungsrechte der Gesellschaft sowie Informations- und Einsichtsrechte (§ 716 BGB). Die Gesellschafter schulden die Erbringung der im Gesellschaftsvertrag vereinbarten Beiträge (z. B. Geldleistung, Sachleistungen oder Dienstleistungen). Sind die Bestimmungen im Gesellschaftsvertrag unklar, greifen die §§ 705–707 BGB. Daneben trifft die Gesellschafter eine allgemeine Treuepflicht (§ 242 BGB), die beinhaltet, dass diese im Rahmen des Gesellschaftszwecks gegenüber der Gesellschaft und den Mitgesellschaftern loyal sein müssen. So dürfen sie etwa keine Betriebs- und Geschäftsgeheimnisse der Gesellschaft an Dritte weitergeben und müssen Geschäftschancen der Gesellschaft für diese wahrnehmen und nicht für sich selbst.

4. Organisationsstruktur der GbR

587 Fallbeispiel 22 (Lösung s. Rn. 590):
A und B betreiben unter der Bezeichnung „A&B die schnelle Welle" einen kleinen Friseursalon. Sie traten im Rechtsverkehr unter der Bezeichnung „GbR mit beschränkter Haftung" auf. Im Gesellschaftsvertrag wurde vereinbart, dass die Haftung der Gesellschaft nach außen auf das Gesellschaftsvermögen beschränkt sein soll. Weiterhin wurde vereinbart, dass die Geschäftsführung und Vertretung der Gesellschaft durch die Gesellschafter je einzeln erfolgen soll. Ein halbes Jahr später kaufte B im Namen der GbR eine neue Ladentheke beim Verkäufer V für 15.000 €. Nunmehr verlangt V von der GbR und von A die Bezahlung des Kaufpreises.

588 a) **Geschäftsführung und Vertretung.** Die **Geschäftsführung** der GbR obliegt nach § 709 Abs. 1 BGB allen Gesellschaftern gemeinschaftlich. Geschäftsführungsmaßnahmen müssen daher gemeinsam (einstimmig) getroffen werden, soweit im konkreten Gesellschaftsvertrag keine abweichende Regelung vereinbart ist. Haben die Gesellschafter einem oder mehreren Gesellschaftern die Geschäftsführungsbefugnis übertragen, kann nach § 711 BGB jeder Gesellschafter der Geschäftsführungsmaßnahme eines anderen Gesellschafters widersprechen. Die geplante Geschäftsführungsmaßnahme muss dann unterbleiben. Im Gesellschaftsvertrag kann allerdings auch das Widerspruchsrecht ausgeschlossen werden.

589 Die Befugnis zur **Vertretung** der Gesellschaft im Außenverhältnis folgt bei der GbR der Geschäftsführungsbefugnis (§ 714 BGB), mit der Folge, dass aus der gesetzlichen Gesamtgeschäftsführung (§ 709 Abs. 1 BGB) die Gesamtvertretung der Gesellschaft durch alle Gesellschafter folgt. In diesem Fall müssen die Gesellschafter die GbR gemeinsam vertreten.

Beispiel: A, B und C gründen eine (minderkaufmännische) Videothek in Form einer GbR. Bestellt (nur) A bei einem Lieferanten die Ladeneinrichtung, so hat er nach den §§ 714, 709 Abs. 1 BGB hierfür keine Vertretungsmacht. Die GbR wird also nicht Vertragspartner des Kaufvertrages. Genehmigen die beiden anderen Gesellschafter den Kaufvertrag nicht (§ 177 Abs. 1 BGB), so haftet A nach § 179 Abs. 1 BGB als Vertreter ohne Vertretungsmacht.

> **Beachten Sie:**
> In der Praxis wird – abweichend von den gesetzlichen Regelungen – im Gesellschaftsvertrag oft eine Einzelgeschäftsführung vereinbart, die dann nach § 714 BGB auch zu einer Einzelvertretungsmacht führt.

b) Haftung. Hinsichtlich der Haftung für Verbindlichkeiten der Gesellschaft ist zwischen der 590
- Haftung der GbR selbst und
- der Haftung ihrer Gesellschafter
zu unterscheiden.

Folgende Aspekte sind in diesem Zusammenhang zu berücksichtigen:
- Wie dargestellt, ist die GbR teilrechtsfähig. Sie kann also Rechte erwerben und Verpflichtungen eingehen. Wird sie bei Verträgen und sonstigen Rechtsgeschäften wirksam vertreten, so ist die GbR selbst Schuldnerin der eingegangenen Verbindlichkeit. Dies folgt aus einer entsprechenden Anwendung von § 124 HGB. Begeht ein Gesellschafter eine deliktische Handlung, so haftet die GbR auch hierfür. Denn die GbR muss sich ein zum Schadensersatz verpflichtendes Verhalten ihrer „verfassungsmäßig berufenen Vertreter" entsprechend der Regelung des § 31 BGB als sog. **Organverschulden** zurechnen lassen. „Verfassungsmäßig berufene Vertreter der Gesellschaften" sind neben den geschäftsführenden Gesellschaftern auch Filial- oder Abteilungsleiter.
- Die Gesellschafter haften neben der GbR für alle Verbindlichkeiten der Gesellschaft persönlich. Diese Haftung gründet sich auf die sog. **Akzessorietätstheorie**. Das bedeutet, dass die Gesellschafter einer GbR wie die Gesellschafter einer oHG analog § 128 HGB akzessorisch (abhängig) für die Schulden der GbR einstehen müssen. Diese Haftung der Gesellschafter folgt automatisch der Haftung der GbR. Mit anderen Worten: Für alle Schulden der GbR haften die Gesellschaft neben (!) der GbR entsprechend § 128 HGB als Gesamtschuldner.
- In der Praxis haben die Gesellschafter einer GbR häufig versucht, ihre Haftung dadurch auf das Gesellschaftsvermögen zu beschränken, dass sie im Rechtverkehr als „GbR mit beschränkter Haftung" auftraten. Die Idee war dabei, dass die persönliche Haftung der Gesellschafter von deren vertraglicher Mitverpflichtung durch den die GbR vertretenden Gesellschafter abhängt. Daher haben die Gesellschafter versucht, die Vertretungsmacht des geschäftsführenden Gesellschafters so zu beschränken, dass dieser nur die GbR verpflichten durfte, und dies durch die Bezeichnung als „GbR mit beschränkter Haftung" nach außen deutlich gemacht. Im Rahmen der entsprechenden Anwendung des § 128 HGB ist eine solche Haftungsbeschränkung jedoch nicht möglich.
- Die Gesellschafter haften den Gläubigern der Gesellschaft jeweils auf die ganze Leistung. Sie sind Gesamtschuldner (§ 421 BGB). Nimmt ein Gläubiger nur einen Gesellschafter in Anspruch, so kann dieser im Innenverhältnis bei den anderen Gesellschaftern Regress nehmen (§ 426 Abs. 1 BGB).

Lösung zu Fallbeispiel 22:
(I) V könnte gegen die GbR einen Anspruch auf Zahlung des Kaufpreises nach § 433 Abs. 2 BGB haben, wenn die GbR als Rechtssubjekt aus dem Kaufvertrag, den B mit V geschlossen hat, wirksam verpflichtet wurde.

(1) Die GbR ist entsprechend § 124 HGB teilrechtsfähig und kann daher selbst Trägerin von Rechten und Pflichten sein.
(2) Es ist daher zu prüfen, ob B die GbR wirksam nach § 164 Abs. 1 BGB vertreten hat.
(a) B hat eine eigene Willenserklärung im Namen der GbR abgegeben (Offenkundigkeitsprinzip).
(b) B konnte die GbR auch allein vertreten. Nach § 714 BGB gilt die im Gesellschaftsvertrag hinsichtlich der Geschäftsführung vereinbarte Regelung, dass jeder Gesellschafter Einzelvertretungsbefugnisse hatte, auch für die Vertretung.
(II) Zwischenergebnis: Die GbR ist zur Zahlung des Kaufpreises nach § 433 Abs. 2 BGB verpflichtet.
(III) Fraglich ist, ob V auch einen Anspruch gegen A persönlich geltend machen kann. Dies setzt voraus, dass die Gesellschafter einer GbR auch persönlich haften, und die Haftung nicht aufgrund einer Haftungsbeschränkung ausgeschlossen ist.
(1) Nach der geltenden „Akzessorietätstheorie" haften die Gesellschafter einer GbR für alle Verbindlichkeiten der GbR wie die Gesellschafter einer oHG entsprechend § 128 HGB persönlich.
(2) Der Haftung des A könnte jedoch im vorliegenden Fall entgegenstehen, dass die Haftung aufgrund der individualvertraglichen Vereinbarung auf das Gesellschaftsvermögen beschränkt worden ist. Die Abbedingung der Haftung der Gesellschafter im Rahmen einer individuellen (!) vertraglichen Vereinbarung mit dem Gläubiger ist zulässig. A und B haben jedoch bloß auf Geschäftspapieren etc. die Bezeichnung „GbR mit beschränkter Haftung" verwendet. Die Haftungsbeschränkung war aber nicht Gegenstand der Vertragsverhandlungen oder des Vertragstextes. Dem bloßen Hinweis auf die Haftungsbeschränkung auf Geschäftspapieren (Internet, Briefpapieren, Visitenkarten, AGB etc.) kann kein vertraglicher Gehalt entnommen werden.
(IV) Ergebnis: A haftet daher neben der GbR als Gesamtschuldner auf die Zahlung des Kaufpreises.

III. Offene Handelsgesellschaft (OHG)

591 Warum ist das Thema für Sie von Bedeutung:
Betreiben die Gesellschafter ein Handelsgewerbe im Sinne des § 1 Abs. 1 Satz 2 HGB in Form einer Personengesellschaft und nicht als Körperschaft, und soll bei keinem der Gesellschafter die Haftung beschränkt sein, dann ist die oHG die geeignete Rechtsform. Infolge der unbeschränkten Haftung der oHG-Gesellschafter ist diese besonders bei Finanzinstituten in hohem Maße kreditwürdig. Gerade infolge der unbeschränkten Haftung der Gesellschafter mit ihrem Privatvermögen ist die Rechtsform der oHG in der Praxis aber eher untergeordnet.

1. Grundlagen

592 Die oHG unterscheidet sich von der GbR dadurch, dass bei ihr der Gesellschaftszweck auf den Betrieb eines Handelsgewerbes unter gemeinschaftlicher Firma gerichtet ist (§ 105 Abs. 1 HGB). Die oHG ist daher immer Kaufmann nach § 6 Abs. 1 HGB. Sie ist in den §§ 105 ff. HGB geregelt. Soweit diese Vorschriften keine speziellen Regelungen enthalten, gelten nach § 105 Abs. 2 HGB ergänzend die Regelungen der §§ 705 ff. BGB zur GbR. Nach § 124 HGB kann die oHG unter ihrer Firma Rechte erwerben und Verbindlichkeiten eingehen, Eigentum und andere dingliche Rechte an Grundstücken erwerben sowie vor Gericht klagen und verklagt werden. Wie die GbR ist die oHG daher (teil-)rechtsfähig.

Der Tod eines Gesellschafters oder die Kündigung sowie die Eröffnung des Insolvenzverfahrens über das Vermögen eines Gesellschafters führen nach § 131 Abs. 3 HGB nicht zu einer Auflösung der Gesellschaft, sondern zum Ausscheiden des betroffenen Gesellschafters. Die Aufnahme neuer Gesellschafter in die oHG und die Übertragung (Abtretung) der Mitgliedschaftsrechte bedarf der Zustimmung aller Gesellschafter. Abweichende Regelungen im Gesellschaftsvertrag sind allerdings möglich.

2. Gründung und Auflösung

Die oHG entsteht als Rechtssubjekt mit dem Abschluss des Gesellschaftsvertrages. Der Vertrag kommt nach den allgemeinen Regeln über den Vertragsschluss zustande (s. Rn. 56 f.). Er bedarf keiner besonderen Form. Beim Vorliegen von Nichtigkeitsgründen gelten die Regelungen zur fehlerhaften Gesellschaft. Soweit die Gesellschaft ein vollkaufmännisches Handelsgewerbe betreibt, entsteht die oHG nach § 123 Abs. 2 HGB, sobald sie ihre Geschäfte (tatsächlich) aufnimmt. Betreibt die Gesellschaft kein vollkaufmännisches Gewerbe, entsteht sie nach § 105 Abs. 2 HGB erst mit der Eintragung der Gesellschaft ins Handelsregister. Die oHG wird – wie die GbR – durch **Auflösung** und anschließende Liquidation beendet. Die Auflösungsgründe sind in den §§ 131 ff. HGB geregelt.

3. Stellung der Gesellschafter

Die Rechte und Pflichten der Gesellschafter einer oHG entsprechen weitgehend denjenigen der GbR (s. Rn. 578 ff.). Anders als die Gesellschafter einer GbR unterliegen die Gesellschafter der oHG aber nach § 112 HGB einem gesetzlichen Wettbewerbsverbot. Danach haben die Gesellschafter einer oHG alle **Wettbewerbshandlungen** im Handelszweig der Gesellschaft zu unterlassen. Bei einem Verstoß kann die oHG nach § 113 HGB wahlweise entweder Schadensersatz oder den Eintritt in das Geschäft des Gesellschafters fordern.

4. Organisationsstruktur der oHG

a) Geschäftsführung und Vertretung. Während bei der GbR das Prinzip der **Gesamtgeschäftsführung** gilt, sehen die §§ 114 Abs. 1 und 115 HGB bei der oHG vor, dass jeder Gesellschafter alleine berechtigt ist, für die Gesellschaft zu handeln. Die anderen Gesellschafter können aber widersprechen. Auch bei der oHG können die Gesellschafter nach § 109 HGB abweichende Modelle der Geschäftsführung im Gesellschaftsvertrag vereinbaren.

Entsprechend der Regelung zur Geschäftsführungsbefugnis sieht § 125 Abs. 1 HGB hinsichtlich der **Vertretungsbefugnis** der Gesellschafter vor, dass jeder Gesellschafter die oHG alleine vertreten kann. Nach § 126 HGB gilt dies auch bei der Veräußerung und Belastung von Grundstücken. Beschränkungen der Vertretungsmacht im Innenverhältnis sind im Außenverhältnis gegenüber Dritten nach § 126 Abs. 2 HGB unwirksam. Auch hier können die Gesellschafter aber abweichende Modelle im Gesellschaftsvertrag vereinbaren. Die Vertretungsverhältnisse der oHG sind nach § 106 Abs. 2 Nr. 4 HGB im Handelsregister einzutragen.

b) Haftung

> **Fallbeispiel 23 (Lösung s. Rn. 600):**
> A, B und C betreiben in Ulm eine Galerie in der Rechtsform einer oHG. Die oHG verkauft am 31.3.2017 einen Original Salvador Dali an den Kunden K. Am

2.4.2017 scheidet der Gesellschafter A aus der oHG aus, was am 29.4.2017 ins Handelsregister eingetragen wird. Infolge einer Unachtsamkeit des B wird das von K gekaufte Bild vor der Auslieferung am 5.5.2017 zerstört. K möchte nun von A Schadensersatz.

Die **oHG selbst** haftet nach § 124 HGB auf Erfüllung der in ihrem Namen abgeschlossenen Rechtsgeschäfte. Für das Verschulden ihrer gesetzlichen Vertreter (Organe) haftet die oHG, wie auch die GbR, gem. § 31 BGB.

599 Neben der oHG haften die **Gesellschafter** nach § 128 HGB als Gesamtschuldner im Sinne von § 421 BGB persönlich. Da die Verpflichtung der Gesellschafter von dem Bestehen einer Verpflichtung der oHG abhängig (akzessorisch) ist, spricht man auch von einer sog. akzessorischen Haftung. Muss der Gesellschafter die Verbindlichkeiten der oHG bezahlen, kann er nach § 110 HGB von der Gesellschaft den Betrag zurückerstattet verlangen (Aufwendungsersatz). Daneben hat er einen Ausgleichsanspruch nach § 426 BGB. Der Gesellschafter trägt aber das Insolvenzrisiko der oHG.

600 Tritt ein **neuer Gesellschafter** in die oHG ein, haftet er nach § 130 HGB für alle vor seinem Eintritt begründeten Verbindlichkeiten der oHG. Mit dem **Ausscheiden** aus der Gesellschaft erlischt die Haftung nicht automatisch, sondern der Gesellschafter haftet nach § 160 HGB noch fünf Jahre für die vor seinem Ausscheiden begründeten Verbindlichkeiten der oHG nach.

Lösung zu Fallbeispiel 23:
(I) K könnte gegen A einen Anspruch aus § 280 Abs. 1 BGB haben.
(II) Voraussetzung ist, dass eine entsprechende Verbindlichkeit der oHG besteht, und dass A als Gesellschafter der oHG nach § 128 HGB für diese Verbindlichkeit haftet.
  (1) Die oHG war aus dem Kaufvertrag (§ 433 BGB) verpflichtet, dem K das Bild zu übergeben und zu übereignen. Diese Pflicht hat die oHG schuldhaft (§ 276 Abs. 1 BGB) verletzt. Das Bild wurde durch den Gesellschafter B beschädigt, wofür die oHG nach § 31 BGB analog einstehen muss. Daher liegt eine Verbindlichkeit der oHG (§ 124 HGB) vor.
  (2) Zum Zeitpunkt des Schadenseintrittes war A allerdings nicht mehr Gesellschafter der oHG. Nach § 160 Abs. 1 Satz 1 HGB haftet der ausgeschiedenen Gesellschafters aber fünf Jahre für Verbindlichkeiten, die in diesem Zeitraum fällig werden. Die Fünf-Jahres-Frist beginnt nach § 160 Abs. 1 Satz 2 HGB mit der Eintragung in das Handelsregister. Die Verbindlichkeit muss allerdings schon vor dem Austritt des Gesellschafters dem Grunde nach entstanden sein. Im vorliegenden Fall war der Kaufvertrag mit K zwar schon vor dem Austritt des A aus der Gesellschaft abgeschlossen, das Bild wurde aber erst danach zerstört und damit die Leistung unmöglich (§ 275 Abs. 1 BGB). Entscheidend ist hier, dass die Verpflichtung bereits vor dem Ausscheiden dem Grunde nach bestand. Wann der Schaden eintritt, ist daher nicht mehr von Bedeutung, solange die Fünf-Jahres-Frist nicht überschritten ist. Die Verpflichtung, deren Verletzung nach dem Ausscheiden zu einem Schadensersatzanspruch aus §§ 280 Abs. 1 und 3, 283 BGB führte, war der Anspruch des K aus dem Kaufvertrag nach § 433 Abs. 1 Satz 1 BGB. Diese bestand bereits zu einem Zeitpunkt, als A noch Gesellschafter der OHG war. Die Nachhaftungsvoraussetzungen des § 160 Abs. 1 HGB sind daher erfüllt.
(III) Ergebnis: K hat also einen Anspruch auch gegen A.

IV. Kommanditgesellschaft (KG)

Warum ist das Thema für Sie von Bedeutung:
Die KG ist eine Sonderform der oHG, bei der die Komplementäre, wie die Gesellschafter einer oHG, mit ihrem Privatvermögen akzessorisch zur KG haften, und die Haftung der Kommanditisten nach § 161 Abs. 1 HGB auf den Betrag einer bestimmten Haftsumme beschränkt ist. In der Praxis ist die KG deshalb beliebt, weil sie nicht publizitätspflichtig ist, solange eine natürliche Person Vollhafter (Komplementär) ist. Auch bei sog. Publikumsgesellschaften kommt die KG als Rechtsform häufig vor, weil sie die steuerlichen Vorteile der Personengesellschaft mit der Möglichkeit der Haftungsbeschränkung bei einer Stellung als Kommanditist verbindet.

1. Grundlagen

Die Kommanditisten einer KG haften nur mit Ihrer Hafteinlage (§ 161 Abs. 1 HGB), sind aber auch von Geschäftsführung und Vertretung der Gesellschaft ausgeschlossen. Die §§ 161 ff. HGB betreffen nur den Kommanditisten als solchen. Für die Komplementäre verweist § 161 Abs. 2 HGB auf die §§ 105 ff. HGB, also auf die Regelungen zur oHG. Auch die KG ist eine Personengesellschaft. Insoweit gelten die Regelungen der oHG (s. Rn. 591 ff.).

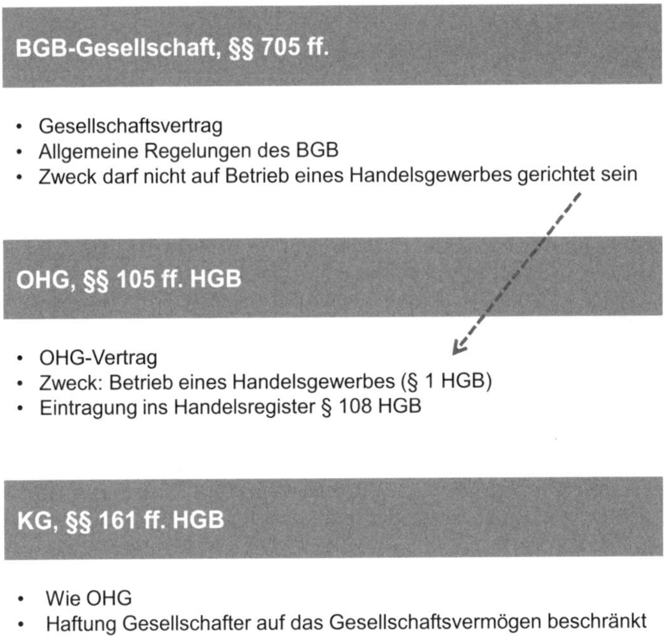

BGB-Gesellschaft, §§ 705 ff.

- Gesellschaftsvertrag
- Allgemeine Regelungen des BGB
- Zweck darf nicht auf Betrieb eines Handelsgewerbes gerichtet sein

OHG, §§ 105 ff. HGB

- OHG-Vertrag
- Zweck: Betrieb eines Handelsgewerbes (§ 1 HGB)
- Eintragung ins Handelsregister § 108 HGB

KG, §§ 161 ff. HGB

- Wie OHG
- Haftung Gesellschafter auf das Gesellschaftsvermögen beschränkt

Abbildung 59: Übersicht Entstehung Personengesellschaften

2. Gründung und Auflösung

603 Die Gründung und Auflösung der KG folgt weitgehend denselben Regeln, wie die oHG (s. Rn. 591 ff.). Soweit die KG ein vollkaufmännisches Handelsgewerbe betreibt, entsteht sie nach den §§ 161 Abs. 1, 105 Abs. 1, 123 Abs. 2 HGB unabhängig von der Eintragung ins Handelsregister mit der Aufnahme ihrer Geschäfte, ansonsten mit der dann konstitutiven Eintragung ins Handelsregister (§§ 161 Abs. 2, 105 Abs. 2, 123 Abs. 1 HGB).

> **Beachten Sie:**
> Beim Tod des Kommanditisten wird nach § 177 HGB die KG mit dem Erben des Kommanditisten fortgeführt.

3. Stellung der Gesellschafter

604 Die Stellung der Komplementäre entspricht derjenigen der Gesellschafter einer oHG (s. Rn 591 ff.). Die Kommanditisten haben nach den §§ 164, 170 HGB grundsätzlich keine Mitverwaltungsrechte (Geschäftsführung und Vertretung). Nach § 165 HGB gilt das Wettbewerbsverbot des § 112 HGB für Kommanditisten nicht. Die Gesellschafter können im KG-Vertrag hierzu abweichende Vereinbarungen treffen. Sie können z. B. den Kommanditisten zum Geschäftsführer machen (sog. atypische KG).

4. Haftung

605 **Fallbeispiel 24 (Lösung s. Rn. 607):**
A, B und C wollen in Ulm ein Geschäft für Herrenmode in der Rechtsform einer KG gründen. A und B sollen Komplementäre, C soll Kommanditist mit einer Hafteinlage von 10.000 € werden, die er auch sofort bezahlt. Im Einverständnis mit B und C nimmt A vor Eintragung der KG in das Handelsregister die Geschäfte der KG auf und kauft bei der Firma X Anzüge im Wert von 50.000 € namens der KG ein. Noch vor Bezahlung der Ware muss die KG Insolvenz anmelden. X will nun von C die Bezahlung des vereinbarten Kaufpreises.

Die KG selbst haftet wie die oHG und die Komplementäre nach den § 161 Abs. 2 i. V. m. § 128 HGB wie die Gesellschafter einer oHG. Die Kommanditisten haften zunächst ebenfalls persönlich neben den Komplementären. Nach § 171 HGB ist die Haftung der Höhe nach aber auf die Einlage des Kommanditisten beschränkt. Mit dem Begriff „Einlage" ist hier die im Handelsregister einzutragende Haftungshöchstsumme („Hafteinlage") gemeint.

> **Beachten Sie:**
> Daneben muss der Kommanditist ggf. nach den Bestimmungen des KG-Vertrages einen Betrag in die Gesellschaft einlegen (sog. „Pflichteinlage"). In der Praxis sind die Haft- und die Pflichteinlage in der Regel identisch, das ist aber keinesfalls zwingend.

606 Zahlt der Kommanditist seine Einlage an die Gesellschaft, so wird er von der Haftung gegenüber den Gläubigern im Außenverhältnis frei. Er muss die Einlage also nur einmal bringen. Diese Haftungsbefreiung im Außenverhältnis entfällt nach § 172 Abs. 4 HGB aber wieder, wenn dem Kommanditisten seine Einlage zurückbezahlt wird.

2. Kapitel: Personengesellschaften

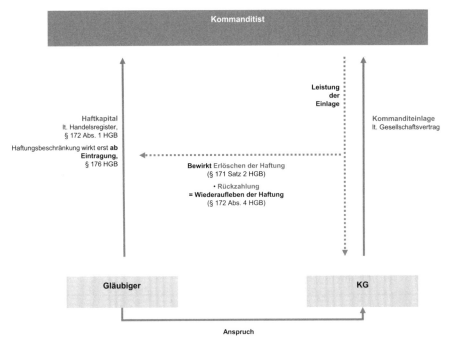

Abbildung 60: Haftung des Kommanditisten

Die Haftungsbeschränkung muss im Handelsregister eingetragen werden. Bis zu diesem Zeitpunkt sieht § 176 HGB zwei Fälle der unbeschränkten Haftung des Kommanditisten vor:

- Hat die KG bereits **vor Handelsregistereintragung** ihre Geschäfte aufgenommen, haftet der Kommanditist, der hiermit einverstanden war, nach § 176 Abs. 1 Satz 1 HGB für die bis zur Eintragung in das Handelsregister begründeten Verbindlichkeiten der Gesellschaft wie ein persönlich haftender Gesellschafter, es sei denn, dass seine Beteiligung als Kommanditist dem Gläubiger bekannt war. Dies gilt aber nur, wenn die KG ein vollkaufmännisches Handelsgewerbe betreibt.
- Tritt ein Kommanditist in eine bestehende Gesellschaft ein, haftet er nach § 176 Abs. 2 HGB für die in der Zeit zwischen seinem Eintritt und dessen Eintragung in das Handelsregister begründeten Verbindlichkeiten ebenfalls unbeschränkt.

Lösung zu Fallbeispiel 24:
(I) X könnte gegen C einen Anspruch auf Zahlung von 50.000 € aus § 433 Abs. 2 BGB haben.
   (1) Voraussetzung ist ein wirksamer Kaufvertrag. Hier ist ein Kaufvertrag ist zwischen der KG und X zustande gekommen, da die KG durch ihren Gesellschafter A nach § 164 Abs. 1 BGB wirksam vertreten wurde. Als Komplementär hatte A nach den §§ 161 Abs. 2, 125 Abs. 1 HGB die erforderliche (Einzel-)Vertretungsmacht. Es liegt also eine Verbindlichkeit der KG vor
   (2) Nach § 171 Abs. 1 Halbsatz 1 HGB haftet der Kommanditist für die Verbindlichkeiten der KG bis zu Höhe seiner Einlage (10.000 €) unmittelbar. Die Zahlung der Einlage führt aber nach § 171 Abs. 1 Halbsatz 2 HGB zum Erlöschen der Haftung.

(3) Es könnte aber eine Haftung nach § 176 Abs. 1 HGB in Betracht kommen: Die KG hat ihre Geschäfte vor Eintragung der Gesellschaft aufgenommen. Der Kommanditist C hat der (vorzeitigen) Geschäftsaufnahme zugestimmt. Es liegt auch eine vor der Eintragung begründete Verbindlichkeit der KG vor. Dem Gläubiger (X) schließlich darf die Kommanditistenstellung nicht bekannt sein. Fraglich, ob sich die Kenntnis auf der Kommanditistenstellung der konkrete Person des Anspruchsgegners (hier also des C) oder generell auf das Vorhandensein von Kommanditisten in der Gesellschaft ankommt (dann reicht Hinweis auf die KG). Der Wortlaut des Gesetzes („seine Beteiligung") spricht für eine Kenntnis der konkreten Person. X wusste zwar, dass er den Vertrag mit einer KG schließt, nicht aber, das C Kommanditist war. Daher haftet C nach § 176 Abs. 1 HGB für die Verbindlichkeit der Gesellschaft wie ein oHG Gesellschafter.

(II) Ergebnis: X hat gegen C Anspruch auf Zahlung von 50.000 €.

5. Sonderform: GmbH & Co.KG

608 Bei der GmbH & Co.KG ist die Komplementärin der KG eine GmbH. Damit gibt es bei der GmbH & Co.KG keine unbeschränkt haftende natürliche Person, denn die Kommanditisten haften nach §§ 171 Abs. 1, 172 Abs. 4 HGB beschränkt bis zur Höhe ihrer Haftsumme. Die GmbH als Komplementärin haftet ihrerseits nach § 13 Abs. 2 GmbHG nur mit ihrem Gesellschaftsvermögen.

> **Beachten Sie:**
> Die Gesellschaft ist dennoch eine Kommanditgesellschaft und damit eine Personengesellschaft. Eine Besonderheit besteht darin, dass über diese Konstruktion die Gründung einer KG mit nur einer Person möglich ist, wenn der Gesellschafter der GmbH mit dem Kommanditisten der KG identisch ist. Es ist auch möglich, dass die KG selbst Gesellschafterin der GmbH ist.

609 Bei der GmbH & Co.KG ist die GmbH als Komplementärin Geschäftsführungs- und Vertretungsorgan. Die GmbH handelt wiederum nach den Regelungen des GmbHG durch ihren Geschäftsführer.

3. Kapitel: Körperschaften

I. Grundlagen

610 Die wichtigsten **Körperschaften** finden Sie nachfolgend dargestellt. Folgende Unterschiede sind bei den einzelnen Gesellschaftsformen festzustellen.
- Der **eingetragene Verein** (e.V.) ist die Grundform der Körperschaften und in den §§ 21 ff. BGB geregelt. Der e.V. ist ein Zusammenschluss von Personen, der auf einen beliebigen Zweck (außer einem wirtschaftlichen Geschäftsbetrieb) gerichtet sein kann und durch die Eintragung im Vereinsregister seine Rechtsfähigkeit erhält.
- Die **Gesellschaft mit beschränkter Haftung** (GmbH) ist im GmbH-Gesetz (GmbHG) geregelt. Sie kann zu jedem gesetzlich zulässigen Zweck gegründet werden (§ 1 GmbHG) und entsteht als juristische Person durch die Eintragung im Handelsregister (§ 11 Abs. 1 GmbHG). Den Gläubigern gegenüber haftet ab Eintragung nur das Gesellschaftsvermögen (§ 13 Abs. 2 GmbHG). Die Gesellschafter sind mit ihrer Stammeinlagen am Stammkapital der Gesellschaft beteiligt.

- Die **Aktiengesellschaft** (AG) ist im Aktiengesetz (AktG) geregelt. Auch sie kann zu jedem gesetzlich zulässigen Zweck gegründet werden und entsteht durch die Eintragung im Handelsregister. Wie bei der GmbH haftet den Gläubigern gegenüber nur das Gesellschaftsvermögen, nicht die Aktionäre. Das Grundkapital der AG ist in Aktien zerlegt.
- Die **Kommanditgesellschaft auf Aktien** (KGaA) ist ebenfalls im AktG, in den §§ 278 ff. AktG geregelt. Es handelt sich um eine Gesellschaft mit eigener Rechtspersönlichkeit, bei der mindestens ein Gesellschafter unbeschränkt persönlich haftet (Komplementär) und die übrigen Gesellschafter an dem in Aktien zerlegten Grundkapital beteiligt sind, ohne persönlich für die Verbindlichkeiten der Gesellschaft zu haften (Kommanditaktionäre).
- Die **Genossenschaft** (eG) schließlich ist im Genossenschaftsgesetz (GenG) geregelt. Es handelt sich um eine Gesellschaft mit nicht geschlossener Mitgliederzahl, die die Förderung des Erwerbes oder der Wirtschaft ihrer Mitglieder mittels gemeinschaftlichen Geschäftsbetriebs bezweckt.

Abbildung 61: Übersicht Körperschaften

II. Gesellschaft mit beschränkter Haftung (GmbH)

Warum ist das Thema für Sie von Bedeutung:
Bei der GmbH handelt es sich um eine Körperschaft (§ 13 Abs. 1 GmbHG). Die GmbH ist in der Praxis als Rechtsform insbesondere für kleine und mittlere Unternehmen sehr beliebt. Sie ist vorzugsweise eine Rechtsform für unternehmerisch beteiligte Gesellschafter bei gleichzeitiger Haftungsbeschränkung. Im Vergleich zur Aktiengesellschaft ist die Kapitalbindung bei der GmbH nicht so hoch. Infolge der Haftungsbeschränkung wird die GmbH auch oft als Rechtsform für Projekte mit einem finanziellen oder operativen Risiko herangezogen.

1. Grundlagen

Die GmbH ist im „Gesetz betreffend die Gesellschaften" mit beschränkter Haftung (GmbHG) geregelt.

> **Beachten Sie:**
> Das GmbHG ist logisch aufgebaut und einfach zu lesen. Es macht daher Sinn, dass Sie vor Prüfungen in diesem Bereich das GmbHG einfach einmal durchlesen.

Das Stammkapital der GmbH muss mindestens 25.000 € betragen (§ 5 Abs. 1 GmbHG). Es zerfällt in einzelne Stammeinlagen, deren Höhe nach § 14 GmbHG den Geschäftsanteil der Gesellschafter bestimmt. Das Stammkapital kann auch von nur einem Gesellschafter übernommen werden. Es liegt dann eine sog. „Ein-Mann-GmbH" vor. Nach § 13 Abs. 3 GmbHG ist die GmbH Formkaufmann (§ 6 Abs. 1 HGB) und zwar unabhängig von ihrem Geschäftsgegenstand.

2. Gründung und Auflösung

614 Fallbeispiel 25 (Lösung s. Rn. 615):
A und B schließen am 31.1.2017 einen GmbH-Vertrag über die „A GmbH" notariell ab und ernennen X zum Geschäftsführer. Vom Stammkapital in Höhe von 25.000 € zahlen sie je 12.500 € ein. Am 10.2.2017 bestellt X im Namen der Gesellschaft mit Zustimmung von A und B bei der Firma G einen Bagger zum Preis von 35.000 €, der am 15.2.2017 geliefert wird. Die Eintragung der Gesellschaft verzögert sich, wird aber von A und B gewünscht und von X betrieben. G will gegen die A GmbH in Gründung sowie gegen A und B vorgehen.

Die GmbH **entsteht** durch einen notariellen Gesellschaftsvertrag (§ 2 GmbHG), der nach § 3 GmbHG mindestens die Firma und den Sitz der Gesellschaft, den Gegenstand des Unternehmens, den Betrag des Stammkapitals und den Betrag der von jedem Gesellschafter auf das Stammkapital zu leisten ist, enthalten muss.

> **Beachten Sie:**
> In der Praxis werden hier oft weitere Regelungen vereinbart, wie z. B. Gewinnverwendung, Regelungen zur Geschäftsführung, Formalien zur Gesellschafterversammlung, Wettbewerbsverbote, Einziehungsszenarien etc. Dabei kann der Gesellschaftsvertrag auch von den gesetzlichen Regelungen des GmbHG abweichen, soweit das Gesetz nicht etwas anderes bestimmt.

615 Für den Vertragsschluss gelten die allgemeinen Regelungen des BGB und die Grundsätze der fehlerhaften Gesellschaft. Die GmbH als solche entsteht nach § 11 Abs. 1 GmbHG erst mit der **Eintragung** der Gesellschaft in das Handelsregister (konstitutive Eintragung). Im Stadium zwischen der notariellen Beurkundung des Gesellschaftsvertrages und der Eintragung besteht eine sog. **GmbH in Gründung** (GmbH i. G., auch Vor-GmbH genannt). Die GmbH i. G. kann schon vor der Eintragung ihre Geschäfte aufnehmen. Es gelten bereits dann alle Regelungen des GmbHG mit Ausnahme derjenigen Vorschriften, die die Eintragung in das Handelsregister voraussetzen (insbesondere die Haftungsbeschränkung nach § 13 Abs. 2 GmbHG). Es handelt sich um eine Rechtsform eigener Art (sui generis), deren Rechte und Pflichten mit Eintragung in das Handelsregister automatisch auf die dann entstehende GmbH übergehen. Betreffend der Haftung für die Verbindlichkeiten, die in dieser Phase begründet werden, gilt folgendes:
- Nach § 11 Abs. 2 GmbH haften die **Handelnden** (Geschäftsführer) für die Verbindlichkeiten persönlich und solidarisch.
- Sinkt die Bilanzsumme der Gesellschaft zum Zeitpunkt der Eintragung (!) der Gesellschaft in das Handelsregister unter die nominelle Stammkapitalsumme, kommt es zu einer **Unterbilanzhaftung** der Gesellschafter, die dem Geschäftsbeginn zugestimmt haben. Diese müssen dann das aufgebrauchte Stammkapital wieder „auffüllen". Es handelt sich aber um eine reine Innenhaftung gegenüber der GmbH. Das bedeutet, dass nur die GmbH (bzw. im Fall der Insolvenz der Insolvenzverwalter) den Anspruch geltend machen kann und nicht die Gläubiger der Gesellschaft.

> **Beachten Sie:**
> Ein reiner aktiv/aktiv-, aktiv/passiv- oder passiv/passiv-Tausch führt nicht zu einer Unterbilanz, denn die Bilanzsumme bleibt unverändert.

Lösung zu Fallbeispiel 25:
(I) G könnte gegen die A-GmbH i. G. einen Anspruch auf Kaufpreiszahlung nach § 433 Abs. 2 BGB haben.

(1) Voraussetzung ist der Abschluss eines wirksamen Kaufvertrages.
  (a) G und X haben einen Kaufvertrag geschlossen.
  (b) X muss die A-GmbH i. G. nach § 164 BGB wirksam vertreten haben.
  (aa) Fraglich ist, ob die A-GmbH i. G. taugliches Vertretungsobjekt ist, da die GmbH nach § 11 Abs. 1 GmbHG erst mit der Eintragung ins Handelsregister entsteht. Auf die Vor-GmbH findet aber § 13 Abs. 1 GmbHG analog Anwendung, weshalb die Vor-GmbH als Rechtsform sui generis bereits Trägerin von Rechten und Pflichten sein kann.
  (bb) X hat im Namen der GmbH i. G. gehandelt (Offenkundigkeit).
  (cc) X hatte auch Vertretungsmacht. § 35 Abs. 1 Satz 1 GmbHG gilt analog, wenn der Geschäftsführer die Geschäfte mit Zustimmung aller Gesellschafter aufgenommen hat.
(II) Zwischenergebnis: X hat die GmbH i. G. wirksam vertreten. G hat daher einen Anspruch gegen die A-GmbH i. G.
(III) Hat G auch Ansprüche gegen A und B?
  (1) Die Anspruchsgrundlage § 433 Abs. 1 BGB greift nicht, weil X nur die A-GmbH i. G. und nicht A und B vertreten hat.
  (2) Die Anspruchsgrundlage § 11 Abs. 2 GmbHG greift auch nicht. Zwar lag eine Zustimmung von A und B zur Geschäftsaufnahme vor, diese erfüllen aber nicht den Begriff des „Handelnden". § 11 Abs. 2 GmbHG ist eng auszulegen. Handelnder ist nur der Geschäftsführer, hier also der X.
  (3) Ein Anspruch aus § 128 HGB kommt ebenfalls nicht in Betracht, denn solange die Gesellschafter die GmbH noch eintragen wollen, und die Eintragung noch möglich ist, sind die §§ 105 ff. HGB gegenüber den §§ 11 ff. GmbHG nicht anwendbar (subsidiär).
  (4) Ein Anspruch aus einer Unterbilanzhaftung kommt ebenfalls nicht in Betracht. Zwar müssen die Gesellschafter eine Unterbilanz im Zeitpunkt der Eintragung durch Nachschüsse ausgleichen, dieser Anspruch ist aber ein reiner Innenausgleich, d. h. er kann nur von der GmbH selbst geltend gemacht werden.
(IV) Ergebnis: G hat also keine Ansprüche gegen A und B.

616 Bei der Gründung der GmbH können die Gesellschafter Bar- oder Sacheinlagen (§ 5 Abs. 4 GmbHG) übernehmen. Nach dem **Grundsatz der Kapitalaufbringung** muss dieses Kapital zwingend geleistet werden. Die Aufrechnung ist nach § 19 Abs. 2 GmbHG unzulässig. Ist die Einlage von einem Gesellschafter nicht zu erlangen, trifft die Mitgesellschafter nach § 24 GmbHG eine Ausfallhaftung.

- Bei **Bareinlagen** darf nach § 7 Abs. 2 GmbHG die Eintragung in das Handelsregister erst erfolgen, wenn auf jeden Geschäftsanteil ein Viertel des Nennbetrags eingezahlt ist. Insgesamt muss auf das Stammkapital mindestens so viel eingezahlt sein, dass der Gesamtbetrag der eingezahlten Geldeinlagen die Hälfte des Stammkapitals erreicht.
- Bei **Sacheinlagen** muss die Werthaltigkeit der Sache nachgewiesen werden, und es ist nach § 7 Abs. 4 GmbHG ein Sachgründungsbericht erforderlich. Dies versuchen manche Gesellschafter dadurch zu umgehen, dass sie eine Bareinlage machen und nach der Eintragung die GmbH die Sache bei dem Gesellschafter erwirbt. Hierbei handelt es sich um eine sog. **„verdeckte Sachgründung"**, die dazu führt, dass der Erwerbsvorgang (Verpflichtungs- und Verfügungsgeschäft) nichtig ist.

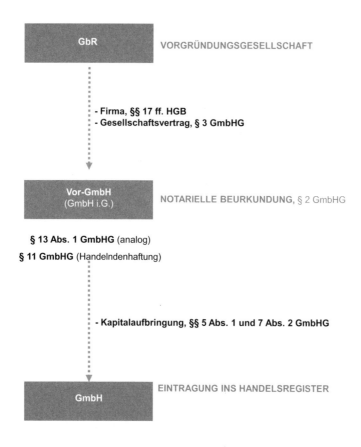

Abbildung 62: Übersicht Gründung GmbH

617 In § 5a GmbHG hat der Gesetzgeber die sog. **Unternehmergesellschaft (UG haftungsbeschränkt)** eingeführt. Damit wollte er die Gründung einer GmbH für mittelständische Unternehmer gegenüber ausländischen Gesellschaftsformen (wie z. B. der Ltd. in England) attraktiver machen, denn bei diesen Gesellschaften reicht bereits ein Pfund als Haftungskapital. Gegenüber der GmbH gelten folgende Besonderheiten:
- Die UG kann bereits mit einem Euro Stammkapital gegründet werden. Sie muss in der Firma abweichend von § 4 GmbHG die Bezeichnung „Unternehmergesellschaft (haftungsbeschränkt)" oder „UG (haftungsbeschränkt)" führen.
- Die Anmeldung der Gesellschaft in das Handelsregister darf erst erfolgen, wenn das Stammkapital in voller Höhe eingezahlt ist.
- Sacheinlagen sind ausgeschlossen.
- In der Bilanz ist eine gesetzliche Rücklage zu bilden, in die ein Viertel des Jahresüberschusses einzustellen ist.

618 Die Regelungen zur Auflösung und Liquidation der GmbH finden sich in den §§ 60 ff. GmbHG.

3. Stellung der Gesellschafter

Die Gesellschafter der GmbH haben Mitverwaltungs- und Vermögensrechte: **619**
- **Mitverwaltungsrechte** sind in erster Linie das Stimmrecht in der Gesellschafterversammlung (§§ 45 ff. GmbHG). Weiterhin haben die Gesellschafter nach § 51a GmbHG jederzeit das Recht, von den Geschäftsführern unverzüglich Auskunft über die Angelegenheiten der Gesellschaft und Einsicht in die Bücher und Schriften zu verlangen.
- **Vermögensrechte** sind die Ansprüche der Gesellschafter auf ihren Anteil am Jahresüberschuss der GmbH (§ 29 GmbHG).

Die Gesellschafter der GmbH treffen spezifische **Treuepflichten** zur gegenseitigen Rücksichtnahme. Der Geschäftsanteil an der GmbH ist **fungibel**, d. h. er kann übertragen werden (§ 15 Abs. 1 GmbHG). Die Verfügung erfolgt durch Abtretung, die der notariellen Form bedarf (§ 15 Abs. 3 GmbHG). Das gilt auch für das zugrundeliegende Verpflichtungsgeschäft (§ 15 Abs. 4 GmbHG), also bspw. den Kaufvertrag über die Anteile. Ein Formmangel im Verpflichtungsgeschäft wird aber nach § 15 Abs. 4 GmbH durch eine formwirksame Abtretung geheilt. Der Gesellschaftsvertrag kann nach § 15 Abs. 5 GmbHG die Übertragung von der Zustimmung der anderen Gesellschafter abhängig machen (sog. Vinkulierung). **620**

4. Organisationsstruktur der GmbH

Organe der GmbH sind: **621**
- die Gesellschafterversammlung und
- der Geschäftsführer.

Die GmbH kann nach § 52 GmbHG freiwillig einen Aufsichtsrat bilden. Bei größeren Gesellschaften kann nach dem Mitbestimmungsgesetz ein Aufsichtsrat auch zwingend sein. **622**

a) **Geschäftsführung.** Nach § 6 GmbHG muss die GmbH zwingend einen oder mehrere Geschäftsführer haben (§ 35 Abs. 1 Satz 2 GmbHG). **623**

> Beachten Sie:
> Da die GmbH eine Körperschaft ist, ist das auch völlig logisch, denn ohne den Geschäftsführer kann die GmbH nicht handeln.

Die Gesellschafterversammlung bestellt nach § 46 Nr. 5 GmbHG die Geschäftsführer und beruft sie ab. Die Geschäftsführer vertreten nach § 35 GmbHG die Gesellschaft im Außenverhältnis gerichtlich und außergerichtlich. Etwaige Beschränkungen der Vertretungsmacht im Innenverhältnis, die der Geschäftsführer nach § 37 Abs. 1 GmbHG beachten muss, haben nach § 37 Abs. 2 GmbHG gegenüber Dritten keine Wirkung. **624**

> Beachten Sie:
> Der Geschäftsführer **darf** zwar nicht alles (§ 37 Abs. 1 GmbHG), er **kann** aber alles (§ 37 Abs. 2 GmbHG)!

Die Beschränkungen des Geschäftsführers nach § 37 Abs. 1 GmbHG sind in der Praxis oft in sog. Zustimmungskatalogen im Gesellschaftsvertrag und/oder dem Geschäftsführer-Anstellungsvertrag enthalten. **625**

> Beispiel: „Der Geschäftsführer bedarf der Zustimmung der Gesellschafterversammlung für alle Rechtsgeschäfte, die über den gewöhnlichen Geschäftsablauf hinausgehen, insbesondere
> (1) für den Erwerb oder die Veräußerung von Grundstücken,
> (2) für den Abschluss von Bürgschaften,
> (3) für den Abschluss von Rechtsgeschäften mit einem Wert über 100.000 € etc.".

626 Die Weisungen können aber auch einzeln von der Gesellschafterversammlung erteilt werden. Missachtet der Geschäftsführer eine solche „Weisung", so sind die Verträge, die er abschließt wirksam (§ 37 Abs. 2 GmbHG). Der Geschäftsführer macht sich aber Schadenersatzpflichtig (§ 43 Abs. 2 GmbHG).

Beachten Sie:
§ 43 Abs. 2 GmbHG entspricht § 280 Abs. 1 BGB. Eine Besonderheit liegt beim **Schaden**, da auch wirtschaftlich günstige Geschäfte der GmbH nicht aufgedrängt werden sollen. Der Geschäftsführer muss hier den vollen Schaden Zug um Zug gegen Herausgabe des Vermögensvorteils der GmbH begleichen. Beispiel: Ein Geschäftsführer kauft für eine GmbH – entgegen einer Weisung der Gesellschafterversammlung – ein Grundstück im Wert von 100.000 € zu einem Kaufpreis von 80.000 €. Hier ist der Geschäftsführer nach § 43 Abs. 2 GmbHG zum Schadenersatz verpflichtet. Allerdings hat die Gesellschaft nach der Differenzhypothese des § 249 BGB (s. Rn. 26) keinen Schaden. Dennoch muss der Geschäftsführer hier die 80.000 € ersetzen, die GmbH muss ihm aber dann das Grundstück übereignen.

---

627 Den Geschäftsführer trifft bei Zahlungsunfähigkeit oder Überschuldung der GmbH die Pflicht unverzüglich Insolvenz anzumelden. Nach § 64 Abs. 2 GmbHG haftet der Geschäftsführer persönlich auf Erstattung aller nach dem Zeitpunkt der Insolvenzreife noch geleisteten Zahlungen. Außerdem haben die durch die Insolvenzverschleppung geschädigten Gläubiger Anspruch auf Schadensersatz gemäß § 823 Abs. 2 BGB i. V. m. § 64 Abs. 1 GmbHG.

628 b) **Gesellschafterversammlung.** Die Gesellschafterversammlung ist das oberste Organ der GmbH. In ihr erfolgt die Willensbildung der Gesellschafter durch **Beschlüsse**. Die Einberufung, der Ablauf und die Beschlussfassung in der GmbH sind stark formalisiert (wenn auch nicht so sehr wie bei der AG), siehe dazu im Einzelnen die §§ 45 ff. GmbHG. Die Aufgaben der Gesellschafterversammlung sind in § 46 GmbHG beschrieben.

> Beispiel: Feststellung des Jahresabschlusses, Verwendung des Ergebnisses, Einforderung von Einzahlungen auf die Stammeinlagen, Bestellung und Abberufung von Geschäftsführern, Entlastung von Geschäftsführern, Prüfung und Überwachung der Geschäftsführung, Bestellung von Prokuristen und Handlungsbevollmächtigten.

5. Haftung

629 Nach § 13 Abs. 2 GmbHG haftet für die Verbindlichkeiten der Gesellschaft nur das Gesellschaftsvermögen. Die GmbH haftet für in ihrem Namen abgeschlossene Geschäfte sowie für Organverschulden gemäß § 31 BGB.

III. Aktiengesellschaft (AG)

Warum ist das Thema für Sie von Bedeutung: 630
In Deutschland hat die AG im Vergleich zur GmbH eine untergeordnete Bedeutung. Sie ist wegen der Fungibilität der Anteile (Aktien) und ihrer Börsenfähigkeit aber dennoch von Relevanz, insbesondere wenn es um die Eigenkapitalbeschaffung geht. Zwischenzeitlich gibt es auch eine sog. „kleine AG", bei der der Aktionärskreis klein ist und für die weniger formale Regelungen gelten.

1. Grundlagen

Die AG ist im Aktiengesetz (AktG) geregelt. Nach § 1 Abs. 1 Satz 1 AktG ist die AG 631
als juristische Person eine Körperschaft. Das Grundkapital der Gesellschaft ist nach § 6 AktG in Aktien zerlegt. Aktien können unterschieden werden in:
- **Nennbetragsaktien**, die auf einen bestimmten Betrag lauten (§ 8 AktG) und **Stückaktien**, die einen festen Anteil am Grundkapital repräsentieren.
- **Inhaberaktien**, bei denen der jeweilige Eigentümer Aktionär ist, (Übertragung erfolgt nach §§ 929 ff. BGB) und **Namensaktien**, bei denen nur derjenige als Aktionär gilt, der im Aktienregister eingetragen ist (§ 67 Abs. 2 AktG).
- **Stammaktien**, die die gesetzlichen Aktionärsrechte gewähren und **Vorzugsaktien**, bei denen auf gesetzliche Rechte verzichtet wird (i. d. R. Mitverwaltungsrechte), die dafür aber bestimmte Privilegien bei den Dividenden gewähren (z. B. garantierte Mindestdividende).

Vorstand und Aufsichtsrat der AG können mit gesellschaftsfremden Personen besetzt 632
sein, es gilt also das Prinzip der Fremdorganschaft. Die AG ist nach § 3 AktG Formkaufmann (§ 6 HGB).

2. Gründung und Auflösung

Fallbeispiel 26: (Lösung s. Rn. 635): 633
A, B und C wollen ein IT-Unternehmen in der Rechtsform der AG betreiben. Das Grundkapital soll 300.000 € betragen. Davon soll A 100.000 € in bar einlegen. B soll der Gesellschaft ein Betriebsgrundstück übertragen, wofür ebenfalls ein Wert von 100.000 € veranschlagt wird. Schließlich soll C der AG Softwarelizenzen für 10 Jahre zur Nutzung überlassen, was einem Wert von 100.000 € entspricht. Wie erfolgt die Gründung der AG?

Die AG wird von ihren Aktionären gegründet. Diese müssen nach § 23 Abs. 1 AktG die Satzung durch notarielle Beurkundung feststellen. § 23 Abs. 3 AktG regelt die Anforderungen und Mindestinhalte an die Satzung. Hierbei gilt der sog. „Grundsatz der Satzungsstrenge" (§ 23 Abs. 5 AktG), nach dem die Satzung der AG nur dann von den Vorschriften des AktG abweichen darf, wenn das Gesetz dies ausdrücklich zulässt.

Beachten Sie:
Bei der GmbH gibt es diesen Grundsatz nicht.

Nach der Feststellung der Satzung durch die Gründer, müssen diese die Aktien nach 634
§ 29 AktG übernehmen (zeichnen). Mit der Übernahme erklären die Gründer die Verpflichtung zur Leistung der Einlagen. Mit der Übernahme der Aktien entsteht die AG in Gründung (i. G.) bzw. die Vor-AG.

> **Beachten Sie:**
> Für die AG i. G. gelten dieselben Grundsätze wie für die GmbH i. G.

635 Mit der konstitutiven Eintragung der Gesellschaft im Handelsregister entsteht nach § 41 Abs. 1 AktG die AG als solche. Das Grundkapital muss mindestens 50.000 € betragen (§ 7 AktG). Das AktG enthält strenge Regeln für die Sicherstellung der Kapitalaufbringung. Grundsätzlich besteht nach § 54 Abs. 2 AktG eine Bareinlagepflicht. Sacheinlagen sind die Ausnahme (§ 27 AktG). Die Aktionäre können nach § 66 AktG nicht von der Einlagepflicht befreit werden. Weiterhin gilt – wie bei der GmbH – das Verbot der Aufrechnung (§ 66 Abs. 1 Satz 2 AktG). Die Einlagen müssen nach § 36 Abs. 2 Satz 1 AktG nach der Einzahlung zur freien Verfügung des Vorstands stehen. Bei Sacheinlagen muss nach § 27 Abs. 1 Satz 1 AktG bereits in der Satzung angegeben werden, welche Sachen eingebracht werden. Wie bei der GmbH ist ein Sachgründungsbericht erforderlich (§ 32 Abs. 2 AktG). Die Werthaltigkeit der Sacheinlage muss durch einen Wirtschaftsprüfer und das Registergericht geprüft werden (§§ 33 Nr. 4 AktG, 38 Abs. 2 Satz 2 AktG). Wie bei der GmbH sind auch bei der AG „verdeckte" Sacheinlagen verboten. Übernimmt ein Gesellschafter also zunächst eine Bareinlage und erwirbt die AG später mit diesem Geld Sachen oder Rechte von dem Gesellschafter, liegt eine unwirksame Sacheinlage vor. In diesem Fall sind entsprechend § 27 Abs. 3 S. 1 AktG sowohl das Verpflichtungs- als auch das Erfüllungsgeschäft nichtig, und die Einlage des Gesellschafters gilt als nicht erbracht.

Lösung zu Fallbeispiel 26:
(I) Zur Gründung der AG müssen A, B und C zunächst die Satzung der Gesellschaft notariell feststellen und die Aktien übernehmen (§§ 23, 29 AktG). Die Satzung muss den in § 23 Abs. 3 AktG genannten Mindestinhalt enthalten.
   (1) Hinsichtlich der Einlagepflichten bestehen bei A keine Besonderheiten, da dieser eine Bareinlage übernimmt.
   (2) B soll der Gesellschaft ein Grundstück übereignen. Dabei handelt es sich um eine Sacheinlage. Diese muss nach § 27 Abs. 1 AktG in der Satzung festgesetzt werden.
   (3) Soweit C der AG eine Softwarelizenz überlässt, handelt es sich um ein schuldrechtliches Nutzungsrecht. Auch solche Rechte können eine Sacheinlage sein, sofern eine feste Laufzeit vereinbart wird.
(II) A, B und C haben nach § 30 Abs. 1 AktG den Aufsichtsrat und den Abschlussprüfer für das erste Geschäftsjahr zu bestellen, was ebenfalls der notariellen Beurkundung bedarf. Der Aufsichtsrat bestellt dann seinerseits nach § 30 Abs. 4 AktG den Vorstand der AG.
(III) Sodann müssen A, B und C ihre Einlagen leisten. Auf die Bareinlagen sind zumindest 25 %, also 25.000 €, einzuzahlen. Die Sacheinlagen müssen hingegen nach den §§ 36 Abs. 2, 36a AktG voll erbracht werden.
(IV) A, B und C müssen dann nach § 32 AktG einen Gründungsbericht erstellen, der insbesondere die in § 32 Abs. 2 AktG genannten Angaben über die eingebrachten Sacheinlagen enthalten muss. Auf Grundlage dieses Berichts muss die Gründung vom Vorstand und vom Aufsichtsrat geprüft werden (§ 33 Abs. 1 AktG). Da B und C Sacheinlagen einbringen, muss nach § 33 Abs. 2 Nr. 4 AktG auch noch die Prüfung durch einen Wirtschaftsprüfer erfolgen.
(V) Dann kann die Gesellschaft nach den §§ 36, 37 AktG zur Eintragung in das Handelsregister angemeldet werden.
(VI) Der Registerrichter prüft die Gründung nach § 38 AktG und trägt sie dann in das Handelsregister ein und macht die Eintragung bekannt (§ 39 AktG).

3. Stellung der Gesellschafter (Aktionäre)

636 Wie die Gesellschafter einer GmbH haben die Aktionäre einer AG Mitverwaltungs- und Vermögensrechte:
- Die Aktionäre üben ihre **Mitverwaltung** in der Hauptversammlung der AG aus. Neben dem Recht auf Teilnahme an der Hauptversammlung (§ 118 AktG) haben die Aktionäre das Recht auf Auskunft in der Hauptversammlung (§ 131 AktG) und natürlich Stimmrechte (§ 134 AktG). Fehlerhafte Hauptversammlungsbeschlüsse können die Aktionäre anfechten (§ 245 AktG).
- An **Vermögensrechten** stehen den Aktionären die Dividendenansprüche (§§ 58 Abs. 4, 60 AktG) und das Recht auf Teilnahme am Liquidationserlös (§ 271 AktG) zu.

637 Die Aktionäre sind zur Leistung der versprochenen Sach- oder Bareinlage verpflichtet (§ 54 AktG). Weiterhin treffen die Aktionäre spezifische Treuepflichten.

Beispiel: In der Hauptversammlung dürfen Aktionäre ihre Stimmrechte nicht zur Erlangung eines Sondervorteils nutzen. Verstößt der Aktionär gegen dieses Schädigungsverbot, ist er der Gesellschaft bei vorsätzlichem Verhalten nach § 117 AktG schadensersatzpflichtig.

4. Organisationsstruktur der AG

638 Die AG hat drei Organe:
- den Vorstand,
- den Aufsichtsrat und
- die Hauptversammlung.

639 a) **Vorstand.** Der Vorstand der AG ist das **Geschäftsführungs- und Vertretungsorgan** (§§ 77 und 78 AktG) der Gesellschaft. Anders als bei der GmbH handelt der Vorstand der AG nach § 76 AktG in eigner Verantwortung und unterliegt keinem Weisungsrecht der Aktionäre. Wie die Geschäftsführer einer GmbH (§ 43 Abs. 2 GmbHG) haftet der Vorstand gegenüber der AG nach § 93 AktG bei fehlerhafter Geschäftsführung.

640 b) **Aufsichtsrat.** Der Aufsichtsrat der AG ist ein **Kontrollorgan**. Er hat die Aufgabe das Handeln des Vorstands zu überwachen (§ 111 AktG). Der Aufsichtsrat bestellt den Vorstand und beruft ihn ab (§ 84 AktG). Bestimmte Geschäftsführungsmaßnahmen des Vorstands können von der Zustimmung des Aufsichtsrats abhängig gemacht werden (§ 111 Abs. 4 Satz 2 AktG). Für die Zahl der Aufsichtsratsmitglieder gilt § 95 AktG. Bei nicht ordnungsgemäßer Ausführung seiner Aufgaben haften die Mitglieder des Aufsichtsrats der Gesellschaft auf Schadenersatz (§ 116 AktG).

641 c) **Hauptversammlung.** In der Hauptversammlung üben die **Aktionäre** ihre Rechte in Angelegenheiten der Gesellschaft aus (§ 118 AktG). Die Hauptversammlung entscheidet durch Beschluss, der grundsätzlich mit einfacher Mehrheit zustande kommt (§ 133 AktG). Hierbei ist die Hauptversammlung für die Grundlagengeschäfte zuständig.

Beispiel: Bestellung der Aufsichtsratsmitglieder, Entlastung des Vorstands und des Aufsichtsrats, Verwendung des Bilanzgewinns, Bestellung des Abschlussprüfers, Strukturmaßnahmen (Auflösung der AG, Satzungsänderungen, Kapitalerhöhungen, Kapitalherabsetzungen etc.).

642 Über Maßnahmen der Geschäftsführung entscheidet die Hauptversammlung nach § 119 Abs. 2 AktG nur, wenn der Vorstand dies ausdrücklich verlangt. Stimmt die Hauptversammlung auf Antrag des Vorstandes einer Maßnahme zu, haftet der Vorstand gegenüber der Gesellschaft wegen dieser Maßnahme nicht auf Schadensersatz (§ 93 Abs. 4 Satz 1 AktG).

5. Haftung

643 Für Verbindlichkeiten der Gesellschaft haftet nach § 1 Abs. 1 Satz 2 AktG nur die Gesellschaft und nicht die Aktionäre persönlich. Das Organverschulden wird der AG nach § 31 BGB wie dem Verein, der GmbH und den Personengesellschaften zugerechnet.

Teil 6: Arbeitsrecht

(Bearbeiterin: RAin Margit Fink)

Warum das Thema für Sie von Bedeutung ist: **644**
Das Arbeitsrecht ist die Summe der Gesetze, die sich mit der in abhängiger Tätigkeit geleisteten Arbeit beschäftigen. Das Arbeitsrecht bezieht sich auf das Verhältnis zwischen Arbeitgebern und Arbeitnehmern, das normalerweise im Arbeitsvertrag seine Grundlage hat. Allerdings bezieht sich das Arbeitsrecht auch auf das Verhältnis zu den im gleichen Betrieb tätigen Mitarbeitern, auf das Verhältnis der Arbeitnehmer- und der Arbeitgeberzusammenschlüsse und ihren Rechtsbeziehungen zueinander. Die Schwierigkeit im Arbeitsrecht ist, dass es keine einheitliche Gesetzgebung hat. Das Arbeitsrecht wird in zahlreichen Spezialgesetzen geregelt. Als Personalsachbearbeiter in einem Betrieb sind Sie deshalb gezwungen, sich mit einer Vielzahl von Gesetzen vertraut zu machen, um den arbeitsrechtlichen Sachverhalt sicher zu beurteilen.

Der Aufbau des Arbeitsrechts folgt der nachfolgenden Rangordnung, wobei diese immer wieder durch den Grundsatz der **Günstigkeitsregelung** durchbrochen wird.
– Arbeitsverträge (§§ 611 ff BGB),
– Betriebsvereinbarungen (§ 77 Abs. 4 BetrVG),
– Tarifverträge (§ 4 Abs. 1 TVG),
– Gesetze (z. B. BGB, KSchG, BetrVG, EFZG),
– Grundgesetz und Europarecht.

Das bedeutet, dass eine rangniedrigere Quelle der ranghöheren vorgeht, wenn diese für den Arbeitnehmer günstiger ist.

Neben der Vielzahl der Gesetze, wird das Arbeitsrecht wesentlich durch **Richterrecht** **645**
geprägt, was in diesem Umfang sonst in keinem anderen Rechtsgebiet der Fall ist. Weiterhin ist im Arbeitsrecht von Bedeutung, dass der Arbeitnehmerbegriff im Sozialversicherungsrecht (Versicherungspflicht in Renten- und Krankenversicherung) und im Arbeitsrecht unterschiedlich definiert wird. Die wesentlichen Rechtsquellen im Arbeitsrecht befinden sich
– im Grundgesetz
   Beispiel: Art. 1 Abs. 1 und Art. 2 Abs. 1 GG, Art. 3 GG, Art. 9 Abs. 3 GG, Art. 4 GG, Art. 5 GG, Art. 12 GG, Art. 14 GG.
– und im BGB
   Beispiel: § 611 BGB, § 612 BGB, § 615 BGB, § 616 BGB, § 620 BGB, § 623 BGB, § 626 BGB, § 315 BGB und § 613a BGB.
– Daneben wird das Arbeitsrecht im Wesentlichen durch Spezialgesetze wie das Kündigungsschutzgesetz, die besonderen Schutzgesetze im SGB IX, das Mutterschutzgesetz, das BEEG und den kollektivrechtlichen Regelungen im Tarifvertragsgesetz sowie dem Teilzeit- und Befristungsgesetz geprägt.

1. Kapitel: Arbeitsvertrag und Dienstvertrag

Der Arbeitsvertrag ist ein Unterfall des Dienstvertrages. Beide Verträge sind in **646**
§§ 611 ff. BGB geregelt. Einige Vorschriften des Dienstvertragsrechts sind nur auf Ar-

beitnehmer anwendbar, bspw. §§ 617–619, 624, 629 BGB. Einzelne Vorschriften gelten nur für Arbeitsverhältnisse, so bspw. §§ 611a, b, 613a, 619a BGB.

647 Das Dienst- und das Arbeitsverhältnis unterscheiden sich im Wesentlichen dadurch, dass ein Dienstverhältnis auch zwischen Personen begründet werden kann, die keine Arbeitnehmer (weder im Sinne des Arbeitsrechts noch im Sinne des Sozialversicherungsrechts) sind.

648 Grundvoraussetzung für den Arbeitnehmerbegriff ist, dass dieser zur **Leistung von „Arbeit"** verpflichtet sein muss. Dabei ist Arbeit in einem wirtschaftlichen Sinne zu verstehen. Diese Verpflichtung zur Arbeitsleistung muss auf einem privatrechtlichen Vertrag oder einem gleichgestellten Verhältnis beruhen. Deshalb werden in der Rechtsprechung und auch durch Gesetz bestimmte Leistungen, die zwar nach außen hin durchaus als Arbeit gewertet werden, nicht als Arbeitsverhältnis angesehen und diejenigen, die sie leisten, auch nicht als Arbeitnehmer im Sinne des Arbeitsvertragsrechts.

Beispiel: „1-Euro-Jobs". Hier wird gemäß § 16 Abs. 3 Satz 2 SGB II kein Arbeitsverhältnis im Sinne des Arbeitsrechts begründet. Ebenso ist die Beschäftigung sowie Wiedereingliederung gemäß § 74 SGB V, eine Tätigkeit im kirchlichen Bereich (Geistliche, Diakonissinnen oder Ordensangehörige) und familiäre Mitarbeit kein Arbeitsverhältnis.

649 Zentrale Voraussetzung für den Arbeitnehmerbegriff ist eine Tätigkeit **in persönlicher Abhängigkeit**. Kriterien, die für eine persönliche Abhängigkeit sprechen sind:
– Es muss ein Weisungsrecht des Unternehmers hinsichtlich der Arbeitszeit, Arbeitsart und Arbeitsort vorliegen.
– Der Arbeitnehmer muss in eine fremde Arbeitsorganisation eingegliedert sein.
– Der Arbeitnehmer muss zur Dienstleistung persönlich verpflichtet sein.
– Die Arbeit des Arbeitnehmers muss immer fremdnützig sein.
– Der Arbeitnehmer muss abhängig sein.

650 Ob ein Arbeitsvertrag oder ein Dienstvertrag vorliegt, bestimmt sich nach dem **wirklichen Geschäftsinhalt**. Soweit sich die Vereinbarung (Vertrag) und die tatsächliche Durchführung widersprechen, ist immer die tatsächliche Durchführung maßgebend.

Beispiel: Zwischen der A GmbH und B besteht ein schriftlicher Vertrag, der als „Freier Mitarbeitervertrag" überschrieben ist. Im Vertrag ist geregelt, dass B eine Arbeitszeit von 40 Stunden wöchentlich erbringen soll und dafür eine Vergütung von 3.000 € erhält. B erhält 20 Tage Urlaub und 6 Wochen Entgeltfortzahlung. In einem Passus ist nachfolgende Regelung enthalten: „Herr B ist sowohl hinsichtlich der Art der Arbeit, der Arbeitszeit und des Arbeitsortes nicht weisungsgebunden." Tatsächlich ist B aber Buchhalter und kann seine Tätigkeit nur im Unternehmen ausüben, da er nur hier den Zugriff auf die einzelnen Daten hat. B hat einen Schreibtisch im Unternehmen wie alle anderen Mitarbeiter und ist verpflichtet, die Stempeluhr zu betätigen. B muss auch bei Urlaub vorher um Genehmigung nachsuchen. Hier regelt zwar der Vertrag, dass es sich um ein freies Mitarbeiterverhältnis handelt und B nicht weisungsgebunden ist hinsichtlich Arbeitsort, Arbeitszeit und Art der Arbeitsausübung, jedoch tatsächlich ist er – wie die anderen Arbeitnehmer – in den Betrieb eingegliedert und auch weisungsgebunden hinsichtlich der Ausführung der Arbeit, Arbeitsort und Arbeitszeit. Hier liegt sowohl nach der Rechtsprechung des Bundesarbeitsgerichtes als auch im Sinne des Sozialversicherungsrechtes ein Arbeitsverhältnis vor.

651 Noch weitergehend ist das **Sozialversicherungsrecht**. Gemäß den sozialversicherungsrechtlichen Vorschriften ist nur diejenige Person kein Arbeitnehmer im Sinne des Sozi-

alversicherungsrechts, die Unternehmer ist und die Geschicke des Unternehmens auch wesentlich bestimmen kann.

Der **Geschäftsführer einer GmbH** ist kein Arbeitnehmer im Sinne des Arbeitsrechts, da er Organ der GmbH ist. Im Sinne des Sozialversicherungsrechts ist der Fremdgeschäftsführer einer GmbH aber Arbeitnehmer und somit sozialversicherungspflichtig. Kein Arbeitnehmer im Sinne des Sozialversicherungsrechtes ist nur derjenige, der aufgrund einer Beteiligung an der Gesellschaft als Gesellschafter im Wesentlichen auch Entscheidungen der Gesellschaft beeinflussen oder verhindern kann.

652

Eindeutig ist dies bei einem Gesellschafter-Geschäftsführer der Alleingesellschafter ist oder bei einem Geschäftsführer, der die Mehrheit der Anteile einer Gesellschaft hält. Bei einem minderheitsbeteiligten Geschäftsführer ist dies der Fall, soweit dieser aufgrund des Gesellschaftsvertrages Entscheidungen der übrigen Gesellschafter, insbesondere auch betreffend seines Vertragsverhältnisses, verhindern kann.

> Beispiel: Der Gesellschafter-Geschäftsführer A hat an der B GmbH einen Gesellschaftsanteil von 25 %. Die Satzung der GmbH sieht vor, dass wesentliche Entscheidungen, die im Gesellschaftsvertrag aufgeführt sind, unter anderem auch die Kündigung des Dienstverhältnisses des Geschäftsführers, mit einer Mehrheit von 80 % der Stimme der Anteilseigner getroffen werden müssen. Hier kann A künftige Entscheidungen – insbesondere auch seine Entlassung – verhindern. Der Gesellschaftsgeschäftsführer ist hier weder Arbeitnehmer im Sinne des Arbeitsrechts noch im Sinne des Sozialversicherungsrechts.

> Beachten Sie:
> Im Zweifel wird die Rechtsprechung immer von einem Arbeitsverhältnis und einem Arbeitnehmer ausgehen, weil dies dem Grundgedanken des Schutzzwecks des Arbeitsrechtes entspricht.

2. Kapitel: Begründung des Arbeitsverhältnisses

Für den Abschluss des Arbeitsvertrages gelten die allgemeinen Regelungen über den Vertragsschluss. Er ist formfrei, kann also schriftlich, mündlich oder auch konkludent abgeschlossen werden.

653

> Beachten Sie:
> Weder ein Zeitungsinserat noch eine Aufforderung bei der Bundesagentur stellen ein Vertragsangebot dar (invitation ad offerendum). Auch die Besonderheit des Nachweisgesetzes im Arbeitsrecht, das die Nachweisrichtlinie 91/533/EWG vom 14.10.1991 umsetzt, stellt keine Einschränkung der Formfreiheit dar.

Nach dem **Nachweisgesetz** hat der Arbeitgeber spätestens einen Monat nach dem vereinbarten Beginn des Arbeitsverhältnisses die wesentlichen Vertragsbedingungen schriftlich niederzulegen, die Niederschrift zu unterzeichnen und dem Arbeitnehmer auszuhändigen (§ 1 NachwG). Die Wirksamkeit des Arbeitsvertrages ist allerdings nicht von der Erfüllung der Vorschriften des Nachweisgesetzes abhängig. In der Niederschrift sind mindestens aufzunehmen:
- Name und Anschrift der Vertragsparteien,
- der Zeitpunkt des Beginns des Arbeitsverhältnisses sowie

654

— bei befristeten Arbeitsverhältnissen die vorhersehbare Dauer des Arbeitsverhältnisses.

> **Beachten Sie:**
> Erfüllt der Arbeitgeber die Voraussetzungen des Nachweisgesetzes nicht, führt dies nicht zur Beweislastumkehr hinsichtlich der vom Arbeitnehmer behaupteten Inhalte des Arbeitsvertrages. Es wird aber im Rahmen der Beweiswürdigung negativ für den Arbeitgeber ausgelegt.

655 Weitere deklaratorische Formvorschriften können sich aus Tarifverträgen, § 4 BBiG oder § 11 AÜG ergeben. Der Arbeitgeber hat nach den §§ 662, 670 BGB die Vorstellungskosten des Arbeitnehmers zu ersetzen. Bei Arbeitsverträgen mit Minderjährigen sind die §§ 112, 113 BGB zu beachten (s. Rn. 146).

656 Zumeist werden von Unternehmen formularmäßige Arbeitsverträge verwendet, die für alle Arbeitnehmer bzw. Arbeitnehmergruppen gleich sind. Es handelt sich dann um **AGB** (s. Rn. 136). Im Rahmen der Inhaltskontrolle nach den §§ 307 ff. BGB problematisch sind insbesondere folgende Klauseln in Arbeitsverträgen:
- Verweisungsklauseln auf Tarifverträge, wegen des Transparenzgebotes (§ 307 Abs. 1 Satz 2 BGB);
- Direktionsrecht und Widerrufsklauseln wegen Verstoß gegen § 308 Nr. 4 BGB;
- Vertragliche Formerfordernisse (Kündigung per Einschreiben) wegen Verstoß gegen § 309 Nr. 13 BGB;
- Zweistufige Verfallsfristen wegen Verstoß gegen § 309 Nr. 13 BGB;
- Verkürzung von Verjährungsfristen wegen Verstoß gegen § 307 Abs. 2 Nr. 1 BGB.

3. Kapitel: Vergütung ohne Arbeit

657 Im Arbeitsrecht gilt der Grundsatz: „**Ohne Arbeit kein Lohn**". Der Arbeitnehmer ist nach § 614 BGB vorleistungspflichtig. Erbringt er seine Arbeit nicht, ist diese wegen des Fixcharakters auch nicht nachholbar, sodass Unmöglichkeit nach § 275 BGB eintritt und die Lohnzahlungspflicht nach § 326 Abs. 1 Satz 1 BGB entfällt, wenn der Arbeitnehmer die Unmöglichkeit zu vertreten hat. Hat der Arbeitgeber die Unmöglichkeit zu vertreten, behält der Arbeitnehmer seinen Lohnanspruch (§ 326 Abs. 1, 2 Alt. 1 BGB). Wenn die Unmöglichkeit von keiner Seite zu vertreten ist, entfällt der Lohnanspruch nach § 326 Abs. 1 Satz 1 BGB. Hiervon gibt es folgende praxisrelevanten Ausnahmen:
- §§ 615, 616 BGB,
- §§ 2, 3 EFZG,
- § 1 BUrlG,
- MutterSchG,
- BErzGG.

I. Entgeltfortzahlung im Krankheitsfall

658 Fallbeispiel 27 (Lösung s. Rn. 662):
Unternehmer B hat den Arbeitnehmer A zum 1.1.2017 eingestellt. A hat zum 2.1.2017 seine Arbeit aufgenommen. Den Arbeitnehmer C hat der Unternehmer B zum Ablauf des 15.12.2016 gekündigt und diesen ebenfalls wieder zum 1.1.2017

eingestellt. Der Auszubildende D wurde am 1.1.2017 in ein befristetes Arbeitsverhältnis nach Ausbildungsende übernommen. A erkrankt am 18.1.2017, und die Krankheit dauert bis einschließlich 15.2.2017 an. C erkrankt am 2.1.2017 und ist bis zum 31.1.2017 arbeitsunfähig erkrankt. Der übernommene Auszubildende D erkrankt am 5.1.2017 und ist bis einschließlich 20.1.2017 arbeitsunfähig erkrankt. Der Arbeitgeber verweigert allen drei Arbeitnehmern die Entgeltfortzahlung im Krankheitsfall, da er die Meinung vertritt, dass die Wartezeit des § 3 Abs. 3 EFZG nicht erfüllt ist. Hat er Recht?

Der Grundsatz „Ohne Arbeit kein Lohn" wird durch § 3 Abs. 1 Entgeltfortzahlungsgesetz (EFZG) durchbrochen, wenn die Voraussetzungen für die geregelte Entgeltfortzahlung im Krankheitsfall vorliegen. Der Begriff **Krankheit** bezeichnet einen regelwidrigen körperlichen oder geistigen Zustand, der einer Heilbehandlung bedarf.

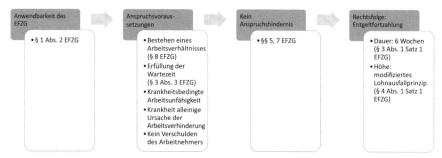

Abbildung 63: Prüfungsschema Entgeltanspruch bei krankheitsbedingter Arbeitsunfähigkeit

Voraussetzung für den Anspruch ist, dass eine **Arbeitsunfähigkeit** aufgrund von Krankheit vorliegt. Als **arbeitsunfähig** ist der Arbeitnehmer anzusehen, soweit er nicht in der Lage ist, aufgrund unverschuldeter Krankheit seine arbeitsvertragliche Leistung zu erbringen.

- Ein **Verschulden** des Arbeitnehmers ist gegeben, wenn ein gröblicher Verstoß gegen das von einem verständigen Menschen im eigenen Interesse zu erwartende gebotene Verhalten vorliegt. Bei Sportarten wird ein Verschulden des Arbeitnehmers dann angenommen, wenn der Arbeitnehmer an besonders gefährlichen Sportarten teilnimmt. Bislang ist das Bundesarbeitsgericht noch von keiner besonders gefährlichen Sportart ausgegangen. So sieht das Bundesarbeitsgericht keine besonders gefährliche Sportart im Fußballspielen, im Amateurboxen, im Drachenfliegen, im Skifahren, im Fingerhakeln und Motorradfahren.
- Der Arbeitnehmer muss **nur für die geschuldete Arbeit** arbeitsunfähig sein. Die Tatsache etwa, dass sich der Arbeitnehmer während seiner Arbeitsunfähigkeit zur Nahrungsaufnahme in einem Gasthaus aufhält, widerspricht nicht der Arbeitsunfähigkeit für geschuldete Arbeitsleistung. Der Arbeitnehmer darf während der Arbeitsunfähigkeit lediglich keine Tätigkeiten ausüben, die seiner Genesung abträglich sind. So dürfte der Arbeitnehmer bspw. nicht während seiner Erkrankung wegen eines gebrochenen Fußes Fahrrad fahren.

Beispiel: Der IT begeisterte Bauarbeiter A hat neben seiner Haupttätigkeit als Bauarbeiter beim Unternehmer B noch eine genehmigte Nebentätigkeit (450 €) als Programmierer. Während seiner vierwöchigen Arbeitsunfähigkeit als Bauarbeiter wegen eines gebrochenen Unterschenkels übt er seine Nebentätigkeit weiter aus. Arbeitgeber B verweigert die Entgeltfortzahlung aufgrund der ausgeübten Nebentätigkeit, da nach seiner Auffassung keine Arbeitsunfähigkeit vorliegt. Der Arbeitgeber muss Entgeltfortzahlung leisten, da der Arbeitnehmer A die sitzende Nebentätigkeit ausüben kann, nicht aber die körperliche Arbeit als Bauarbeiter.

660 Jeder Arbeitnehmer ist verpflichtet, bei Arbeitsunfähigkeit oder Arbeitsverhinderung dies gemäß § 5 EFZG dem Arbeitgeber **unverzüglich anzuzeigen**. Unverzüglich heißt, dass der Arbeitnehmer **bei Arbeitsbeginn** seine Arbeitsunfähigkeit telefonisch, per E-Mail, per SMS oder per Telefax mitzuteilen hat.

> **Beachten Sie:**
> Die genaue Form kann im Arbeitsvertrag oder per Anweisung geregelt werden.

661 Dauert die Arbeitsunfähigkeit länger an als drei Arbeitstage, ist der Arbeitnehmer verpflichtet, nach dem dritten Arbeitstag eine **ärztliche Bescheinigung** über die Arbeitsunfähigkeit vorzulegen (§ 7 EFZG). Verletzt der Arbeitnehmer diese Verpflichtung sowohl hinsichtlich seiner Anzeigepflicht als auch seiner Nachweispflicht, verletzt er eine nebenvertragliche Verpflichtung. Der Arbeitgeber kann dann die Entgeltfortzahlung verweigern. Daneben rechtfertigt dies eine Abmahnung und im Wiederholungsfall auch eine Kündigung.

> **Beispiel:** Arbeitnehmer A ist am Montag aufgrund von Krankheit nicht in der Lage, seine Arbeit aufzunehmen. Er ruft weder am Montag, noch am Dienstag, noch am Mittwoch beim Arbeitgeber an, schickt aber eine ärztliche Arbeitsunfähigkeitsbescheinigung am Mittwochabend in den Betrieb, die ihm eine Arbeitsunfähigkeit seit Montag attestiert. Der Arbeitgeber mahnt den Arbeitnehmer wegen unentschuldigten Fehlens ab und verweigert ihm die Entgeltfortzahlung bis einschließlich Mittwoch, da die Arbeitsunfähigkeitsbescheinigung erst am Mittwoch einging. Die Verweigerung der Entgeltfortzahlung für Montag, Dienstag und Mittwoch ist nicht zulässig, da der Arbeitnehmer seine Arbeitsunfähigkeit aufgrund des ärztlichen Attestes ab Montag nachgewiesen hat, sodass ein Entgeltfortzahlungsanspruch besteht. Die Abmahnung ist ebenfalls unwirksam, da der Arbeitgeber hier ein unentschuldigtes Fehlen abgemahnt hat, obwohl der Arbeitnehmer ein ärztliches Attest, das eine Arbeitsunfähigkeit seit Montag feststellt, vorgelegt hat. Eine Abmahnung wäre nur für die Verletzung der Nachweispflicht ab dem ersten Tag der Arbeitsunfähigkeit zulässig.

662 Ein Anspruch auf Entgeltfortzahlung gemäß § 3 Abs. 3 EFZG entsteht nach vierwöchiger, ununterbrochener Dauer des Arbeitsverhältnisses (Erfüllung der **Wartezeit**).

Lösung zu Fallbeispiel 27:
Arbeitnehmer A hat bis zum Ablauf der Wartezeit gemäß § 3 Abs. 3 EFZG keinen Anspruch auf Entgeltfortzahlung. Nach Ablauf der vier Wochen (1.2.2017) entsteht aber der Entgeltfortzahlungsanspruch für den Arbeitnehmer A ebenfalls für sechs Wochen. Eine Berufung darauf, dass bei Eintritt der Erkrankung die Wartezeit nicht erfüllt ist, sieht das EFZG nicht vor. **Arbeitnehmer C** hatte vorher ein Arbeitsverhältnis, und dieses steht im engen Zusammenhang mit dem neuen Arbeitsverhältnis, sodass auch hier ein Entgeltfortzahlungsanspruch ab dem ersten Tag besteht, da keine erneute Wartezeit zurückgelegt werden muss. Gleiches gilt für den **Auszubildenden D**, der unmittelbar nach Abschluss der Ausbildung in ein Arbeitsverhältnis übernommen wird. Die Wartezeit gemäß § 3 Abs. 3 EFZG gilt also bereits als zurückgelegt.

663 Der Entgeltfortzahlungsanspruch besteht grundsätzlich für die **Dauer von sechs Wochen**, also 42 Kalendertage. Zu den 42 Kalendertagen zählen auch Sonn- und Feiertage. Der Anspruch endet nach Ablauf von sechs Wochen oder mit der Beendigung des Arbeitsverhältnisses. Erkrankt der Arbeitnehmer nach dem Ende einer Arbeitsunfähigkeit erneut, ist maßgeblich, ob es sich dabei um dieselbe Krankheit oder um eine andere Krankheit handelt. Im ersteren Fall entsteht kein neuer Entgeltfortzahlungszeitraum. Der Anspruch auf Entgeltfortzahlung ist ebenfalls auf die Dauer von sechs Wochen seit Beginn der Arbeitsunfähigkeit begrenzt, wenn während der bestehenden Arbeitsunfähigkeit eine neue Krankheit auftritt, die ebenfalls zur Arbeitsunfähigkeit führt. Ein weiterer Zeitraum für Entgeltfortzahlung besteht nur dann, wenn die ursprüngliche Arbeitsunfähigkeit bei erneuter Erkrankung bereits beendet war.

Beispiel: Arbeitnehmer A ist im Zeitraum vom 13.2.2017 bis einschließlich 24.2.2017 (Freitag) wegen Keuchhusten arbeitsunfähig erkrankt. Am Sonntag, den 26.2.2017 bricht er sich beim Fußballspielen das rechte Bein, was zu einer Arbeitsunfähigkeit von sechs Wochen führt. Der Arbeitgeber leistet Entgeltfortzahlung für die zwei Wochen Keuchhusten und vier Wochen Entgeltfortzahlung für den Sportunfall. Der Arbeitgeber vertritt die Meinung, dass der Arbeitnehmer während seiner Erkrankung eine erneute Erkrankung dazubekommen hat, sodass er nur zu einer maximalen Entgeltfortzahlung von sechs Wochen verpflichtet ist. A hat einen Entgeltfortzahlungsanspruch für die zwei Wochen Keuchhusten und einen weiteren Entgeltfortzahlungsanspruch für sechs Wochen wegen des gebrochenen Beines. Die Krankheit des Arbeitnehmers war aufgrund der Arbeitsunfähigkeitsbescheinigung am Freitag, den 24.2.2017 um 24:00 Uhr beendet. Der Arbeitnehmer war arbeitsfähig für den 25. und 26.2.2017. Für die Tatsache der Beendigung der Arbeitsunfähigkeit ist unerheblich, inwieweit der Arbeitnehmer an dem Tag, an dem keine Arbeitsunfähigkeit vorlag, zur Arbeit verpflichtet war.

> **Beachten Sie:**
> Soweit bei Arbeitnehmern eine längere Entgeltfortzahlungsverpflichtung als sechs Wochen vorliegt, empfiehlt es sich, bei den jeweiligen Krankenkassen anzurufen und nachzufragen, ob es sich hierbei um eine Folgeerkrankung handelt oder um eine Erkrankung, die im engeren Zusammenhang steht, da nur die Krankenkassen hier verbindlich Auskunft geben können.

Soweit dies nachträglich festgestellt wird, kann der Arbeitgeber die zu viel gezahlte Entgeltfortzahlung zurückverlangen, jedoch können hier eventuell Ausschlussfristen entgegenstehen.

II. Urlaub

Urlaub bezeichnet den gesetzlichen Anspruch des Arbeitnehmers gegenüber seinem Arbeitgeber auf Freistellung von arbeitsvertraglichen Pflichten. Der Anspruch auf die vereinbarte Vergütung bleibt jedoch erhalten (§ 1 BUrlG). Rechtsgrundlage des Urlaubsrechts ist das **Bundesurlaubsgesetz** (BUrlG) bzw. eventuell speziellere Vorschriften in Tarifverträgen. Der gesetzliche Mindesturlaub beträgt gemäß § 3 Abs. 2 BUrlG 24 Werktage. Nicht dazugerechnet werden Sonn- und gesetzliche Feiertage, also auch Samstage. Nachdem üblicherweise lediglich an fünf Tagen pro Woche (Ausnahme bspw. Verkäufer/innen) gearbeitet wird, wird der gesetzliche Urlaubsanspruch zumeist mit 20 Arbeitstagen definiert.

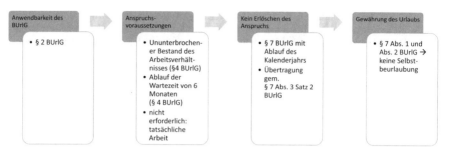

Abbildung 64: Prüfungsschema Anspruch auf Urlaubserteilung gem. BUrlG

1. Voraussetzungen des Urlaubsanspruchs

666 Ein Anspruch auf Erholungsurlaub besteht für alle Arbeitnehmer, die zu ihrer Berufsausbildung Beschäftigten (§§ 1, 2 BUrlG) sowie arbeitnehmerähnliche Personen. Auch Arbeitnehmer in Teilzeit sowie Arbeitnehmer, die zur Aushilfe beschäftigt sind, Ferienarbeiter oder Arbeitnehmer in Nebentätigkeit und geringfügig Beschäftigte haben einen Urlaubsanspruch.

> **Beispiel:** Die Arbeitnehmerin A ist in Vollzeit als Packhelferin in einem Logistikkonzern beschäftigt und bezieht dort den gesetzlichen Mindestlohn. Zur Aufbesserung ihrer Haushaltsklasse hat die Arbeitnehmerin A eine Nebentätigkeit auf Basis einer geringfügigen Beschäftigung mit einem monatlichen Brutto in Höhe von 450 € als Zeitungsausträgerin angenommen. In diesem geringfügigen Beschäftigungsverhältnis trägt die Arbeitnehmerin A jeweils morgens vor Arbeitsbeginn zwischen 04:00 Uhr und 05:30 Uhr Tageszeitungen für einen großen Zeitungsverlag aus. Nachdem sich A gemeinsam mit ihren beiden Kindern nach drei Jahren aufgrund des zusätzlichen Verdienstes einen Urlaub leisten kann, beantragt sie bei ihrem Hauptarbeitgeber einen zweiwöchigen Urlaub und zugleich bei dem Verlag ebenfalls einen Urlaub für zwei Wochen. Ihr Hauptarbeitgeber bezahlt ihr das Urlaubsentgelt während der zwei Wochen, der Verlag der Arbeitnehmerin A bezahlt für diesen Monat zwei Wochen keinen Arbeitslohn. Die Arbeitnehmerin klagt vor dem Arbeitsgericht ihr Entgelt für zwei Wochen Urlaub ein. Die Arbeitnehmerin hat auch im geringfügigen Beschäftigungsverhältnis einen Anspruch auf Mindesturlaub gemäß BUrlG. Nachdem die Arbeitnehmerin an sechs Tagen die Woche arbeitet, ist der Mindesturlaubsanspruch 24 Tage, da hier auch am Samstag gearbeitet wird. Der Verlag ist verpflichtet, der Arbeitnehmerin für diesen Zeitraum die Vergütung fortzuzahlen.

667 Der Urlaubsanspruch ist ein Freistellungsanspruch des Arbeitnehmers unter Fortzahlung der Vergütung. Eine Ausnahme bildet die Urlaubsabgeltung nach Beendigung des Arbeitsverhältnisses oder – soweit es ein Tarifvertrag vorsieht – auch während eines bestehenden Arbeitsverhältnisses bei längerer Erkrankung (Manteltarifvertrag der Baden-Württembergischen Metallindustrie).

> **Beispiel:** Der Zeitungsverlag V hat A im Rahmen des geringfügigen Beschäftigungsverhältnisses für die Zustellung der Tageszeitungen eingestellt, wobei A täglich von 04:00 Uhr bis 05:30 Uhr die Tageszeitungen in die Haushalte bringt. Im Arbeitsvertrag ist nachfolgendes geregelt:
>
> *„Die Arbeitnehmerin erhält eine Grundvergütung in Höhe von 400 € pro Monat. Die Arbeitnehmerin hat keinen Anspruch auf Erholungsurlaub. Als Ausgleich hierfür erhält die Arbeitnehmerin eine zusätzliche Vergütung in Höhe von 50 € monatlich."*

Die Arbeitnehmerin hat – auch wenn sie eine Vergütung für den nicht gewährten Urlaub erhalten hat – weiterhin ihren Freistellungsanspruch für Urlaub. Die Regelung ist unzulässig, da der Urlaub der Erholung dient und der Urlaub nur (soweit die Voraussetzungen der Abgeltung nicht vorliegen) in Freistellung der Arbeitsleistung gewährt werden kann.

668 Der Urlaubsanspruch entsteht gemäß § 4 BUrlG erstmals nach einer **sechsmonatigen Wartezeit**, die auch auf zwei Kalenderjahre verteilt sein kann. Hat der Arbeitnehmer einmal die Wartezeit zurückgelegt, entsteht der Urlaubsanspruch in voller Höhe jeweils ab dem 1.1.

> **Beachten Sie:**
> Die Höhe des Urlaubsanspruchs kann im Tarifvertrag, im Arbeitsvertrag bzw. BUrlG geregelt sein.

669 Gemäß § 1 BUrlG ist das Urlaubsjahr das Kalenderjahr. In Tarifverträgen kann von dieser Regelung abgewichen werden. Unter den besonderen Voraussetzungen des § 7 Abs. 3 BUrlG kann der Urlaubsanspruch auf das nächste Kalenderjahr **übertragen** werden, wobei der Übertragungszeitraum in § 7 Abs. 3 BUrlG bis maximal 31.3. des Folgejahres festgelegt ist. Tarifverträge können einen längeren Übertragungszeitraum vorsehen (bspw. im öffentlichen Dienst). Der Urlaubsanspruch entsteht auch dann, wenn der Arbeitnehmer keine Arbeitsleistung erbracht hat, und das Arbeitsverhältnis geruht hat. Ein Ruhen des Arbeitsverhältnisses liegt bspw. während der Elternzeit und des früheren Wehrdienstes vor.

> **Beachten Sie:**
> Ein Arbeitnehmer, der das gesamte Kalenderjahr arbeitsunfähig erkrankt war, erwirbt dennoch den vollen Urlaubsanspruch.

670 Das Bundesarbeitsgericht hat in früherer Rechtsprechung vertreten, dass der Urlaubsanspruch – der während der Krankheitszeit entsteht – ebenfalls am 31.3. des Folgejahres verfällt, soweit der Arbeitnehmer nicht aufgrund der wiederhergestellten Arbeitsfähigkeit in der Lage war, den Urlaub in natura zu nehmen. Aufgrund der Rechtsprechung des Europäischen Gerichtshofes war das Bundesarbeitsgericht gezwungen, diese bisher geübte Rechtsprechung zu revidieren und einen Verfall des Urlaubsanspruchs nach dem 31.3. des Folgejahres nicht mehr anzunehmen, soweit der Arbeitnehmer aufgrund der Erkrankung daran gehindert war, den Urlaub in natura zu nehmen. Dies hat kurz nach dieser Rechtsprechung zu einer Ausweitung von Urlaubsabgeltungsklagen und Urlaubsansprüchen geführt, die nahezu nicht mehr vertretbar waren. Insbesondere deshalb, da das Bundesarbeitsgericht angenommen hat, dass auch tarifliche Ausschlussfristen den Urlaubsanspruch nicht verfallen lassen. Die neuere Rechtsprechung des Europäischen Gerichtshofes und des Bundesarbeitsgerichtes haben den Urlaubsanspruch und den Verfall des Urlaubsanspruches bei langanhaltender Krankheit nunmehr dahingehend eingeschränkt, dass der Urlaubsanspruch des langzeiterkrankten Arbeitnehmers 15 Monate nach dem gesetzlichen Übertragungszeitraum verfällt.

2. Urlaubsvergütung

671 Bei der Urlaubsvergütung ist zwischen Urlaubsentgelt und Urlaubsgeld zu unterscheiden.
- Das **Urlaubsentgelt** ist das für die Dauer des Urlaubs fortgezahlte Arbeitsentgelt.
- Das **Urlaubsgeld** ist eine zusätzliche Leistung des Arbeitgebers, die entweder aufgrund des Arbeitsvertrages oder aufgrund eines Tarifvertrages bezahlt wird.

672 Gesetzlich geregelt ist nur der Anspruch auf Urlaubsentgelt. Gemäß § 11 BUrlG wird das Urlaubsentgelt sowohl nach einem Zeit- als auch nach einem Entgeltfaktor bezahlt.

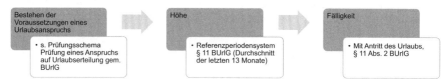

Abbildung 65: Prüfungsschema Zahlung Urlaubsentgelt

673 Zu bezahlen ist die Arbeitszeit, die aufgrund des Urlaubs ausgefallen ist (**Zeitfaktor**).

Beispiel: Die Arbeitnehmerin A war im Zeitraum vom 1.1.2016 bis einschließlich 30.6.2016 in Teilzeit mit einer Arbeitszeit von 20 Wochenstunden beschäftigt. Ab 1.7.2016 änderte die Arbeitnehmerin ihren Arbeitsvertrag in Vollzeit, sodass sie ab 1.7.2016 eine Arbeitszeit von 40 Stunden hatte. Im Juli 2016 beantragte die Arbeitnehmerin zwei Wochen Urlaub und der Arbeitgeber verrechnete den Urlaub auf der Vergütung der letzten 13 Wochen, wobei er eine geringere Vergütung in der Teilzeit mit in Ansatz brachte. Die Arbeitnehmerin ist hinsichtlich der Arbeitszeit bei Urlaubsnahme in Vollzeit zu vergüten.

674 Der **Geldfaktor** errechnet sich aus der durchschnittlichen Vergütung des Arbeitnehmers in den letzten 13 Wochen. Bei dem oben geschilderten Fall fließt bei der Berechnung des Urlaubsentgeltes der Geldfaktor des Teilzeitarbeitsverhältnisses mit ein, da der Arbeitsverdienst der letzten 13 Wochen maßgeblich ist. Erfährt die Arbeitnehmerin vor Urlaubsnahme eine Entgelterhöhung, ist diese voll miteinzubeziehen. Zum Arbeitsentgelt gehört der gesamte Arbeitsverdienst, soweit keine andere Regelung im Arbeitsvertragsvertrag getroffen wird. Nicht zum Arbeitsverdienst gehören nicht regelmäßige Bezüge, z. B. Mehrarbeit oder Nachtarbeitszuschläge. Ebenso nicht einzubeziehen sind Leistungen des Arbeitgebers, die jährlich als Einmalleistung (Weihnachtsgeld, Bonuszahlungen, Zielvereinbarungen) gewährt werden. Dies gilt auch dann, soweit die Zahlung der Sondervergütung in einem Monat erfolgt, die in den Berechnungszeitraum gemäß § 11 BUrlG fällt.

3. Urlaubsabgeltung

675 Eine Abgeltung eines nicht gewährten Urlaubs kommt nur bei einer Beendigung des Arbeitsverhältnisses in Betracht (§ 7 Abs. 4 BUrlG). In Tarifverträgen kann geregelt werden, dass ein Urlaubsabgeltungsanspruch auch bereits vor Beendigung des Arbeitsverhältnisses abzugelten ist, soweit die Gefahr besteht, dass dann der Urlaubsanspruch erlischt. Der Urlaubsabgeltungsanspruch kann nicht dadurch beseitigt werden, dass in einem Aufhebungsvertrag eine allgemeine Abgeltungsklausel mit folgendem Wortlaut enthalten ist:

„Mit Erfüllung dieser Vereinbarung sind sämtliche gegenseitigen Ansprüche aus dem Arbeitsverhältnis abgegolten und erledigt."

676 Der Urlaubsabgeltungsanspruch wird von dieser Abgeltungsklausel nicht erfasst, da der Anspruch auf Freistellung und Urlaubsgewährung durch diese Abgeltungsklausel nicht beseitigt werden kann. Eine wirksame Regelung würde nachfolgende Formulierung bewirken, in welcher sich die Parteien darauf einigen, dass der noch zustehende Urlaub in natura eingebracht wurde.

> **Formulierungsvorschlag:**
> *„Die Parteien sind sich darüber einig, dass der dem Arbeitnehmer noch zustehende Urlaub bis zur rechtlichen Beendigung des Arbeitsverhältnisses in natura eingebracht wurde."*

Hier liegt keinen Verzicht des Arbeitnehmers auf unabdingbare Urlaubsansprüche vor, sondern ein Tatsachenvergleich dahingehend, dass die Parteien sich darüber einig sind, dass der Urlaub in natura eingebracht wurde. Das Bundesarbeitsgericht sieht bisher einen solchen Vergleich als zulässig an. **677**

Der Arbeitnehmer hat einen **Schadensersatzanspruch** gegenüber dem Arbeitgeber, soweit er seinen Urlaubsanspruch rechtzeitig erfolglos geltend gemacht und er den Arbeitgeber damit in Verzug gesetzt hat. Hatte ein Arbeitnehmer einen Urlaubsanspruch beantragt und der Arbeitgeber ihm diesen verweigert, und ist der Anspruch dann verfallen, so hatte der Arbeitnehmer einen Schadensersatzanspruch, der zunächst auf die Gewährung des Urlaubs gerichtet ist und dann – soweit das Arbeitsverhältnis beendet ist – auf Urlaubsabgeltung. **678**

Beispiel: Die Zeitungszustellerin A, die beim Verlag Z im Rahmen eines geringfügigen Beschäftigungsverhältnisses beschäftigt war, erhielt niemals einen Urlaub, auch nicht im Rahmen des gesetzlichen Mindesturlaubsanspruchs. Nach Ausscheiden im Jahr 2016 hat sich die Arbeitnehmerin nunmehr erkundigt und verlangte von ihrem ehemaligen Arbeitgeber Urlaubsabgeltungsansprüche für die Jahre 2014, 2015 und 2016. Der Arbeitgeber stellt sich auf den Standpunkt, dass der Mindesturlaubsanspruch und auch die Abgeltung zumindest für die Jahre 2014 und 2015 verfallen sind. Die bisherige Rechtsprechung nahm an, dass der Arbeitgeber im Rahmen des § 7 BUrlG nicht verpflichtet ist, dem Arbeitnehmer Urlaub aufzuzwingen. Dies könnte sich allerdings aufgrund des Vorlagenbeschlusses des Bundesarbeitsgerichts vom 13.12.2016 ändern, in dem das Bundesarbeitsgericht dem Europäischen Gerichtshof die Frage vorgelegt hat, inwieweit der Arbeitgeber verpflichtet ist, von sich aus einseitig für den Arbeitnehmer verbindlich die zeitliche Lage des Urlaubs im Verzugszeitraum festzulegen. Soweit der Europäische Gerichtshof die Verpflichtung des Arbeitgebers bejaht, würde dies dazu führen, dass auch Fälle, in welchen die Arbeitnehmer bereits seit Längerem aus dem Arbeitsverhältnis ausgeschieden sind und keinen Urlaub erhalten haben, sich dennoch auf Urlaubsabgeltungsansprüche berufen können, soweit diese nicht verjährt sind (soweit der Europäische Gerichtshof hier Verjährungsregelungen zulässt).

> **Beachten Sie:**
> Für Sie als eventuelle Personalverantwortliche kann diese Frage sehr relevant sein, da vor allem im Rahmen von geringfügigen Beschäftigungsverhältnissen ohne bisher gewährten Urlaub erhebliche Nachzahlungsverpflichtungen (einschließlich der Sozialversicherungsbeiträge) auf den Arbeitgeber zukommen können.

4. Kapitel: Beendigung des Arbeitsverhältnisses

679 **Warum das Thema für Sie von Bedeutung ist:**
Sowohl in der Praxis als auch im Rahmen der Hochschulausbildung drehen sich die meisten Themenstellungen im Arbeitsrecht um die Beendigung des Arbeitsverhältnisses, insbesondere durch Kündigung. Der mit Abstand größte Teil der arbeitsgerichtlichen Prozesse hat Kündigungsschutzklagen nach dem KSchG zum Gegenstand. Als Personalverantwortlicher eines Unternehmens müssen Sie dieses Thema detailliert beherrschen.

I. Beendigungsgründe

680 Ein Arbeitsverhältnis kann beendet werden durch:
- **Kündigung:** Die Kündigung ist eine einseitige, empfangsbedürftige Willenserklärung, durch die das Arbeitsverhältnis für die Zukunft aufgehoben wird.
- **Aufhebungsvertrag:** Im Rahmen eines Aufhebungsvertrages kann das Arbeitsverhältnis ohne Rücksicht auf etwaig bestehende Kündigungsschutzbestimmungen beendet werden.
- **Zeitablauf:** Die Beendigung des Arbeitsverhältnisses durch Befristung, Zeitablauf oder Bedingung sind im Teilzeit- und Befristungsgesetz (TzBfG) geregelt.
- **Tod:** Der Tod des Arbeitnehmers führt zur Beendigung des Arbeitsverhältnisses, da der Arbeitnehmer ab diesem Zeitpunkt nicht mehr zur Erbringung der Arbeitsleistung in der Lage ist.
- **Auflösung:** Erfolgt durch das Arbeitsgericht nach den §§ 9, 10 KSchG.
- Anordnung durch **Tarifvertrag** oder Betriebsvereinbarung (z. B. Erreichen einer Altersgrenze).

681 Keine Beendigungsgründe sind:
- Suspendierung im Arbeitskampf,
- Betriebsübergang (§ 613a BGB),
- Insolvenz des Arbeitgebers (§ 113 InsO),
- Tod des Arbeitgebers. Der Tod des Arbeitgebers führt nicht zur Beendigung des Arbeitsverhältnisses. Das Arbeitsverhältnis besteht in diesen Fällen mit den Erben fort und diese haben dann das Recht zur Kündigung.

II. Befristungen, Zeitablauf

682 Nach § 14 Abs. 1 Satz 1 TzBfG bedarf die Befristung eines Arbeitsverhältnisses grundsätzlich eines rechtfertigenden Sachgrundes. In § 14 Abs. 2 TzBfG ist auch eine sachgrundlose Befristung möglich, soweit eine kalendermäßige Befristung des Arbeitsvertrages gegeben ist.

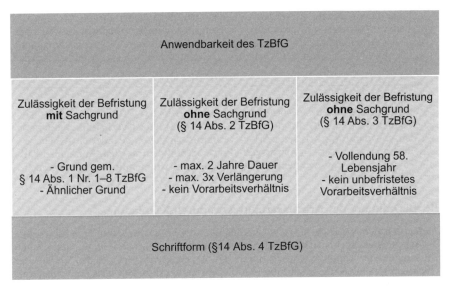

Abbildung 66: Rechtmäßigkeit einer Befristung nach § 14 TzBfG

1. Sachgrundbefristung

Gemäß § 14 Abs. 1 Satz 1 TzBfG muss der Sachgrund im Arbeitsvertrag angegeben werden. Hier ist der konkrete Sachgrund zu nennen, z. B. Krankheit (Angabe des vertretenen Arbeitnehmers), Elternzeit oder sonstige Gründe. Ein vorübergehender höherer Arbeitsanfall, kann nicht als Sachgrund i. S. d. TzBfG angesehen werden, da das Risiko der Beschäftigung immer beim Arbeitgeber liegt.

> **Beachten Sie:**
> Die zulässigen Sachgründe sind in § 14 Abs. 1 Nr. 1–8 TzBfG geregelt.

2. Sachgrundlose Befristung

Eine sachgrundlose Befristung ist gemäß § 14 Abs. 2 Satz 1 TzBfG nur für die Dauer von maximal zwei Jahren zulässig. Innerhalb dieser Gesamtdauer von zwei Jahren ist auch die höchstens dreimalige Verlängerung eines befristeten Arbeitsvertrages zulässig. Ferner darf mit dem gleichen Arbeitgeber kein vorheriges Arbeitsverhältnis bestanden haben. Dies gilt auch, soweit in der Zwischenzeit ein Betriebsübergang stattgefunden hat. Die Verlängerung ohne Sachgrund kann nur mit den gleichen Arbeitsbedingungen erfolgen, d. h., dass während einer sachgrundlosen Befristung auch keine Arbeitsvertragsänderungen eintreten dürfen.

> Beispiel: Arbeitnehmer A wurde am 1.1.2016 bis einschließlich 30.6.2016 im Rahmen einer sachgrundlosen Befristung eingestellt. Die Vergütung des Arbeitnehmers A betrug 16/h € bei einer regelmäßigen Arbeitszeit von 20 Stunden. Die sachgrundlose Befristung wurde vom 1.1.2016 bis 31.12.2016 verlängert mit der Maßgabe, dass die nunmehrige Arbeitszeit 30 Stunden beträgt und der Stundenlohn 18 €. Nach Ablauf des 31.12.2016 wurde das Arbeitsverhältnis aufgrund Ablauf der Befristung beendet. Der Arbeitnehmer macht nun ein unbefristetes Arbeitsverhältnis geltend. Hier liegt ein unbefristetes Arbeitsverhältnis vor, da bei Abschluss des Beschäftigungsverhältnisses innerhalb einer sachgrundlosen Befristung eine unzulässige Vertragsänderung vorgenommen wurde. Grundgedanke ist, dass der Arbeit-

nehmer davor geschützt werden soll, dass der Arbeitgeber die Fortsetzung des Arbeitsverhältnisses von geänderten Vertragsbedingungen abhängig macht, oder, dass der Arbeitnehmer durch das Angebot anderer, besserer Vertragsbedingungen zum Abschluss eines neuen, befristeten Arbeitsverhältnisses veranlasst werden könnte.

> **Beachten Sie:**
> Soweit befristete Arbeitsverhältnisse verlängert werden, sollen die geänderten Arbeitsbedingungen bereits im vorherigen befristeten Arbeitsverhältnis vereinbart werden und dann das befristete Arbeitsverhältnis zu diesen geänderten Arbeitsbedingungen im fortgesetzten Arbeitsverhältnis übernommen werden. Auf keinen Fall dürfen andere Vertragsbedingungen in die neuen Befristung aufgenommen werden.

III. Beendigung des Arbeitsverhältnisses durch Kündigung

685 Die meisten Arbeitsgerichtsprozesse werden über die Frage, inwieweit eine Kündigung des Arbeitgebers rechtswirksam oder unwirksam ist, geführt. Die Frage der Rechtswirksamkeit der Kündigung wird durch das Arbeitsgericht entschieden, indem der Arbeitnehmer eine Klage erhebt mit dem Begehren, festzustellen, dass das Arbeitsverhältnis nicht durch die Kündigung des Arbeitgebers beendet wurde. Das Arbeitsrecht unterscheidet zwischen
– der außerordentlichen Kündigung (§ 626 BGB) und
– der ordentlichen Kündigung.

686 Die außerordentliche Kündigung unterscheidet sich im Wesentlichen von der ordentlichen Kündigung dadurch, dass die außerordentliche Kündigung ohne Einhaltung einer Frist oder bei Besonderheiten im Tarifvertrag bei außerordentlich kündbaren Arbeitsverhältnissen mit einer sozialen Auslauffrist ausgesprochen wird. Die ordentliche Kündigung erfolgt grundsätzlich unter Einhaltung der jeweils maßgeblichen Kündigungsfrist.

1. Außerordentliche Kündigung

687 Fallbeispiel 28: (Lösung s. Rn. 690):
Koch A, der in einem renommierten Hotel beschäftigt ist und sich häufig über die Anweisungen seines Küchenchefs bezüglich des Würzens der Soßen geärgert hat, lässt sich am 1.3.2017 dazu verleiten, die Soße mit dem eigenen Körperflüssigkeiten zu verfeinern und wollte wissen, ob dies dann dem Küchenchef hinreichend gewürzt sei. Der Küchenchef, der den Koch A bei dieser Würzmethode überraschte, teilte dies noch am gleichen Tag, dem 1.3.2017, dem Inhaber und Kündigungsberechtigten Hotelier B mit. Nachdem der Hotelier B mit seiner Ehefrau gerade für zwei Wochen auf die Malediven verreisen wollte, ging er in die Küche und sagte zu dem Koch: *„Wir sprechen uns nach meinem Urlaub."* Als der Hotelier B aus seinem Urlaub zurückkehrte, übergab er am 16.3.2017 die außerordentliche Kündigung an den Koch A. Der Koch A hat Kündigungsschutzklage erhoben. Ist die Kündigung wirksam?

§ 626 BGB regelt die fristlose Kündigung aus wichtigem Grund. Hiernach kann ein Dienstverhältnis (Dienstverhältnis ist auch Arbeitsverhältnis) von jedem Vertragsteil aus wichtigem Grund ohne Einhaltung einer Kündigungsfrist gekündigt werden, wenn Tatsachen vorliegen, aufgrund derer dem Kündigenden unter Berücksichtigung aller Umstände des Einzelfalls und unter Abwägung der Interessen beider Vertragsteile die Fortsetzung des Dienstverhältnisses bis zum Ablauf der Kündigungsfrist oder bis zu

einer vereinbarten Beendigung des Dienstverhältnisses nicht zugemutet werden kann. Im Rahmen des § 626 BGB müssen deshalb **schwerwiegende Gründe** vorliegen, die ein Abwarten der Kündigungsfrist unzumutbar machen. Hierfür sind zwei Fragen zu beantworten:
- Liegt in der vorliegenden Tatsache an sich ein wichtiger Grund?
- Macht dieser Grund die Fortsetzung des Arbeitsverhältnisses bis zum Ablauf der ordentlichen Kündigungsfrist unzumutbar?

Zugleich muss nach § 626 BGB auch noch eine Interessenabwägung erfolgen.

Der Laie sieht die Möglichkeit einer außerordentlichen Kündigung grundsätzlich nur im Verhaltens- oder Leistungsbereich. Im Arbeitsrecht kommt aber auch die außerordentliche Kündigung mit sozialer Auslauffrist bei betriebsbedingten Kündigungen und bei personenbedingten Kündigungen (bspw. wegen häufiger krankheitsbedingter Fehlzeiten) in Betracht.

Der **Grund für die außerordentliche Kündigung** muss so schwerwiegend sein, dass es dem Arbeitgeber unzumutbar ist, die ordentliche Kündigung (soweit der Arbeitnehmer ordentlich kündbar ist) abzuwarten. Soweit der Arbeitnehmer tarifvertraglich unkündbar oder aufgrund des Arbeitsvertrages ordentlich unkündbar ist, muss es dem Arbeitgeber unzumutbar sein, bis zur vorgesehenen Beendigung des Arbeitsverhältnisses (bei tarifvertraglich unkündbaren Arbeitnehmern), bis zum Rentenbeginn oder bei arbeitsvertraglich für bestimmte Zeit ausgeschlossener Kündigung bis zur Erreichung der Grenze des Ausschlusses der ordentlichen Kündigung den Arbeitnehmer weiter zu beschäftigen. Dabei ist bei einer außerordentlichen Kündigung im Verhaltensbereich grundsätzlich vorher eine **Abmahnung** erforderlich, soweit es sich um ein steuerbares Verhalten des Arbeitnehmers handelt.

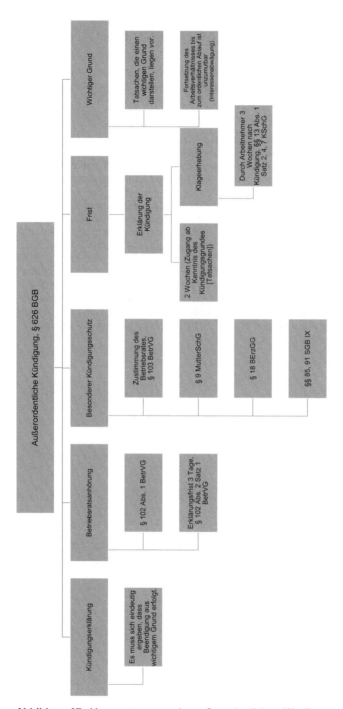

Abbildung 67: Voraussetzungen der außerordentlichen Kündigung

> **Beachten Sie:**
> Bei verhaltensbedingten außerordentlichen Kündigungen sollte grundsätzlich vorher eine Abmahnung erfolgen. Ausnahmen bilden hier lediglich Straftatbestände wie z. B. Diebstahl, Unterschlagung oder Tätlichkeiten im Betrieb.

Erfordernisse für eine wirksame Abmahnung werden unter dem Punkt „Abmahnung bei der ordentlichen Kündigung" unter „Verhaltensbedingte Kündigung" näher erläutert (s. Rn. 711). Als geeignete Gründe für eine außerordentliche Kündigung hat das Bundesarbeitsgericht grundsätzlich angesehen: **689**
- Anstellungsbetrug,
- dauerhafte oder anhaltende Arbeitsunfähigkeit,
- beharrliche Arbeitsverweigerung,
- Arbeitsvertragsbruch,
- Verletzung der Treuepflicht,
- Verletzung des Wettbewerbsverbots und
- Tätlichkeiten oder erhebliche Ehrverletzungen gegenüber dem Arbeitgeber.

Die außerordentliche Kündigung kann **nur innerhalb von zwei Wochen** nach Kenntnis des außerordentlichen Kündigungsgrundes durch den Kündigungsberechtigten ausgesprochen werden. **690**

> **Beachten Sie:**
> Die außerordentliche Kündigung muss dem Arbeitnehmer innerhalb von zwei Wochen zugegangen sein.

> **Lösung zu Fallbeispiel 28:**
> Die außerordentliche Kündigung des Kochs A nach § 626 BGB ist unwirksam, da die Kündigung dem Koch A bis spätestens 14.3.2014 hätte zugehen müssen (§ 626 Abs. 2 BGB). Die Tatsache, dass der Arbeitgeber nach Kenntnisnahme des Kündigungsgrundes in den Urlaub fuhr und somit nicht in der Lage war, die außerordentliche Kündigung auszusprechen, ändert an dieser Tatsache nichts.

2. Ordentliche Kündigung

Bei der ordentlichen Kündigung durch den Arbeitgeber sind folgende Voraussetzungen zu prüfen: **691**
- Es muss eine **wirksame Kündigungserklärung** vorliegen. Der Inhalt der Erklärung ist durch Auslegung (§ 133 BGB) zu ermitteln. Nach § 623 BGB bedarf die Kündigung der Schriftform (§ 126 BGB). Bei der Kündigung durch einen Vertreter sind weiterhin die Voraussetzungen des § 174 BGB zu beachten.
- Weiterhin müssen die **Kündigungsfristen** eingehalten sein. Diese ergeben sich grundsätzlich aus § 622 BGB, können aber durch Sonderregelungen im Arbeitsvertrag, in Tarifverträgen oder in Sondergesetzen (bspw. §§ 19, 21 Abs. 4 BErzGG, 86 SGB IX, 622 Abs. 3 BGB, 13, 15 Abs. 1 BBiG) verlängert oder verkürzt werden.
- Ist im Unternehmen ein Betriebsrat vorhanden, ist dieser nach § 102 BertVG **vor jeder Kündigung anzuhören.** Ansonsten ist die Kündigung unwirksam (§ 102 Abs. 1 Satz 3 BertVG).
- Schließlich sind besondere **Kündigungsschutzgründe** zu prüfen.
Beispiel: §§ 85, 91 SGB IX (Schwerbehinderte), § 9 MuSchG (Mutterschutz), § 15 KSchG (Betriebsrat), § 613a Abs. 4 BGB (Betriebsübergang), § 18 BErzGG (im Erziehungsurlaub), §§ 17 f KSchG (Massenentlassungen).

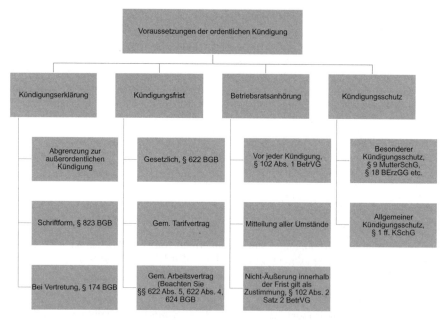

Abbildung 68: Voraussetzungen der ordentlichen Kündigung

692 Liegen keine besonderen Kündigungsschutzgründe vor, ist der **allgemeine Kündigungsschutz nach dem KSchG** zu prüfen. Dies ist in der Praxis der wichtigste Kündigungsschutz und wird daher im Folgenden im Einzelnen behandelt.

693 Die Überprüfung, inwieweit bei einer ordentlichen Kündigung ein allgemeiner Kündigungsschutz besteht, erfolgt an § 1 KSchG. § 1 Abs. 2 KSchG nennt dabei die drei wesentlichen Gründe, die eine Kündigung rechtfertigen können:
– dringende **betriebliche Erfordernisse**, die einer Weiterbeschäftigung des Arbeitnehmers in diesem Betrieb entgegenstehen.
– Grund, der in der **Person** des Arbeitnehmers liegt.
– Grund, der in dem **Verhalten** des Arbeitnehmers liegt.

694 Die weitergehenden Gründe, die unter § 1 Abs. 2 KSchG aufgezählt sind, sind Besonderheiten, die den Rahmen dieser Einführung in das Arbeitsrecht sprengen würden.

4. Kapitel: Beendigung des Arbeitsverhältnisses   **694**

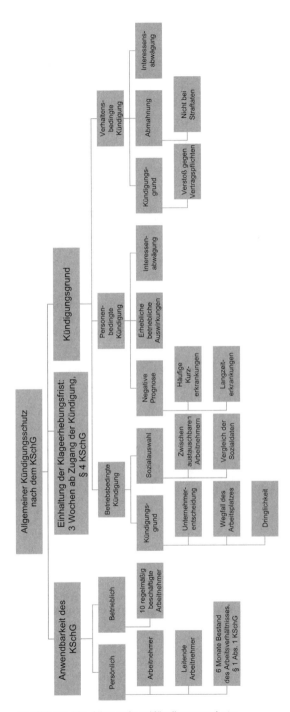

Abbildung 69: Allgemeiner Kündigungsschutz

a) Betriebsbedingte Kündigung

695 Fallbeispiel 29: (Lösung s. Rn. 695):
A hat von seinem Vater einen florierenden Metallbetrieb mit insgesamt 200 Beschäftigten geerbt, der eine Umsatzrendite von 20 % abwirft. Neben dem Betrieb hat der A von seinem Vater noch ein Privatvermögen in Höhe von 30 Mio. € geerbt. Nachdem A nicht dem Unternehmertum zugeneigt ist, sondern vielmehr dem Dolce Vita und vor dem Tod seines Vaters überwiegend seine Zeit in Cannes und Sankt Moritz verbrachte, versucht er zunächst, das Unternehmen gewinnbringend an einen Erwerber zu veräußern. Nachdem der angebotene Kaufpreis in Höhe von 20 Mio. € nicht den Vorstellungen des A entsprach und er durch seinen Wirtschaftsprüfer errechnen ließ, dass bei einer Zerschlagung des Unternehmens durch Verkauf von Maschinen und Patenten ein Erlös von 20 Mio. € zu erzielen wäre, entschloss sich der A das Unternehmen stillzulegen und das Anlagevermögen meistbietend nach Rumänien sowie die Patente an einen chinesischen Hersteller zu verkaufen. Gegen die ausgesprochenen betriebsbedingten Kündigungen haben nahezu alle Arbeitnehmer durch Unterstützung des im Betrieb installierten Betriebsrates Kündigungsschutzklage erhoben mit der Begründung, dass keine betrieblichen Gründe vorliegen, die eine Stilllegung des Betriebs und somit die Kündigung der Arbeitnehmer rechtfertigen.

Die betriebsbedingte Kündigung stellt die schwierigste Form der Kündigung dar, obwohl in § 1 KSchG nur als Voraussetzung genannt ist, dass **dringende betriebliche Gründe** vorliegen müssen, die einer Weiterbeschäftigung des Arbeitnehmers im Betrieb entgegenstehen. An die Darlegung des Arbeitgebers werden hier sehr hohe Anforderungen im Hinblick auf die dringenden betrieblichen Gründe, den Entfall des Arbeitsplatzes und der mangelnden Weiterbeschäftigungsmöglichkeit des Arbeitnehmers gestellt. Ein dringender betrieblicher Grund kann sowohl in außerbetrieblichen als auch in innerbetrieblichen Gründen liegen. Dies können z. B. Auftragsmangel, Rohstoffmangel und Umsatzrückgang sein. Außerbetriebliche Faktoren sind aber nur dann betriebsbedingte Kündigungsgründe, wenn sie zu einem Überhang an Arbeitskräften führen. Innerbetriebliche Gründe sind z. B. Unternehmensentscheidungen wie Umstrukturierung, Fremdvergabe oder Produktionsverlagerungen. Dabei ist von einer freien Unternehmerentscheidung auszugehen, und die unternehmerische Entscheidung ist auch nicht auf ihre Sinnhaftigkeit zu überprüfen. Die Entscheidung kann nur dahingehend überprüft werden, ob diese völlig unvernünftig und willkürlich ist. Rechtsmissbräuchlich kann z. B. eine Betriebsstilllegung sein, um eine bevorstehende Betriebsratswahl zu verhindern.

Lösung zu Fallbeispiel 29:
Die Kündigungsschutzklage der Arbeitnehmer bleibt erfolglos, da jeder Unternehmer frei in seiner Entscheidung ist, einen Betrieb stillzulegen, auch wenn der Betrieb wirtschaftlich erfolgreich ist. Diese unternehmerische Entscheidung kann auch durch die Arbeitsgerichte nicht überprüft werden.

696 Durch die Arbeitsgerichte wird vollumfänglich überprüft, inwieweit der **Arbeitsplatz** des jeweiligen Arbeitnehmers durch die unternehmerische Entscheidung **entfallen** ist. Durch die unternehmerische Entscheidung, die sowohl außerbetriebliche wie auch innerbetriebliche Gründe haben kann, muss das Beschäftigungsvolumen im Betrieb entfallen sein. Der Arbeitgeber muss dabei darlegen, dass nach dem Prognoseprinzip bei Ausspruch der Kündigung aufgrund einer vernünftigen betriebswirtschaftlichen Prognose davon auszugehen ist, dass zum Zeitpunkt des Ablaufs der Kündigungsfrist **keine Beschäftigungsmöglichkeit** mehr für den Arbeitnehmer besteht.

Beispiel: Unternehmer A betreibt ein Zulieferunternehmen für die Automobilindustrie. Insgesamt beschäftigt er dabei 300 Arbeitnehmer. Der Arbeitnehmer B ist in der Vormontage beschäftigt. Mit den einzelnen Automobilherstellern hat der Unternehmer A Rahmenverträge abgeschlossen, die einen bestimmten Rahmenabruf vorsehen. Allerdings ist im Vertrag vorgesehen, dass die jeweiligen Preise jährlich neu verhandelt werden. A hat mit einem großen Automobilhersteller eine Abnahme von insgesamt 10.000 Stück pro Monat vereinbart für die Teile, die in der Abteilung des B hergestellt werden. Aufgrund des Abgasskandals und der erheblichen Strafzahlungen sieht sich der Automobilhersteller C gezwungen, mit den Zulieferern neue Preise zu verhandeln. Der bisherige Umsatz des Unternehmers A von 200 Mio. € reduziert sich dadurch auf einen Umsatz von 190 Mio. €. Dies bei gleicher Stückzahl. A entschließt sich deshalb, nach Verhandlung mit dem Betriebsrat Arbeitsplätze abzubauen, um Kosten einzusparen. Die Arbeit des B und auch anderer Arbeitnehmer in der Abteilung wird dabei auf andere, verbleibende Arbeitnehmer verteilt. Dadurch kommt es jeden Monat zu erheblicher Mehrarbeit.

Allein der Umsatzrückgang ohne Entfall einer Arbeitsquantität rechtfertigt keine betriebsbedingte Kündigung, da die Beschäftigungsmöglichkeit nicht entfallen ist. Zwar kann es eine unternehmerische Entscheidung sein, die Arbeitsplätze entfallen zu lassen, wenn der Arbeitgeber sich für eine Leistungsverdichtung entschließt, jedoch darf dies nicht zu dauerhafter und überproportionaler Mehrarbeit bei anderen Arbeitnehmern führen. Wenn sich ein Unternehmer deshalb zum Abbau von Arbeitskräften entschließt, muss er dementsprechende organisatorische Maßnahmen treffen, die auch tatsächlich neben dem Umsatzrückgang einen Rückgang der Beschäftigung bedingen. Ansatzpunkte könnten sein, dass er bestimmte Arbeitsgänge nach Außen verlagert, halbfertige Teile zukauft und nur noch die Montage oder eine Automatisierung der Produktion vornimmt. Im Arbeitsgerichtsprozess muss der Arbeitgeber darlegen und beweisen, welche Tätigkeiten der einzelne Arbeitnehmer verrichtet hat, welche Tätigkeiten durch die unternehmerischen Entscheidungen und die Umorganisation entfallen sind und wieviel Prozent auf die anderen Arbeitnehmer verteilt wurden, die aufgrund des Entfalls in ihrem Bereich in der Lage waren, ohne überproportionale Mehrarbeit diese Tätigkeiten zu verrichten.

Beachten Sie:
Solche unternehmerischen Entscheidungen bedürfen einer langen Vorarbeit innerhalb des Unternehmens und einer generalstabsmäßigen Planung. „Schnellschüsse" bei betriebsbedingten Kündigungen sind nie erfolgreich.

Soweit es dem Arbeitgeber gelungen ist nachzuweisen, dass der Arbeitsplatz des Arbeitnehmers tatsächlich entfallen ist, stellt sich die nächste Hürde, da der Arbeitgeber vor Ausspruch der Kündigung prüfen muss, inwieweit der betroffene Arbeitnehmer nicht **an einem anderen Arbeitsplatz**, eventuell auch zu geänderten Vertragsbedingungen, **weiterbeschäftigt** werden kann. Bei der Prüfung, inwieweit der Arbeitnehmer an einem anderen Arbeitsplatz weiterbeschäftigt werden kann, hat der Arbeitgeber nur freie Arbeitsplätze zu prüfen. Dabei ist aber zu beachten, dass der Arbeitgeber auch solche Arbeitsplätze mit in die Prüfung einbeziehen muss, die bis zum Ablauf der Kündigungsfrist (bspw. wegen Verrentung) frei werden oder in nahem zeitlichen Zusammenhang mit dem Ablauf der Kündigungsfrist frei werden. Es sind dabei Arbeitsplätze in die Prüfung mit einzubeziehen, an welchen der Arbeitnehmer zu unveränderten Arbeitsbedingungen weiterbeschäftigt werden kann, aber auch Arbeitsplätze, an welchen der Arbeitnehmer nach zumutbaren Umschulungs- und Fortbildungsmaßnahmen oder auch zu geänderten Vertragsbedingungen weiterbeschäftigt werden kann.

Beispiel: Unternehmer A will die Arbeitnehmer B, C und D betriebsbedingt kündigen, da er die Abteilung Blechfertigung vollständig stilllegt, und alle Arbeitsplätze in der Abteilung Blechfertigung entfallen. Alle Arbeitnehmer in der Blechfertigung sind angelernte Arbeitnehmer und deshalb auch in der Rentengruppe für angelernte Arbeitnehmer eingruppiert. Arbeitsplätze mit der gleichen Eingruppierung sowie im Bereich der angelernten Tätigkeiten sind noch in der Montage und im Bereich des innerbetrieblichen Transportwesens vorhanden, wobei das innerbetriebliche Transportwesen eine Kurzausbildung und einen Staplerschein erfordert. In der mechanischen Fertigung sind weiterhin Maschinenbediener beschäftigt. Diese sind zwar in einer höheren Entgeltgruppe eingruppiert, allerdings kann ihre Tätigkeit innerhalb von sechs Monaten erlernt werden. In der Montage sind drei Leiharbeiter beschäftigt, die eine Entgeltgruppe tiefer eingestuft sind als die drei zu kündigenden Arbeitnehmer. Im innerbetrieblichen Transportwesen scheidet ein Arbeitnehmer in den nächsten drei Monaten aus dem Arbeitsverhältnis wegen Rentenbezug aus. Der Unternehmer A kündigt alle drei Arbeitnehmer, da er die Meinung vertritt, dass eine Weiterbeschäftigung nicht möglich ist. Der Arbeitsplatz des Mitarbeiters aus dem innerbetrieblichen Transportwesen gilt als freier Arbeitsplatz, wenn die Kündigungsfrist der einzelnen Arbeitnehmer in nahem Zusammenhang mit dem Ausscheiden des anderen Arbeitnehmers endet. Die geringe Qualifizierung mit dem Staplerschein ist dem Arbeitgeber auch bis zum Ablauf der Kündigungsfrist zumutbar. Bei dem freien Arbeitsplatz in der mechanischen Fertigung ist zu prüfen, wie lange die Kündigungsfrist der einzelnen Arbeitnehmer ist und, soweit die Kündigungsfrist so lange wie die der anderen ist, ob dem Arbeitnehmer auch eine dementsprechende Qualifizierung zumutbar ist. Demzufolge handelt es sich hierbei ebenfalls um einen freien Arbeitsplatz, an dem der Arbeitnehmer weiterbeschäftigt werden kann. Auch wenn die Leiharbeitnehmer eine geringere Entgeltgruppe haben, rechtfertigt dies nicht, den betroffenen Arbeitnehmern nicht diesen Arbeitsplatz im Wege der Änderungskündigung anzubieten.

> **Beachten Sie:**
> Grundsätzlich sind nach der derzeitigen Rechtsprechung des Bundesarbeitsgerichts Arbeitsplätze, die mit Leiharbeitnehmern besetzt sind, freie Arbeitsplätze. Dies kann sich aufgrund der Änderung des Arbeitnehmerüberlassungsgesetzes in Zukunft ändern, sofern die Arbeitnehmer einen Anspruch auf feste Übernahme in ein Arbeitsverhältnis haben, und dieser Zeitpunkt nahe mit dem Ausscheiden zusammenhängt.

698 Den Arbeitnehmern muss auch ein geringer entlohnter Arbeitsplatz im Wege der Änderungskündigung angeboten werden. Maßgeblicher Zeitpunkt für die Beurteilung eines freien Arbeitsplatzes sind die objektiven Verhältnisse zum Zeitpunkt des Zugangs der Kündigung und die Tatsachen, die dem Arbeitgeber zu diesem Zeitpunkt bekannt sind.

699 Weiterhin ist nach § 1 Abs. 3 KSchG eine ordnungsgemäße **Sozialauswahl** erforderlich.

> **Beachten Sie:**
> Die Frage der Sozialauswahl stellt sich erst dann, wenn der Entfall des Arbeitsplatzes des Arbeitnehmers feststeht und eine Weiterbeschäftigungsmöglichkeit zu gleichen oder geänderten Arbeitsbedingungen nicht möglich ist.

700 Die Sozialauswahl ist – wie auch die Prüfung der Weiterbeschäftigungsmöglichkeit – betriebsbezogen durchzuführen. Eine unternehmensbezogene Sozialauswahl kommt nur in Ausnahmefällen in Betracht. Eine konzernbezogene Sozialauswahl nur dann,

4. Kapitel: Beendigung des Arbeitsverhältnisses

wenn sich ein anderes Konzernunternehmen ausdrücklich zur Übernahme der betroffenen Arbeitnehmer bereit erklärt hat.

Für die Sozialauswahl heranzuziehen sind **vergleichbare Arbeitnehmer**. Arbeitnehmer sind nur untereinander vergleichbar, soweit sie sich auf derselben Ebene der Betriebshierarchie befinden (**horizontale Vergleichbarkeit**). Eine Vergleichbarkeit ist deshalb nicht gegeben, wenn eine Weiterbeschäftigung des Arbeitnehmers nur zu schlechteren Arbeitsbedingungen möglich ist.

701

Beispiel: Mit einem Meister ist ein Vorarbeiter nicht vergleichbar, da sich der Vorarbeiter auf einer anderen Hierarchiestufe befindet.

– Vergleichbar sind auch nur die Arbeitnehmer, welche von dem Arbeitgeber einseitig und im Rahmen des Direktionsrechts auf einen anderen Arbeitsplatz **umgesetzt oder versetzt** werden können. Der Arbeitgeber ist nicht verpflichtet, eine Vergleichbarkeit im Wege der Änderungskündigung herbeizuführen. Entscheidend, inwieweit eine Versetzung im Wege des Direktionsrechts möglich ist, ist zumeist der individuelle Arbeitsvertrag oder teilweise auch Tarifverträge (z. B. in der Bauindustrie).

> **Beachten Sie:**
> Je weiter eine Versetzungsklausel in Arbeitsverträgen gefasst ist, desto größer ist der Kreis der in die Sozialauswahl einzubeziehenden Arbeitnehmer.

Beispiel: Der Unternehmer A hat Formulararbeitsverträge, in welchen nachfolgende Versetzungsklausel enthalten ist: *„Herr B wird als Lohnbuchalter in der Lohnbuchhaltung eingestellt. Die Firma behält sich vor, Herrn B auch an einen anderen Ort zu versetzen oder eine andere zusätzliche, der Vorbildung und den Fähigkeiten entsprechende zumutbare Tätigkeit zu übertragen."* Nachdem das Unternehmen die Lohnbuchhaltung outgesourct hat, sind alle Arbeitsplätze entfallen. Somit auch der Arbeitsplatz des B. Die Lohnbuchhaltung befand sich in einer Betriebsstätte des A in Z und die übrige Verwaltung befand sich in dem 15 km entfernten Ort M. B hatte eine ganz normale kaufmännische Ausbildung durchlaufen und sich anschließend lediglich zum Lohnbuchhalter weitergebildet. Nachdem das Arbeitsverhältnis gekündigt wurde, beruft sich der Lohnbuchhalter B, der 45 Jahre alt, Vater von 2 Kindern und seit 20 Jahren im Betrieb ist, auf eine soziale Vergleichbarkeit mit der kaufmännischen Angestellten C, die ebenfalls in M beschäftigt ist, 29 Jahre alt und seit fünf Jahren im Betrieb. Die Tätigkeit ist gleichwertig, mit der gleichen Vergütungsgruppe unterlegt und kann von B innerhalb von drei Monaten erlernt werden. Die Kündigung ist hier unwirksam, da B mit C vergleichbar ist, da aufgrund der Versetzungsklausel A den B auf diese Stelle hätte im Wege des Direktionsrechts versetzen können. C ist eindeutig weniger sozial schutzwürdig.

> **Beachten Sie:**
> Soweit Sie Arbeitsverträge für Ihren Arbeitgeber entwerfen, sollten Sie immer beachten, dass jede Versetzungsklausel zwei Seiten hat. Eine weite Versetzungsklausel ist für den Arbeitgeber günstig, da er innerhalb seiner Belegschaft eine hohe Flexibilität erreicht, wobei die Rechtsprechung des Bundesarbeitsgerichts bei zu weitgehenden Versetzungsklauseln meist davon ausgeht, dass diese unwirksam sind. Eine weite Versetzungsklausel erschwert aber dem Unternehmer bei betriebsbedingten Kündigungen die Sozialauswahl. Sie sollten deshalb Ihren Arbeitgeber bei Abfassung solcher Versetzungsklauseln auf die Zweischneidigkeit von weitgehenden Versetzungsklauseln hinweisen.

- Vergleichbar sind auch nur Arbeitnehmer, die im Hinblick auf die **Kündbarkeit ihres Arbeitsverhältnisses** vergleichbar sind. Nicht vergleichbar sind deshalb Arbeitnehmer, die einen tarifvertraglichen Sonderkündigungsschutz haben wie bspw. in der Metallindustrie, in welchem Arbeitnehmer, die ein bestimmtes Lebensalter erreicht haben und eine dementsprechende Betriebszugehörigkeit nachweisen, nur noch außerordentlich kündbar sind. Ebenso nicht in die Vergleichbarkeit einzubeziehen sind Arbeitnehmer, die aufgrund von Gesetz einen besonderen Kündigungsschutz haben wie bspw. Betriebsräte (§ 15 KSchG).
- Vergleichbar sind nur diejenigen Arbeitnehmer, die **austauschbar** sind. Der Arbeitnehmer, dessen Arbeitsplatz wegfällt, muss persönlich und fachlich in der Lage sein, nach einer angemessenen Einarbeitungszeit die Aufgabe eines anderen Arbeitnehmers auszuführen. Dabei sind objektive Merkmale heranzuziehen wie bspw. Berufsausbildung und besondere Kenntnisse und Fähigkeiten des Arbeitnehmers. Unerheblich bei der Vergleichbarkeit von Arbeitnehmern ist ein gesundheitlicher Leistungsmangel.

702 § 1 Abs. 3 KSchG nennt die Auswahlkriterien, die bei der Sozialauswahl zu berücksichtigen sind. Dies sind die Dauer der Betriebszugehörigkeit, das Lebensalter, die Unterhaltsverpflichtung und eine Schwerbehinderung.
- Bei der **Dauer des Arbeitsverhältnisses** sind alle Beschäftigungszeiten des Arbeitnehmers miteinzubeziehen, die er beim gleichen Arbeitgeber, eventuell im Konzern oder bei einem Rechtsvorgänger zurückgelegt hat. Berufsausbildungszeiten sind bei der Dauer des Arbeitsverhältnisses miteinzubeziehen. Ebenso ist bei der Dauer der Betriebszugehörigkeit eine Betriebszugehörigkeit miteinzubeziehen, die auf ein vorangegangenes Arbeitsverhältnis bezogen ist, und die der Arbeitgeber dem Arbeitnehmer diese bei Wiedereinstellung angerechnet hat. Eine Ausnahme bildet nur der Fall, dass zu vermuten ist, dass der Arbeitgeber und der Arbeitnehmer kollusiv zusammengewirkt haben, um den Kündigungsschutz von anderen, schutzwürdigen Arbeitnehmern zu umgehen.

Beispiel: Unternehmer A beabsichtigt, die Blechfertigung vollständig stillzulegen. Der dort beschäftigte Meister B, 38 Jahre alt, gegenüber einem Kind unterhaltspflichtig und seit 15 Jahren beschäftigt, soll im Rahmen der Betriebsänderung gekündigt werden. In der Verspanung wird der Arbeitsplatz eines Meisters frei. A teilt dem B mit, dass er die Meisterstelle mit dem Arbeitnehmer D, der vor sechs Jahren aus dem Betrieb ausgeschieden und nunmehr 45 Jahre alt ist und drei Kinder hat, wiederbesetzen will. A vereinbart mit D in dessen Arbeitsvertrag die ehemalige Betriebszugehörigkeit des D in einer Neueinstellung anzurechnen, sodass D bei Anrechnung der Betriebszugehörigkeit auf eine längere Betriebszugehörigkeit als Meister B kommt, sowie aufgrund seiner Kinder und seines Alters sozial schutzwürdiger ist. B wird ab dem 1.1.2017 als Meister in der Verspanung eingestellt. Die Betriebszugehörigkeit von 15 Jahren wird auf die derzeitige Beschäftigungszeit angerechnet und auf das Kündigungsrecht in den ersten sechs Monaten des Arbeitsverhältnisses verzichtet. Am 23.3.2017 kündigt sodann Unternehmer A dem Meister B. Dieser beruft sich darauf, dass Meister D weniger sozial schutzwürdig ist. Aufgrund der Tatsache, dass die Einstellung des Meisters D in engem Zusammenhang mit der Kündigung lag und die Anrechnung der Betriebszugehörigkeit aufgrund der langen Unterbrechung des Arbeitsverhältnisses ungewöhnlich ist, ist darauf zu schließen, dass hier ein kollusives Zusammenwirken zwischen D und A stattfand, um die hier durchzuführende Sozialauswahl zu beeinträchtigen. Soweit der Unternehmer A nicht sachliche Gründe für die Anrechnung der Betriebszugehörigkeit vorbringt, die eine Vergleichbarkeit des Meisters B ausschließt, wird der Unternehmer A den Kündigungsschutzprozess verlieren.

- Das **Lebensalter** ist eine feste Größe, die bei der Sozialauswahl mit einzubeziehen ist. Die Rechtsprechung hat bisher auch verneint, dass die Einbeziehung des Lebensalters in die Sozialauswahl eine Diskriminierung von Jüngeren gemäß dem AGG darstellt.
- **Unterhaltspflichten** sind alle gesetzlichen Unterhaltspflichten, nicht aber freiwillige Unterstützungsleistungen. Unterhaltsverpflichtet ist man gegenüber dem Ehegatten, gegenüber Lebenspartnern nach §§ 5, 16 LPartG und gegenüber Kindern.
  Beispiel: Der geschiedene Arbeitnehmer B hat keine Kinder aus erster Ehe. Er ist in zweiter Ehe mit seiner Ehefrau C verheiratet, die in die Ehe vier Kinder mitgebracht hat. Deren geschiedener Ehemann zahlt keinen Unterhalt. B leistet im Rahmen des Familienunterhalts auch an die Kinder Unterhalt. Nach seiner Kündigung beruft sich der Arbeitnehmer B darauf, dass der D weniger sozialschutzwürdig ist, da dieser lediglich ein Kind und er vier Kinder habe. Die Kinder der Ehefrau C sind bei der Sozialauswahl jedoch nicht zu berücksichtigen, auch wenn B Unterhalt gegenüber den Kindern leistet, obwohl B gesetzlich nicht zum Unterhalt gegenüber diesen Kindern verpflichtet ist. Im Rahmen der Sozialauswahl hat B keine Kinder. Etwas anderes würde sich nur ergeben, soweit B die vier Kinder seiner Lebenspartnerin adoptiert hätte.

Die in § 1 Abs. 3 KSchG genannten Sozialauswahlkriterien sind nicht abschließend. Folgende **zusätzliche soziale Auswahlkriterien** können in Betracht kommen:
- schlechter Gesundheitszustand des Arbeitnehmers,
- Erkrankungen von Familienangehörigen,
- anderweitige Einkünfte und existenzsichernde Vermögensverhältnisse,
- Doppelverdienst und
- Arbeitsmarktchancen.

b) Kündigung wegen personenbedingter Gründe

Fallbeispiel 30 (Lösung s. Rn. 707):
Der Arbeitnehmer B, der beim Unternehmer A als Metallfacharbeiter beschäftigt ist, hat seit 2013 nachfolgende Arbeitsunfähigkeitszeiten:
- 2013: 35 Tage,
- 2014: 58 Tage,
- 2015: 29 Tage,
- 2016: 72 Tage,
- 2017: (bis zum 31.3.2017) 14 Tage.

Der A kündigt das Arbeitsverhältnis mit dem B unter Hinweis auf die häufigen krankheitsbedingten Fehlzeiten und der daraus resultierenden negativen Zukunftsprognose. Im Kündigungsschutzprozess legt der Arbeitnehmer B dar, dass er sich im Jahr 2013 beim Fußballspielen das Bein gebrochen hat, weshalb er insgesamt 28 Tage arbeitsunfähig erkrankt war. Im Jahr 2014 hatte er sich einer komplizierten Halluxoperation zu unterziehen, weshalb er 20 Tage arbeitsunfähig erkrankt war. Im Jahr 2015 war er 15 Tage wegen einer Blinddarmoperation erkrankt und 10 Tage wegen einer Korrektur der Nasenscheidewand. Im Jahr 2016 waren 15 Tage der Arbeitsunfähigkeit auf einen Bruch des rechten großen Zehs zurückzuführen. Im Jahr 2017 hatte er 10 Arbeitsunfähigkeitstage wegen einer schweren Erkältung. Ist die Kündigung wirksam?

§ 1 Abs. 2 Satz 1 KSchG gibt keine Definition des personenbedingten Grundes und auch keine Beispiele oder sieht einen Katalog personenbedingter Gründe vor. Die personenbedingten Gründe sind teilweise schwer von den verhaltensbedingten Gründen abzugrenzen. Bei den verhaltensbedingten Gründen liegen verletzende Handlungen oder Unterlassen des Arbeitnehmers im Hinblick auf die Vertragspflichten vor, bei personenbedingten Gründen geht es um seine **persönlichen Verhältnisse und Eigenschaften**. Ein personenbedingter Grund liegt vor, wenn der Arbeitnehmer nicht nur vorübergehend die Fähigkeit und Eignung nicht besitzt, die geschuldete Arbeitsleistung nur ganz oder teilweise zu erbringen. Bei einem personenbedingten Grund ist die fehlende **Steuerbarkeit** entscheidendes Kriterium in der Abgrenzung zu verhaltensbedingten Gründen.

706 Es ist unerheblich, ob der Arbeitnehmer das Fehlen seiner Fähigkeit und Eignung zur Erbringung der Arbeitsleistung selbst **verschuldet** hat. So ist z. B. auch eine Alkohol- und Drogensucht ein personenbedingter Grund. In diesem Fall muss allerdings der Arbeitgeber dem Arbeitnehmer die Möglichkeit geben, eine Entziehungskur zu machen, um seine Arbeitsfähigkeit wiederherzustellen.

Beispiel: Weitere personenbedingte Gründe sind z. B.:
- fehlende Arbeitsgenehmigung,
- fehlende Berufsausübungserlaubnis,
- Berufskrankheit,
- Haft oder
- Straftaten.

707 Die häufigste Kündigung wegen personenbedingter Gründe ist die Kündigung **wegen häufiger Kurzerkrankungen**. Eine Kündigung wegen häufiger Kurzerkrankungen kann unter nachfolgenden Voraussetzungen ausgesprochen werden. Es müssen zum Zeitpunkt des Zugangs der Kündigung objektive Tatsachen vorliegen, die die ernste Besorgnis weiterer Erkrankungen im bisherigen Umfang rechtfertigen. Für eine negative Gesundheitsprognose sprechen häufige Kurzerkrankungen in der Vergangenheit. Die Fehlzeiten müssen die Prognose rechtfertigen, dass auch in Zukunft mit entsprechenden Erkrankungen zu rechnen ist. Dabei sind Erkrankungen nicht einzubeziehen, bei denen keine Wiederholungsgefahr besteht, z. B. ausgeheilte Leiden oder Sportunfälle. In den Prognosezeitraum sind die letzten 36 Monate einzubeziehen. Ein Problem bei der Ausstellung einer negativen Zukunftsprognose, insbesondere zum Zeitpunkt des Ausspruchs der personenbedingten Kündigung, ist, dass dem Arbeitgeber die Art der Erkrankung vor Ausspruch der Kündigung zumeist nicht bekannt ist, sodass er die Art der Erkrankung und inwieweit hier eine Wiederholungsgefahr besteht, erst im Kündigungsschutzprozess erfährt.

Lösung zu Fallbeispiel 30:
Das Arbeitsgericht rechnet die Zeiten, die bei objektiver Betrachtung keine Wiederholungsgefahr in sich bergen, aus den Arbeitsunfähigkeitszeiten heraus, sodass das Arbeitsgericht hier wohl bereits bei Prüfung der negativen Zukunftsprognose im Hinblick auf die Wiederholungsgefahr zu dem Ergebnis kommen würde, dass mit keinen erheblichen Fehlzeiten mehr in der Zukunft zu rechnen ist, da die Erkrankungen des Arbeitnehmers keine Wiederholungsgefahr in sich bergen. Die Kündigung ist daher unwirksam.

708 Rechtfertigt die Art der Erkrankungen die Vermutung, dass auch in Zukunft mit erheblichen krankheitsbedingten Fehlzeiten zu rechnen ist, so müssen durch die krankheitsbedingten Fehlzeiten **betriebliche Interessen beeinträchtigt** sein oder es muss zu **Betriebsablaufstörungen** gekommen sein. Betriebsablaufstörungen sind nur dann als Kündigungsgrund geeignet, wenn es sich um schwerwiegende Störungen im Produktionsprozess handelt, die nicht durch mögliche Überbrückungsmaßnahmen vermieden werden können. So haben z. B. größere Unternehmen die Verpflichtung, Personalreserven vorzuhalten. In den seltensten Fällen gelingt es dem Arbeitgeber daher die betrieblichen Arbeitsstörungen darzulegen.

709 Die Tatsache, dass der Arbeitgeber die Beeinträchtigung der betrieblichen Interessen und Betriebsablaufstörungen nur schwer darlegen und beweisen kann, hat die Rechtsprechung dazu veranlasst, auch **erhebliche wirtschaftliche Belastungen**, die in der Entgeltfortzahlung liegen, als Grund für eine personenbedingte Kündigung wegen häufiger Kurzerkrankungen anzusehen. Erhebliche wirtschaftliche Belastungen, die durch die Entgeltfortzahlungskosten entstehen, müssen aber im Durchschnitt der letzten drei Jahre die Entgeltfortzahlung im Krankheitsfall von sechs Wochen pro Jahr überschreiten. Auch hier sind wiederum Krankheitszeiten, die keine Wiederholungsgefahr in sich bergen, aus den Entgeltfortzahlungskosten herauszurechnen, insbesondere auch Erkrankungen, die auf Betriebsunfälle zurückzuführen sind. Der Arbeitgeber muss hier darlegen und beweisen, welche Entgeltfortzahlungskosten und eventuell auch Aushilfskräfte erforderlich waren, um die krankheitsbedingten Fehlzeiten des Arbeitnehmers zu überbrücken.

710 Neben der negativen Zukunftsprognose und den unzumutbaren wirtschaftlichen Belastungen muss bei einer personenbedingten Kündigung auch immer **eine Interessenabwägung** erfolgen. Bei der Interessenabwägung sind
– die Ursachen der Erkrankung,
– die Höhe der durchschnittlichen Auswahlquote im Betrieb,
– die Dauer des ungestörten Verlaufs des Arbeitsverhältnisses,
– das Alter des Arbeitnehmers,
– die Unterhaltspflichten,
– die Situation auf dem Arbeitsmarkt und
– die Entgeltfortzahlungskosten
miteinzubeziehen.

Beispiel: Unternehmer A kündigt den 62-jährigen Arbeitnehmer B, der in dessen Gießerei (Gussputzerei) seit 42 Jahren beschäftigt ist. A begründet dies damit, dass B in den letzten sieben Jahren häufige krankheitsbedingte Fehlzeigen aufwies, die im Durchschnitt der letzten sieben Jahre Entgeltfortzahlungskosten von umgerechnet 45 Arbeitstagen verursacht haben. In der Gießerei weisen die anderen Arbeitnehmer (auch jüngere Arbeitnehmer) durchschnittliche Fehlzeiten von ca. 25 Arbeitstagen auf. In den vorangegangenen 30 Jahren war B durchschnittlich 10 bis 15 Arbeitstage arbeitsunfähig erkrankt. Die häufigen krankheitsbedingten Fehlzeiten des B sind insbesondere auf eine erhebliche Lungenbeeinträchtigung und häufige Erkältungserkrankungen zurückzuführen.

Im Rahmen der Interessenabwägung wird das Arbeitsgericht hier zu dem Ergebnis kommen, dass zwar die Entgeltfortzahlungskosten in den letzten sieben Jahren für den A sehr hoch und normalerweise auch unzumutbar waren. Jedoch ist hier zu berücksichtigen, dass das Arbeitsverhältnis des B im Hinblick auf seine Krankheitszeiten die 30 vorangegangenen Jahre ungestört und unauffällig war. Hinzu kommt, dass B bereits 62 Jahre alt ist und somit A auch nur noch maximal drei Jahre bis zum Erreichen des Rentenalters Entgeltfortzahlungskosten zu leisten hat. Das fortgeschrittene Alter des B ist deshalb bei der Frage der Zumutbarkeit mit zu berücksichtigen. Das Arbeitsgericht wird hier wahrscheinlich der Kündigungsschutzklage stattgeben, da die Interessenabwägung zugunsten des B ausfällt.

Beispiel: Der Arbeitnehmer B, 50 Jahre alt, seit 20 Jahren im Betrieb der Gießerei beschäftigt und aufgrund des Tarifvertrages der Bayerischen Metallindustrie deshalb tarifvertraglich ordentlich unkündbar, wies in den letzten fünf Jahren eine durchschnittliche Arbeitsunfähigkeit mit Entgeltfortzahlung von 45 Arbeitstagen auf. In den vorangegangenen Jahren war B immer durchschnittlich 25 Arbeitstage arbeitsunfähig erkrankt. Der Arbeitnehmer C, 28 Jahre alt, Betriebsratsmitglied, wies in den vergangenen fünf Jahren ebenfalls durchschnittliche krankheitsbedingte Fehlzeiten mit Entgeltfortzahlung in Höhe von 45 Tagen auf. Arbeitgeber A, der sich von seinem Anwalt beraten ließ, kündigt beide Arbeitnehmer wegen häufiger krankheitsbedingter Fehlzeiten und unzumutbaren Entgeltfortzahlungskosten.

Das Bundesarbeitsgericht hat angenommen, dass häufige, krankheitsbedingte Fehlzeiten auch eine außerordentliche, personenbedingte Kündigung bei ansonsten ordentlicher Kündbarkeit rechtfertigen können. Das Bundesarbeitsgericht hat dabei im Wesentlichen darauf abgestellt, wie lange das Arbeitsverhältnis noch andauern kann und wie lange deshalb der Arbeitgeber zu solchen unzumutbar hohen Entgeltfortzahlungskosten verpflichtet wäre.

– Bei dem Arbeitnehmer B, der zwar tarifvertraglich unkündbar ist, müsste der Arbeitgeber prognostiziert noch ca. 17 Jahre Entgeltfortzahlung in gleicher Höhe leisten, sodass das Arbeitsgericht hier zu dem Ergebnis kommen würde, dass dies dem Arbeitgeber unzumutbar ist, da die tarifvertragliche Unkündbarkeit bis zum Rentenbezug andauert.

– Bei Arbeitnehmer C (Betriebsratsmitglied) kommt zwar das Arbeitsgericht zu dem Ergebnis, dass auch hier die Entgeltfortzahlungskosten unzumutbar sind, jedoch ist der Kündigungsschutz gemäß § 15 KSchG auf die Amtszeit im Betriebsrat begrenzt, sodass in diesem Fall keine unzumutbar lange Dauer vorliegt. Die Möglichkeit, dass der Arbeitnehmer C erneut in den Betriebsrat gewählt wird und somit eine erneute Periode von vier Jahren beginnt, hat das Bundesarbeitsgericht dabei außer Betracht gelassen.

c) Verhaltensbedingte Kündigung

711 Fallbeispiel 31 (Lösung s. Rn. 713):
Unternehmer A, der nicht tarifgebunden ist, hat seinen Arbeitnehmern bereits seit fünf Jahren keine Entgelterhöhung gewährt. Arbeitnehmer B, dessen Freund C bei einem tarifgebundenen Arbeitgeber arbeitet, ist darüber sehr erbost, da in der Metallindustrie durchschnittlich jedes Jahr das Entgelt um ca. 4,5 % erhöht wurde und er an dieser Entgelterhöhung nicht teilgenommen hat. Bei einem Gespräch mit dem Unternehmer A teilt dieser dem B mit, dass er keine Entgelterhöhung erhalte, da er nicht tarifgebunden sei und er Entgelterhöhungen nur für dementsprechende Leistungen gewähre, die aber der B nicht erbringt. Arbeitnehmer B geht daraufhin zum Betriebsrat und beschwert sich über die ungerechte Behandlung des A. Der Betriebsrat weist den B darauf hin, dass kein Anspruch auf Entgelterhöhung besteht, da der A nicht tarifgebunden sei, es ihm aber freistünde, die ihm nach seiner Meinung zustehende Entgelterhöhung arbeitsgerichtlich geltend zu machen. Arbeitnehmer B, der über den schlechten Rat des Betriebsrats enttäuscht ist und auch die Meinung vertritt, dass der Betriebsrat ohnehin nur das macht, was der A will, wendet sich mit seinem Anliegen nunmehr an den Rechtsanwalt C. Dieser gibt dem B den Rat, so lange seine Arbeitsleistung zu verweigern, bis ihm der Unternehmer A die ihm nach seiner Rechtsauffassung zustehende Entgelterhöhung zugesteht. C richtet auch ein dementsprechendes Schreiben an den Unternehmer A, in welchem er ihm mitteilt, dass der B zur Arbeitsverweigerung bzw. zur Rückhaltung seiner Leistung berechtigt sei, bis er die dementsprechende Vergütung bezahlt. A fordert über den Rechtsanwalt C den B auf, unverzüglich seine Arbeit wieder aufzunehmen, da er bei Nichtaufnahme seiner Arbeit mit der Kündigung rechnen müsse. Trotzdem nimmt B die Arbeit nicht wieder auf. A kündigt daraufhin das Arbeitsverhältnis mit dem B.

712 Die verhaltensbedingte Kündigung setzt ein **vertragswidriges Verhalten** des Arbeitnehmers vor der Kündigung voraus. Es muss sich dabei um ein steuer- und zurechenbares Verhalten handeln, das dem Arbeitnehmer vorwerfbar ist.

4. Kapitel: Beendigung des Arbeitsverhältnisses

713 Im Gegensatz zur personenbedingten Kündigung setzt eine verhaltensbedingte Kündigung ein **Verschulden des Arbeitnehmers** voraus. Dabei ist nicht erforderlich, dass es sich um ein vorsätzliches Verhalten des Arbeitnehmers handelt, sondern es genügt auch eine fahrlässige Pflichtwidrigkeit z. B. das Außerachtlassen der im Verkehr erforderlichen Sorgfalt (§ 276 BGB). Der Arbeitnehmer muss sich dabei auch ein Beratungsverschulden eines Dritten (z. B. Rechtsanwalt) zurechnen lassen.

Lösung zu Fallbeispiel 31:
Die Kündigung ist sozial gerechtfertigt. Arbeitnehmer B war nicht zur Zurückbehaltung seiner Arbeitsleistung berechtigt, da er arbeitsvertraglich keinen Anspruch auf Entgelterhöhung gemäß Tarifvertrag hatte. B kann sich auch nicht darauf berufen, dass ihn an der Arbeitsverweigerung kein Verschulden trifft. Da er den rechtskundigen Rechtsanwalt C eingeschaltet hat, muss er sich dessen Beratungsfehler zurechnen lassen. Bei gründlicher Überlegung sowie insbesondere aufgrund des Hinweises des Betriebsrates, hätte B zu dem Ergebnis kommen müssen, dass er nicht zur Leistungsverweigerung berechtigt ist, sondern allenfalls die Möglichkeit hat, die ihm nach seiner Rechtsauffassung zustehende Entgelterhöhung einzuklagen.

714 Nach dem Grundsatz der Verhältnismäßigkeit ist der Arbeitnehmer bei einem pflichtwidrigen Verhalten grundsätzlich zunächst **abzumahnen**, es sei denn, die Abmahnung ist nicht erfolgversprechend oder es handelt sich um eine besonders schwere Pflichtverletzung z. B. im Vertrauensbereich.

> **Beachten Sie:**
> Vor einer verhaltensbedingten Kündigung muss grundsätzlich eine Abmahnung erfolgen.

715 **Zur Abmahnung berechtigt** sind nicht nur kündigungsberechtigte Personen wie z. B. Geschäftsführer, sondern auch Vorgesetzte, die zur Aufgabenstellung und Arbeitsanweisung befugt sind. Die Abmahnung kann sowohl schriftlich als auch mündlich erfolgen. Bei der mündlichen Abmahnung ist das Problem, dass im Kündigungsschutzprozess genau dargelegt und bewiesen werden muss, wann dem Arbeitnehmer was und wie mitgeteilt wurde und inwieweit dem Arbeitnehmer dementsprechende Kündigungen angedroht wurden.

> **Beachten Sie:**
> Eine Abmahnung soll aufgrund von Beweiszwecken grundsätzlich schriftlich ausgesprochen werden und – soweit dies nicht erfolgt – sollte das Gespräch mit dem Arbeitnehmer in einem Protokoll festgehalten werden, wobei Zeit, Ort und Inhalt angegeben sein müssen.

716 In der Abmahnung muss das **konkrete Fehlverhalten** des Arbeitnehmers dargestellt werden und der Arbeitnehmer muss darauf hingewiesen werden, dass der Arbeitgeber nicht gewillt ist, ein weiteres Fehlverhalten in diesem Bereich hinzunehmen. Dem Arbeitnehmer muss auch mitgeteilt werden, dass er im Wiederholungsfall mit der Kündigung rechnen muss.

> **Beispiel:** Arbeitnehmer B, der die Arbeitsaufgabe hat, Teile in eine Maschine einzulegen, diese dann auf Qualität zu prüfen und wieder herauszunehmen, schweift oft mit seinen Gedanken ab und hat deshalb größere Serien fehlerhafter Ware produziert. Arbeitnehmer C, der ausgiebig mit seinen Freunden am Abend feiert, ist am Arbeitsplatz immer müde und produziert ebenfalls Fehlteile wie B. Hinzu kommt

noch, dass er immer wieder zu spät zur Arbeit erscheint. Unternehmer A, der dies nicht länger dulden will, spricht B eine Abmahnung mit folgendem Inhalt aus:
„Sehr geehrter Herr B, nachdem Sie immer wieder Fehlteile produzieren, möchten wir Sie darauf hinweisen, dass Sie im Wiederholungsfall mit arbeitsrechtlichen Konsequenzen zu rechnen haben." Dem Arbeitnehmer C spricht er ebenfalls eine Abmahnung mit nachfolgendem Inhalt aus: *„Sehr geehrter Herr C, Ihr ständig unpünktliches Erscheinen kann ich nicht länger dulden. Zugleich verrichten Sie Ihre Arbeiten nur sehr fehlerhaft. Ich weise Sie darauf hin, dass Sie im Wiederholungsfall mit der Kündigung Ihres Arbeitsverhältnisses rechnen müssen."*

B produziert auch in Zukunft fehlerhafte Teile, woraufhin A das Arbeitsverhältnis mit B kündigt. C bemüht sich, in Zukunft pünktlich zur Arbeit zu erscheinen und arbeitet auch sorgfältig, sodass keine Fehlerquoten mehr vorkommen. Allerdings kann C den Feierabend mit seinen Kollegen nicht erwarten und trinkt während der Arbeitszeit, was aufgrund des Alkoholverbotes im Betrieb untersagt ist, drei Flaschen Bier. Unternehmer A kündigt – wegen Alkoholgenuss im Betrieb – auch C.

Die Kündigung des Arbeitnehmer B ist unwirksam, da ihm der Unternehmer A zunächst sein Fehlverhalten nicht genau dargelegt hat und insbesondere auch nicht darauf hingewiesen hat, dass er die arbeitsvertragliche Verpflichtung hat, die Teile zu kontrollieren. Ferner hat Unternehmer A den B nicht konkret darauf hingewiesen, dass er im Wiederholungsfall mit der Kündigung rechnen muss. Alleine die Androhung arbeitsrechtlicher Konsequenzen bedeutet nicht immer eine Kündigung, sondern kann vom unkundigen Arbeitnehmer B durchaus als Androhung einer weiteren Abmahnung aufgefasst werden. Arbeitnehmer C wurde zwar die Kündigung im Wiederholungsfall für ein Fehlverhalten angedroht, jedoch ist der Alkoholgenuss im Betrieb nicht auf die gleiche Verfehlung zurückzuführen wie die Schlechtleistung oder das Zuspätkommen. Auch die Kündigung des C ist daher unwirksam.

> **Beachten Sie:**
> Eine verhaltensbedingte Kündigung aufgrund einer vorausgegangenen Abmahnung kann nur dann ausgesprochen werden, wenn das Fehlverhalten **dem gleichen Bereich** zuzuordnen ist, z. B. Verfehlungen in der Arbeitszeit oder Verfehlungen im Leistungsbereich. Dabei müssen die einzelnen Verfehlungen genau bezeichnet werden. Zudem muss dem Arbeitnehmer auch konkret die Kündigung des Arbeitsverhältnisses angedroht werden. Eine Androhung von arbeitsrechtlichen Konsequenzen ist nicht ausreichend. Sofern mehrere Fehlverhalten eines Arbeitnehmers vorliegen, sollten die einzelnen Fehlverhalten in getrennten Abmahnungen formuliert werden, da eine Abmahnung auch dann unwirksam ist, wenn sie nur einen Tatbestand enthält, der nicht zu einer Abmahnung berechtigt hat.

717 Soweit ein Arbeitgeber wegen gleichartigen Pflichtverletzungen **mehrere Abmahnungen** ausgesprochen hat und niemals Konsequenzen folgen ließ, kann die Abmahnung ihre Warnfunktion verlieren. Der Arbeitgeber muss dann die letzte Abmahnung vor Ausspruch einer Kündigung besonders eindringlich formulieren, um die Warnfunktion wiederherzustellen.

718 Auch im Rahmen der verhaltensbedingten Kündigung ist **eine Interessenabwägung** vorzunehmen. Zugunsten des Arbeitnehmers kann hier das frühere Verhalten des Arbeitnehmers sprechen, die Länge der Betriebszugehörigkeit, eventuelles Mitverschulden oder Mitveranlassung des Arbeitgebers, besondere Schutzwürdigkeit des Arbeitnehmers aufgrund von Schwerbehinderung oder schlechten Chancen auf dem Arbeitsmarkt.

3. Anhörung des Betriebsrats

Fallbeispiel 32 (Lösung s. Rn. 724): 719
Unternehmer A hat den Vertriebsmitarbeiter B wegen häufiger krankheitsbedingter Fehlzeiten gekündigt. Er hat die Anhörung gemäß § 102 BetrVG beim Betriebsrat durchgeführt, indem er die krankheitsbedingten Fehlzeiten aufgezeigt hat und auch die damit entstehenden Entgeltfortzahlungskosten. Sodann hat A dargelegt, weshalb die zukünftigen Entgeltfortzahlungskosten für ihn unzumutbar sind. B hat gegen diese Kündigung Kündigungsschutzklage erhoben. Nach Ausspruch der Kündigung und im Laufe des Kündigungsschutzprozesses wurde eine interne Revision durchgeführt, die ergab, dass B in erheblichem Maße die Spesenbestimmungen des Unternehmens sehr großzügig ausgelegt hat. Unter anderem hat der Vertriebsmitarbeiter B mehrmals Benzin getankt, obwohl sein Dienstwagen ein Diesel war. Hinzu kam noch, dass kurz nach Ausscheiden des B der Lieferant C erbost bei dem nunmehrigen Vertriebsmitarbeiter D anrief und fragte, weshalb er einen Auftrag nicht erhalten habe, war ihm doch dieser vom Vertriebsmitarbeiter B fest zugesagt. Diese Zusage erfolgte bei einer Einladung durch den Lieferanten C bei einem durch den Lieferanten C finanzierten Urlaub auf Bali. A teilte dies sofort seinem von amerikanischen Gerichtsserien sehr begeisterten Anwalt mit. Dieser setzte voll auf den Überraschungseffekt bei Gericht und brachte den neuen Sachverhalt mit einem Schriftsatz ein, der drei Tage vor dem Kammertermin beim Arbeitsgericht einging.

Soweit im Betrieb ein Betriebsrat besteht, ist dieser vor jeder Kündigung gemäß § 102 BetrVG anzuhören. § 102 Abs. 1 BetrVG regelt:

*„Der Betriebsrat ist **vor jeder** Kündigung zu hören. Der Arbeitgeber hat ihm die Gründe für die Kündigung mitzuteilen. Eine ohne Anhörung des Betriebsrats ausgesprochene Kündigung ist unwirksam."*

Der Betriebsrat ist deshalb auch bei einer Kündigung während der Probezeit anzuhören, auch wenn der Arbeitnehmer noch keinen Kündigungsschutz hat, da sein Arbeitsverhältnis noch keine sechs Monate bestanden hat. Eine ohne Anhörung des Betriebsrats ausgesprochene Kündigung ist unwirksam. 720

> Beachten Sie:
> § 1 BetrVG: *„In Betrieben mit in der Regel mindestens fünf ständigen, wahlberechtigten Arbeitnehmern, von denen drei wählbar sind, werden Betriebsräte gewählt."*

§ 23 KSchG regelt hingegen, dass das Kündigungsschutzgesetz (insbesondere § 1 KSchG) erst dann Anwendung findet, soweit mehr als **10 Arbeitnehmer**, deren Arbeitsverhältnis nach dem 31.12.2003 begonnen hat, beschäftigt sind. 721

Im Betriebsrat müssen bei der Anhörung die Personalien, die Kündigungsart und der Kündigungstermin als Mindestvoraussetzungen mitgeteilt werden. Ebenso müssen die Kündigungsgründe dargelegt werden. Dabei muss der Arbeitgeber dem Betriebsrat alles mitteilen, was ihn zur Kündigung bewegt hat. Der Arbeitgeber muss dabei nur das mitteilen, was er nach seiner eigenen Auffassung für die Kündigung als maßgeblich ansieht. 722
- Bei **krankheitsbedingten Kündigungen** muss der Arbeitgeber genau die einzelnen Krankheitszeiten sowie die Höhe der Entgeltfortzahlungskosten anführen. Eben-

falls muss er dem Betriebsrat darlegen, weshalb aufgrund der Interessenabwägung dennoch eine personenbedingte Kündigung in Frage kommt.
- Bei einer **verhaltensbedingten Kündigung** muss der Arbeitgeber genau das Fehlverhalten mitteilen, wobei es nicht genügt, dass er dies nur bewertungsmäßig oder schlagwortartig mitteilt. Eventelle Abmahnungen sind der Anhörung beizulegen.
- Bei **betriebsbedingten Kündigungen** muss dem Betriebsrat mitgeteilt werden,
  - weshalb der Arbeitsplatz entfällt,
  - weshalb eine Weiterbeschäftigung an einem anderen Arbeitsplatz nicht möglich ist und
  - mit welchen Arbeitnehmern der Arbeitgeber den zu kündigenden Arbeitnehmer verglichen hat.

723 Der Betriebsrat kann gemäß § 102 Abs. 2 BetrVG gegen die ordentliche Kündigung Bedenken anmelden oder gemäß § 102 Abs. 3 BetrVG der Kündigung widersprechen. Der Betriebsrat muss seine Stellungnahme innerhalb einer Wochenfrist abgeben, ansonsten gilt die Zustimmung zur Kündigung des Betriebsrats als erteilt. Widerspricht der Betriebsrat der Kündigung, so hat der Betriebsrat diesen Widerspruch zu begründen.

> **Beachten Sie:**
> Eine ohne oder mit nicht ordnungsgemäßer Anhörung des Betriebsrats ausgesprochene Kündigung ist immer unwirksam, unabhängig davon, inwieweit eine Kündigung ansonsten sozial gerechtfertigt wäre.

724 Soweit dem Arbeitgeber nach Ausspruch der Kündigung weitere Kündigungsgründe bekannt werden, muss er den Betriebsrat vor Einführung dieser Gründe in den Prozess erneut anhören.

Lösung zu Fallbeispiel 32:
Die personenbedingte Kündigung ist unwirksam, da aufgrund der Art der Erkrankungen des Vertriebsmitarbeiters B keine Wiederholungsgefahr zu befürchten war. Der Spesenbetrug und die Annahme der Reise durch den Lieferanten sind zwar grundsätzlich ausreichende Kündigungsgründe. Da der Betriebsrat zu der verhaltensbedingten Kündigung und den hier nunmehr in den Prozess eingeführten Gründen vorher nicht ordnungsgemäß angehört wurde, fehlt es an der nach § 102 BetrVG notwendigen Betriebsratsanhörung.

Teil 7: Gewerblicher und geistiger Rechtsschutz

Warum ist das Thema für Sie von Bedeutung: 725
Geistiges Eigentum stellt einen erheblichen Wirtschaftsfaktor dar. In einer „copy & paste Gesellschaft" ist dieses jedoch ständigen Angriffen ausgesetzt. Sind Sie im Marketing oder in der Forschung und Entwicklung tätig, müsse Sie für den Schutz Ihrer (geistigen) Entwicklungsleistung Sorge tragen. Ansonsten besteht die Gefahr, dass durch Nachahmer („me-too" und Trittbrettfahrer) Ihre Leistung wirtschaftlich entwertet wird.

1. Kapitel: Grundlagen

Der „**gewerbliche Rechtsschutz**" bezeichnet das Patent-, Marken-, Gebrauchsmuster- 726
und Design-(Geschmacksmuster)recht. Ziel des gewerblichen Rechtsschutzes ist der Schutz des geistigen Schaffens auf gewerblichem Gebiet. Das Urheberrecht dagegen fällt unter den Begriff „**Geistiger Rechtsschutz**". Beide Rechtsgebiete werden auch unter den Begriff des **Immaterialgüterrechts** subsumiert, weil man die betroffenen Rechtsgüter nicht anfassen kann. Es handelt sich nicht um Rechte an Sachen im Sinne des § 90 BGB, sondern um Rechte an immateriellen Gütern.

Beispiele für immaterielle Güter:
Ideen, Konzepte, Marken, ...

Schutzgesetz	Gegenstand des Schutzes	Registrierung
Patentgesetz (PatG)	Technische Erfindungen	DPMA
Gebrauchsmustergesetz (GebrMG)	Technische Erfindungen	DPMA
Designgesetz (DesignG) (Geschmacksmuster)	Ästhetische Formgestaltungen	DPMA
Markengesetz (MarkenG)	Marken – Zeichen, die dazu geeignet sind, Produkte oder Dienstleistungen eines Unternehmens von denjenigen eines anderen zu unterscheiden.	DPMA
Urheberrechtsgesetz (UrhG)	Schöpferische Werke	Entsteht eo ipso (von selbst)

Abbildung 70: Übersicht gewerbliche Schutzrechte

Es handelt sich bei diesen Rechten größtenteils um eigentumsgleiche, also dingliche 727
Rechte, die gegenüber jedermann wirken und Gegenstand von schuldrechtlichen Rechtsgeschäften (bspw. Lizenzierung, Abtretung, Miete etc.) sein können. Sowohl die gewerblichen als auch die geistigen Schutzrechte sind Verbotsrechte zugunsten des

Rechtsinhabers. Sie wirken gegenüber jedermann und haben das Ziel, die nicht genehmigte Nutzung der Rechte zu verhindern.

Beispiel: Schutz vor der unrechtmäßigen Verwendung von Bildern in einer Werbekampagne.

728 Der Schutzgegenstand der einzelnen gewerblichen und geistigen Schutzrechte ist sehr unterschiedlich. So schützen **Patente** und **Gebrauchsmuster** erfinderische, gewerbliche Leistungen auf dem Gebiet der Technik, **Geschmacksmuster/Designs** ästhetische, gewerbliche Leistungen, **Markenrechte** Zeichen zur Unterscheidung von Produkten und Dienstleistungen und das **Urheberrecht** persönliche, geistige Schöpfungen.

Im Folgenden sollen die Besonderheiten gewerblicher Schutzrechte am Beispiel des Markenrechts erläutert werden.

2. Kapitel: Markenrecht

I. Einführung in das Markenrecht

729 Warum ist das Thema für Sie von Bedeutung:
Der Wert eines Unternehmens bestimmt sich in unserer heutigen Wirtschaftsgesellschaft nicht mehr nur durch den Gesamtwert des Anlage- und Umlaufvermögens gegenüber Dritten. Vielmehr gehört die Marke eines Unternehmens in der Zwischenzeit zu seinen wertvollsten Wirtschaftsgütern. Die Marken „google" oder „apple" bspw. haben einen Markenwert von über 200 Mrd. USD, bei „Microsoft" oder „Facebook" beläuft sich der Markenwert auf über 100 Mrd. USD.[6] Diese Zahlen sind Grund genug für Sie, sich mit dem Markenrecht und v. a. dem optimalen Schutz der Marke im Wirtschaftsverkehr zu beschäftigen.

Fallbeispiel 33 (Lösung s. Rn. 759):
Die Firma X GmbH ist Herstellerin von Elektroartikeln. Sie hat die Wortmarke „ipod" für tragbare Musikabspielgeräte beim DPMA eintragen lassen. Die einschlägige Markenklasse umfasst auch „Geräte für Haushalt und Küche". Nunmehr bietet Unternehmer U, der eine Keramikmanufaktur betreibt, unter der Bezeichnung „eiPott " eine Serie von Eierbechern an. Dieses Zeichen druckt er auf die Produkte auf und verwendet es in der Werbung. Hat X gegen U einen Anspruch auf Unterlassung?

730 Gemäß § 3 MarkenG sind Marken Zeichen, die dazu geeignet sind, Waren und Dienstleistungen eines Unternehmens von denjenigen eines anderen Unternehmens unterscheidbar (**Unterscheidungsfunktion**) zu machen. Die als Marke schutzfähigen Zeichen sind insbesondere Wörter einschließlich Personennamen, Abbildungen, Buchstaben, Zahlen, Hörzeichen, dreidimensionale Gestaltungen, einschließlich der Form einer Ware oder ihrer Verpackung sowie sonstige Aufmachungen, einschließlich Farben und Farbzusammenstellungen.

731 Aus Sicht der **Abnehmer** liefert eine Marke Informationen, um das wahrgenommene Kaufrisiko zu verringern oder eine Kaufentscheidung zu vereinfachen. Sie dient als Orientierungshilfe innerhalb der vielen Angebote, sie schafft Vertrauen, stellt einen

---

6 Statista „die 25 wertvollsten Marken".

emotionalen Anker dar und trägt zur Abgrenzung und Vermittlung eigener Wertvorstellungen bei.

Aus **Unternehmenssicht** dient die Marke zur Differenzierung des eigenen Angebots von der Konkurrenz. Sie ist eine Möglichkeit zur Kundenbindung, bietet eine Plattform für neue Produkte (Markenausdehnung), ist die rechtliche Basis für die Lizenzierung, sichert den Schutz des eigenen Angebots vor Krisen und Einflüssen der Wettbewerber und erleichtert die Akzeptanz im Handel. Vor diesem Hintergrund besitzen Marken und deren Einzigartigkeit einen erheblichen Wert für Unternehmen. **732**

II. Welche Arten von Marken gibt es

Bereits aus der in § 3 Markengesetz enthaltenen Aufzählung der schutzfähigen Zeichen ergibt sich, dass Marken in ganz unterschiedlicher Ausprägung vorliegen können. So existieren: **733**
- Wortmarke (z. B. Siemens, C&A, 4711),
- Bildmarke (z. B. Stern von Mercedes, Nike Swoosh, Shell Muschel),
- Wort/Bildmarke (z. B. Tui Gesicht, adidas Balken, WWF Panda),
- 3D-Marke (z. B. Toblerone-Schokolade, Duracell Batterie, Perrier Flasche),
- Hörmarke (z. B. Telekom-Jingle, Metro-Goldwyn-Mayer Filmmelodie, Windows Startmelodie),
- Farbmarke (z. B. Milka-Lila, Telekom-Magenta, Beiersdorf-Blau),
- Positionsmarke (z. B. roter Streifen an Unterseite des Absatzes in Lloyd-Schuhen, Steiff Knopf im Ohr),
- Geruchsmarken (z. B. Tennisbälle, die nach Gras riechen).

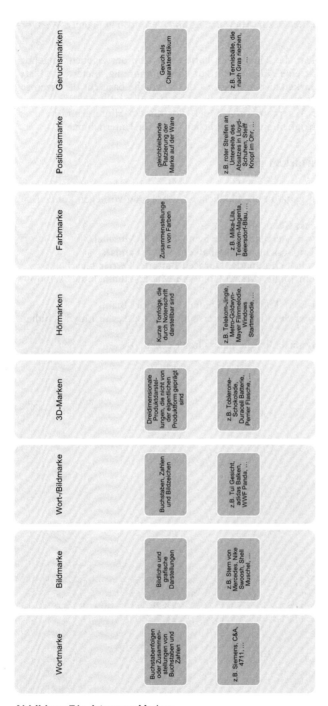

Abbildung 71: Arten von Marken

III. Entstehung des Markenschutzes

Inhaber einer Marke können gemäß § 7 MarkenG sowohl natürliche Personen als auch juristische Personen und Personengesellschaften sein. Um der großen Bedeutung der Marke gerecht zu werden, ist es im Wirtschaftsverkehr notwendig, diese und ihren Wert für ihren Inhaber optimal zu schützen. **734**

Der **Markenschutz** kann gem. § 4 MarkenG auf drei Arten entstehen: **735**
1. durch die Eintragung eines Zeichens als Marke in das vom Patentamt geführte **Register** (§ 4 Nr. 1 MarkenG),
2. durch die Benutzung eines Zeichens im geschäftlichen Verkehr, soweit das Zeichen innerhalb beteiligter Verkehrskreise als Marke **Verkehrsgeltung** erworben hat (§ 4 Nr. 2 MarkenG) oder
3. durch die im Sinne der Pariser Verbandsübereinkunft zum Schutz des gewerblichen Eigentums **notorische Bekanntheit** einer Marke (§ 4 Nr. 3 MarkenG).

Der sicherste der drei Wege ist die Eintragung der Marke in das Markenregister. Aus diesem Grund ist der ganz überwiegende Teil der Marken in Deutschland auch im Register des **Deutschen Marken- und Patentamts** (DPMA) eingetragen. Deshalb soll an dieser Stelle das Vorgehen der Markeneintragung näher erläutert werden. **736**

In einem ersten Schritt ist es wichtig zu entscheiden, wo die Marke eigentragen werden soll. Dies hängt in der Regel vom Tätigkeitsradius des Markeninhabers ab. Eine beim Deutschen Patent- und Markenamt (DPMA) eingetragene Deutsche Marke ist nur in Deutschland geschützt. Möchten Sie ihre Marke innerhalb der EU geschützt wissen, können Sie dies durch eine Eintragung einer europäischen Gemeinschaftsmarke in Alicante erreichen. Soll die Marke auch außerhalb der EU geschützt werden, dann muss sie in jedem weiteren Land, das für die Unternehmenstätigkeit von Interesse ist, separat registriert und eingetragen werden. **737**

Der zweite Schritt ist die Recherche, ob es die zur Eintragung vorgesehene Marke nicht bereits gibt. Dies können Sie beim DPMA über das DPMA Register selbst überprüfen (www.dpma.de). **738**

Sollte die zur Eintragung vorgesehene Marke nach erfolgter Recherche nicht existieren, kann diese mittels Antragstellung **angemeldet** werden. Grundlage für die Eintragung ist ein Markengesuch. Dieses erfolgt mittels eines standardisierten Anmeldeformulars. Hierzu gibt es drei Wege, die alle über die Homepage des DPMA zugänglich sind: **739**
- Online-Anmeldung,
- Antrag in Papierform und
- Online-Anmeldung mit Signatur (DPMA-direkt).

Wichtig ist, dass eine Marke immer nur in Verbindung mit einer bestimmten **Markenklasse**, auf die sich der Schutz beziehen soll, angemeldet werden kann. Nach Ausfüllen und Einreichen des Formulars sind Anmeldegebühren beim DPMA zu entrichten. Nachdem das DPMA den Antrag und den Eingang der Gebührenzahlung geprüft hat, ergeht ein Eintragungsbeschluss, soweit keine absoluten Schutzhindernisse (§ 8 MarkenG s. Rn. 746 ff.) vorliegen. Der Beschluss wird im Bundesanzeiger veröffentlicht. Sinn der Veröffentlichung ist, dass Dritte relative Schutzhindernisse (§ 9 MarkenG s. Rn. 749 ff.) anmelden können. Erfolgt kein Widerspruch, wird eine Marke nach Ablauf von drei Monaten eingetragen. **740**

> **Beachten Sie:**
> Wenn Sie selbst eine Marke anmelden:
> - muss die Wiedergabe der Marke in genau der Weise erfolgen, in der sie künftig auch geschützt werden soll,
> - müssen Sie genau angeben, um welche Markenform es sich handelt (Wortmarke, Bildmarke, ...)
> - müssen Sie die Waren und Dienstleistungen, die mit der angemeldeten Marke gekennzeichnet werden sollen, genau benennen (Markenklasse).
>
> Weiterführende Informationen finden Sie im Merkblatt „Wie melde ich eine Marke an?" des DPMA.

741 Die Eintragung einer deutschen Marke dauert nach Eingang des Antrages ca. sechs Monate. Durch Zahlung einer Gebühr kann diese Zeit verkürzt werden. Als **Prioritätsdatum** gilt das Datum der Anmeldung der Marke und nicht das spätere Datum der Eintragung.

742 Das Markenrecht wird immer für die **Dauer** von zehn Jahren eingetragen (§ 47 Abs. 1 MarkenG), wobei eine Verlängerung nach nochmaliger Gebührenzahlung um jeweils weitere zehn Jahre (§ 47 Abs. 2 MarkenG) möglich ist.

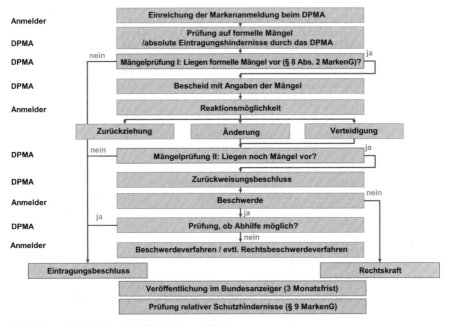

Abbildung 72: Prozess der Markenanmeldung

> **Beachten Sie:**
> Wichtig ist zu verstehen, dass eine Prüfung im Hinblick auf eine **Verwechslungsgefahr** zu bestehenden Marken nicht von Amtswegen vom DPMA durchgeführt wird. Eine eingetragene Marke garantiert also nicht zwangsläufig, dass es diese Marke nicht bereits vorher gab. Kommt es zu einer Eintragung durch das DPMA, dann kann eine teure Abmahnung drohen, wenn eine Verwechslungsgefahr zu einer rang-

älteren Marke besteht. Um hier Missverständnisse zu vermeiden, ist eine gründliche Markenrecherche absolut notwendig. Sie finden alle Informationen zur Markenrecherche und zu den Eintragungsformalitäten auf der Homepage des DPMA unter *www.dpma.de*.

IV. Schutzvoraussetzungen

1. Grundlagen

Wie bereits dargestellt, sind alle Zeichen schutzfähig, die ein Produkt bzw. eine Dienstleistung unterscheidbar machen. Deshalb ist Grundvoraussetzung für die Eintragung einer Marke, dass diese eindeutig **grafisch darstellbar** ist (§ 8 Abs. 1 MarkenG).

Außerdem dürfen keine der in § 3 Abs. 2 MarkenG beschriebenen **Ausschlussgründe** vorliegen. Dem Schutz als Marke sind demnach solche Zeichen nicht zugänglich, die ausschließlich aus einer Form bestehen,

1. die durch die **Art der Ware** selbst bedingt ist,

   Beispiel: Eine bildliche Darstellung eines Apfels kann nicht für die Warenklasse Obst eingetragen werden. Dieses Zeichen ist hier durch die Art der Ware selbst bedingt. Allerdings ist die Eintragung des Apfel-Symbols für technische Geräte bei der Marke „apple" unproblematisch möglich.

2. die zur Erreichung einer **technischen Wirkung** erforderlich ist oder

   Beispiel: Der Scherkopf des Elektrorasierers von Philips ist alleine zur Erreichung einer technischen Wirkung erforderlich. Eine Eintragung als Marke ist damit nicht möglich.

3. die der Ware einen **wesentlichen Wert** verleiht.

   Beispiel: Die Motorhaube eines BMW-Fahrzeugs, wie die typische „BMW-Niere" verleiht als ästhetische Formgestaltung dem dreidimensionalen Objekt seinen Wert. Ein Markenschutz kommt daher auch hier nicht in Betracht.

2. Absolute Schutzhindernisse

Darüber hinaus prüft das DPMA vor Eintragung, ob sogenannte **absolute Schutzhindernisse** gem. § 8 Abs. 2 MarkenG vorliegen. Diese normieren zahlreiche gesetzliche Tatbestände, die der Eintragbarkeit eines Zeichens als Marke im Markenregister des Deutschen Patent- und Markenamts entgegenstehen. Von der Eintragung ausgeschlossen sind Marken,

1. denen für die Waren oder Dienstleistungen **jegliche Unterscheidungskraft** fehlt,

   Beispiel: *Diesel* kann für Kraftstoffe nicht eingetragen werden. Hier steht für das Publikum ein beschreibender Begriffsinhalt im Vordergrund. *Diesel* kann jedoch für Bekleidungswaren durchaus eingetragen werden, da nicht anzunehmen ist, dass ein Bekleidungshersteller diesen Begriff zur Beschreibung eines Bekleidungsstückes benötigt.

2. die ausschließlich aus Zeichen oder Angaben bestehen, die im Verkehr zur **Bezeichnung der Art, der Beschaffenheit, der Menge, der Bestimmung, des Wertes, der geographischen Herkunft, der Zeit der Herstellung der Waren** oder der Erbringung der Dienstleistungen oder zur Bezeichnung sonstiger Merkmale der Waren oder Dienstleistungen dienen können,

   Beispiel: Meter, Watt, Herbst, Luxus, aus Deutschland, Bio ...

3. die ausschließlich aus Zeichen oder Angaben bestehen, die im **allgemeinen Sprachgebrauch** oder in den redlichen und ständigen Verkehrsgepflogenheiten zur Bezeichnung der Waren oder Dienstleistungen üblich geworden sind,

   Beispiel: Creme, Sirup, Wodka, Sekt, ...

4. die geeignet sind, das Publikum insbesondere über die **Art**, die **Beschaffenheit** oder die **geographische Herkunft** der Waren oder Dienstleistungen zu **täuschen**,

   Beispiel: Bild einer Biene für Sirup, der Honig ersetzen soll; Stierbild für Kunstleder; „Kolumbia" für deutschen Kaffee, ...

5. die gegen die **öffentliche Ordnung** oder die gegen die **guten Sitten** verstoßen,

   Beispiel: „Schlüpferstürmer" oder „Ficken" als Bezeichnung für alkoholische Getränke, ausländerfeindliche Darstellungen,

6. die Staatswappen, Staatsflaggen oder andere **staatliche Hoheitszeichen** oder Wappen eines inländischen Ortes oder eines inländischen Gemeinde- oder weiteren Kommunalverbandes enthalten,

   Beispiel: Deutschlandflagge, Schweizer Kreuz, ...

7. die **amtliche Prüf- oder Gewährzeichen** enthalten, die nach einer Bekanntmachung des Bundesministeriums der Justiz und für Verbraucherschutz im Bundesgesetzblatt von der Eintragung als Marke ausgeschlossen sind,

   Beispiel: Eichstempel, amtliche Stempel für Gold- und Silberwaren, ...

8. die **Wappen, Flaggen oder andere Kennzeichen, Siegel oder Bezeichnungen internationaler zwischenstaatlicher Organisationen** enthalten, die nach einer Bekanntmachung des Bundesministeriums der Justiz und für Verbraucherschutz im Bundesgesetzblatt von der Eintragung als Marke ausgeschlossen sind,

   Beispiel: NATO, UNO, ...

9. deren Benutzung ersichtlich nach sonstigen Vorschriften im **öffentlichen Interesse** untersagt werden kann oder

   Beispiel: Nach lebensmittelrechtlichen Vorschriften unzulässige Bezeichnungen;

10. die **bösgläubig** angemeldet worden sind.

    Beispiel: Anmeldung rechtsmissbräuchlich oder sittenwidrig; ersichtliche Bösgläubigkeit wie bspw. die Anmeldung bereits bekannter Marken.

748 Sollte einer dieser Fälle bestehen, ist die Marke von vorneherein von der Anmeldung ausgeschlossen. Das DPMA weist den Antrag auf Anmeldung der Marke unmittelbar zurück.

3. Relative Schutzhindernisse

749 Der Grund, warum die Eintragung der Marke in der Praxis so wichtig ist, ist das **Prioritätsprinzip**. Dieses bezeichnet die Tatsache, dass eine ältere Marke Vorrang vor einer jüngeren Marke hat, wenn es zu einem markenrechtlichen Konflikt kommt (§ 6 MarkenG). Derjenige, der also seine Marke zuerst eingetragen hat, kann andere von deren Nutzung ausschließen. Der Markenschutz erstreckt sich hierbei nicht nur auf den Gebrauch identischer Marken, sondern der Inhaber einer Marke kann auch den Gebrauch ähnlicher Marken angreifen, sofern hierdurch eine **Verwechslungsgefahr** besteht. Zusätzlich muss die identische oder ähnliche Marke für identische oder ähnliche Dienstleistungen bzw. Produkte verwendet werden.

750 Der Gesetzgeber spricht hier von den sogenannten relativen Schutzhindernissen (§ 9 MarkenG). Diese müssen vom Inhaber im Widerspruchs- (§ 42 Markengesetz) oder Löschungsverfahren (§ 51 MarkenG) selbst vorgebracht werden. Sie werden also anders als die absoluten Schutzhindernisse nicht von Amts wegen – also vom DPMA selbst – geprüft. Aus diesem Grund ist der Anmelder einer Marke selbst dafür verantwortlich, dass er ältere Markenrechte nicht verletzt. Dies kann er durch eine entsprechende Markenrecherche verhindern.

Basierend auf dieser Tatsache sollte aber auch der Inhaber einer eingetragenen Marke die Markenregister kontinuierlich auf Neueintragungen hin überwachen, um frühzeitig gegen die Eintragung identischer oder verwechslungsfähig ähnlicher Marken vorgehen zu können. Die Gefahr einer Verwechslung wird auf drei Ebene geprüft: **751**

1. ähneln sich die Marken in ihrem **Klang**,
    Beispiel: ac-pharma – A.C.A.-Pharma (Az.: BGH I ZR 110/90), Yello Strom – GoYellow (LG München, Az.: 1HK O 11526/05).
2. ähneln sich die Marken in ihrer **Optik** und
    Beispiel: Interconnect = T-InterConnect (Az.: BGH, I ZR 132/04).
3. ähneln sich die Marken in ihrem **Gesamteindruck**
    Beispiel: Cliff Hurricane ./. Hurrican (Az.: BGH I ZR 245/88).

> **Beachten Sie:**
> Die Sicherung von Kennzeichen endet nicht mit der Markenregistrierung. Erst mit der Markenüberwachung macht Markenschutz wirklich Sinn. Möchte oder kann man die Aufgabe der Markenüberwachung nicht selbst leisten, gibt es Agenturen (bspw. EUCOR), die diese Aufgabe gegen die Bezahlung einer entsprechenden Gebühr übernehmen. Markenüberwachung erfolgt durch Recherchen in regelmäßigen Zeitabständen, insbesondere durch Markenrecherchen (nationale Register, EU- und IR-Marken), Firmennamen-Recherchen, Titelrecherchen, Domain Reporting und Benutzungsrecherchen. Gegenstand der Überwachung ist grundsätzlich die Marke in ihrer angemeldeten Form. Dies können Bild-, Wort- oder Wort-/Bildmarken sein. Sobald eine Marke angemeldet ist (also bereits während der Prüfungsphase), spätestens ab Registrierung/Benutzung, sollte mit der Überwachung begonnen werden.

V. Ausschließliches Recht des Inhabers einer Marke

1. Grundlagen

Der Markeninhaber besitzt gem. § 14 MarkenG ein Ausschließlichkeitsrecht. Gem. **752** § 14 Abs. 2 MarkenG ist es damit Dritten untersagt, ohne Zustimmung des Inhabers der Marke im geschäftlichen Verkehr

1. ein mit der Marke **identisches Zeichen** für Waren oder Dienstleistungen zu benutzen, die mit denjenigen **identisch** sind, für die sie Schutz genießt,
2. ein Zeichen zu benutzen, wenn wegen der **Identität oder Ähnlichkeit** des Zeichens mit der Marke und der **Identität oder Ähnlichkeit** der durch die Marke und das Zeichen erfassten Waren oder Dienstleistungen für das Publikum die Gefahr von Verwechslungen besteht, einschließlich der Gefahr, dass das Zeichen mit der Marke gedanklich in Verbindung gebracht wird oder
3. ein mit der Marke **identisches Zeichen oder ein ähnliches Zeichen** für Waren oder Dienstleistungen zu benutzen, die **nicht** denen ähnlich sind, für die die Marke Schutz genießt, wenn es sich bei der Marke um eine im Inland bekannte Marke handelt und die Benutzung des Zeichens die Unterscheidungskraft oder die Wertschätzung der bekannten Marke ohne rechtfertigenden Grund in unlauterer Weise ausnutzt oder beeinträchtigt.

> **Beachten Sie:**
> Hier wird deutlich, dass eine Wechselbeziehung zwischen dem Zeichen selbst und der betroffenen Ware oder Dienstleistung besteht.

753 Sind die Voraussetzungen des § 14 Abs. 2 MarkenG erfüllt, so ist es gem. § 14 Abs. 3 MarkenG insbesondere untersagt,
- das Zeichen auf Waren oder ihrer Aufmachung oder Verpackung anzubringen,
- unter dem Zeichen Waren anzubieten, in den Verkehr zu bringen oder zu den genannten Zwecken zu besitzen,
- unter dem Zeichen Dienstleistungen anzubieten oder zu erbringen,
- unter dem Zeichen Waren einzuführen oder auszuführen sowie
- das Zeichen in Geschäftspapieren oder in der Werbung zu benutzen.

754 § 14 Abs. 4 MarkenG untersagt ferner, ohne Zustimmung des Inhabers der Marke, im geschäftlichen Verkehr
- ein mit der Marke identisches Zeichen oder ein ähnliches Zeichen auf Aufmachungen oder Verpackungen oder auf Kennzeichnungsmitteln wie Etiketten, Anhängern, Aufnähern oder dergleichen anzubringen,
- Aufmachungen, Verpackungen oder Kennzeichnungsmittel, die mit einem mit der Marke identischen Zeichen oder einem ähnlichen Zeichen versehen sind, anzubieten, in den Verkehr zu bringen oder zu den genannten Zwecken zu besitzen oder
- Aufmachungen, Verpackungen oder Kennzeichnungsmittel, die mit einem mit der Marke identischen Zeichen oder einem ähnlichen Zeichen versehen sind, einzuführen oder auszuführen,

wenn die Gefahr besteht, dass die Aufmachungen oder Verpackungen zur Aufmachung oder Verpackung oder die Kennzeichnungsmittel zur Kennzeichnung von Waren oder Dienstleistungen benutzt werden, hinsichtlich deren Dritten die Benutzung des Zeichens nach den § 14 Abs. 2–4 MarkenG untersagt wäre.

755 Bei einem schuldhaften Verstoß hat der Markeninhaber neben dem Unterlassungsanspruch nach § 14 Abs. 6 MarkenG auch einen Anspruch auf **Schadenersatz**.

2. Bestimmung der Verwechslungsgefahr

756 In der Praxis sind die Fälle der Kennzeichnung identischer Waren und Dienstleistungen mit **identischen** Zeichen oder die Fälle echter Markenpiraterie einfach festzustellen und zu beurteilen. Anders ist dies, wenn es sich um lediglich **ähnliche** Kennzeichen handelt, die eben nicht genau identisch sind, aber dennoch die Gefahr der Verwechslung bergen (§ 14 Abs. 2 Nr. 2 MarkenG). In der Praxis erfolgt die Bestimmung der Markenähnlichkeit in drei Kategorien:

757 a) **Kennzeichnungskraft.** In einem ersten Schritt ist die Kennzeichnungskraft der Marke zu hinterfragen. Diese bestimmt sich einerseits nach der Eigenart des Zeichens und andererseits nach der Bekanntheit der Marke. Es gilt hier die Grundregel: Die Verwechslungsgefahr wird umso größer, je größer die Kennzeichnungskraft der älteren Marke ist.

758 b) **Ähnlichkeit der Waren bzw. Dienstleistungen.** Eine Verwechslungsgefahr hinsichtlich der mit der Marke gekennzeichneten Waren und Dienstleistungen besteht, wenn die Verbraucher sich in Bezug auf die Herkunft der betreffenden Waren oder Dienstleistungen täuschen können. Dies ist insbesondere dann der Fall, wenn die Waren und Dienstleistungen in derselben Klasse zu finden sind.

2. Kapitel: Markenrecht

c) **Ähnlichkeit der Zeichen.** Die Prüfung, ob zwei Marken ähnlich sind, erfolgt aus drei Blickwinkeln. Es ist zu hinterfragen, ob die Zeichen
- **klanglich/phonetisch** ähnlich sind,
  Beispiel: Arnaud/Arno, Nescafé/Löscafé, BBC/DDC, Max Mara/Amara, CANNON/Canon, Park/Lark.
- **optisch** ähnlich sind,
  Beispiel: Briska/Brisa, Biosan/Biosana, Pei/Rei, Priamus/Primus.
- einen ähnlichen **Gesamteindruck** erwecken.
  Beispiel: Schatztruhe/Schatzkiste, Playboy/Playmen, Mövenpick/Mövennest.

		Marke		
		identisch	ähnlich	nicht ähnlich
Produkte/Dienstleistung	identisch	Verwechslungsgefahr	Verwechslungsgefahr	frei
	ähnlich	Verwechslungsgefahr	Verwechslungsgefahr, Verwässerungsgefahr (bekannten Marke)	frei
	nicht ähnlich	Verwässerungsgefahr, wenn bekannte Marke (Verkehrsdurchsetzung mind. 70%)	Verwässerungsgefahr, wenn bekannte Marke (Verkehrsdurchsetzung mind. 70%)	frei

Abbildung 73: Zusammenfassung § 14 MarkenG

Lösung zu Fallbeispiel 33:
X könnte gegen U einen Anspruch auf Unterlassung aus §§ 14 Abs. 2 Nr. 2, 14 Abs. 5 Satz 1 MarkenG haben.
(I) Dann müsste U die Marke des X entgegen § 14 Abs. 2 Nr. MarkenG benutzt haben.
 (1) X hat nach § 14 Abs. 1 MarkenG das ausschließliche Recht an der Marke, wenn er deren Inhaber ist. Als eingetragener Markeninhaber hat X nach § 4 Nr. 1 MarkenG Markenschutz erlangt. Die GmbH ist als juristische Person nach § 7 Nr. 2 MarkenG auch taugliche Markeninhaberin.
 (2) Fraglich ist, ob U das Markenrecht des X verletzt hat. Hier könnte eine Verletzungshandlung nach § 14 Abs. 5 Satz 1 i. V. m. § 14 Abs. 2 Nr. 2 MarkenG begangen worden sein. Die Begriffe „eiPott" und „ipod" sind nicht identisch, weshalb eine Verletzungshandlung nach § 14 Abs. 2 Nr. 1 MarkenG ausscheidet. Es könnte sich aber Zeichenähnlichkeit bestehen. Hinsichtlich des optischen Eindrucks liegt keine Ähnlichkeit der Zeichen vor. Allerdings könnte eine phonetische (klangliche) Ähnlichkeit vorliegen. Der deutsche Durchschnittsverbraucher spricht die Vorsilbe „i", wie „ei" aus. Demzufolge klingen die Begriffe gleich. Allerdings muss sich hieraus nach dem Gesamteindruck eine Verwechslungsgefahr ergeben. Dies ist anhand der Kennzeichnungskraft der eingetragenen Marke unter Berücksichtigung aller Umstände des Einzelfalls zu prüfen. Da im vorliegenden Fall Warenidentität besteht (X hat die Marke auch für Geräte für Haushalt und Küche eintragen lassen), müssen die Zeichen einen deutlichen Ab-

stand wahren, um eine Verwechslungsgefahr zu verneinen. Daher ist – trotz der geringen Ähnlichkeit der Zeichen vorliegend eine Verwechslungsgefahr zu bejahen.

(3) U hat das Zeichen auch markenmäßig verwendet, indem er auf das Produkt aufgedruckt hat (§ 14 Abs. 3 Nr. 1 MarkenG).

(4) Die nach § 14 Abs. 5 geforderte Wiederholungsgefahr wird aufgrund des Verstoßes vermutet.

(II) Damit steht der X GmbH gegen U ein Unterlassungsanspruch zu.

VI. Schranken des Markenschutzes

760 Auch wenn die Voraussetzungen einer Markenverletzung grundsätzlich erfüllt sind, sieht das Markengesetz bestimmte Regelungen vor, die der Geltendmachung von Ansprüchen gegen Dritte entgegenstehen.

1. Verjährung, § 20 MarkenG

761 Ansprüche aus Markenverletzungen verjähren nach den Regelungen der §§ 194 ff. BGB grundsätzlich bei Kenntnis bzw. grob fahrlässiger Unkenntnis der Verletzungshandlung sowie der Person des Verletzers innerhalb von 3 Jahren ab dem Schluss des Jahres, in dem der Anspruch entstanden ist.

2. Verwirkung, § 21 MarkenG

762 Der Markeninhaber kann seine Ansprüche gegen den Markenrechtsverletzer verwirken, wenn er die Benutzung eines identischen oder ähnlichen Zeichens während eines Zeitraums von fünf aufeinanderfolgenden Jahren geduldet hat, es sei denn, dass die Anmeldung der Marke mit jüngerem Zeitrang bösgläubig vorgenommen worden war.

3. Markenrechtliche Erschöpfung, § 24 Abs. 1 MarkenG

763 Eine für die Praxis sehr wichtige Beschränkung enthält § 24 Abs. 1 MarkenG (Grundsatz der Erschöpfung). Danach hat der Inhaber einer Marke nicht das Recht, einem Dritten zu untersagen, die Marke für Waren zu benutzen, die unter dieser Marke oder dieser geschäftlichen Bezeichnung von ihm oder mit seiner Zustimmung im Inland, in einem der übrigen Mitgliedstaaten der Europäischen Union oder in einem anderen Vertragsstaat des Abkommens über den Europäischen Wirtschaftsraum in den Verkehr gebracht worden sind.

4. Nichtbenutzung der Marke, § 25 MarkenG

764 Darüber hinaus existiert noch die Einrede der Nichtbenutzung einer Marke gem. § 25 MarkenG. Diese Regelung unterstützt den markenrechtlichen Benutzungszwang, der bezeichnet, dass eine nicht benutzte Marke grundsätzlich löschungsreif wird. Es gilt hier eine 5-jährige Benutzungsschonfrist, d.h. die Marke darf im Laufe von 5 Jahren nicht benutzt worden sein.

VII. Weitergabe von Markenrechten

1. Übertragung von Marken

765 Durch das Markenrecht erhält der Inhaber das Recht, in jeglicher Weise über die Marke zu verfügen. Dies bedeutet auch, dass er gem. §§ 27 ff MarkenG das Markenrecht ganz oder teilweise auf einen Dritten übertragen darf. Der Rechtsübergang wird auf Antrag und Nachweis durch die Beteiligten vom DPMA in das Markenregister eingetragen.

> Beachten Sie:
> Im Falle eines Rechtsüberganges ist eine Umschreibung ratsam. Grund hierfür ist, dass die Registrierung als Inhaber beim DPMA eine widerlegliche Vermutung der Inhaberschaft enthält. Aufgrund derer kann der im Register hinterlegte Markeninhaber sämtliche Rechte in einem Verfahren geltend machen.

2. Erteilung von Lizenzen

Neben der Übertragung einer Marke kann der Inhaber einer Marke auch eine Lizenz an dieser vergeben. Damit räumt der Inhaber einem Dritten sogenannte Nutzungsrechte an seiner Marke gem. § 30 MarkenG ein. Hinsichtlich der Ausgestaltung einer solchen Lizenz stehen den Parteien in der Praxis große Spielräume zur Verfügung. Bspw. kann der Inhaber der Marke eine **einfache Lizenz** vergeben, mittels derer der Lizenznehmer lediglich Mitbenutzungsrechte erwirbt. Demgegenüber besteht die Möglichkeit, eine **ausschließliche** Lizenz zu erteilen. Mittels derer erhält der Lizenznehmer ein quasidingliches, absolutes Recht. Dies bedeutet, dass er sowohl den Markeninhaber selbst als auch Dritte von einer Mitbenutzung der Marke ausschließen kann. Darüber hinaus können in Lizenzvereinbarungen sehr spezifische Regelungen bspw. zur Nutzungsdauer, zur räumlichen Nutzungsausgestaltung oder zur gegenständlichen Reichweite des Benutzungsrechts getroffen werden.

Beispiel: McDonalds Franchisenehmer erhält im Franchisevertrag im Wege einer einfachen Lizenz das Recht, die Marke McDonalds während der Vertragsdauer für sein Geschäft in Ulm zu nutzen (einfache, zeitlich und räumlich beschränkte Lizenz).

3. Kapitel: Urheberrecht

> **Warum das Thema für Sie von Bedeutung ist:**
> Das Urheberrecht ist ein Persönlichkeitsrecht, das auch eine starke wirtschaftliche Komponente hat. Immer dann, wenn Sie geistige Inhalte eines anderen ganz oder teilweise übernehmen wollen (bspw. Übernahme des Fotos eines Fotografen für eine Werbekampagne, Verwendung eines Charthits für einen Fernsehspot, …), müssen Sie die Regeln des UrhG beachten.

> **Fallbeispiel 34 (Lösung s. Rn. 787):**
> Der Filmstudent D hat für sein Abschlussprojekt an der Hochschule eine besonders originelle Comicfigur entwickelt. Sein Kommilitone K ist begeistert von der Figur und rät seinem Freund, diese durch Eintragung beim DPMA schützen zu lassen. Aufgrund des Prüfungsstresses vergisst D jedoch, sich um die Eintragung zu kümmern und bringt unter der Figur lediglich ein © an, um zu zeigen, dass diese geschützt ist. Einige Zeit später entdeckt D eine nahezu identische Figur im Comicheft des Zeichners Z. Dieser behauptet, dass er die Figur selber entworfen habe und ihm die Comicfigur des D nicht bekannt war, was jedoch nicht stimmt. Tatsächlich hatte Z die Comicfigur zuvor bei D gesehen und fand diese so gut, dass er sie für seinen neusten Comic kopiert hat. Wie ist die Rechtslage?

I. Grundlagen

768 Das Urheberrecht schützt das Recht des Urhebers an seinen Werken. Gemäß § 1 UrhG genießt der Urheber von Werken der Literatur, Wissenschaft und Kunst für seine Werke Schutz nach Maßgabe des Urhebergesetzes. Dabei kann das Urheberrecht in vielen unterschiedlichen Kontexten entstehen.

> **Beispiel:** Bspw. genießt ein Kunstmaler urheberrechtlichen Schutz für seine Werke oder ein Komponist für seine Musikstücke. Aber auch ein Fotograf, der die Bilder für eine Werbekampagne schießt, genießt für diese urheberrechtlichen Schutz.

769 Das Urheberrecht ist ein ausschließliches Recht, das nur dem Schöpfer eines Werkes selbst zusteht. Dieser kann sein Werk nutzen und verwerten, aber auch Dritten die Erlaubnis für dessen Nutzung erteilen. Ein ausschließliches Recht bedeutet aber auch, dass der Schöpfer verhindern kann, dass sein Werk verändert oder entstellt wird, er kann also Dritte auch von dessen Nutzung ausschließen.

> **Beispiel:** Ein Kunstmaler möchte nicht, dass seine Bilder öffentlich ausgestellt werden.

II. Das Werk als zentraler Begriff des Urheberrechts

770 Der zentrale Begriff im Urheberrecht ist der Begriff „Werk". Um diesen begreifen zu können, muss in einem ersten Schritt geklärt werden, was ein solches Werk im Sinne des Urheberrechts darstellt. In diesem Zusammenhang ist § 2 Abs. 2 UrhG zu beachten. Dort findet sich folgende Legaldefinition:

> „Werke im Sinne dieses Gesetzes sind nur persönliche geistige Schöpfungen."

771 Die Rechtsprechung leitet aus dieser sehr allgemeinen Definition vier Kriterien ab, die den Werksbegriff näher beschreiben. Diesen folgend ist ein Werk:
- eine **persönliche Schöpfung** (d. h. durch einen Menschen geschaffen),

   Beispiel: Automatisch geschaffene Produkte erfüllen das Kriterium nicht (z. B. maschinelle Übersetzungen mittels Computerprogramm); auch ein bspw. durch einen Affen gemaltes Bild scheitert im Hinblick auf seine Qualifizierung als Werk i. S. d. Urheberrechts an dieser Voraussetzung.

- mit **geistigem Gehalt** (d. h. Ausdruck eines gewollten, individuellen Geistes),

   Beispiel: Rein handwerkliche Erzeugnisse erfüllen das Kriterium bspw. nicht.

- eine **konkrete Formgebung** (d. h. Verkörperung bzw. sinnlich wahrnehmbar und nicht nur eine Idee) und

   Beispiel: Ein gedrucktes Buch, ein Musikstück in Noten niedergeschrieben, eine aufgeführte Tanzchoreografie, …

- **individuelle Gestaltung** (d. h. eine gewisse „Gestaltungs- oder Schöpfungshöhe", also ein Mindestmaß an geistig-schöpferischer Leistung).

   Beispiel: Das Kriterium der Individualität fehlt bspw. bei einem Telefonbuch.

> **Beachten Sie:**
> Wichtig ist in diesem Zusammenhang der Begriff der „**Kleinen Münze**". Er bezeichnet solche geistigen Schöpfungen, die gerade noch die gestellten Anforderungen an die Individualität erfüllen. Dies zeigt, dass auch einfache geistige Leistungen vom urheberrechtlichen Schutz umfasst sind, auch wenn sie nur einen geringen Eigentümlichkeitsgrad aufweisen.

Gem. § 2 Abs. 1 UrhG gibt es unterschiedliche Arten von Werken. Zu den geschützten Werken der Literatur, Wissenschaft und Kunst gehören insbesondere:
1. Sprachwerke;
   Beispiel: Schriftwerke, Reden, Bücher, Computerprogramme, …
2. Werke der Musik;
   Beispiel: Musiktitel, Opern, …
3. pantomimische Werke;
   Beispiel: Choreographische Werke, Werke der Tanzkunst, …
4. Werke der bildenden Künste wie Bilder, Skulpturen, Werke der Baukunst und der angewandten Kunst und Entwürfe solcher Werke;
   Beispiel: Werke der bildenden Kunst, Werke der angewandten Kunst (mit Gebrauchszweck), Werke der Baukunst, …
5. Lichtbildwerke einschließlich der Werke, die ähnlich wie Lichtbildwerke geschaffen werden;
   Beispiel: Fotokopie oder Abzüge von Negativ- und Positivfilmen, …
6. Filmwerke einschließlich der Werke, die ähnlich wie Filmwerke geschaffen werden;
   Beispiel: Fernsehfilme, Kinofilme, …
7. Darstellungen wissenschaftlicher oder technischer Art wie Zeichnungen, Pläne, Karten, Skizzen, Tabellen und plastische Darstellungen;
   Beispiel: Konstruktionszeichnungen, Pläne, Formulare, …

Darüber hinaus gibt es noch einige Sonderformen, die ebenfalls im Urhebergesetz geregelt sind:
8. Bearbeitungen, § 3 UrhG;
   Beispiel: Bearbeitung von Musikstücken, …
9. Sammelwerke, § 4 UrhG;
   Beispiel: Gedichtsammlungen, Datenbanken, …
10. Amtliche Werke, § 5 UrhG.
    Beispiel: Gesetze, Verordnungen, Erlasse, Gerichtsentscheidungen, …

III. Entstehung des Urheberrechts

Für die Entstehung des Urheberrechts bedeutet dies, dass mit dem Vorliegen der Voraussetzungen des § 2 Abs. 2 UrhG unmittelbar ein schutzfähiges Werk entsteht. Es ist also für die Entstehung des Urheberrechts nicht notwendig, dass, wie Sie das bspw. bei einer Marke kennengelernt haben, ein behördliches Verfahren mit einem formalen Antrag, einer amtlichen Prüfung, einer Erteilung und Registrierung durchlaufen wird.

> **Beachten Sie:**
> Der **Vorteil** an dieser Tatsache ist, dass ein Urheberrecht schnell und unkompliziert entsteht, und Sie sich nicht durch ein behördliches Genehmigungsverfahren, das u. U. teuer ist, quälen müssen.
> Der **Nachteil** ist, dass das Urheberrecht erst im Verletzungsprozess wirklich geprüft wird. Das Prüfungsergebnis ist in der Praxis schwer vorherzusehen. Außerdem ist natürlich der Nachweis der Entstehung des Urheberrechts und v. a. des Zeitpunkts in der Praxis häufig schwer.

775 Urheber ist gemäß § 7 UrhG immer der Schöpfer des Werkes. Schöpfer ist derjenige, der das Werk tatsächlich geschaffen hat (Schöpferprinzip). Da die Entstehung eines Werkes immer mit einem solchen persönlichen Schöpfungsakt verbunden ist, kann auch nur eine natürliche Person, also ein Mensch, Urheber sein. Davon zu unterscheiden sind urheberrechtliche Nutzungs- und Verwertungsrechte, die auch Gesellschaften besitzen können.

> **Beachten Sie:**
> Bei der Qualifizierung einer Person als Urheber ist es irrelevant, ob diese geschäftsfähig ist. Es können also grundsätzlich auch Minderjährige Urheber sein.

776 Beauftragt ein Dritter als Auftraggeber, Ideenanreger oder Besteller jemanden, oder gibt er dem Urheber einen Tipp oder eine Anregung zur Schaffung eines Werkes, ist dieser selbst nicht Urheber. Bloße Ideen und Anregungen können nicht als Werk geschützt werden und genießen damit auch keinen urheberrechtlichen Schutz. Diese Personen können im Zweifelsfall aber Miturheber und Urheber verbundener Werke im Sinne der §§ 8 und 9 UrhG werden.

> **Beachten Sie:**
> Nicht die Idee selbst ist geschützt, sondern deren Umsetzung in wahrnehmbarer Form.

IV. Der Inhalt des Urheberrechts

777 Der Inhalt des Urheberrechts lässt sich in drei Bereiche unterteilen:
1. das Urheberpersönlichkeitsrecht (§§ 12–14 UrhG),
2. die Verwertungsrechte (§§ 15–24 UrhG) und
3. die sonstigen Rechte (§§ 25–27 UrhG).

> **Beachten Sie:**
> Diese Unterteilung finden Sie auch im Inhaltsverzeichnis Ihres Urhebergesetzes. Sie müssen diese also nicht auswendig lernen, sondern können durch die Arbeit mit dem Gesetz die Inhaltsbereiche erkennen.

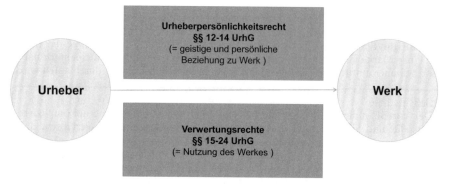

Abbildung 74: Urheberpersönlichkeitsrecht und Verwertungsrechte

1. Urheberpersönlichkeitsrecht

Das Urheberpersönlichkeitsrecht schützt den Urheber gem. § 11 UrhG in seinen geistigen und persönlichen Beziehungen zu seinem Werk. Es ist also der persönlichste Inhaltsbereich des Urheberrechts in den §§ 12 bis 14 UrhG geregelt. Hierunter fallen

- das Recht des Urhebers auf **Veröffentlichung** seines Werkes (§ 12 UrhG), nach dem nur er entscheidungsbefugt ist, ob, wann und wie sein Werk der Öffentlichkeit zugänglich gemacht wird,
- das Recht auf **Anerkennung der Urheberschaft** (§ 13 UrhG), nach dem der Urheber von jedem, der sein Werk veröffentlicht, verlangen kann, dass er als Urheber genannt wird, sowie
  Beispiel: Ein Maler verlangt bei Ausstellung seines Bildes, dass sein Name neben dem Bild genannt wird.
- das Recht auf Verhinderung der **Entstellung des Werkes** (§ 14 UrhG), nach dem der Urheber eine Entstellung oder andere Beeinträchtigung seines Werkes verbieten kann.
  Beispiel: Ein Musiker kann die Verzerrung des Klangs seines Musikstücks untersagen.

> **Beachten Sie:**
> Wichtig ist zu verstehen, dass der Urheber die Urheberpersönlichkeitsrechte nicht an einen Dritten abtreten kann. Sie stehen nur dem Urheber selbst zu und können bspw. nicht verkauft oder mittels Lizenz vergeben werden. Der einzige Weg dies zu tun, ist gem. § 28 UrhG durch Vererbung des Urheberrechts.
> § 29 Abs. 1 UrhG sagt uns hierzu
> *„Das Urheberrecht ist nicht übertragbar, es sei denn, es wird in Erfüllung einer Verfügung von Todes wegen oder an Miterben im Wege der Erbauseinandersetzung übertragen."*

2. Verwertungsrechte

> **Warum ist das Thema für Sie von Bedeutung:**
> In der Praxis werden häufig die Verwertungsrechte an einem urheberrechtlich geschützten Werk übertragen. Diese spielen in der praktischen Anwendung auch für Nicht-Juristen immer wieder eine große Rolle. Nicht nur bei der Frage, bspw. wer – Arbeitgeber oder Arbeitnehmer – der Urheber eines während der Arbeitszeit geschaffenen Werkes ist, oder welchen Nutzungsumfang eine Werbeagentur hinsichtlich einer von einem Mitarbeiter geschaffenen Bildkampagne an den Kunden überträgt, sind für Sie von Bedeutung. Aus diesem Grund sollten Sie die Möglichkeiten der Verwertungsrechtsübertragung kennen und in der Praxis sensibel behandeln.

Gem. § 29 UrhG ist die Verwertungsrechtsübertragung durch die Einräumung von Nutzungsrechten möglich. Die Gegenstände der einzelnen Nutzungsrechte sind in den §§ 15–24 UrhG geregelt. § 15 UrhG zählt beispielhaft die Verwertungsrechte des Urhebers auf, wobei er zwischen Verwertungsrechten in unkörperlicher Form und Verwertungsrechten in körperlicher Form unterscheidet.

> **Beachten Sie:**
> Dass es sich in § 15 UrhG um eine nicht abschließende Aufzählung handelt, erkennen Sie an der Verwendung des Begriffes „insbesondere".

781 Das Ziel der Vergabe von Nutzungsrechten ist es, dem Urheber den finanziellen Erfolg an einer wirtschaftlichen Nutzung des Werks zu sichern.

782 Unter **Verwertungsrechte in körperlicher Form** im Sinne des Urhebergesetzes fallen
- das **Vervielfältigungsrecht** (§ 16 UrhG), das das Recht bezeichnet, Vervielfältigungsstücke eines Werkes herzustellen, gleich in welchem Verfahren und in welcher Zahl,

  Beispiel: Herstellung von Büchern eines Schriftstellers oder Tonträgern mit den Musikstücken eines Musikers für den gewerblichen Verkauf.
- das **Verbreitungsrecht** (§ 17 UrhG), das das Recht bezeichnet, das Original oder Vervielfältigungsstücke des Werkes der Öffentlichkeit anzubieten oder in Verkehr zu bringen sowie

  Beispiel: Versenden von Angebotslisten, Prospekten oder Katalogen.
- das **Ausstellungsrecht** (§ 18 UrhG), das sich auf die Ausstellung unveröffentlichter Werke der bildenden Künste sowie auf unveröffentlichte Lichtbildwerke beschränkt.

  Beispiel: Ausstellung eines künstlerischen Fotos des Fotografen David Hamilton.

783 Unter **Verwertungsrechte in unkörperlicher Form** im Sinne des Urhebergesetzes fallen dagegen
- das **Vortrags-, Aufführungs- und Vorführungsrecht** (§ 19 UrhG). Sie beschreiben die Rechte ein Sprachwerk durch persönliche Darbietung öffentlich zu Gehör zu bringen, ein Musikwerk öffentlich zu Gehör zu bringen oder bühnenmäßig darzubieten oder ein Werk der bildenden Künste, ein Lichtbildwerk, ein Filmwerk oder Darstellungen wissenschaftlicher oder technischer Art durch technische Einrichtungen öffentlich wahrnehmbar zu machen,

  Beispiel: Coverband spielt Songs von Linkin Park, Schauspiel, Oper, Kinovorführung.
- das Recht der **öffentlichen Zugänglichmachung** (§ 19a UrhG), das das Recht beschreibt, Werke drahtgebunden oder drahtlos der Öffentlichkeit in einer Weise zugänglich zu machen, dass es Mitgliedern der Öffentlichkeit an Orten und zu Zeiten ihrer Wahl zugänglich ist,

  Beispiel: Bereitstellung von Videos auf Youtube.
- das **Senderecht** (§ 20 UrhG), das das Recht beschreibt, Werke durch Funk der Öffentlichkeit zugänglich zu machen,

  Beispiel: Ton- und Fernsehrundfunk- sowie Satellitenrundfunk- und Kabelfunksendungen.
- das **Recht der Wiedergabe durch Bild- oder Tonträger** (§ 21 UrhG), das das Recht bezeichnet, Vorträge oder Aufführungen des Werkes mittels Bild- oder Tonträger öffentlich wahrnehmbar zu machen, sowie

  Beispiel: Hintergrundmusik von CD oder online in bspw. Gaststätten, Arztpraxen oder Kaufhäusern.
- das **Recht der Wiedergabe von Funksendungen** und von öffentlicher Zugänglichmachung (§ 22 UrhG), das das Recht beschreibt, Funksendungen und auf öffentlicher Zugänglichmachung beruhenden Wiedergaben des Werkes durch Bildschirm, Lautsprecher oder ähnliche technische Einrichtungen öffentlich wahrnehmbar zu machen.

  Beispiel: Frisör lässt das Radio im Hintergrund in seinem Geschäft laufen.

> **Beachten Sie:**
> Bei den Verwertungsrechten in unkörperlicher Form geht es ausschließlich um die öffentliche Wiedergabe des Werkes. Zur Bewertung, was eine öffentliche Wiedergabe ist, ist die persönliche Beziehung der Anwesenden untereinander entscheidend.
>
> **Als nichtöffentlich werden angesehen:**
> – Freundeskreis,
> – Familie,
> – sogar ein kleiner Betrieb.
>
> **Als öffentlich werden angesehen:**
> – Sportübertragung im Vereinsheim,
> – Hochschulvorlesung oder bspw.
> – Gemeinschaftsräume von Altersheimen.

3. Sonstige Rechte

Die sonstigen Rechte im Sinne des Urhebergesetzes sind das Recht auf Zugang zu Werkstücken (§ 27 UrhG), das Folgerecht (§ 28 UrhG) sowie das Recht auf eine Vergütung für Vermietung und Verleihen des Werkes (§ 27 UrhG). Die sonstigen Rechte gehören weder zum Urheberpersönlichkeitsrecht noch zu den Verwertungsrechten. Sie sind im Gegensatz zu diesen keine absoluten Rechte.

– **Zugangsrecht** (§ 25 UrhG): Der Urheber kann verlangen, dass ihm sein Werk zugänglich gemacht wird, soweit dies zur Herstellung von Vervielfältigungsstücken erforderlich ist. Eine Herausgabepflicht besteht aber nicht.
– **Folgerecht** (§ 26 UrhG): Es kommt nur bei Werken der bildenden Künste in Betracht. Es beruht auf der Problemstellung, dass Urheber anderer Werkkategorien immer wieder Einnahmen erzielen (z. B. Komponist für sein Musikstück über die GEMA oder ein Schriftsteller über die VG Wort), ein Schöpfer bildender Kunst wie bspw. ein Bildhauer nur einmal ein Entgelt, nämlich beim Verkauf des Werkes. Diese Schlechterstellung soll § 26 UrhG ausgleichen.
– **Vergütungsansprüche für Vermietung und Verleihen** (§ 27 UrhG): Auch hiermit soll eine Schlechterstellung vermieden werden, da bei Vermietung und Verleih von Werkexemplaren der Kreis der Nutzer vergrößert wird, ohne dass dem ein größerer Umsatz an Vervielfältigungsstücken gegenübersteht, an dem die Urheber und Lizenznehmer beteiligt sind.

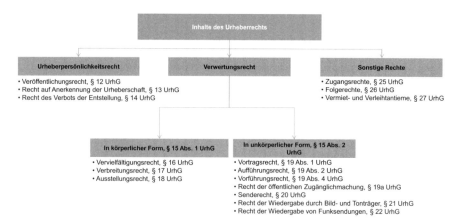

Abbildung 75: Inhalte des Urheberrechts

V. Beschränkung der Nutzungsrechte

785 Wie bereits dargestellt, kann der Urheber einem Dritten Nutzungsrechte an seinem Werk einräumen. Damit gibt er diesem die Befugnis, sein Werk zu nutzen. Dabei ist es möglich, die eingeräumten Nutzungsrechte inhaltlich auf einzelne oder alle Nutzungsarten auszudehnen und diese zusätzlich räumlich wie zeitlich einzuschränken.

> **Beachten Sie:**
> Der der Einräumung zugrundeliegende Vertrag ist grundsätzlich formfrei, wobei dies in der Praxis aus beweisrechtlichen Gründen nicht empfehlenswert ist. Sie sollten immer sehr genau regeln, welche Nutzungsrechte betroffen sind.

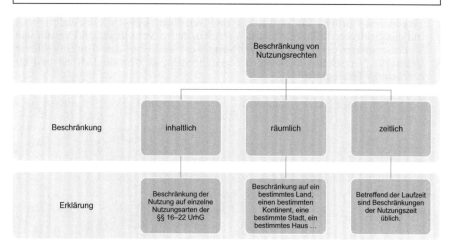

Abbildung 76: Beschränkung von Nutzungsrechten

Darüber hinaus ist es wichtig, den Personenkreis der Nutzer sowohl aus Sicht des **786** Urhebers als auch aus Sicht des Nutzungsrechtsempfängers genau zu bestimmen. So ist es möglich, sowohl ausschließliche als auch einfache Nutzungsrechte zu vergeben:
- **Ausschließliche Nutzungsrechte**
  Der Inhaber hat das Recht, das Werk unter Ausschluss aller anderen Personen auf die ihm erlaubte Art zu nutzen und mit Zustimmung des Urhebers (§ 35 UrhG) Nutzungsrechte einzuräumen (§ 31 Abs. 3 UrhG).
- **Einfache Nutzungsrechte**
  Der Inhaber hat das Recht, das Werk neben dem Urheber und möglicherweise anderen Berechtigten auf die ihm erlaubte Art zu nutzen (§ 31 Abs. 2 UrhG). Hier hat der Erwerber nur eine Berechtigung. Er darf das Werk lediglich in der vereinbarten Art und Weise neben anderen Berechtigten nutzen. Ein Verbietungsrecht gegenüber Dritten steht ihm nicht zu.

Hierbei ist es unproblematisch möglich, alle Nutzungsrechte sowie deren Schranken **787** miteinander zu kombinieren.

Lösung Fallbeispiel 34:
(I) D könnte gegen Z einen Anspruch auf Unterlassung der Verwendung der Comicfigur aus § 97 Abs. 1 UrhG haben.
   (1) Dazu müsste Z ein Urheberrecht oder ein anderes geschütztes Recht des D verletzt haben.
      (a) Urheberrecht: D hat eine originelle Comicfigur entwickelt. Die Comicfigur könnte als Werke der bildenden Kunst gemäß § 2 Abs. 1 Nr. 4 UrhG geschützt sein, sofern sie die Voraussetzungen des § 2 Abs. 2 UrhG erfüllt. Da es sich um eine besonders originelle Figur handelt, kann davon ausgegangen werden, dass die erforderliche Schöpfungshöhe erreicht ist. Das Urheberrecht entsteht mit der Schöpfung des Werkes (§§ 1 Abs. 2, 7 UrhG). Der Schutz der Comicfigur entsteht danach automatisch (eo ipso) mit der Schöpfung der Figur. Einer Anmeldung oder Eintragung bedarf es nicht.
      (b) Ein markenrechtlicher Schutz, etwa nach § 14 Abs. 1 MarkenG, besteht hingegen nicht, da D die Figur nicht nach § 4 MarkenG beim DPMA hat eintragen lassen.
      (c) Der ©-Vermerk begründet keine Rechte an dem geistigen Eigentum des D. Derartige Hinweise sind für die Entstehung des Urheberschutzes oder sonstiger Rechte an geistigem Eigentum unerheblich (Hinweis: der ©-Vermerk kennzeichnet nur, dass ein Urheberrecht besteht).
   (2) Das Urheberrecht des D wurde durch den Abdruck der Comicfigur im Comicbuch des Z verletzt, denn das Recht zur Vervielfältigung, Veröffentlichung und Ausstellung steht nach den §§ 16 ff. UrhG ausschließlich dem Urheber zu.
   (3) Die Verletzung war widerrechtlich, insbesondere hat D der Verwendung der Figur nicht zugestimmt.
   (4) Schließlich hat Z auch schuldhaft gehandelt (§ 276 BGB), denn er wusste, dass D die Figur entwickelt hat.
(II) Ergebnis: D hat einen Anspruch auf Unterlassung gemäß § 97 Abs. 1 UrhG gegen den Z.

Teil 8: Wettbewerbsrecht

788 **Warum ist das Thema für Sie von Bedeutung:**
Das Wettbewerbsrecht spielt in der unternehmerischen Praxis eine große Rolle. Während die Lauterkeitsregeln des UWG (Gesetz gegen den unlauteren Wettbewerb) in erster Linie die Tätigkeit im Marketing und Vertrieb betreffen, sind die Regelungen des GWB (Kartellrecht) von allen Unternehmensbereichen zu beachten und oft zentraler Gegenstand von Compliance-Systemen.

1. Kapitel: Grundlagen

789 Das Wettbewerbsrecht umfasst in Deutschland das im UWG geregelte Recht des unlauteren Wettbewerbs (**Lauterkeitsrecht**) und das im GWB geregelte Recht gegen Wettbewerbsbeschränkungen (**Strukturkontrolle**).

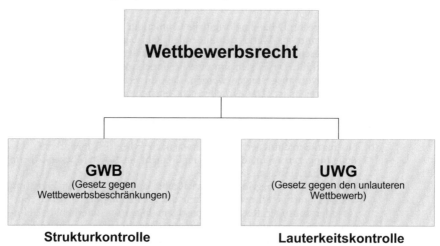

Abbildung 77: Bereiche des Wettbewerbsrechts

790 Beide Gesetze schützen grundsätzlich die Wettbewerbsfreiheit in Deutschland, sie verfolgen dabei aber unterschiedliche Zielrichtungen. Das UWG zielt auf den Schutz der Mitbewerber, der Verbraucherinnen und Verbraucher sowie der sonstigen Marktteilnehmer vor **unlauteren geschäftlichen Handlungen**. Es schützt zugleich das Interesse der Allgemeinheit an einem unverfälschten Wettbewerb (§ 1 UWG). Das Lauterkeitsrecht beschreibt also die Spielregeln eines fairen wirtschaftlichen Verhaltens. Aus diesem Grund nennt sich dieser Bereich auch **Lauterkeitsschutz**.

791 Das GWB dagegen dient dem Schutz des Wettbewerbs selbst als Institution gegen Ausschaltungen und Beschränkungen. Aus diesem Grund nennt sich dieser Bereich auch **Strukturkontrolle**. Die Strukturkontrolle schützt also den Wettbewerb als die geltende Wirtschaftsordnung in ihrer Struktur. Grundsätzlich stehen beide Gesetze beziehungslos nebeneinander. Das bedeutet, dass Sachverhalte nach dem einen Gesetz zulässig, jedoch nach dem anderen verboten sein können.

2. Kapitel: Gesetz gegen den unlauteren Wettbewerb (UWG)

I. Schutzzweck und Struktur des UWG

Fallbeispiel 35 (Lösung s. Rn. 811):
Firma F möchte ihren Kundenkreis erweitern. Deshalb plant Sie, einen Werbenewsletter mit Informationen zum Unternehmen und zu den angebotenen Produkten an potenzielle Kunden zu verschicken. Um einen möglichst großen Kreis an Neukunden anzusprechen, hat F bei Datenhändler D eine Datei mit Kundendaten gekauft. Diese nutzt F, um eine breit angelegte Mailingaktion zu starten. X, ein Wettbewerber von F, verlangt von F Unterlassung der Werbeaktion.

Der Schutzzweck des UWG ist in § 1 UWG genau definiert. Das Gesetz dient danach dem Schutz der **Mitbewerber**, der **Verbraucher** sowie der **sonstigen Marktteilnehmer** vor unlauteren geschäftlichen Handlungen. Es schützt zugleich das Interesse der Allgemeinheit an einem unverfälschten Wettbewerb.

Betrachtet man den Paragrafen und seinen Schutzzweck näher, sind einige Begriffe genauer zu definieren. Zum ersten muss geklärt werden, wer sich hinter den Schutzadressaten verbirgt. Ein **Mitbewerber** ist gem. § 2 Abs. 1 Nr. 3 UWG jeder Unternehmer, der mit einem oder mehreren Unternehmern als Anbieter oder Nachfrager von Waren oder Dienstleistungen in einem **konkreten Wettbewerbsverhältnis** steht. Ein konkretes Wettbewerbsverhältnis besteht dann, wenn zwei Unternehmen im gleichen sachlich, räumlich und zeitlich relevanten Markt agieren.

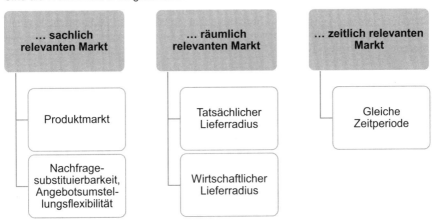

Abbildung 78: Wettbewerbsverhältnis

Der Begriff **Verbraucher** ist im § 13 BGB genau geregelt. Das UWG versteht hierunter dasselbe, nämlich jede natürliche Person, die ein Rechtsgeschäft zu Zwecken abschließt, die überwiegend weder ihrer gewerblichen noch ihrer selbstständigen beruflichen Tätigkeit zugerechnet werden können. Die **sonstigen Marktteilnehmer** sind neben den bereits definierten Mitbewerbern und Verbrauchern alle Personen, die als Anbieter oder Nachfrager von Waren oder Dienstleistungen tätig sind (§ 2 Abs. 1 Nr. 2 UWG).

795 Ergänzt wird die Aussage des § 1 UWG durch ein klares Verbot in § 3 Abs. 1 UWG, das ausführt, dass unlautere geschäftliche Handlungen unzulässig sind.

796 Was eine **geschäftliche Handlung** selbst ist, ist in § 2 Abs. 1 Nr. UWG definiert. Hierunter fällt jedes Verhalten einer Person zugunsten des eigenen oder eines fremden Unternehmens vor, während oder nach einem Geschäftsabschluss, das mit der Förderung des Absatzes oder des Bezugs von Waren oder Dienstleistungen oder mit dem Abschluss oder der Durchführung eines Vertrages über Waren oder Dienstleistungen objektiv zusammenhängt. Ein Verhalten in diesem Sinne kann sowohl ein aktives Tun als auch ein Unterlassen (bspw. das Verschweigen von Informationen) sein.
Was der Begriff „unlauter" bedeutet, ist im Gesetz nicht geregelt. Hier bedient sich das UWG eines sogenannten **unbestimmten Rechtsbegriffs**. „Unlauter" heißt so viel wie „den anständigen Gepflogenheiten in Handel, Gewerbe, Handwerk und selbstständiger beruflicher Tätigkeit zuwider laufend".

> **Beachten Sie:**
> Der Gesetzgeber verwendet hier einen wenig konkreten und damit auslegungsfähigen, aber auch -bedürftigen Begriff, damit sich alle UWG-Verstöße darin wiederfinden können, und sich das Gesetz unserer Werteentwicklung anpassen kann. Die Bewertung dessen, was als unlauter empfunden wird und was nicht, kann sich im Laufe der Zeit und mit der gesellschaftlichen Entwicklung stark verändern. Damit nicht bei jeder Veränderung auch das UWG neu geschrieben werden muss, lässt hier der Gesetzgeber Spielraum für Interpretation.

797 § 3 Abs. 1 UWG dient in der Systematik des UWG als sogenannte **Generalklausel**, an die alle weiteren Unlauterkeitstatbestände anknüpfen. Er dient als Auffangtatbestand für solche geschäftlichen Handlungen, die nicht von den in § 3 Abs. 3 UWG sowie den §§ 3a–7 UWG geregelten, spezielleren Bestimmungen erfasst werden, aber dennoch einen Unlauterkeitsgehalt aufweisen. In den §§ 3a–7 UWG sind typische Erscheinungsformen unlauteren Handelns in Form einer Kasuistik geregelt. Damit ergibt sich folgende Struktur des UWG:

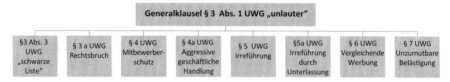

Abbildung 79: Struktur des UWG

II. Unlauterkeitstatbestände

1. Die „Schwarze Liste"

798 Im Anhang zu § 3 Abs. 3 UWG findet sich die sogenannte „**Schwarze Liste**". Sie enthält 30 Geschäftshandlungen, die per se verboten sind. Unzulässige geschäftliche Handlungen im Sinne des § 3 Abs. 3 sind bspw.

- die Verwendung von Gütezeichen, Qualitätskennzeichen oder Ähnlichem ohne die erforderliche Genehmigung (Nr. 2),
  Beispiel: Verwendung eines falschen CE- oder falsche Bio-Zeichens.
- die unwahre Angabe, ein Verhaltenskodex sei von einer öffentlichen oder anderen Stelle gebilligt (Nr. 3),
  Beispiel: „Staatlich anerkannt durch …".
- die unwahre Angabe, bestimmte Waren oder Dienstleistungen seien allgemein oder zu bestimmten Bedingungen nur für einen sehr begrenzten Zeitraum verfügbar, um den Verbraucher zu einer sofortigen geschäftlichen Entscheidung zu veranlassen, ohne dass dieser Zeit und Gelegenheit hat, sich auf Grund von Informationen zu entscheiden (Nr. 7),
  Beispiel: Unternehmen werben mit dem Slogan „Nur noch heute!", obwohl die Ware später auch noch zu kaufen ist.
- die unwahre Angabe oder das Erwecken des unzutreffenden Eindrucks, gesetzlich bestehende Rechte stellten eine Besonderheit des Angebots dar (Nr. 10),
  Beispiel: Unternehmen werben mit dem Hinweis „Wir geben Ihnen volle zwei Jahre Gewährleistung bei unseren Neuwaren!" Das sieht das Gesetz genauso vor. Deshalb ist eine besondere Herausstellung nicht zulässig.
- der vom Unternehmer finanzierte Einsatz redaktioneller Inhalte zu Zwecken der Verkaufsförderung, ohne dass sich dieser Zusammenhang aus dem Inhalt oder aus der Art der optischen oder akustischen Darstellung eindeutig ergibt (als Information getarnte Werbung) (Nr. 11),
  Beispiel: Schleichwerbung.
- die unwahre Angabe, eine Ware oder Dienstleistung könne Krankheiten, Funktionsstörungen oder Missbildungen heilen (Nr. 18),
  Beispiel: Unternehmen verstoßen gegen das Heilmittelgesetz.
- die unwahre Angabe oder das Erwecken des unzutreffenden Eindrucks, der Unternehmer sei Verbraucher oder nicht für Zwecke seines Geschäfts, Handels, Gewerbes oder Berufs tätig (Nr. 23),
  Beispiel: Ebay-Verkäufer tarnt sich als private Verkäufer obwohl er gewerblicher Nutzer ist.
- die Aufforderung zur Bezahlung nicht bestellter, aber gelieferter Waren oder erbrachter Dienstleistungen oder eine Aufforderung zur Rücksendung oder Aufbewahrung nicht bestellter Sachen (Nr. 29).
  Beispiel: Unbestellte Ware wird mit Rechnung versendet, Kunde muss diese auf eigene Kosten zurücksenden.

Verstößt ein Unternehmer gegen die 30 Verhaltensverbote, ist sein Handeln sittenwidrig. Die Verträge, die durch ein solches sittenwidriges Handeln zustande kommen, sind nichtig (§ 138 BGB bzw. § 134 BGB).

2. Rechtsbruch

Unlauter handelt, wer einer gesetzlichen Vorschrift zuwiderhandelt, die auch dazu bestimmt ist, im Interesse der Marktteilnehmer das Marktverhalten zu regeln, und der Verstoß geeignet ist, die Interessen von Verbrauchern, sonstigen Marktteilnehmern oder Mitbewerbern spürbar zu beeinträchtigen (**Vorsprung durch Rechtsbruch § 3a UWG**). § 3a setzt neben dem Verstoß gegen eine Rechtsnorm (z. B. Gesetze, Rechtsverordnungen, Satzungen von Gemeinden und Kammern, …) auch voraus, dass es sich bei der verletzten Rechtsnorm um eine **Marktverhaltensregelung** handelt. Das sind solche gesetzlichen Bestimmungen, die das Verhalten eines Unternehmers bei der Kontaktaufnahme (z. B. Werbung) oder beim Kontakt (z. B. Verkaufsgespräche) mit der Marktgegenseite regeln oder zumindest mittelbar wettbewerbsbezogene Schutzfunktion haben.

Beispiel:
- Anwalt verstößt gegen das Werberecht der freien Berufe (Beispiel: § 7 BORA als Fachanwalt darf sich nur bezeichnen, wer über die entsprechende Qualifikation verfügt);
- Händler lässt sein Ladengeschäft 24h am Tag und 7 Tage die Woche auf. Er verstößt damit gegen das Ladenschlussgesetz.

3. Mitbewerberschutz

801 § 4 UWG beschreibt Verhaltensregeln für den Umgang mit Mitbewerber (**Mitbewerberschutz, § 4 UWG**). Demnach sind vier Verhaltensweisen gegenüber Mitbewerbern unlauter:

1. Verunglimpfung (§ 4 Nr. 1 UWG):
   Herabsetzung und Verunglimpfung von Kennzeichen, Waren, Dienstleistungen, Tätigkeiten oder persönlichen oder geschäftlichen Verhältnissen eines Mitbewerbers,
   Beispiel:
   - „Die Konkurrenzware ist minderwertig, alles Ramsch, Mist, ..."
   - „Meine Handwerkskollegen sind alle Pfuscher."
   - Von einer Konkurrenzzeitung zu behaupten, „sie tauge nur als Toilettenpapier."
   - In Bezug auf Fertighäuser des Konkurrenten: „Die Steinzeit ist längst vorbei."
   - Einen Konkurrenzsender als „Schmuddelsender" zu bezeichnen.

2. Herabsetzung (§ 4 Nr. 2 UWG):
   Behauptung und Verbreitung von Tatsachen über die Waren, Dienstleistungen oder das Unternehmen eines Mitbewerbers oder über den Unternehmer oder ein Mitglied der Unternehmensleitung, die geeignet sind, den Betrieb des Unternehmens oder den Kredit des Unternehmers zu schädigen, sofern die Tatsachen nicht erweislich wahr sind,
   Beispiel:
   - Unternehmer behauptet über Konkurrenten, dieser hätte sich nur selbstständig gemacht, weil er keine Anstellung gefunden habe,
   - Behauptung fehlender Lieferfähigkeit oder einer drohenden Insolvenz,
   - Nennung des Namens eines Konkurrenten in einer „schwarzen Liste",
   - Behauptung, das Produkt eines Konkurrenten erfüllt nicht die DIN-Normen.

3. Produktschutz/Leistungsschutz (§ 4 Nr. 3 UWG):
   Anbieten von Waren oder Dienstleistungen, die eine Nachahmung der Waren oder Dienstleistungen eines Mitbewerbers sind, wenn er
   (a) eine vermeidbare Täuschung der Abnehmer über die betriebliche Herkunft herbeiführt,
   (b) die Wertschätzung der nachgeahmten Ware oder Dienstleistung unangemessen ausnutzt oder
   beeinträchtigt oder
   (c) die für die Nachahmung erforderlichen Kenntnisse oder Unterlagen unredlich erlangt hat,
   Beispiel:
   - Tchibo ahmt Rolex-Uhr nach,
   - „Puwi"-Steine ahmen Legosteine nach.

4. Behinderung (§ 4 Nr. 4 UWG):
Gezielte Behinderung von Mitbewerbern.

Beispiel: Zu Behinderungen, die nach § 4 Nr. 4 UWG verboten sind, gehören:
- gezielte und dauerhafte Preisunterbietung,
- Boykott,
- Ausspannen;
- Unberechtigte Abmahnungen,
- Missbrauch von Zeichenrechten,
- Werbebehinderung.

4. Aggressive geschäftliche Handlungen

§ 4a UWG beschreibt die Unzulässigkeit **aggressiver geschäftlicher Handlungen**. Demnach handelt derjenige unlauter, der eine aggressive geschäftliche Handlung vornimmt, die geeignet ist, den Verbraucher oder sonstigen Marktteilnehmer zu einer geschäftlichen Entscheidung zu veranlassen, die dieser andernfalls nicht getroffen hätte.

Aggressiv ist eine geschäftliche Handlung gem. § 4a Abs. 1 Satz 2 UWG, wenn sie geeignet ist, die Entscheidungsfreiheit des Verbrauchers oder sonstigen Marktteilnehmers durch
- **Belästigung** (störender Eingriff in die Privat- oder Betriebssphäre),
- **Nötigung** (die Androhung oder Zufügung eines Übels durch die Anwendung körperlicher Gewalt oder psychischen Zwang) oder
- eine **unzulässige Beeinflussung** (Ausnutzung einer Machtposition zur Ausübung von Druck in einer Weise, die die Fähigkeit des Adressaten zu einer informierten Entscheidung wesentlich einschränkt.)

erheblich zu beeinträchtigen.

5. Irreführende geschäftliche Handlungen

Gem. § 5 UWG handelt derjenige unlauter, der eine **irreführende geschäftliche Handlung** vornimmt, die dazu geeignet ist, den Verbraucher oder sonstigen Marktteilnehmer zu einer geschäftlichen Entscheidung zu veranlassen, die er andernfalls nicht getroffen hätte. Eine geschäftliche Handlung ist insbesondere dann irreführend, wenn sie über:
- die wesentlichen Merkmale der Ware oder Dienstleistung,

  Beispiel: Täuschung z. B. über Verfügbarkeit, Risiken, Ausführung, Verwendungsmöglichkeit, Zubehör, ...
- den Anlass des Verkaufs,

  Beispiel: Werbung mit Räumungsverkauf wegen angeblicher Geschäftsaufgabe, die dann aber nicht erfolgt.
- die Person, Eigenschaften oder Rechte des Unternehmers,

  Beispiel: Ein Speditionsunternehmen wirbt großflächig damit, zu den 5 größten Speditionsunternehmen in Deutschland zu gehören. In Wirklichkeit gehört es aber lediglich zu den 10 größten Unternehmen in Köln.
- Aussagen oder Symbole, die im Zusammenhang mit direktem oder indirektem Sponsoring stehen,

  Beispiel: z. B. Ambush Marketing.
- die Notwendigkeit einer Leistung,
- die Einhaltung eines Verhaltenskodexes oder
- die Rechte des Verbrauchers

täuscht.

6. Irreführung durch Unterlassen

805 Gem. § 5a UWG handelt auch derjenige unlauter, der dem Verbraucher eine wesentliche Information vorenthält, die er benötigt, um eine informierte geschäftliche Entscheidung zu treffen und deren Vorenthalten geeignet ist, ihn zu einer geschäftlichen Entscheidung zu veranlassen, die er andernfalls nicht getroffen hätte. Als Vorenthalten gilt das Verheimlichen wesentlicher Informationen, die Bereitstellung wesentlicher Informationen in unklarer, unverständlicher oder zweideutiger Weise sowie die nicht rechtzeitige Bereitstellung wesentlicher Informationen (**Irreführung durch Unterlassung**).

7. Vergleichende Werbung

806 Gem. § 6 UWG ist jede Werbung, die unmittelbar oder mittelbar einen Mitbewerber oder die von einem Mitbewerber angebotenen Waren oder Dienstleistungen erkennbar macht, **vergleichende Werbung**. Es kommt also nicht darauf an, dass der Name des Konkurrenten oder des Konkurrenzproduktes genannt wird, es reicht vollkommen, wenn bspw. über „das Auto mit dem Stern" gesprochen wird. Bis Ende der 1990er Jahre war diese Art der Werbung in Deutschland verboten. Heute ist vergleichende Werbung erlaubt, wenn einige Regeln eingehalten werden.

807 Unlauter handelt nur noch derjenige, der einen Vergleich anstellt, der
1. sich nicht auf Waren oder Dienstleistungen für den gleichen Bedarf oder dieselbe Zweckbestimmung bezieht,

    Beispiel: Kein Vergleich von „Äpfel und Birnen".

2. nicht objektiv auf eine oder mehrere wesentliche, relevante, nachprüfbare und typische Eigenschaften oder den Preis dieser Waren oder Dienstleistungen bezogen ist,

    Beispiel: Mangelnde Objektivität: „unser Produkt ist besser".

3. im geschäftlichen Verkehr zu einer Gefahr von Verwechslungen zwischen dem Werbenden und einem Mitbewerber oder zwischen den von diesen angebotenen Waren oder Dienstleistungen oder den von ihnen verwendeten Kennzeichen führt,

4. den Ruf des von einem Mitbewerber verwendeten Kennzeichens in unlauterer Weise ausnutzt oder beeinträchtigt,

    Beispiel: Ausnutzen des Rufs: „Wir sind so gut wie der Wettbewerber XY".

5. die Waren, Dienstleistungen, Tätigkeiten oder persönlichen oder geschäftlichen Verhältnisse eines Mitbewerbers herabsetzt oder verunglimpft oder

    Beispiel: „Geiz ist geil, wenn Sie an der Kasse merken, dass wir an der Werbung sparen" da er die Werbeaussage des Konkurrenten „Geiz ist geil" in das Gegenteil kehre und die Konkurrenzwerbung gezielt entwerte.

6. eine Ware oder Dienstleistung als Imitation oder Nachahmung einer unter einem geschützten Kennzeichen vertriebenen Ware oder Dienstleistung darstellt.

    Beispiel: Puwi-Steine ahmen Lego-Duplo nach.

8. Unzumutbare Belästigungen

808 Gem. § 7 UWG ist eine geschäftliche Handlung unzulässig, durch die ein Marktteilnehmer in unzumutbarer Weise belästigt (**Unzumutbare Belästigung**) wird. Dies gilt insbesondere für Werbung, obwohl erkennbar ist, dass der angesprochene Marktteilnehmer diese Werbung nicht wünscht. Darunter fällt jegliche Art von Werbung bspw. via Brief, Katalog, Prospekt oder Flyer, Telefon, elektronischer Post etc.

809 Die konkreten Verstoßtatbestände sind in § 7 Abs. 2 Nr. 1–4 UWG geregelt:
- Erkennbar unerwünschte Werbung, § 7 Abs. 2 Nr. 1 UWG,

    Beispiel: Aufkleber „Bitte keine Werbung" am Briefkasten.

- Werbung mit Telefonanrufen, § 7 Abs. 2 Nr. 2 UWG,
  Beispiel: Kunde gibt seine Telefonnummer, die aber lediglich für Rückfragen zum Auftrag gedacht ist. Das Unternehmen nutzt diese aber auch für weitere Werbekontakte.
- Werbung mit automatischen Anrufmaschinen, Faxen oder elektronischer Post, § 7 Abs. 2 Nr. 3 UWG,
  Beispiel: Eine Privatperson gibt ihre E-Mail-Adresse in öffentlichen Verzeichnissen an. Basierend auf diesen Daten bekommt sie von Unternehmen Werbemails.
- Werbung mit verheimlichter Absenderidentität, § 7 Abs. 2 Nr. 4 UWG.
  Beispiel: Werbeanrufe mit unterdrückter Telefonnummer.

Beachten Sie:
Auch wenn keiner dieser Tatbestände vorliegt, kann es sich um unzumutbare Belästigung handeln. Diese Fälle sind dann gem. des Generaltatbestandes des § 7 Abs. 1 UWG unlauter. Allerdings sind hierbei stets die besonderen Umstände des Einzelfalls zu berücksichtigen und eine umfassende Interessenabwägung vorzunehmen.

III. Rechtsfolgen von Verstößen

Den dargestellten Verstoßtatbeständen stehen in der Praxis nicht zu vernachlässigende Rechtsfolgen gegenüber:

Abbildung 80: Rechtsfolgen bei UWG-Verstößen

Beachten Sie:
Sollte ein UWG-Verstoß begangen worden sein, wird der Mitbewerber in der Regel eine **Abmahnung** verschicken. Ist diese berechtigt, muss der Verstoßende eine Unterlassungserklärung unterschreiben und zusätzlich die Abmahnkosten tragen.

Sollten **Unterlassungsanspruch, Schadenersatzanspruch, Auskunftsanspruch und Gewinnabschöpfungsanspruch** erfolgreich durchgesetzt werden, drohen dem Verletzer immens hohe Zahlungen an den Konkurrenten. Sind eindeutige Verstöße gegen das UWG festzustellen, drohen darüber hinaus **Straf- und Bußgelder**.

Lösung zu Fallbeispiel 35:
(I) X könnte gegen F einen Anspruch auf Unterlassung der Werbeaktion aus § 8 Abs. 1 UWG haben.
  (1) Als Wettbewerber des F ist X nach § 8 Abs. 3 Nr. 1 UWG anspruchsberechtigt (aktivlegitimiert).

(2) Voraussetzung des Unterlassungsanspruchs ist ein Verstoß gegen § 7 UWG und das Vorliegen einer Wiederholungsgefahr. Nach § 7 Abs. 1 UWG sind geschäftliche Handlungen, durch die ein Marktteilnehmer unzumutbar belästigt wird, verboten.
(a) Die Werbeaktion des F dient der Absatzförderung und ist daher eine geschäftliche Handlung im Sinne von § 2 Abs. 1 Nr. 1 UWG.
(b) Die Werbeaktion stellt auch eine unzumutbare Belästigung, da sich aus dem Sondertatbestand des § 7 Abs. 2 Nr. 3 UWG ergibt, dass Werbung unter Verwendung elektronischer Post, ohne dass der Adressat vorher zugestimmt hat, unzulässig ist (opt-in). Eine Ausnahme nach § 7 Abs. 3 UWG liegt nicht vor, da sich die Werbeaktion des F nicht nur an Unternehmer, sondern auch an Verbraucher richtet.
(c) Die Wiederholungsgefahr wird durch die Erstbegehung indiziert.
(II) Ergebnis: Die Werbemailaktion ist nicht zulässig. X hat daher einen Unterlassungsanspruch aus § 8 Abs. 1 UWG gegen F. Nach § 12 Abs. 1 UWG soll X den F zunächst außergerichtlich abmahnen.

3. Kapitel: Gesetz gegen Wettbewerbsbeschränkungen (GWB)

812 **Warum ist das Thema für Sie von Bedeutung:**
Das Kartellrecht hat in der Unternehmenspraxis in den vergangenen Jahren eine herausragende Rolle eingenommen. In spektakulären Kartellverfahren in der Konsumgüterbranche (Zucker, Mehl, Bier, Süßwaren, Drogerieartikel etc.) oder bei den Herstellern von Lkw haben die Kartellbehörden (Bundeskartellamt und Europäische Kommission) Rekordbußgelder verhängt. Die geschädigten Abnehmer von kartellbefangenen Waren fordern Milliarden an Schadenersatz. Dies hat dazu geführt, dass kaum ein Unternehmen das Kartellrecht nicht in den Vordergrund seiner Compliance-Management-Systeme (CMS) gerückt hat. Nahezu jeder Mitarbeiter wird zwischenzeitlich kartellrechtlich geschult und zertifiziert. In der rechtlichen Ausbildung an Hochschulen hat das Kartellrecht dennoch noch relativ untergeordnete Bedeutung. In den Fächern VWL und BWL bestehen jedoch zahlreiche Berührungspunkte.

I. Schutzzweck und Struktur des GWB

813 Das deutsche Kartellrecht ist im Gesetz gegen Wettbewerbsbeschränkungen (GWB) geregelt. Das Europäische Kartellrecht findet sich in den Art. 101 ff. des Vertrages über die Arbeitsweise der Europäischen Union (AEUV). Daneben sind die sog. Gruppenfreistellungsverordnungen der Europäischen Kommission im Kartellrecht bedeutsam. Das deutsche und das europäische Kartellrecht sind inhaltlich weitgehend identisch. Sobald ein kartellrechtlicher Sachverhalt mehr als nur einen Mitgliedstaat der EU betrifft, findet nach der sog. „Zwischenstaatlichkeitsklausel" in Art. 101 Abs. 1 AEUV das europäische Kartellrecht Anwendung. Die deutschen Kartellbehörden sind die Landeskartellämter (die aber so gut wie keine praktische Rolle spielen) und das Bundeskartellamt. In Europa ist die Europäische Kommission (Generaldirektion Wettbewerb) die zuständige Kartellbehörde. Die folgende Darstellung beschränkt sich auf das deutsche Kartellrecht.

Das Kartellrecht gewährleistet die sog. Wettbewerbsstrukturkontrolle. Während es im Gesetz gegen den unlauteren Wettbewerb (UWG) um die Lauterkeit einzelner Wettbewerbsmaßnahmen geht, will das GWB den Wettbewerb als solchen aufrechterhalten und schützen. Der Wettbewerb ist die zentrale Institution einer Marktwirtschaft. Ohne Wettbewerb leidet die Verbraucherwohlfahrt erheblich.

> **Beispiel:** In Deutschland produzieren die Unternehmen S, N und P Zucker. Unter Wettbewerbsbedingungen kostet 1 kg Haushaltszucker 1 €. Vereinbaren die Unternehmen nun das kg Haushaltszucker nicht mehr unter 3 € zu verkaufen, schalten sie den Preiswettbewerb (unterhalb von 3 €) aus und schaden dem Verbraucher, der dann kartellbedingt überhöhte Preise zahlt.

Das Kartellrecht umfasst im Wesentlichen drei Regelungsbereiche:
- das Verbot horizontaler und vertikaler Wettbewerbsbeschränkungen (§§ 1 ff. GWB),
- das Verbot des Missbrauchs einer marktbeherrschenden Stellung (§§ 18 ff. GWB) und
- die Zusammenschlusskontrolle (§§ 35 ff. GWB), auch Fusionskontrolle genannt.

Die §§ 48 ff. GWB enthalten Regelungen über die Zuständigkeit der Kartellbehörden und den Ablauf eines Verwaltungsverfahrens in Kartellsachen (§§ 54 ff. GWB), die §§ 81 ff. GWB enthalten die Bußgeldvorschriften in Kartellverfahren und die §§ 33 ff. GWB sowie 87 ff. GWB Sonderregelungen für zivilrechtliche Streitigkeiten in Kartellsachen. Schließlich regeln die §§ 115 ff. GWB die sogenannte Vergabeverfahren bei öffentlichen Ausschreibungen.

II. Das Kartellverbot

> **Fallbeispiel 36 (Lösung s. Rn. 826):**
> Die Firmen A, B und C sind Wettbewerber und produzieren Hautcremes, die sie an Drogeriehändler verkaufen, die diese dann wieder an Endverbraucher weiterveräußern. Im Jahr 2015 treffen sich die Geschäftsführer von A, B und C und informieren sich gegenseitig über die am 1.1.2016 geplanten Preiserhöhungen gegenüber den Drogeriehändlern. Mitte 2016 deckt das Bundeskartellamt dieses Treffen auf und leitet Ermittlungen gegen A, B und C ein. Mit welchen Folgen müssen die Unternehmen rechnen?

Das Kartellverbot ist in § 1 GWB geregelt. Es verbietet Absprachen oder abgestimmte Verhaltensweisen zwischen Unternehmen, die eine Wettbewerbsbeschränkung bezwecken oder bewirken. Eine Absprache im Sinne des § 1 GWB ist eine Willensübereinstimmung im Sinne eines ausdrücklichen oder konkludenten Vertrages. Da eine solche **Absprache** schwer zu beweisen ist, reicht auch ein **abgestimmtes Verhalten**. Darunter versteht man einen Informationsaustausch in Koordinierungserwartung.

> **Beispiel:** Unternehmen A informiert seinen Wettbewerber B (ohne vorherige Absprache) regelmäßig per Mail über geplante Preiserhöhungen. Unternehmen B reagiert hierauf nicht ausdrücklich, sondern nimmt die Information entgegen und erhöht seine Preise ebenfalls.

Beachten Sie:
Reines autonomes Parallelverhalten, also den Wettbewerber zu beobachten und sich (ohne Absprache oder Abstimmung) zu entschließen, sich genauso wie dieser zu verhalten, ist kein **abgestimmtes Verhalten** (Bspw.: Eine Tankstelle beobachtet, dass eine andere Tankstelle die Preise erhöht und macht es genauso).

819 Die Absprache bzw. das **abgestimmte Verhalten** muss „zwischen Unternehmen" stattfinden.

> **Beachten Sie:**
> Das Gesetz spricht hier nicht von Wettbewerbern!

820 Daraus lässt sich zweierlei lesen: Zum einen gilt innerhalb eines Unternehmensverbundes das Kartellverbot nicht (sog. Konzernprivileg). Zu einem Unternehmensverbund gehören alle Unternehmen, die gemeinsam beherrscht werden (§ 36 Abs. 2 GWB). Weiterhin gilt das Kartellverbot nicht nur zwischen **Wettbewerbern** (horizontal), sondern auch zwischen sonstigen Unternehmen (vertikal).

> **Beachten Sie:**
> Von **horizontalen Absprachen** spricht man, wenn die beteiligten Unternehmen auf derselben Stufe des Herstell- bzw. Absatzprozesses stehen (Bspw. Hersteller/Hersteller oder Großhändler/Großhändler). **Vertikale Absprachen** bestehen hingegen zwischen Unternehmen, die auf unterschiedlichen Stufen stehen (Bspw.: Hersteller/Einzelhändler oder Großhändler/Einzelhändler).

821 Weiterhin muss zwischen diesen Unternehmen eine **Wettbewerbsbeschränkung** vorliegen. Der Begriff ist weit zu verstehen und umfasst alles Maßnahmen, die das Wettbewerbsverhalten der anderen Partei beeinträchtigen oder beeinträchtigen können. Schränkt sich also ein an der Absprache oder dem abgestimmten Verhalten beteiligtes Unternehmen in seiner wettbewerblichen Freiheit ein oder schränkt es den anderen ein, so liegt eine Wettbewerbsbeschränkung vor.

> **Beispiel:** Preisabsprachen, Absprachen über Preisbestandteile, Konditionsabsprachen, Gebietsabsprachen, Kundenabsprachen, Wettbewerbsverbote, Absprachen über Produktionsmengen, Absprachen über den gemeinsamen Vertrieb, Absprachen zur gemeinsamen Forschung und Entwicklung etc.

> **Beachten Sie:**
> Die Wettbewerbsbeschränkung muss von einer gewissen Relevanz, d.h. spürbar sein. Dies ist immer der Fall bei Absprachen oder abgestimmtem Verhalten über Preise, Gebiete oder Kunden (sog. **Hardcoreabsprachen**). Bei allen andren Absprachen muss der Marktanteil der beteiligten Unternehmen zusammen in der Regel über 5 % liegen.

822 Die Wettbewerbsbeschränkung muss nicht vollzogen (**bewirkt**) sein. Es reicht aus, wenn die Absprache oder das abgestimmte Verhalten der beteiligten Unternehmen auf eine Wettbewerbsbeschränkung gerichtet ist (**bezweckt**) ist.

Ausnahmen: Gruppen- oder Einzelfreistellungen (Administrativfreistellung)

Abbildung 81: Kartellverbot

III. Ausnahmen vom Kartellverbot

Dass ein Verhalten von Unternehmen eine Wettbewerbsbeschränkung darstellt, heißt noch nicht zwingend, dass es verboten ist. Es gibt nämlich zahlreiche Ausnahmen vom Kartellverbot. Die wichtigsten sind in § 2 GWB geregelt. Nach § 2 Abs. 2 GWB findet das Kartellverbot auf solche Absprachen oder abgestimmte Verhaltensweisen keine Anwendung, für die eine sog. **Gruppenfreistellungsverordnung** greift. Die Gruppenfreistellungsverordnungen werden von der Europäischen Kommission erlassen und regeln unter bestimmten Voraussetzungen, dass das Kartellverbot auf bestimmte Sektoren oder Arten von Abreden keine Anwendung findet.

> Beispiel: Gruppenfreistellungsverordnung für Forschung und Entwicklung, Gruppenfreistellungsverordnung für Technologietransfer, Gruppenfreistellungsverordnung für den Kfz-Sektor etc.

Die in der Praxis wichtigste Gruppenfreistellungsverordnung ist die sog. **Vertikal-GVO** (VO (EG) 330/2010). In Art. 2 dieser Verordnung ist geregelt, dass vertikale Vereinbarungen bei denen die Parteien jeweils den Marktanteil von 30 % nicht überschreiten, wettbewerbsbeschränkende Vereinbarungen vom Kartellverbot freigestellt sind. Einige Rückausnahmen regeln die Art. 4 und 5 der Vertikal-GVO, bspw. für Preisbindungen, Kundenschutzabreden, Wettbewerbsverbote etc. Mit dieser Gruppenfreistellungsverordnung sind die meisten vertikalen Wettbewerbsbeschränkungen aber freigestellt.

Gibt es für bestimmte Bereiche keine Gruppefreistellungsverordnung bzw. sind die Voraussetzungen einer Gruppenfreistellungsverordnung nicht erfüllt (bspw. wenn die Parteien die zulässigen Marktanteilsgrößen überschreiten), kommt eine **Einzelfreistellung** nach dem System der Legalausnahme (§ 2 Abs. 1 GWB) in Betracht. Die Voraussetzungen des § 2 Abs. 1 GWB sind im Einzelfall relativ komplex. Im Kern geht es darum, dass die wettbewerbsbeschränkende Vereinbarung zu Effizienzvorteilen führt, die die beteiligten Unternehmen an die nachgelagerte Marktstufe weitergeben und das die Vereinbarung im Verhältnis zu den Effizienzvorteilen steht sowie der Wettbewerb nicht insgesamt ausgeschaltet wird.

Beispiel: A und B sind Wettbewerber. A sitzt im Norden, B im Süden Deutschlands. A fährt seine Ware nach Süden und mit den leeren Lkw zurück nach Norden, bei B ist es umgekehrt. Beschließen A und B ihren Fuhrpark zusammen zu legen, um so Leerfahrten zu vermeiden, stellt dies zwar eine Wettbewerbsbeschränkung im Sinne von § 1 GWB dar, diese ist jedoch nach § 2 Abs. 1 GWB gerechtfertigt. Die Maßnahme führt zu Effizienzvorteilen, die geeignet sind die Kosten zu senken und somit zu niedrigeren Preisen für die Abnehmer von A und B zu führen.

IV. Rechtsfolgen bei Verstößen gegen das Kartellverbot

826 Liegt ein (nicht gerechtfertigter) Verstoß gegen das Kartellverbot des § 1 GWB vor, so führt dies zu unterschiedlichen Rechtsfolgen:
- Handeln die beteiligten Unternehmen vorsätzlich oder fahrlässig, so stellt dies eine Ordnungswidrigkeit dar, die nach § 81 GWB vom Bundeskartellamt mit einem **Bußgeld** geahndet werden kann. Dieses Bußgeld beträgt nach § 81 Abs. 6 GWB bis zu 10 % des Vorjahresumsatzes des beteiligten Unternehmens.
- Die Abnehmer kartellbefangener Ware haben nach §§ 33 Abs. 3 GWB gegen die Kartellanten einen **Schadenersatzanspruch** in Höhe der tatsächlich während des Kartellzeitraums gezahlten Preise zu den Preisen, die bestanden hätten, wenn es kein Kartell gegeben hätte (sog. hypothetischer Wettbewerbspreis). Diese kann vom Richter geschätzt werden.
- Die Verträge, die zwischen den Kartellanten unter Verstoß gegen § 1 GWB geschlossen wurden, sind wegen Verstoßes gegen ein gesetzliches Verbot nach § 134 BGB **nichtig**.

Lösung zu Fallbeispiel 36:
Das gemeinsame Treffen und der Austausch von Informationen über geplante Preiserhöhungen von den Wettbewerbern A, B und C stellt eine bezweckte Wettbewerbsbeschränkung in Form eines abgestimmten Verhaltens da und ist nach § 1 GWB verboten. Eine Rechtfertigung nach § 2 GWB ist nicht ersichtlich. A, B und C müssen daher mit einem Bußgeld bis zu 10 % ihres Vorjahresumsatzes rechnen (§ 81 GWB). Weiterhin haben die Drogeriehändler, wenn sie infolge des Kartellverstoßes in 2016 höhere Preise gezahlt haben, als sie (vermutlich) ohne den Kartellverstoß gezahlt hätten, einen Anspruch auf Schadenersatz nach § 33 Abs. 3 GWB.

V. Missbrauch einer marktbeherrschenden Stellung

827 Neben dem Kartellverbot des § 1 GWB verbietet § 19 Abs. 1 GWB die missbräuchliche Ausnutzung einer marktbeherrschenden Stellung durch ein oder mehrere Unternehmen.

Fallbeispiel 37 (Lösung s. Rn. 829):
A ist meinem Marktanteil von 67 % in Deutschland der größte Anbieter von Smartphones. Als A eine neues Smartphone auf den Markt bringt (Preis 599 €), verkauft er dies an Endkunden nur unter der Bedingung, dass diese gleichzeitig kabellose Kopfhörer im Wert von 199 € bei A kaufen.

1. Marktbeherrschung

828 Wann eine Marktbeherrschung vorliegt, ist in § 18 GWB definiert. Entscheidend ist nach § 18 Abs. 1 GWB, dass ein Unternehmen auf einem sachlich und räumlich bestimmten Markt entweder ohne Wettbewerber ist, keinem wesentlichen Wettbewerb ausgesetzt ist, oder eine im Verhältnis zu seinen Wettbewerbern überragende Marktstellung hat. Dies wird vermutet, wenn das Unternehmen einen Marktanteil von über

40 % hat (§ 18 Abs. 4 GWB). Daneben gibt es eine sog. Oligopolvermutung (§ 18 Abs. 5 GWB). Zentral für die Bestimmung einer Marktbeherrschung ist daher die Bestimmung des jeweiligen sachlich und räumlich relevanten Marktes.
- Der **sachlich relevante Markt** bestimmt sich nach der sog. Nachfragesubstituierbarkeit. Danach ist zu fragen, ob zwei Produkte nach Verwendungszweck, Funktionalität und Preis für die Marktgegenseite untereinander austauschbar sind. Dies ist natürlich in der Praxis kaum möglich. Daher behilft sich die Kartellrechtspraxis mit verschiedenen ökonomischen Tests. Hierzu gehört bspw. der an die Kreuzpreiselastizität angelehnte **SNIPP-Test** (small but significant increase in price Test). Dieser fragt, ob bei einer kleineren Preiserhöhung (5 bis 10 %) die Abnehmer eines Produktes in einem Ausmaß auf ein anderes Produkt abwandern, dass die Umsatzsteigerung durch die Preiserhöhung nicht den Umsatzverlust durch die Abwanderung auffängt (dann sind die Produkte im selben sachlich relevanten Markt).
- Der **räumlich relevante Markt** bestimmt sich anhand des Radius, in dem die fraglichen Waren geliefert bzw. die Dienstleistungen erbracht werden können. Dieser kann weltweit sein (z. B. Internet-Explorer), aber auch sehr regional (z. B. Eisdiele oder Apotheke). Limitierende Faktoren können neben der begrenzten Haltbarkeit (z. B. Schnittblumen oder Transportbeton) auch die Transportkosten sein (z. B. Schwergüter wie Zement lassen sich wirtschaftlich nur 250 km um das jeweilige Werk transportieren).

2. Missbrauchstatbestände

Ist ein Unternehmen marktbeherrschend, so darf es diese Stellung nicht missbrauchen. Die einzelnen Missbrauchshandlungen sind in § 19 Abs. 2 GWB beschreiben.

829

Beispiel: Ein marktbeherrschendes Unternehmen darf keine Preise und Konditionen fordern, die es im Wettbewerb nicht erzielen könnte (§ 19 Abs. 2 Nr. 2 GWB), es darf andere Unternehmen nicht unbillig behindern oder ohne sachlichen Grund ungleich behandeln (§ 19 Abs. 2 Nr. 1 GWB).

Lösung zu Fallbeispiel 37:
(I) A ist dann Normadressat des § 19 Abs. 1 GWB, wenn es sich um ein marktbeherrschendes Unternehmen handelt. Dies ist dann der Fall, wenn A keinem wesentlichen Wettbewerb ausgesetzt ist (§ 18 Abs. 1 GWB). Dies wird bei einem Marktanteil über 40 % vermutet (§ 18 Abs. 4 GWB). A ist daher marktbeherrschend. Nach § 19 Abs. 1 GWB darf A seine marktbeherrschende Stellung nicht missbrauchen. Ein solcher Missbrauch liegt vor, wenn A Konditionen fordert, die unter Wettbewerbsbedingungen mit hoher Wahrscheinlichkeit nicht durchsetzbar wären (§ 19 Abs. 2 Nr. 2 GWB). Unter Wettbewerbsbedingungen könnte A die Koppelung des Verkaufes der Kopfhörer nicht durchsetzen, zumal diese die Anschaffung um rund 30 % verteuern. Die Verbraucher würden dann auf ein Wettbewerberprodukt ausweichen.
(II) A hat daher gegen § 19 Abs. 1 GWB verstoßen und muss dies nach § 33 Abs. 1 GWB unterlassen.

VI. Zusammenschlusskontrolle

Die **Zusammenschlusskontrolle** (auch Fusionskontrolle genannt) ist in den §§ 35 ff. GWB geregelt. Sie soll verhindern, dass durch den Zusammenschluss von Unternehmen künstlich der Wettbewerber ausgeschaltet oder beschränkt wird.

830

Fallbeispiel 38 (Lösung s. Rn. 834):
A ist Hersteller von Kaugummi und hat in Deutschland einen Marktanteil von 25 %. A erzielt weltweit jährliche Umsatzerlöse von 600 Mio. € und in Deutsch-

land 15 Mio. €. Er beabsichtigt alle Geschäftsanteile der Firma B GmbH zu kaufen, die ebenfalls Kaugummi herstellt und in Deutschland ebenfalls einen Marktanteil von 25 % hat. B erzielt in Deutschland Umsatzerlöse von 12 Mio. € jährlich.

VII. Zusammenschlusstatbestand

831 Wann ein fusionskontrollpflichtiger Zusammenschluss zwischen zwei oder mehr Unternehmen vorliegt, ist in § 37 GWB geregelt. Danach fällt insbesondere die Übernahme des Vermögens eines Unternehmens (§ 37 Abs. 1 Nr. 1 GWB), der Erwerb der Kontrolle (§ 37 Abs. 1 Nr. 2 GWB), bspw. durch Erwerb der (Mehrheits-)Stimmrechte oder der Erwerb von mehr als 25 % oder 50 % der Anteile (§ 37 Abs. 1 Nr. 3 GWB) unter den Tatbestand des Zusammenschlusses.

1. Aufgreifkriterien

832 Auch wenn ein Zusammenschluss im Sinne des § 37 GWB vorliegt, finden die Vorschriften über die Zusammenschlusskontrolle keine Anwendung, wenn die Aufgreifkriterien des § 35 GWB nicht erfüllt sind. Damit will der Gesetzgeber sicherstellen, dass nur Zusammenschlussvorhaben von einer gewissen (volks-)wirtschaftlichen Bedeutung fusionskontrollpflichtig sind. Danach gelten die Vorschriften über die Zusammenschlusskontrolle nur dann, wenn ein an dem Zusammenschluss beteiligtes Unternehmen weltweit Umsatzerlöse von mehr als 500 Mio. € erzielt und ein beteiligtes Unternehmen in Deutschland mindestens 10 Mio. € und ein anderes mindestens 5 Mio. € Umsatz erzielt.

> **Beachten Sie:**
> Bei der Bestimmung der Umsatzerlöse kommt es immer auf den Umsatz des Gesamtkonzernverbundes der beteiligten Unternehmen an.

833 Ist der Gesamtmarkt kleiner als 10 Mio. € Umsatz pro Jahr, greift die Fusionskontrollpflicht nach § 35 Abs. 2 GWB nicht (sog. Bagatellmarkt).

> **Beachten Sie:**
> Liegt ein Zusammenschlusstatbestand im Sinne des § 37 GWB vor und sind die Aufgreifkriterien des § 35 GWB erfüllt, dann muss das Vorhaben beim Bundeskartellamt **angemeldet** werden (§ 39 GWB). Vor der Freigabe durch das Bundeskartellamt besteht ein Vollzugsverbot (§ 41 GWB). Ein Verstoß stellt eine Ordnungswidrigkeit dar, die das Bundeskartellamt mit einer Geldbuße sanktionieren kann (§ 81 Abs. 1 Nr. 3 bis 5 GWB).

2. Begründung oder Verstärkung einer marktbeherrschenden Stellung

834 Muss ein Zusammenschluss beim Bundeskartellamt angemeldet werden, so prüft dieses nach § 36 GWB, ob durch den Zusammenschluss eine marktbeherrschende Stellung begründet oder verstärkt wird. Hierbei gelten dieselben Kriterien wie bei den §§ 18, 19 GWB. Die Marktanteile geben einen wesentlichen Indikator. Nach der Anmeldung beim Bundeskartellamt muss dieses innerhalb eines Monats den beteiligten Unternehmen entweder mitteilen, dass es keine Bedenken gegen den Zusammenschluss hat oder in das sog. Hauptprüfungsverfahren eintreten (§ 40 GWB). Wird eine marktbeherrschende Stellung begründet oder verstärkt, muss das Kartellamt den Zusammenschluss untersagen. In diesem Fall können die Beteiligten noch nach § 42 GWB eine Ministererlaubnis beantragen.

3. Kapitel: Gesetz gegen Wettbewerbsbeschränkungen (GWB)

Lösung zu Fallbeispiel 38:
(I) Der Kauf der Geschäftsanteile der B GmbH durch A stellt einen Zusammenschluss im Sinne von § 37 Abs. 1 Nr. 3 GWB dar.
(II) A erzielt weltweilt Umsatzerlöse von über 500 Mio. € und in Deutschland von über 10 Mio. €. B erzielt in Deutschland Umsatzerlöse von über 5 Mio. €, weshalb die Aufgreifschwellen des § 35 Abs. 1 GWB überschritten werden. A und B müssen den Kauf daher nach § 39 GWB beim Bundeskartellamt anmelden und dürfen diesen vorher nicht vollziehen (§ 41 GWB).
(III) Das Bundeskartellamt wird den Zusammenschluss nach § 36 Abs. 1 GWB untersagen, wenn durch ihn eine marktbeherrschende Stellung der Firma A begründet oder verstärkt wird. Nach dem Zusammenschluss hat A auf dem sachlich und räumlich relevanten Markt für Kaugummi in Deutschland einen Marktanteil von 50 %. Daher wird nach § 18 Abs. 4 GWB vermutet, das A durch den Zusammenschluss eine marktbeherrschende Stellung in Form einer Einzelmarktbeherrschung erhält.
(IV) Ergebnis: Das Bundeskartellamt wird den Zusammenschluss untersagen.

Teil 9: Öffentliches Wirtschaftsrecht

1. Kapitel: Grundlagen

835 **Warum das Thema für Sie von Bedeutung ist:**
Öffentliches Wirtschaftsrecht steht nicht im Vordergrund der Ausbildung an Hochschulen, sondern ist meist Gegenstand besonderer Studiengänge (bspw. an Hochschulen der Polizei). Dennoch sollten Sie einige Grundzüge des öffentlichen Wirtschaftsrechts beherrschen, da dies in der unternehmerischen Praxis immer wieder eine Rolle spielt.

836 Das öffentliche Wirtschaftsrecht umfasst die Summe aller rechtlichen Regelungen, die für die Wirtschaft bzw. das Wirtschaften bedeutsam sind und **Sonderrecht des Staates** darstellen. Gegenstand ist also die staatliche Lenkung, Überwachung und Förderung der Wirtschaft. Das öffentliche Wirtschaftsrecht stellt keine in sich abgeschlossene oder gar im Rahmen eines Gesetzes kodifizierte Materie dar, sondern weist viele Berührungspunkte zu anderen Rechtsgebieten auf.

> **Beachten Sie:**
> Wie sie bereits kennengelernt haben, unterscheidet sich das öffentliche Recht v. a. in drei Merkmalen vom Privatrecht (s. Rn. 1 ff.).
> 1. Zum einen regelt das Privatrecht die Rechtsbeziehungen zwischen Privatpersonen, wogegen das öffentliche Recht Aufgaben, Befugnisse und Organisation staatlicher Betätigung unter anderem auf dem Gebiet der Wirtschaft zum Gegenstand haben.
> 2. Darüber hinaus zielt das Privatrecht auf den Ausgleich privater Interessen, während das öffentliche Recht Gemeinwohlzwecke verfolgt.
> 3. Die privatrechtlich geregelten Rechtsbeziehungen basieren auf der Gleichrangigkeit der Beteiligten, die im öffentlichen Recht geregelten Beziehungen zwischen Privatpersonen und Staat sind durch ein Über-/Unterordnungsverhältnis geprägt.

837 Das öffentliche Wirtschaftsrecht beschäftigt sich u. a. mit den Themen bestimmter gewerberechtlicher Restriktionen, der öffentlichen Sicherheit (Gefahrenabwehr), der Privatisierungen und Public Private Partnerships sowie der Regulierung von Märkten insbesondere in den Bereichen Verkehr, Energie, Telekommunikation, Wasser oder im Gesundheitsbereich.

2. Kapitel: Inhalte des öffentlichen Wirtschaftsrechts

838 Die beiden Kernbereiche des öffentlichen Wirtschaftsrechts bilden das **Wirtschaftsverwaltungsrecht** und das **Wirtschaftsverfassungsrecht**. Dabei regelt es die Grundlagen, Aufgaben, Befugnisse, Verfahren und Organisation staatlicher Eingriffe in die Wirtschaft. Hierzu nutzt der Staat verschiedene Gesetze, die Rechtsbeziehungen zwischen Staat und Bürgern, aber auch die Funktionsweise der Institutionen der Verwaltung und ihr Verhältnis zueinander regeln. Auch im öffentlichen Wirtschaftsrecht existieren allgemeine und besondere Regelungen.

Abbildung 82: Öffentliches Wirtschaftsrecht

I. Wirtschaftsverwaltungsrecht

Das **allgemeine Verwaltungsrecht** normiert die grundsätzlichen Themenstellungen der Verwaltung und ihrer Tätigkeit, insbesondere Handlungsformen, Verfahren und einzelne Aspekte der Zuständigkeit. Es ist im Verwaltungsverfahrensgesetz (VwVfG) geregelt. Dort finden sich insbesondere die allgemeinen Regelungen über Verwaltungsakte (§§ 35 ff. VwVfG) als zentrales Handlungsinstrumentarium der öffentlichen Verwaltung.

> Beachten Sie:
> Es gibt auch alternative Handlungsmöglichkeiten des Staates, wie etwa den öffentlich-rechtlichen Vertrag (§§ 54 ff. VwVfG).

Den Verwaltungsakt definiert § 35 Abs. 1 VwVfG als Maßnahme einer Behörde auf dem Gebiet des öffentlichen Rechts zur Regelung eines Einzelfalls.
- **Maßnahme** meint dabei jedes Verhalten mit Erklärungsinhalt.
- **Behörde** ist jede Stelle, die Aufgaben der öffentlichen Verwaltung wahrnimmt.
- Auf dem **Gebiet des öffentlichen Rechts** bedeutet, dass die Maßnahme auf einer öffentlich-rechtlichen Rechtsgrundlage beruhen muss, oder ein eindeutig hoheitliches Handeln vorliegt.
- Eine **Regelung** liegt vor, wenn die Maßnahme der Behörde darauf gerichtet ist, eine verbindliche Rechtsfolge zu setzen. Dies ist der Fall, wenn Rechte des Betroffenen unmittelbar begründet, aufgehoben, geändert oder mit bindender Wirkung festgestellt werden.
- **Einzelfall** bedeutet, dass ein konkreter oder abstrakter Sachverhalt für einen individualisierten Personenkreis geregelt werden muss.

Beispiel: Baugenehmigung, Gewerbeuntersagung, polizeiliche Anordnung, Bußgeldbescheid.

841 Oft geht es im Rahmen des öffentlichen Wirtschaftsrechts um die sog. **Eingriffsverwaltung.** Das bedeutet, dass der Staat (in der Regel zur Gefahrenabwehr) Verwaltungsakte erlässt, die in die (Grund-)Rechte des Bürgers eingreifen. Nach Art. 20 Abs. 3 GG darf der Staat dies nur tun, wenn er durch ein Gesetz hierzu ermächtigt ist, also eine Ermächtigungsgrundlage hat. Dies ist Ausdruck des Prinzips des Vorbehaltes des Gesetzes.

842 Bei der Prüfung **der Rechtmäßigkeit eines Eingriffs durch einen Verwaltungsakt** spielen daher sowohl formelle als auch materielle Gesichtspunkte eine Rolle:
- Ein Verwaltungsakt ist nur rechtmäßig, wenn er **formell rechtmäßig** ist. Hierzu muss
    - die zuständige Behörde gehandelt haben und
    - diese muss das vorgegebene Verfahren (Bsp. Anhörung des betroffenen Bürgers) und eine ggf. erforderliche Form eingehalten haben.
- Bei der Prüfung der **materiellen Rechtmäßigkeit** muss zunächst eine
    - Ermächtigungsgrundlage vorliegen, die das staatliche Handeln gestattet. Diese findet sich in der Regel in den Gesetzen des besonderen Verwaltungsrechts.
    - Die Voraussetzungen der Ermächtigungsgrundlage müssen vorliegen. Dies ist – wie im Privatrecht – durch Definition und Subsumtion festzustellen.
    - Sodann muss der Eingriff (immer) verhältnismäßig sein. Dies ist der Fall, wenn er
        - **geeignet** ist, das mit dem Verwaltungsakt verfolgte Ziel zu erreichen,
        - hierzu **erforderlich** ist, d. h. keine gleich geeigneten Maßnahmen mit geringerer Eingriffsintensität vorliegen und
        - er **angemessen** ist.

Dies ist im Rahmen einer umfassenden Interessenabwägung festzustellen.

> **Beachten Sie:**
> Viele Ermächtigungsgrundlagen sehen ein Ermessen der Behörde vor. Dieses muss fehlerfrei ausgeübt sein, was aber nur beschränkt gerichtlich überprüft werden kann.

843 Das **besondere Verwaltungsrecht** enthält die spezifischen Regeln für einzelnen Bereiche der Verwaltungstätigkeit.

Beispiel: Baurecht, Umweltrecht, Polizei- und Ordnungsrecht, Kommunalrecht, Beamtenrecht, Prüfungsrecht an Hochschulen.

844 Auch im öffentlichen Wirtschaftsrecht stehen die allgemeinen und besonderen Regelungen nicht einfach nebeneinander, sondern müssen als Ergänzung und Erweiterung verstanden werden. Das allgemeine Verwaltungsrecht zieht Regeln sozusagen „vor die Klammer", die in den besonderen Rechtsgrundlagen nur noch aufgenommen werden, wenn der Gesetzgeber von ihnen abweichen will. Die Regeln des besonderen Verwaltungsrechts gehen – wie im Privatrecht – auch hier dem allgemeinen Verwaltungsrecht vor. Das öffentliche Wirtschaftsverwaltungsrecht wird durch das Wirtschaftsverfassungsrecht und europäisches Wirtschaftsrecht gerahmt und beeinflusst.

Beispiel: Vergaberecht, Subventionsrecht, besondere Regelungen des europäischen Kartellrechts in den Art 101 ff. AEUV.

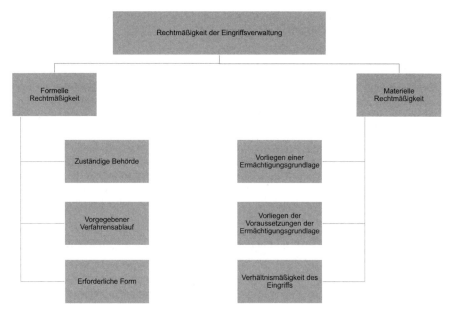

Abbildung 83: Rechtmäßigkeit der Eingriffsverwaltung

II. Wirtschaftsverfassungsrecht

Das Wirtschaftsverfassungsrecht beschäftigt sich mit Gesamtentscheidungen des Staates über die Ordnung des Wirtschaftslebens. Aus diesem Grund weist dieses Rechtsgebiet viele Bezugspunkte zum Grundgesetz und dem höherrangigen Verfassungsrecht der Europäischen Union (EU) und den sich aus diesen ergebenden rechtlichen Grundregelungen der wirtschaftlichen Ordnung auf.

Beispiel: Sozialstattliche Erwägungen (Art. 20 Abs. 1 GG) gegenüber marktwirtschaftlichen Erwägungen bei der Arbeitsmarktpolitik.

3. Kapitel: Ausgewählte Bereiche des öffentlichen Wirtschaftsrechts

Die Überwachungsfunktion des öffentlichen Wirtschaftsrechts wird in der Regel durch Maßnahmen der Verwaltung ausgeübt. Diese sollen gewährleisten, dass durch wirtschaftliches Handeln keine Schäden für die Allgemeinheit entstehen. Maßgabe des staatlichen Handelns ist jedoch, dass die Verwaltung so gering wie möglich in die Rechte der Unternehmer eingreifen darf (Verhältnismäßigkeit). In Deutschland gilt die Maßgabe der **wirtschaftlichen Freiheit** und **Gewerbefreiheit**. Dies bedeutet, dass grundsätzlich alles erlaubt ist, was nicht verboten ist. Um in diese Freiheit steuernd einzugreifen, muss die Verwaltung für jede mögliche Gefahr einen gesetzlichen Rahmen schaffen (Ermächtigungsgrundlage) und dessen Durchsetzung sicherstellen. Nachfolgend werden einige Bereiche solcher Regelungen wie bspw. das Gewerberecht, das

Polizei- und Ordnungsrecht, das Umweltrecht, das Telekommunikationsrecht oder das Datenschutzrecht kurz dargestellt.

I. Gewerberecht

847 Das Gewerberecht ist ein zentraler Teil des besonderen Wirtschaftsverwaltungsrechts. Unter einem Gewerbe versteht man die selbstständige, erlaubte, auf Dauer angelegte und mit Gewinnerzielungsabsicht durchgeführte Tätigkeit, die nicht Urproduktion, Verwaltung eigenen Vermögens oder freier Beruf ist.

848 Das Gewerberecht formuliert besondere Anforderungen an Gewerbetreibende. Bspw. enthält es Vorgaben zur Ausbildung des Gewerbetreibenden oder verpflichtet diesen zur Mitgliedschaft in der sein Gewerbe vertretenden berufsständischen Kammer (Industrie- und Handelskammer, Handwerkskammer etc.). Häufig werden auch besondere Vorgaben im Hinblick auf seine „Zuverlässigkeit" für den Gewerbetreibenden gemacht.

Beispiel: Verpflichtung des Gewerbetreibenden Mitglied in einer berufsständischen Kammer wie der Industrie- und Handelskammer, Handwerkskammer, Wirtschaftskammer.

849 Verfassungsrechtlich betrachtet fußt die Gewerbefreiheit auf den Grundsätzen der Berufsfreiheit, des Eigentumsrechts und der allgemeinen Handlungsfreiheit (Art. 12, 14, 2 Abs. 1 des Grundgesetzes). Einschränkungen dieser Gewerbefreiheit finden sich in den besonderen Regelungen für die Gewerbetreibenden z. B. in
- der Gewerbeordnung,
- der Handwerksordnung oder
- dem Gaststättengesetz.

1. Gewerbeordnung

850 Die Gewerbeordnung (GewO) umreißt als Gesetz die Gewerbefreiheit inhaltlich und beschränkt diese an den notwendigen Stellen. Grundsätzlich ist in Deutschland also der Betrieb eines Gewerbes jedermann gestattet, soweit nicht durch die Gewerbeordnung Ausnahmen oder Beschränkungen vorgeschrieben oder zugelassen sind (§ 1 GewO). Beschränkungen der Gewerbefreiheit können sich aus der **Zulassungspflicht** für bestimmte Gewerbearten ergeben (§§ 29 ff. GewO).

Beispiel: Makler, Bauträger, Lotterie, Spielotheken, Pfandleiher, Versicherungsvermittler, Finanzanlagevermittler.

> **Beachten Sie:**
> Eine grundsätzliche Erlaubnispflicht besteht aber nicht.

851 Daneben enthält die Gewerbeordnung Regelungen zur Gefahrenabwehr, zum Arbeitsverhältnis bei Gewerbetreibenden (§§ 105 ff. GewO) und zum Gewerbezentralregister.

2. Handwerksordnung

852 Ein Handwerk ist eine besondere Gewerbeart. Sie zeichnet sich dadurch aus, dass eine besondere Sachkunde benötigt wird und das Gewerbe handwerksmäßig betrieben sein muss. Deshalb ist der selbstständige Betrieb eines zulassungspflichtigen Handwerks als stehendes Gewerbe nur den in der Handwerksrolle eingetragenen natürlichen und juristischen Personen und Personengesellschaften gestattet (§ 1 HwO).

Die geltenden Regelungen für die Gewerbetreibenden im Handwerk finden sich in der **853**
Handwerksordnung (HwO). Diese gehört zum besonderen Wirtschaftsverwaltungsrecht und ist als Spezialgesetz zur Gewerbeordnung zu verstehen. Die Handwerksordnung unterscheidet zwischen zulassungspflichtigem Handwerk (§§ 6 ff. HwO), zulassungsfreiem Handwerk und handwerksähnlichem Gewerbe (§§ 18 ff. HwO) und beinhaltet die Regelungen
- zur Handwerksausbildung (§§ 21 ff. HwO) und zu den damit verbundenen Abschlüssen,
- zur Handwerksorganisation (§§ 52 ff. HwO) sowie
- zu Ordnungswidrigkeiten im Handwerk (§§ 117 ff. HwO) wie bspw. bei Tätigkeit ohne Eintragung in der Handwerksrolle oder Schwarzarbeit.

3. Gaststättenrecht

Das Gaststättengewerbe ist ebenfalls eine Sonderform des Gewerbes, das mit besonderen Gefahren verbunden ist. Die hierfür geltenden Regelungen finden sich im Gaststättengesetz (GastG), das ebenfalls dem besonderen Wirtschaftsverwaltungsrecht zuzuordnen ist. **854**

Ein **Gaststättengewerbe** im Sinne des § 1 GastG betreibt, wer im stehenden Gewerbe **855**
Getränke zum Verzehr an Ort und Stelle verabreicht (Schankwirtschaft) oder zubereitete Speisen zum Verzehr an Ort und Stelle verabreicht (Speisewirtschaft), wenn der Betrieb jedermann oder bestimmten Personenkreisen zugänglich ist. Wer eine Gaststätte in diesem Sinn betreiben will, bedarf nach § 2 Abs. 1 GastG einer Erlaubnis (Ausnahmen § 2 Abs. 2 GastG).

Das GastG beinhaltete zur Gefahrenabwehr besondere Hygienevorschriften, die mit **856**
der Zubereitung und Lagerung von Speisen und Getränke einhergehen und beschriebt die geltenden besonderen Vorgaben zu Öffnungszeiten (§ 18 GastG) oder bspw. zum Ausschank von Alkohol (§§ 6, 19 GastG).

4. Ladenschlussgesetz

In Deutschland – wie auch in anderen europäischen Ländern – bestehen allgemeine **857**
Regelungen, nach denen die Öffnungszeiten von Ladengeschäften aus verschiedenen Gründen zu bestimmten Zeiten beschränkt werden. Diese Gründe sind v. a. im Arbeitnehmerschutzes oder dem Schutz von Sonn- und Feiertagen zu sehen. Es handelt sich hierbei um Verbotsregelungen und nicht um Gebotsregelungen. Damit ist grundsätzlich (mit einigen Ausnahmen) den Ladengeschäften die Wahl der Ladenöffnungszeiten **außerhalb** der bestimmten Schlusszeiten freigestellt. Die geltenden Regelungen hierfür finden sich im Ladenschlussgesetz (LadSchlG), das neben den Regelungen zu Ladenschlusszeiten auch Vorgaben zum Arbeitnehmerschutz und bspw. Sondervorschriften für einzelne Gewerbezweige beinhaltet.

II. Polizei- und Ordnungsrecht

Die überwachende Komponente des öffentlichen Wirtschaftsrechts hat sich aus dem **858**
Polizeirecht entwickelt. Ziel des Polizeirechts ist es, die Allgemeinheit vor Schäden zu bewahren und Gefahren abzuwehren. Gefahren im Sinne des Polizeirechts sind solche Gefahren, die die Öffentliche Sicherheit oder die Öffentliche Ordnung gefährden. Hierfür handelt die Polizei sowohl vor Schadenseintritt präventiv als auch nach Schadenseintritt repressiv.

Das Polizeirecht für die Landespolizeien und Landeskriminalämter ist in Deutschland **859**
in jedem Bundesland im **Landesrecht** geregelt und kann deshalb variieren. Bundesein-

heitliches Recht gilt dagegen für die Bundespolizei und das Bundeskriminalamt. Um aber eine zu starke Abweichung in den einzelnen Bundesländer zu vermeiden, orientieren sich die Polizeigesetze der einzelnen Länder am Musterentwurf eines einheitlichen Polizeigesetzes.

860 Die gesetzlichen Grundlagen formulieren spezielle Eingriffsermächtigungen (z. B. Standardmaßnahmen wie Platzverweisung, Gewahrsam, Identitätsfeststellung), die als Maßnahmen zur Gefahrenabwehr von der Polizei ergriffen werden können. Ergänzt werden diese durch den Auffangtatbestand der **polizei- und ordnungsrechtlichen Generalklausel**, die dann greift, wenn keine spezielleren Eingriffsermächtigungen vorliegen.

Beispiel: §§ 1, 3 PolizeiG BW, wonach die Polizei die Aufgabe hat, Gefahren für die öffentliche Sicherheit und Ordnung von dem Einzelnen und der Allgemeinheit abzuwenden und hierzu (im Rahmen der gesetzlichen Schranken) die erforderlichen Maßnahmen treffen kann.

III. Umweltrecht

861 Das Umweltrecht hat in den vergangenen Jahren immer mehr an Bedeutung gewonnen. Ziel des Umweltrechts ist der Schutz der natürlichen Lebensgrundlagen vor Gefahren bspw. in der Luft durch Emissionen, im Wasser durch Wasserverschmutzung oder auf der Erde durch Abfall oder Atommüll. Das Umweltrecht ist kein klar abgrenzbares Rechtsgebiet sondern greift in viele Rechtgebiete über. Dabei wird versucht, das Hauptziel des Schutzes der Umwelt v. a. durch den Schutz vor Beeinträchtigungen zu erreichen. Hierzu bieten sich unterschiedliche Vorgehensweisen an:

- Minimierung der Einwirkungen auf das Schutzgut,
  Beispiel: Regelungen im Wasserhaushaltsgesetz oder in den Naturschutzgesetzen.
- Begrenzung der schädlichen Wirkungen bekannter Umweltgefahren oder
  Beispiel: Immissionschutzrecht.
- Regelungen zu umweltgefährdenden Stoffen und Gegenständen.
  Beispiel: Abfallrecht, Chemikalienrecht, Atomrecht.

IV. Telekommunikationsrecht

862 In Deutschland ist der Bereich des Telekommunikationsrechts v. a. im Telekommunikationsgesetz (TKG) geregelt. Zweck dieses Gesetzes ist es, durch technologieneutrale Regulierung den Wettbewerb im Bereich der Telekommunikation und leistungsfähige Telekommunikationsinfrastrukturen zu fördern und flächendeckend angemessene und ausreichende Dienstleistungen zu gewährleisten (§ 1 TKG). Inhalte sind deshalb u. a. Regelungen
- zum Infrastrukturrecht,
- zum Netzregulierungsrecht,
- dem Vertragsrecht der Telekommunikationsdienstleistungen und
- dem Datenschutz.

863 In Deutschland ist die Regulierung der Telekommunikation nach wie vor eine hoheitliche Aufgabe des Bundes (§ 2 TKG), wobei aber das Telekommunikationsmonopol des Bundes aufgehoben wurde. Das Erbringen von Telekommunikationsleistungen ist grundsätzlich frei und bedarf lediglich der Anmeldung. Der Leistungserbringer von Telekommunikationsdienstleitungen ist lediglich zur dauerhaften Bereitstellung von Berichten auf Verlangen der Bundesnetzagentur verpflichtet.

V. Datenschutzrecht

1. Grundlagen

Datenschutzrecht ist ein eher junges Rechtsgebiet, das erst in der zweiten Hälfte des 20. Jahrhunderts entstanden ist. Zentrale Aufgabe des Datenschutzrechts ist
- die Verhinderung missbräuchlicher Datenverarbeitung,
- die Gewährleistung der informationellen Selbstbestimmung,
- der Schutz des Persönlichkeitsrechts bei der Datenverarbeitung sowie die damit einhergehende Sicherung personenbezogener Daten und
- der Schutz der Privatsphäre.

Von besonderer Bedeutung ist dieses Rechtsgebiet gerade im digitalen Zeitalter bei der Diskussion um das Spannungsfeld zwischen dem Datenschutz des Einzelnen und berechtigten Interessen der Allgemeinheit bspw. bei der Verfolgung von Straftaten. Datenschutz wird deshalb in einer zunehmend digitalisierten und vernetzten Gesellschaft immer wichtiger. Dabei ist auch das Datenschutzrecht nicht in einem einzigen Gesetz geregelt. Vielmehr umfasst es alle Gesetze, Vereinbarungen, Anordnungen und Gerichtsentscheidungen, die die Privatsphäre des einzelnen schützen, das Recht auf informationelle Selbstbestimmung sicherstellen oder die private wie gewerbliche Nutzung von personenbezogenen Daten regeln.

2. Gesetzliche Regelungen

Da auch das Datenschutzrecht Regelungen zur Gefahrenabwehr enthält, kann es inhaltlich dem öffentlichen Wirtschaftsrecht zugeordnet werden. Nach Meinung des Bundesverfassungsgerichts ist Datenschutz ein Grundrecht. Im juristischen Kontext wird dies mit dem Begriff der informationellen Selbstbestimmung umschrieben. Dies bedeutet, dass jeder grundsätzlich erst einmal selbst bestimmen kann, welche Daten er an wen weitergeben möchte. Dieses Grundrecht wird im Grundgesetz allerdings nicht explizit in einem eigenen Artikel erwähnt.

Explizite Regelungen finden sich aber bspw. in den meisten **Landesverfassungen**, die eine Datenschutzregelung aufgenommen haben. Auf **Ebene des Bundes** ist der Datenschutz für Behörden und den privaten Bereich – also auch für alle Wirtschaftsunternehmen, Institutionen, Vereine etc. im Rahmen ihrer Beziehung zu natürlichen Personen – im sogenannten Bundesdatenschutzgesetz (BDSG) geregelt. Daneben regeln die **Landesdatenschutzgesetze** das Thema in Landes- und Kommunalbehörden.

Es existieren noch viele Gesetze, die ebenfalls datenschutzrechtliche Aspekte beinhalten. Beispielhaft seien hier das Telekommunikationsgesetz, die Sozialgesetzbücher, das Polizeigesetz oder das Telemediengesetz genannt.

> Beachten Sie:
> Auch hier gilt wieder die Ihnen bereits bekannte Normenhierarchie. Die spezielleren Gesetze gehen den allgemeinen immer vor.

3. Inhalt des Datenschutzrechtes

Die Erhebung (§ 3 Abs. 3 BDSG.), Verarbeitung (§ 3 Abs. 4 BDSG) und Nutzung (§ 3 Abs. 5 BDSG) von Daten ist im deutschen Datenschutzrecht grundsätzlich dreistufig gesichert. Die **erste Stufe** der Sicherung beinhaltet ein grundsätzliches Verbot der Erhebung, Verarbeitung und Nutzung personenbezogener Daten. Diesem Verbot wird gem. § 4 BDSG ein Erlaubnisvorbehalt zur Seite gestellt. Das bedeutet, dass solche Daten erst dann verarbeitet werden dürfen, wenn eine Rechtsgrundlage (bspw. eine Genehmigung) hierfür besteht oder wenn eine gesetzliche Erlaubnisgrundlage vorliegt.

> **Beachten Sie:**
> Grundsätzlich gilt, dass die Erhebung, Verarbeitung und Nutzung von personenbezogenen Daten nur dann zulässig ist, wenn
> – ein Gesetz dies erlaubt (bspw. § 28 BDSG) oder
> – der Betroffene eingewilligt hat (§ 4 Abs. 1 BDSG).

870 In einer **zweiten Stufe** wird die Art der Erhebung, Verarbeitung und Nutzung von Daten durch drei Grundprinzipien des Datenschutzrechtes reglementiert.
1. Das Prinzip der **Datensparsamkeit und Datenvermeidung**.
2. Das Prinzip der **Erforderlichkeit**.
3. Das Prinzip der **Zweckbindung**.

> **Beachten Sie:**
> Es gilt die Regel, dass die Daten, die zum Abschluss und zur Durchführung eines Vertrages benötig werden, auch erhoben werden dürfen. Dies verstößt nicht gegen die oben benannten Prinzipien.

Beispiel: Kunde K kauft im Elektromarkt eine Waschmaschine. Verkäufer V erfragt bei Abschluss des Kaufvertrages folgende Daten:
– Kundenname,
– Kundenanschrift,
– Telefonnummer für Rückfragen oder die Vereinbarung eines Liefertermins.
Bei der Vereinbarung zur Lieferung einer Waschmaschine dürfen diese Daten immer erfragt werden, da sie zur Durchführung des Vertrages – mithin also zur Auslieferung der Waschmaschine an die korrekte Person und Adresse – notwendig sind.

Die Abfrage bspw. des Lebensalters oder des Familienstandes wäre hier problematisch, da diese irrelevant für das Gelingen des Vertrages sind. Sollten diese Daten vom Verkäufer V dennoch erhoben werden, benötigt dieser die Erlaubnis des Kunden K, was eine förmliche datenschutzrechtliche Belehrung voraussetzen würde.

871 Die **dritte Stufe** stellt sicher, dass aufgrund einer bestehenden Rechtsgrundlage nutzbare Daten nur unter der Gewährleistung technischer und organisatorischer Maßnahmen des operativen Datenschutzes verarbeitet werden dürfen.
Beispiel: IT-Sicherheitskonzepte, Datenschutzschulungen, Datenschutzbeauftragte in Unternehmen).

3. Kapitel: Ausgewählte Bereiche des öffentlichen Wirtschaftsrechts

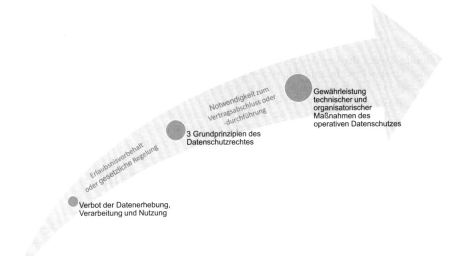

Abbildung 84: 3 Stufen des Datenschutzes

Teil 10: Lernkontrolle

872 Sinn und Zweck der Lernkontrolle, ist, dass Sie selbstständig kontrollieren, inwieweit Sie die dargestellten Inhalte der einzelnen Teile verinnerlicht haben. Idealerweise beantworten Sie die folgenden Fragen selbstständig und **nur** unter Zuhilfenahme des Gesetzestextes (den Sie ja in der Klausur auch dabeihaben dürfen) und schreiben diese auf. Erst danach lesen Sie die Antworten nochmals in der jeweiligen Passage nach. Können Sie in einem Themenbereich mehr als eine Frage nicht richtig beantworten, wiederholen Sie das ganze Kapitel.

Thema und Kontrollfrage		Lösung Randnummer
I. Allgemeine Grundlagen des Wirtschaftsrechts		
1.	Was versteht man unter einem Rechtsverhältnis?	3
2.	Erläutern Sie den Begriff Rechtsordnung.	2
3.	Nennen Sie drei Beispiele für Rechtssubjekte.	4
4.	Was sind Rechtsobjekte?	5
5.	Wie unterscheidet sich das öffentliche Recht vom Privatrecht?	7 ff.
6.	Welche Gerichte kennen Sie und wie können Sie diese einordnen?	9
II. Methodik der Fallbearbeitung		
1.	Welche fünf Schritte sind bei der juristischen Fallbearbeitung einzuhalten?	16 ff.
2.	Übertragen Sie die Schritte der Fallbearbeitung auf die Darstellung in der Klausur. Was haben Sie zu tun?	19 ff.
3.	Was versteht man unter dem „Gutachterstil".	32
4.	Nennen Sie drei gesetzliche Anspruchsgrundlagen.	22
5.	Wo sind die Tatbestandsvoraussetzungen einer Anspruchsgrundlage zu finden?	23
6.	Mit welchem Satz könnten Sie die Tatbestandsvoraussetzungen einleiten?	23
7.	Was versteht man unter einer Legaldefinition?	26
8.	Was sind Einwendungen und Einreden? Nennen Sie je drei Beispiele.	29
9.	Wie formuliert man einen Obersatz in der Klausur?	32
10.	Verdeutlichen Sie anhand des § 280 BGB die Begriffe Anspruchsgrundlagen und Tatbestandsvoraussetzungen.	31 ff.
III. Der Vertragsschluss		
1.	Wie kommt ein Vertrag zustande?	56/62
2.	Was ist der notwendige Vertragsinhalt?	56
3.	Was ist eine Willenserklärung?	57
4.	Welche Elemente muss eine Willenserklärung haben?	57
5.	„Nicht jede Willensäußerung ist eine Willenserklärung im rechtlichen Sinn". Verdeutlichen Sie diesen Satz.	57 ff.
6.	Auf wessen Sicht kommt es bei der Auslegung einer Willenserklärung an?	58
7.	Wann ist eine Willenserklärung abgegeben?	60 f.
8.	Wann ist eine Willenserklärung zugegangen?	60 f.
9.	Nennen Sie ein Beispiel für eine „nichtempfangsbedürftige" Willenserklärung.	59
10.	Für die Bindung an eine Willenserklärung ist entscheidend, wann diese Willenserklärung zugegangen ist. Systematisieren Sie diesen Sachverhalt indem Sie eine Einteilung „unter Anwesenden – unter Abwesenden" vornehmen.	60 f
11.	Was versteht man unter einer konkludenten Handlung?	69
12.	Was ist eine „invitatio ad offerendum"?	63

Teil 10: Lernkontrolle 872

Thema und Kontrollfrage	Lösung Randnummer
13. Welche Bedeutung hat ein kaufmännisches Bestätigungsschreiben?	69 ff.
14. Was sind die Voraussetzungen für ein kaufmännisches Bestätigungsschreiben?	69 ff.
IV. Die Nichtigkeitsgründe	
1. Nennen Sie fünf gesetzliche Nichtigkeitsgründe für Verträge.	76
2. Was sind die Voraussetzungen einer Anfechtung?	78 ff.
3. Innerhalb welcher Frist muss eine Anfechtung wegen Irrtums, arglistiger Täuschung und widerrechtliche Drohung jeweils erfolgen?	87
4. Konstruieren Sie jeweils ein Beispiel für ein Scherz- und Scheingeschäft.	91 f.
5. Nennen Sie Beispiele für einen Erklärungsirrtum nach § 119 Abs. 1 BGB.	80
6. Was ist ein Inhaltsirrtum nach § 119 Abs. 1 BGB?	82
7. In welcher Frist muss die Anfechtung erklärt werden?	87
8. Was sind Verbotsvorschriften im Sinne des § 134 BGB?	93 ff.
9. Was bedeutet Sittenwidrigkeit im Sinne des § 138 Abs. 1 BGB?	96
10. Welche Voraussetzungen hat die Nichtigkeit wegen Wucher nach § 138 Abs. 2 BGB?	97
11. Welche Funktionen haben die gesetzlichen Formvorschriften?	99
12. Für bestimmte Rechtsgeschäfte schreibt das Gesetz Formzwang vor. Welche Ziele verfolgt der Gesetzgeber mit diesen Vorschriften?	99
13. Was bedeutet Schriftform. Nennen Sie ein Beispiel, wo diese erforderlich ist.	101
14. Was bedeutet notarielle Beurkundung. Nennen Sie ein Beispiel, wo diese erforderlich ist.	106
15. Welche Personen sind geschäftsunfähig?	108
16. Welche Personen sind beschränkt geschäftsfähig?	110
17. In welchen Fällen ist die Zustimmung des gesetzlichen Vertreters keine Voraussetzung für die Rechtswirksamkeit einer Willenserklärung, die eine beschränkt geschäftsfähige Person abgegeben hat.	112
18. Was beinhaltet der „Taschengeldparagraf"?	112
19. Was ist der Unterschied zwischen Einwilligung und Genehmigung?	110
V. Die Stellvertretung	
1. Was sind die Voraussetzungen einer wirksamen Stellvertretung?	115
2. Bei welchen Rechtsgeschäften ist eine Stellvertretung nicht zulässig?	116
3. Was bedeutet es, wenn der Stellvertreter eine eigene Willenserklärung abgeben muss?	118
4. Wie kann der Vertreter erkennbar machen, dass er in fremden Namen handelt?	121 f.
5. Was passiert, wenn ein Vertreter nicht erkennbar macht, dass er für jemand anders handelt?	120 ff.
6. Unterscheiden Sie zwischen Vertreter und Bote.	119
7. Nennen Sie je drei gesetzliche und drei organschaftliche Normen, die eine Vertretungsmacht vermitteln.	125
8. Wie kann eine Vollmacht enden?	128
9. Was sind Rechtsscheinvollmachten?	129 ff.
10. Was sind die Voraussetzungen einer Anscheins- und Duldungsvollmacht?	130
11. Nach welcher Norm haftet der Vertreter ohne Vertretungsmacht und worauf haftet er?	131
12. Es gibt Grenzen der Vertretungsmacht. Verdeutlichen Sie in diesem Zusammenhang das Verbot des Selbstkontrahierens und die sogenannte Kollusion.	132

Thema und Kontrollfrage	Lösung Randnummer
VI. Allgemeine Geschäftsbedingungen	
1. Was sind Allgemeine Geschäftsbedingungen?	136
2. Was bezweckt ein Lieferant mit der Verwendung Allgemeiner Geschäftsbedingungen?	134
3. Was sind die Voraussetzungen, dass Allgemeine Geschäftsbedingungen in einem Vertragsverhältnis gelten, also Vertragsbestandteil werden?	140
4. Was bedeutet „zumutbare Möglichkeit der Kenntnisnahme" im Sinne von § 305 Abs. 2 BGB?	143
5. Welche Besonderheiten gelten bei der Einbeziehung Allgemeiner Geschäftsbedingungen im e-commerce?	147
6. Was sind Überraschungsklauseln?	148
7. Welche Normen regeln, welche Klauseln in Allgemeinen Geschäftsbedingungen verboten sind?	149 ff.
8. Nennen Sie drei Beispiele für verbotene Klauseln.	149 ff.
9. Was ist die Rechtsfolge, wenn eine Klausel in Allgemeinen Geschäftsbedingungen unwirksam ist?	153
10. Zwischen A (Verkäufer) und B (Käufer) ist ein Vertrag unter Einbeziehung der AGB von A zustande gekommen. Anschließend stellt B fest, dass eine Bestimmung der Allgemeinen Geschäftsbedingungen nichtig ist. Erläutern Sie die Rechtsfolgen.	153
VII. Das Widerrufsrecht	
1. Welche Norm regelt die Voraussetzungen und Rechtsfolgen eines Widerrufs?	155
2. Welche Voraussetzungen hat ein Widerruf?	156
3. In welcher Form muss ein Widerruf erfolgen?	169
4. Was ist ein Verbrauchervertrag?	158 f.
5. Was unterscheidet einen Verbraucher von einem Unternehmer?	158
6. Was ist ein Fernabsatzvertrag und wo ist dieser gesetzlich geregelt?	163
7. Was sind Fernkommunikationsmittel?	163
8. Nenne Sie Beispiele für außerhalb von Geschäftsräumen geschlossenen Verträgen.	167
9. Wie lange ist die Widerrufsfrist bei Fernabsatzverträgen, wann beginnt Sie?	170 ff.
10. Bei manchen Fernabsatzverträgen ist das Widerrufsrecht ausgeschlossen. Erläutern Sie bei welchen dies der Fall ist und bilden Sie 2 Beispiele.	164 f.
11. Nennen Sie die Rechtsfolgen, die sich bei einem Widerruf bzw. einer Rücksendung für den Unternehmer und den Verbraucher ergeben.	157
VIII. Schuldrecht und Leistungsstörungen	
1. Wie können Schuldverhältnisse grundsätzlich entstehen?	44
2. Beschreiben Sie vier Gründe für das Erlöschen von Schuldverhältnissen.	51 f.
3. Was versteht man unter Hauptleistungspflichten und Nebenleistungspflichten?	177 ff.
4. Verdeutlichen Sie an einem Beispiel jeweils ein gesetzliches und vertragliches Schuldverhältnis.	45 ff.
5. Unterscheiden Sie leistungsbezogene Nebenpflichten und nicht leistungsbezogene Nebenpflichten.	179
6. Nennen Sie Beispiele für „Dauerschuldverhältnisse".	179
7. Bilden Sie jeweils ein Beispiel für eine Stück- und Gattungsschuld.	180 f.
8. Erklären Sie folgende Begriffe: Holschuld, Bringschuld, Schickschuld.	183
9. Bei einer Gattungsschuld übernimmt der Lieferer das Beschaffungsrisiko". Erläutern Sie diesen Satz.	179

Teil 10: Lernkontrolle

Thema und Kontrollfrage	Lösung Randnummer
10. Was versteht man unter dem Begriff Leistungsstörung und welche Arten von Leistungsstörungen gibt es?	185 ff.
11. Was sind die Voraussetzungen des § 280 Abs. 1 BGB?	187
12. Was hat der Schuldner im Rahmen eines Schuldverhältnisses zu vertreten?	194 ff.
13. Wie bestimmt man das Vorliegen eines Schadens?	198 ff.
14. Was ist der Unterschied zwischen Erfüllungs- und Vertrauensschäden?	204 f.
15. Wann sind immaterielle Schäden zu ersetzen?	202
16. Was ist der Unterschied zwischen unmittelbaren und mittelbaren Schäden?	206
17. Wie bestimmt man die Kausalität zwischen einer Rechtsgutsverletzung und einem Schaden?	210 ff.
18. Nenne Sie alle Fälle, die zu einer Unmöglichkeit nach § 275 BGB führen.	215 ff.
19. Was passiert mit dem Anspruch auf Gegenleistung bei einer Unmöglichkeit, wenn der Schuldner die Unmöglichkeit zu vertreten hat?	215 ff.
20. Was passiert mit dem Anspruch auf Gegenleistung bei einer Unmöglichkeit, wenn der Gläubiger die Unmöglichkeit zu vertreten hat?	223
21. Welche Sekundäransprüche hat der Gläubiger im Falle der Unmöglichkeit?	226 ff.
22. Wo sind die Voraussetzungen des Schuldnerverzuges geregelt?	230
23. Was sind die Voraussetzungen des Schuldnerverzuges?	231 ff.
24. Welche Rechtsfolgen treten beim Schuldnerverzug ein?	239 ff.
IX. Die Forderungsabtretung (Zession)	
1. Wo ist die Forderungsabtretung geregelt?	244
2. Was sind die Voraussetzungen der Forderungsabtretung?	245
3. Wie nennt man die Parteien bei der Forderungsabtretung?	244
4. Was beinhalten die Regelungen zum Schuldnerschutz?	247 f.
X. Die Gesamtschuldner	
1. Wo ist die Gesamtschuldnerschaft geregelt?	250
2. Was bedeutet Gesamtschuld?	250
3. Wie funktioniert der Innenausgleich zwischen Gesamtschuldnern?	253
4. Beschreiben Sie mit Hilfe des § 421 BGB welche Voraussetzungen gegeben sein müssen, damit bei fehlender vertraglicher oder gesetzlicher Regelung eine Gesamtschuld entsteht.	250 ff.
5. Erklären Sie den Begriff Gesamtgläubigerschaft.	255
XI. Der Kaufvertrag	
1. Was kann Gegenstand eines Kaufvertrages sein?	258
2. Was sind die Vertragspflichten der Parteien beim Kaufvertrag?	261
3. Halten Sie die Hauptpflichten aus einem Kaufvertrag in einem Schema fest.	261
4. Welche Regeln zum Gefahrübergang gelten beim Kaufvertrag?	265 ff.
5. Von der grundsätzlichen Regelung zum Gefahrenübergang gibt es einige praxisrelevante Ausnahmen. Beschreiben Sie diese.	265
6. Wo ist die Gewährleistung beim Kaufvertrag geregelt?	284 ff.
7. „In der Regel können Kaufverträge formfrei abgeschlossen werden." Verdeutlichen Sie diese Aussage und fügen Sie Ausnahmen hinzu.	260
8. Wann ist eine Kaufsache mangelhaft?	274
9. Welche Rechte hat der Käufer bei einer mangelhaften Kaufsache?	272 ff.
10. Nennen Sie Beispiele bei denen die Gewährleistung ausgeschlossen ist.	284 ff.
11. Was beinhaltet das Nacherfüllungsrecht?	289
12. Wer entscheidet über die Art der Nacherfüllung?	289

Thema und Kontrollfrage	Lösung Randnummer
13. Wer trägt die Kosten der Nacherfüllung?	291
14. Der Käufer wählt sein Recht der Nacherfüllung und setzt eine angemessene Nachfrist. Wann ist diese Frist angemessen?	293
15. Wann bedarf es keiner Fristsetzung?	293
16. Welche nachrangigen Gewährleistungsrechte gibt es?	293
17. Konstruieren Sie einen Fall, in dem der Verkäufer eine Nachlieferung verweigern könnte.	290
18. Was ist ein Verbrauchsgüterkauf?	297
19. Nennen Sie drei Unterschiede zwischen einem „normalen Kaufvertrag" und einem Verbrauchsgüterkauf.	298
20. Was versteht man unter dem Unternehmerregress.	298
21. Was ist der Unterschied zwischen Gewährleistung und Garantie?	296
XII. Der Mietvertrag	
1. Was sind die Vertragspflichten der Parteien beim Mietvertrag?	300 ff.
2. Wie kann ein Mietvertrag beendet werden?	306 f.
3. Welche Rechte hat der Mieter, wenn der Mietgegenstand mangelhaft ist?	314 ff.
4. Unterscheiden Sie Pacht-, Leih- und Mietvertrag.	300
5. Wohnraum darf nur gekündigt werden, wenn ein berechtigtes Interesse vorliegt. Nennen Sie Beispiele.	309
6. Aus wichtigem Grund kann fristlos gekündigt werden. Welche wichtigen Gründe hat der Gesetzgeber für Mieter und Vermieter als Beispiele aufgenommen?	311 ff.
7. „Kauf bricht nicht Miete!" Erläutern Sie diesen Satz.	313
XIII. Der Werkvertrag	
1. Was unterscheidet den Werkvertrag vom Dienstvertrag, vom Auftrag und vom Kaufvertrag?	323
2. Was sind die Vertragspflichten der Parteien beim Werkvertrag?	326 f.
3. Was ist die Abnahme?	329
4. Welche Rechtsfolgen hat die Abnahme?	329
5. Welche Rechte hat der Besteller bei einem Mangel an dem Werk?	330
6. Wann verjähren die Gewährleistungsrechte im Werkvertragsrecht?	337 ff.
7. Auch beim Werkvertrag lautet der Primäranspruch für den Besteller Nacherfüllung. Wo liegt dennoch ein wesentlicher Unterschied zwischen den Rechten aus Kauf- und Werkvertrag?	339
8. Was ist das Recht zur Selbstvornahme?	241
9. Welche Rechtsfolgen hat eine Kündigung des Bestellers?	345
10. Erläutern Sie mit Hilfe eines Beispiels einen Werklieferungsvertrag.	328 ff.
XIV. Der Darlehensvertrag	
1. Nennen Sie verschiedene Forme von Darlehen.	349
2. Was ist der Unterschied zwischen einem Sach- und einem Gelddarlehen?	370 ff./350 f.
3. Was ist ein Verbraucherdarlehensvertrag?	373 ff./357
4. Welche Besonderheiten gelten beim Verbraucherdarlehensvertrag?	375/358 f.
5. Was sind verbundene Verträge?	374 f./366
6. Welche Folgen hat bei verbundenen Verträgen das Bestehen von Einwendungen gegen den Kaufvertrag?	382/366
7. „Verträge sind verbunden, wenn Sie eine wirtschaftliche Einheit bilden." Erläutern Sie diesen Satz.	366

Teil 10: Lernkontrolle 872

Thema und Kontrollfrage		Lösung Randnummer
XV. Das Bereicherungsrecht (Kondiktionsrecht)		
1.	Wo ist das Kondiktionsrecht geregelt?	371
2.	Was ist die Grundidee des Kondiktionsrechts?	370 ff.
3.	„Wer durch eine Leistung eines anderen oder in sonstiger Weise auf dessen Kosten etwas ohne rechtlichen Grund erlangt hat, ist ihm zur Herausgabe verpflichtet." Systematisieren und erläutern Sie die Anspruchsvoraussetzungen dieser Norm.	373 ff.
4.	Welche Voraussetzungen hat der Herausgabeanspruch nach § 812 BGB?	375
5.	Was ist der Unterschied zwischen einer Leistungs- und einer Nichtleistungs-Kondiktion?	374 f.
6.	Was passiert, wenn der Bereicherungsgegenstand beim Bereicherungsschuldner ersatzlos weggefallen ist?	382
XVI. Das Deliktsrecht		
1.	Wo ist das Deliktsrecht im BGB geregelt?	392
2.	Was ist der Unterschied zwischen Verschuldenshaftung, Haftung für vermutetes Verschulden und Gefährdungshaftung (nennen Sie je zwei Beispiele)?	393 ff.
3.	Was sind die Voraussetzungen des § 823 Abs. 1 BGB?	398 f.
4.	Was sind „sonstige Rechte" im Sinne des § 823 Abs. 1 BGB?	402
5.	Wann haftet der Schädiger für ein Unterlassen?	410
6.	Nennen Sie drei Rechtfertigungsgründe im Rahmen des § 823 Abs. 1 BGB.	412
7.	Was versteht man unter einem Schutzgesetz im Sinne des § 823 Abs. 2 BGB?	417
8.	Nennen Sie zwei Beispiele, bei denen eine vorsätzliche sittenwidrige Schädigung im Sinne des § 826 BGB vorliegt.	422
9.	Was ist ein Verrichtungsgehilfe im Sinne des § 831 BGB?	427
10.	Wo ist die Produkthaftung geregelt?	434
11.	Was unterscheidet die Produkthaftung von der Produzentenhaftung?	434 ff.
12.	Wann liegt ein Produktfehler im Sinne der ProdHaftG vor?	437
13.	Wer ist Hersteller im Sinne des ProdHaftG?	439
14.	Welcher Schaden ist nach dem ProdHaftG ersatzfähig?	440
XVII. Sachenrechtliche Grundbegriffe		
1.	Was sind Verfügungen?	445
2.	Was bedeuten die Begriffe Besitz, mittelbarer Besitz und Besitzdiener?	445
3.	Erklären Sie das Abstraktionsprinzip.	451
4.	Was beinhaltet das sachenrechtliche Publizitätsprinzip?	447
XVIII. Rechte an beweglichen Sachen		
1.	Was sind die Voraussetzungen der Übereignung nach § 929 Satz 1 BGB?	454
2.	Wer ist zur Übereignung berechtigt?	453/460
3.	Was sind die Voraussetzungen eines gutgläubigen Erwerbs an beweglichen Sachen?	462
4.	Was versteht man unter einem Eigentumsvorbehalt?	464 f.
5.	Was unterscheidet einen einfachen Eigentumsvorbehalt von einem verlängerten Eigentumsvorbehalt?	466 f.
6.	Was ist eine Sicherungsübereignung und wie funktioniert sie?	468 ff.
7.	Was versteht man unter einem Eigentümer-Besitzer-Verhältnis?	472 ff.
XIX. Rechte an Grundstücken		
1.	Wie funktioniert die Übertragung des Eigentums an Grundstücken?	475 f.
2.	Was versteht man unter einem Grundbuchwiderspruch?	482

283

Thema und Kontrollfrage	Lösung Randnummer
3. Was ist eine Vormerkung?	482
4. Was unterscheidet eine Grundschuld von einer Hypothek?	485/490
5. Was sind die Voraussetzungen für die Entstehung einer Hypothek?	485
6. Was sind die Voraussetzungen für die Entstehung einer Grundschuld?	491
7. Wie wird eine Hypothek übertragen?	488
8. Wie wird eine Grundschuld übertragen?	492
XX. Grundlagen des Handelsrechts	
1. Was ist im Handelsgesetzbuch geregelt?	495
2. Nennen Sie besondere Rechte und Privilegien von Kaufleuten.	496
XXI. Kaufleute	
1. Was ist ein Handelsgewerbe?	498
2. Was bedeutet, dass der Gewerbetreibende selbstständig sein muss?	500
3. Unter welchen Voraussetzungen liegt ein Minderkaufmann nach § 1 Abs. 2 HGB vor?	503
4. Was ist ein Kaufmann kraft Eintragung?	504
5. Was unterscheidet einen Kaufmann nach § 2 HGB von einem Kaufmann nach § 3 HGB?	505
6. Nennen Sie Beispiele für Kaufleute kraft Rechtsform.	507
XXII. Das Handelsregister	
1. Was sind eintragungspflichtige und eintragungsfähige Tatsachen?	511
2. Was sind deklaratorische und konstitutive Eintragungen?	513 f.
3. Was beinhaltet die positive Publizität nach § 15 Abs. 2 HGB?	515
4. Was beinhaltet die negative Publizität nach § 15 Abs. 1 HGB?	515
5. Was ist die „Rosinentheorie"?	519
XXIII. Die Handelsfirma	
1. Was ist die Firma eines Kaufmanns und wo ist sie geregelt?	521
2. Nennen sie die Grundsätze zur Bildung einer Firma und wo diese geregelt sind?	525 ff.
3. Was besagt der Grundsatz der Firmenbeständigkeit?	530
4. Erläutern Sie den Haftungstatbestand des § 25 HGB.	535
XXIV. Die Hilfspersonen des Kaufmanns	
1. Nennen Sie Beispiele für unselbstständige und für selbstständige Hilfspersonen des Kaufmanns.	536 f.
2. Wo ist die Prokura geregelt?	538
3. Wie erfolgt die Erteilung der Prokura?	538
4. Ist die Prokura im Handelsregister einzutragen. Wenn ja, ist die Eintragung deklaratorisch oder konstitutiv?	538
5. Nennen Sie verschiedene Arten von Handlungsvollmachten.	541
6. Was ist die sog. „Ladenvollmacht"?	543
7. Was unterscheidet Absatzmittler von Absatzhelfern?	544
8. Was ist ein Handelsvertreter?	546
9. Welche Pflichten hat ein Handelsvertreter?	547
10. Welche Arten von Provision kann der Handelsvertreter bekommen?	548 ff.
11. Was ist Sinn und Zweck des Ausgleichsanspruches nach § 89b HGB?	552
12. Wie berechnet man den Ausgleichsanspruch nach § 89b HGB?	554
13. Was unterscheidet einen Vertragshändler von Franchise-Nehmer?	561/563
14. Was unterscheidet einen Handelsvertreter von einem Handelsmakler?	557

Teil 10: Lernkontrolle

Thema und Kontrollfrage		Lösung Randnummer
XXV. Handelsgeschäfte		
1.	Nennen Sie drei Beispiele, bei denen die Vorschriften des HGB für Kaufleute von den Vorschriften des BGB abweichen.	565
2.	Was ist ein Handelsgeschäft?	567
3.	Was sind die Voraussetzungen der Untersuchungs- und Rügepflicht beim Handelskauf?	567
4.	Was sind die Rechtsfolgen der Verletzung der Pflichten aus § 377 HGB?	567
XXVI. Gesellschaftsrecht (allgemein)		
1.	Nennen Sie Beispiele für Personengesellschaften.	577
2.	Nennen Sie Beispiele für Körperschaften.	610
3.	Worin unterscheiden sich die Gesellschaftsformen grundlegend?	573
4.	Worin liegt der grundsätzliche Unterschied in der Haftungsfrage zwischen einer Personengesellschaft und einer Kapitalgesellschaft?	574
5.	Nennen Sie Gründe, die bei der Wahl der Rechtsform eine Rolle spielen können.	573 ff.
XXVII. Personengesellschaften		
1.	Wo ist die Gesellschaft bürgerlichen Rechts geregelt?	579
2.	Wo ist offene Handelsgesellschaft geregelt?	592
3.	Wo ist die Kommanditgesellschaft geregelt?	602
4.	Was sind die Grundsätze der fehlerhaften Gesellschaft?	581
5.	Was sind Gründe zur Auflösung einer Gesellschaft bürgerlichen Rechts?	582
6.	Wer ist bei einer Gesellschaft bürgerlichen Rechts zur Geschäftsführung berufen?	588
7.	Kann bei einer Gesellschaft bürgerlichen Rechts die Haftung durch den Zusatz „GbR mit beschränkter Haftung" beschränkt werden?	590
8.	Ist die Gesellschaft bürgerlichen Rechts (teil-)rechtsfähig?	590
9.	Wie haften die Gesellschafter einer Gesellschaft des bürgerlichen Rechts?	590
10.	Wie funktioniert die Geschäftsführung bei einer offenen Handelsgesellschaft?	596 f.
11.	Ist der Kommanditist geschäftsführungsbefugt?	596
12.	Was bedeutet die Haftungsbeschränkung des Kommanditisten?	598
13.	Wie haftet der Kommanditist vor der Eintragung der Gesellschaft im Handelsregister?	605
14.	Was sind die Besonderheiten einer GmbH & Co.KG	608 f.
XXVIII. Körperschaften		
1.	Wo ist die GmbH geregelt?	612
2.	Wie läuft der Gründungsprozess einer GmbH ab?	618
3.	Was ist eine GmbH in Gründung?	615
4.	Was ist eine Unternehmergesellschaft (haftungsbeschränkt)?	617
5.	Was versteht man unter einer verdeckten Sachgründung?	616
6.	Was ist eine Unterbilanzhaftung?	615
7.	Ist die Vertretungsmacht des GmbH-Geschäftsführers beschränkbar?	624 f.
8.	Wie läuft die Gründung einer Aktiengesellschaft ab?	633 ff.
9.	Welche Organe hat eine Aktiengesellschaft?	638
10.	Welche Aufgabe hat der Aufsichtsrat?	640
XXIX. Der Arbeitsvertrag		
1.	Was unterscheidet den Arbeitsvertrag vom Dienstvertrag?	646 ff.
2.	Wann liegt eine persönliche Abhängigkeit im Sinne des Arbeitsrechts vor?	649
3.	Wann ist ein GmbH-Geschäftsführer sozialversicherungspflichtig?	652

Thema und Kontrollfrage	Lösung Randnummer
4. Was regelt das Nachweisgesetz?	654
5. Welche Klauseln in Formulararbeitsverträgen sind problematisch?	656
6. Welche Grundvoraussetzungen müssen laut Bundesarbeitsgericht vorliegen, damit von einem Arbeitsverhältnis gesprochen werden kann?	653
XXX. Der Arbeitslohn	
1. Was bedeutet der Grundsatz „ohne Arbeit kein Lohn"?	657
2. Wann ist ein Arbeitnehmer im Sinne des Entgeltfortzahlungsgesetzes arbeitsunfähig?	659
3. Wie lange ist die Wartezeit für die Entstehung eines Entgeltfortzahlungsanspruches und wie berechnet er sich?	662 f.
4. Was sind die Voraussetzungen eines Urlaubsanspruches nach dem Bundesurlaubsgesetz?	666
5. Wie lange ist die Wartezeit für die Entstehung des Urlaubsanspruches und wie berechnet sie sich?	668
6. Was ist der Unterschied zwischen Urlaubsgeld und Urlaubsentgelt?	671
7. Welche Rechte hat der Arbeitnehmer, wenn der Arbeitgeber ihm keinen Urlaub gewährt?	677 f.
XXXI. Beendigung des Arbeitsverhältnisses	
1. Nennen Sie Gründe die zur Beendigung des Arbeitsverhältnisses führen.	680
2. Welche Gründe führen nicht zur Beendigung des Arbeitsverhältnisses?	681
3. Was ist eine Sachgrundbefristung nach dem Teilzeitbefristungsgesetz?	683
4. Wie lange ist die Befristung eines Arbeitsverhältnisses ohne Sachgrund möglich?	684
5. Nennen Sie Gründe für eine fristlose Kündigung nach § 626 BGB?	687 ff.
6. Wie lange ist die Frist für eine außerordentliche Kündigung?	690
7. Was sind die Voraussetzungen einer ordentlichen Kündigung?	691
8. Welche Kündigungsgründe sieht das Kündigungsschutzgesetz vor?	691 f.
9. Was sind dringende betriebliche Gründe für eine betriebsbedingte Kündigung?	695
10. Nach welchen Kriterien ist die Sozialauswahl zu vollziehen?	699 ff.
11. Was unterscheidet eine personenbedingte von einer verhaltensbedingten Kündigung?	704/711
12. Was ist bei einer Abmahnung zu beachten?	714 ff.
13. Was muss dem Betriebsrat im Rahmen einer Anhörung nach § 102 Betriebsverfassungsgesetz mitgeteilt werden?	720 ff.
XXXII. Gewerbliche Schutzrechte	
1. Welche Bereiche umfasst der gewerbliche Rechtsschutz?	726
2. Welche Ziele verfolgt dieser Schutz?	726
3. Was versteht man unter einem geistigen Schutzrecht?	726
4. Nennen Sie einige immaterielle Güter.	727
5. Erläutern Sie, welcher Gegenstand durch Patente, Gebrauchsmuster, Marken und Urheberrecht geschützt wird.	728
XXXIII. Markenrecht	
1. Was ist eine Marke?	730
2. Was ist die Funktion von Marken?	730
3. Nennen Sie verschiedene Arten von Marken.	733
4. Wie entsteht der Markenschutz in Deutschland?	734 ff.
5. Was sind absolute Schutzhindernisse?	746 ff.
6. Was sind relative Schutzhindernisse?	749 ff.

Teil 10: Lernkontrolle   872

Thema und Kontrollfrage	Lösung Randnummer
7. Wie bestimmt man die Verwechslungsgefahr in § 14 Abs. 1 MarkenG?	759
8. Können Marken übertragen werden?	765
XXXIV. Urheberrecht	
1. Nennen Sie Beispiele für urheberrechtlich geschützte Werke.	772
2. Was beutete der Begriff der „kleinen Münze" im Urheberrecht.	771
3. Wie entsteht das Urheberrecht?	774
4. Welche Inhalte hat das Urheberrecht?	777
5. „Mit dem Vorliegen der Voraussetzungen (§ 2 Abs. 2 UrhG) entsteht unmittelbar ein schutzfähiges Werk". Erläutern Sie diese Aussage und beschreiben Sie, welcher Vor- und Nachteil sich aus dieser Tatsache ergibt.	774
6. Erläutern Sie die Aussage: „Nicht die Idee selbst ist geschützt, sondern deren Umsetzung in wahrnehmbare Form."	776
7. Nennen Sie die Verwertungsrechte des Urhebers.	779
8. Wie sind Urheberrechte übertragbar?	785
9. Was unterscheidet einfache von ausschließlichen Lizenzen?	786
XXXV. Wettbewerbsrecht	
1. Was ist der Schutzzweck des Gesetzes gegen unlauteren Wettbewerb?	790
2. Was ist der Schutzzweck des Gesetzes gegen Wettbewerbsbeschränkungen?	791
3. Was bedeutet „unlauter" im Sinne des Gesetzes gegen den unlauteren Wettbewerb?	796
4. Nennen Sie Beispiele irreführender Werbung.	804
5. Unter welchen Voraussetzungen ist vergleichende Werbung erlaubt?	806
6. "Unlauter handelt, wer einen gesetzlichen Vorschrift zuwiderhandelt." Erklären Sie anhand eines Beispiels.	800
7. Welche Folgen haben Verstöße gegen das Gesetz gegen unlauteren Wettbewerb?	810 f.
8. Was sind die Voraussetzungen des Verstoßes gegen § 1 des Gesetzes gegen Wettbewerbsbeschränkungen?	818 ff.
9. Was ist der Unterschied zwischen vertikalen und horizontalen Absprachen?	820
10. Welche Ausnahmen vom Kartellverbot gibt es?	823 ff.
11. Was sind die Folgen eines Verstoßes gegen die Vorschriften des Gesetzes gegen Wettbewerbsbeschränkungen?	826
12. Wann ist ein Unternehmen marktbeherrschend?	827
13. Unter welchen Voraussetzungen ist ein Unternehmenszusammenschluss fusionskontrollpflichtig?	831
XXXVI. Öffentliches Wirtschaftsrecht	
1. Was ist ein Verwaltungsakt?	840
2. Was sind die Voraussetzungen der Rechtmäßigkeit eines Verwaltungsaktes?	842
3. Nennen Sie Regelungsbereiche des besonderen Verwaltungsrechts.	843
4. In welchen Gesetzen ist das Gewerberecht geregelt?	849
5. Aus welchen Vorschriften folgt die Gewerbefreiheit?	850
6. Muss ein Gewerbe behördlich genehmigt werden?	850
7. Was regelt das Polizeirecht?	858
8. Welche Regelungsbereiche umfasst das öffentliche Umweltrecht?	861
9. Wer kann Telekommunikationsdienstleistungen erbringen?	863
10. Wo ist das Datenschutzrecht geregelt?	866
11. Was beinhalten die drei Stufen des Datenschutzrechts?	869 ff.

Stichwortverzeichnis

Das Stichwortverzeichnis verweist auf die jeweiligen Randnummern.

Abgestimmtes Verhalten 818
Abmahnung 688 f., 714
Abnahme 329, 332, 335
Absatzhelfer 545
Absatzmittler 544, 560
Absatzmittlungsfunktion 544
Absatzorganisation 544, 560 f.
Absolute Fixgeschäfte 235
Absolutheitsgrundsatz 450
Absprache 818
− horizontale 820
− vertikale 820
Abstraktionsprinzip 261, 451
Abtretung 244 ff., 458
Adäquanztheorie 211
Aggressive geschäftliche Handlung 802 f.
Aktien
− Inhaberaktien 631
− Namensaktien 631
− Nennbetragsaktien 631
− Stammaktien 631
− Stückaktien 631
− Vorzugsaktien 631
Aktionär 641
Akzessorietät 484
Aliudlieferung 567
Allgemeine Geschäftsbedingungen 133 ff.
− Einbeziehung 140
− Inhaltskontrolle 149 f., 152
− Überraschende Klauseln 148
Anfechtung 78 ff.
− Erklärung 86
− Frist 87
− Gründe 78 ff.
Annahme 62, 67 f.
Anspruchsgegner 439
Anspruchsgrundlage 19, 36
Antrag/Angebot 62, 64 ff.
Äquivalenztheorie 210
Arbeitnehmer 648
Arbeitslohn 657
Arbeitsunfähigkeit 659
Aufgreifkriterien 832
Auflassung 476, 478 f.
Aufrechnung 52
Aufschiebende Bedingung 465
Aufsichtsrat 638, 640
Aufwendungen 296, 317
Ausgleichsanspruch 552
Auskunftsanspruch 811
Ausschließlichkeitsrecht 752
Außenverhältnis 539

Außerhalb von Geschäftsräumen geschlossene Verträge 167 f.

Bareinlage 616, 637
Befristung 682
− Sachgrundbefristung 683
− sachgrundlose 684
Beratungsfunktion 99
Berechtigung 454, 460 ff., 476, 482
Bereicherung 381 f.
Beschaffenheit 336
Beschaffungsrisiko 182
Besitz 463
− Eigenbesitz 445
− Fremdbesitz 445
− mittelbarer 445
− unmittelbarer 445
Besitzdienerschaft 445
Besitzkonstitut 457
Besonderes Schuldrecht 53 f.
Bestandteil 445
− wesentlicher 445
Bestimmtheitsgrundsatz 448
Betriebsbezogenheit 407
Betriebsrat 719 f., 722 f.
Beweisfunktion 99
Beweislastumkehr 298
Blankettnorm 160
Bote 118 f.
Bundesurlaubsgesetz 665
Bürgerliches Recht 12
Bußgeld 826

Conditio sine qua non-Formel 210

Darlehen 350 ff.
− Gelddarlehen 350 f.
− Sachdarlehen 350 f.
Darlehensgeber 355
Darlehensnehmer 355
Darlehensvertrag 354 ff.
Datenschutz 864 ff.
Datensparsamkeit 870
Datenvermeidung 870
Dauerschuldverhältnis 306
Deliktsrecht 392 ff.
Design 728
Differenzhypothese 26
Differenzmethode 200
Dolus eventuales 421
DPMA 736
Drohung 84

289

Stichwortverzeichnis

Eigentum 453
Eigentümer 460
Eigentümer-Besitzer-Verhältnis 472
Eigentümergrundschuld 487
Eigentumsvorbehalt 265, 464 ff.
– verlängerter 466
Eingriffsverwaltung 841 f.
Einigung 454 f., 459, 476, 481
Einrede 29 f., 234
Eintragung 476, 480, 615, 635
– deklaratorische 514
– konstitutive 513
Einwendung 29
Einzelfreistellung 825
Entgeltforderung 237
Entlastungsbeweis 431
Entreicherung 382
Erfolg 323
Erforderlichkeit 870
Erfüllung 52
Erfüllungsanspruch 314
Erfüllungsgehilfe 197
Erlass 52
Ersatzpflicht 426
Ersatzvornahme 340
Erschöpfungsgrundsatz 763
Erwerb, gutgläubiger 462
Erzeugnis 445

Fahrlässigkeit 26, 195 f., 414
Fälligkeit 232 f.
Falsch- und Mankolieferung 278
Fernabsatzvertrag 163 ff.
Fernkommunikationsmittel 163
Finanzierungshilfe 358
Firma 521
Fiskaltätigkeit 8
Forderung, Bestimmbarkeit 245
Franchisenehmer 560
Franchising 563 f.
Freie Berufe 499
Fremdgeschäftsführerwille 385, 387
Früchte 445
Fungibilität 620
Fusionskontrolle 815, 830 ff.

Garantie 296
– Beschaffenheitsgarantie 296
– Haltbarkeitsgarantie 296
Gaststättengewerbe 854 ff.
Gebrauchsmuster 728
Gebrauchsüberlassung 302
Gefahrübergang 265, 281
Gegenleistung 222 ff.
Gegenleistungsgefahr 223
Gesamtgläubigerschaft 255
Gesamtschuldnerschaft 250 ff.
Geschäftliche Handlung 796
Geschäftsbezeichnungen 523
Geschäftsfähigkeit, beschränkte 110

Geschäftsführer 385, 623 ff., 627
Geschäftsführung 569, 572 f., 576, 588 f., 639
– Gesamtgeschäftsführung 596 f.
Geschäftsführung ohne Auftrag 383 ff.
– berechtigte 390
– unberechtigte 391
Geschäftsherr 385
Geschäftsunfähig 108 ff.
Geschäftswille 57
Geschmacksmuster 728
Gesellschaft 4
Gesellschafterbeschluss 628
Gesellschafterversammlung 624, 628
Gesellschaftsrecht 568 ff.
Gesetz gegen Wettbewerbsbeschränkungen 813
Gewährleistung 333 ff.
– Ausschluss 284, 337
Gewährleistungsrecht 185, 262, 268
– Nachrangig 340
Gewährleistungsregeln 186
Gewerbeordnung 850 f.
Gewerberecht 847 ff.
Gewerblicher Rechtsschutz 725 ff.
Gewinnabschöpfungsanspruch 811
Gewinnerzielungsabsicht 502
Gewöhnliche Verwendung 277
Gläubigergefährdung 422
Gläubigergemeinschaft 255
Gleichordnungsverhältnis 8
Grafische Darstellbarkeit 743
Grundbuch 476, 480, 482
Grundpfandrecht 483
Grundsatz der Kapitalaufbringung 616
Grundsätze der Firmenbildung
– Firmenbeständigkeit 525, 530
– Firmeneinheit 525 f.
– Firmenöffentlichkeit 525, 531
– Firmenunterscheidbarkeit 525, 527
– Firmenwahrheit 525, 529
Grundschuld 477, 483, 490 ff.
Gruppenfreistellungsverordnung 823
Günstigkeitsregelung 644
Gutachtenstil 32
Güterabwägung 408
Gutgläubikeit 482

Haftung 533 ff., 569, 571, 590, 598 ff., 629, 643
– für vermutetes Verschulden 395
– Gefährdungshaftung 393, 396, 432
– Haftungsausschluss 435, 441
– Haftungstatbestände 423
– Haftungsverschärfung 240
– Verschuldenshaftung 393 ff., 397 ff., 416 f.
Haftungsbeschränkung 574
Handelsgeschäfte 565 ff.
– beiderseitige 567
Handelsmakler 557

Stichwortverzeichnis

Handelsrecht 494 ff.
Handelsregister 509 ff.
Handelsvertreter 546, 550
Händler 560
Handlung 410
Handlungsvollmacht 541 f.
– Arthandlungsvollmacht 541
– Generalhandlungsvollmacht 541
– Spezialhandlungsvollmacht 541
Handlungswille 57
Handwerksordnung 852 f.
Hardcoreabsprachen 821
Hauptleistungspflicht 177, 326
Hauptversammlung 638, 641
Hersteller 435, 439
Hinterlegung 52
Hypothek 477, 483, 485 ff.
Hypothetischer Wettbewerbspreis 826

Identitätstäuschung 123
Immaterialgüterrecht 726
Immobilien 107, 474 ff.
Incoterms 224
Informationspflichten, vorvertragliche 359
Innenverhältnis 253, 539
Interesse, negatives 89
Interessenabwägung 408, 718
Inverkehrbringen 437
– gefährlicher Sachen 411
Invitatio ad offerendum 63
Irreführende geschäftliche Handlung 804
Irreführung durch Unterlassung 805
Irrtum 79
– Eigenschaftsirrtum 83
– Erklärungsirrtum 80
– Inhaltsirrtum 82
– Übermittlungsirrtum 81

Kartellverbot 817 f.
Käufer 264
Kaufleute 497 ff.
– Eintragung ins Handelsregister 504 ff.
– kraft Betreibens eines Handelsgewerbes 498
– kraft Rechtsform 507 f.
Kaufmann 495 f.
Kaufmännische Hilfspersonen
– selbstständige 536
– unselbstständige 537
Kaufmännisches Bestätigungsschreiben 71 ff.
Kaufvertrag 26
Kausalität 210 ff., 399
– haftungsausfüllende 399
– haftungsbegründende 399
Kleine Münze 771
Kollusion 422
Kondiktion
– Eingriffskondiktion 375
– Leistungskondiktion 374
– Nicht-Leistungskondiktion 375

Kondiktionsanspruch 373
Kondiktionsrecht 370 ff.
Konkludent 69
Konkretisierung 182
– Bringschuld 183
– Holschuld 183
– Schickschuld 183
Konnexität 234
Kontrollorgan 640
Konzernprivileg 820
Körperschaft 573, 610
– AG 610, 630 ff.
– eG 610
– e.V. 610
– GmbH 610, 612 ff.
– KGaA 610
– Unternehmergesellschaft 617
Körperschaft des öffentlichen Rechts 4
Krankheit 658
Kündigung 52, 345, 680, 685 ff.
– außerordentliche 356, 686, 688 ff.
– betriebsbedingte 695 ff., 722
– Erklärung 691
– Frist 308, 691
– fristlose 307, 311, 687
– Grund 687, 691
– krankheitsbedingte 722
– ordentliche 307, 686, 691 ff.
– personenbezogene 704 ff.
– verhaltensbedingte 712, 722

Ladenschlussgesetz 857
Land- und forstwirtschaftliche Betriebe 505
Lauterkeitskontrolle 814
Lauterkeitsrecht 789
Lauterkeitsschutz 790
Legalausnahme 825
Legaldefinition 26
Leistungskondiktion 378
Leistungspflicht, Hauptleistungspflicht 304
Leistungsstörung 49 f., 175 f., 178
Leistungsverweigerungsrecht 234
Lizenz 766
– ausschließliche 766
– einfache 766
Luxusaufwendungen 382

Mahnung 236 f., 240
Mangel 305, 336
– Beschaffenheitsmangel 275
– Montagemangel 278
– Rechtsmangel 262, 268, 283
– Sachmangel 262, 268, 274, 336
Mangelfolgeschaden 191
Marke 728 ff.
– Bildmarke 733
– Farbmarke 733
– Geruchsmarke 733
– Hörmarke 733
– Positionsmarke 733

Stichwortverzeichnis

- Wort/Bildmarke 733
- Wortmarke 733
- 3D-Marke 733
- Markenähnlichkeit 759
- Markeneintragung 739
- Markeninhaber 734
- Markenklasse 740
- Markenpriorität 741
- Markenregister 735
- Markenschutz 735
- Marktbeherrschende Stellung 815, 827, 834
- Mieter 300
- Mietminderung 315
- Mietverhältnis, Wohnraum 309
- Minderjährige 108 ff.
- Minderung 270, 292, 295, 340, 343
- Missbrauchstatbestände 829
- Mitbewerber 792 f.
- Mitbewerberschutz 801
- Mitverschulden 214
- Mitverwaltung 636
- Mitverwaltungsrecht 619
- Montageanleitung 279

- Nachbesserung 289
- Nacherfüllung 269 f., 289 ff., 339
- Nachlieferung 289
- Nachweisgesetz 654
- Naturalrestitution 200, 207
- Natürliche Person 4
- Nebenleistungspflicht 178 f.
- Nebenpflichten 263, 326
- Nebenrechte 246
- Nichtbenutzung 764
- Nichtigkeitsgründe 74 ff.
- Nicht-Leistungskondiktion 379
- Notarielle Beurkundung 106
- Notorische Bekanntheit 735
- Nutzungsrechte 780, 785 ff.
- ausschließliche 786
- einfache 786

- Offenkundigkeit 120
- Öffentliche Beglaubigung 105
- Öffentliches Recht 7
- Opt-in Prinzip 147
- Opt-out Prinzip 147

- Patent 728
- Personengesellschaft 573, 577 ff.
- EWIV 577
- GbR 577, 579 ff.
- GmbH & Co. KG 577, 608 f.
- KG 577, 601 ff.
- oHG 577, 591 ff.
- PartG 577
- Stille Gesellschaft 577
- Persönliche Abhängigkeit 649
- Pfandrecht 328
- Pflichteinlage 605

- Pflichtverletzung 26, 189 ff.
- Polizeirecht 858 ff.
- Prioritätsprinzip 749
- Privatautonomie 43, 496
- Privatrecht 8
- Produkt 435 f.
- Produktfehler 435, 437
- Produkthaftung 434 ff.
- Produkthaftungsgesetz 434 ff.
- Prokura 538 ff.
- Prokurist 538
- Provision 548 ff.
- Überhangprovision 550
- Publizität
- negative 515, 517 ff.
- positive 515 f.
- Publizitätsprinzip 447, 463

- Recht
- absolutes 401 f.
- dingliches 727
- dispositives 43
- Recht am eingerichteten und ausgeübten Gewerbebetrieb 404
- Rechtfertigungsgrund 412 f.
- Rechtsbindungswille 57
- Rechtsfähigkeit 569 f., 575
- Rechtsfolge 19 f., 27, 36
- Rechtsgeschäft 727
- höchstpersönliches 116 f.
- Rechtsgrund 377
- Rechtsgrundsätze 2
- Rechtsgut 417
- Eigentum 402
- Freiheit 402
- Körper und Gesundheit 402
- Leben 402
- sonstige Rechte 402
- Rechtsgutsverletzung 399, 401 ff., 412
- Rechtsobjekt 3, 5
- Rechtsordnung 2
- Rechtsscheinvollmacht 129 f.
- Anscheinsvollmacht 130
- Duldungsvollmacht 130
- Rechtssubjekt 3 f.
- Rechtsverhältnis 3 ff.
- Relevanter Markt
- räumlich 793, 828
- sachlich 793, 828
- zeitlich 793
- Rosinentheorie 519
- Rücktritt 52, 270, 292, 294, 340, 342

- Sachbeherrschung 411
- Sache 443 ff.
- bewegliche 453, 471
- nicht vertretbare 324, 352
- vertretbare 325, 351
- Sacheinlage 616, 637
- Sachenrecht 442 ff.

Stichwortverzeichnis

Sachverhaltsprüfung 34
Schaden 26, 198 f., 202, 399, 440
– Erfüllungsschaden 204
– immaterieller 202
– kausaler 430
– materieller 202
– mittelbarer 206
– unmittelbarer 206
– Vertrauensschaden 205
– Verzögerungsschaden 239
Schadenersatz 26, 89, 270, 316, 340, 344, 418, 678, 755, 811, 826
– in Geld 208
– statt Leistung 227, 242
Scheingeschäft 92
Scherzgeschäft 91
Schlechtleistung 185
Schlussfolgerung 36
Schmerzensgeld 203
Schöpfer 769
Schöpferprinzip 775
Schriftform 101 ff.
Schuldarten 180
– Gattungsschuld 181 f.
– Stückschuld 180
Schuldnerverzug 229 ff.
Schuldverhältnis 26, 37 ff.
– Beendigung 51 f.
– gesetzliches 47 f., 367 ff.
– vertragliches 45
Schutzdauer 742
Schutzgüter 435, 438
Schutzhindernis
– absolutes 746 f.
– relatives 749 ff.
Schutzvorschriften 247
Schutzzweck von Normen 212
Schwarze Liste 798
Schwebend unwirksam 131
Sekundäransprüche 226 ff.
Sekundärrechtsbehelfe 270
Selbstkontrahierungsverbot 132
Selbstständigkeit 500
Selbstvornahme 340 f.
Sicherungsübereignung 468
Sicherungsvertrag 470
Sittenwidrigkeit 96 f., 377, 418, 420
SNIPP-Test 828
Sonderrecht des Staates 836
Sonstige Rechte 777, 784
Sozialauswahl 699 ff.
Sozialversicherungsrecht 651
Spezialitätsgrundsatz 448
Spezialitätsprinzip 259
Stammkapital 613
Stellvertretung 113 ff.
Störung der Geschäftsgrundlage 185
Strukturkontrolle 789, 791
Subsumtion 24 ff., 34

Taschengeldparagraf 112
Tatbestandsvoraussetzung 20, 23, 33, 36, 476
Tatsachen
– eintragungsfähige 511
– Eintragungspflichtig 512 f.
– eintragungspflichtige 511
Täuschung 84 f.
Telekommunikationsrecht 862 f.
Textform 103
Trennungsprinzip 261
Treuepflicht 620
Typenzwang 42, 449

Übergabe 454, 456
Übergabesurrogat 457
Übersicherung 422, 470
Übertragung 765
Umweltrecht 861
Unangemessene Benachteiligung 149
Unerlaubte Handlung 429
Unlauter 796
Unlautere geschäftliche Handlung 790
Unmöglichkeit 215 ff.
– anfängliche 217
– faktische 218
– nachträgliche 217
– persönliche 219
– tatsächliche 217
Unterbilanzhaftung 615
Unterlassen 410
Unterlassungsanspruch 811
Unternehmer 158
Unternehmerregress 298
Unterscheidungsfunktion 730
Unverzüglich 660
Unzumutbare Belästigung 808
Urheber 775 f.
Urheberpersönlichkeitsrecht 777 f.
Urheberrecht 728, 767 ff.
Urlaub 665 ff.
Urlaubsabgeltung 675
Urlaubsanspruch 667 ff.
Urlaubsentgelt 671
Urlaubsgeld 671

Verbotsvorschrift 93
Verbraucher 158, 792, 794
Verbrauchsgüterkauf 282, 285, 297 f.
Verdeckte Sachgründung 616
Vererichtungsgehilfe 424
Verfügung 445
Verfügungsgeschäft 261
Verjährung 271, 288, 320, 338, 761
Verkehrseröffnung 411
Verkehrsgeltung 735
Verkehrsgeschäft 482
Vermieter 300
Vermögensrecht 619, 636
Verpflichtungsgeschäft 261

Stichwortverzeichnis

Verrichtungsgehilfe 427 ff.
Verschulden 399, 414, 423, 659, 713
Versendungskauf 266
Vertikal-GVO 824
Vertrag 42, 56 ff., 135, 257 ff., 363
– Abtretungsvertrag 245
– Arbeitsvertrag 347, 646 ff., 653
– Aufhebungsvertrag 680
– Behandlungsvertrag 347
– Darlehensvertrag 348 ff.
– Dienstvertrag 346
– Kaufvertrag 257 ff.
– Leihvertrag 300
– Pachtvertrag 300
– Untermietvertrag 302
– Verbraucherdarlehensvertrag 357 ff., 363
– Verbrauchervertrag 158 f.
– Werklieferungsvertrag 324
– Werkvertrag 321 ff.
Vertragshändler 561 f.
Vertragsinhalt 56
Vertragsschluss 422
Vertrauensschadens 131
Vertreten müssen 194 ff., 238
Vertreter ohne Vertretungsmacht 131
Vertretung 569, 572, 576, 589, 597, 639
Vertretungsmacht 125 ff.
Verwaltungsakt 842
Verwaltungsrecht
– allgemeines 839
– besonderes 843 f.
Verwechslungsgefahr 742, 749
Verwertungsrechte 777
– in körperlicher Form 782
– in unkörperlicher Form 783
Verwirkung 762
Verzug 363
Verzugszins 239, 241
Vindikationslage 369
Vinkulierung 620
Vollmacht 126 ff.
Vormerkung 482
Vorsatz 26, 195 f., 414
Vorsprung durch Rechtsbruch 800

Vorstand 638
Vorteilsausgleichung 213

Warnfunktion 99
Wegfall der Bereicherung 382
Weisungsgebundenheit 427
Werk 768, 770
Werklohn 322
Wettbewerbsbeschränkung 815, 821
– horizontale 815
– vertikale 815
Wettbewerbsrecht 788 ff.
Wettbewerbsstrukturkontrolle 814
Wettbewerbsverhältnis 793
Widerruf 157
Widerrufserklärung 169
Widerrufsformular Muster 173
Widerrufsfrist 170 ff.
Widerrufsrecht 155 ff., 362
Widerspruch 482
Widerspruchsrecht 310
Wille
– mutmaßlicher 389
– wirklicher 389
Willenserklärung 57 ff.
– Abgabe 59
– Empfangsbedürftigkeit 59
– Zugang 59
Wirtschaftliche Einheit 364
Wirtschaftsrecht 11 ff.
Wirtschaftsverfassungsrecht 838, 845
Wirtschaftsverwaltungsrecht 838 ff.
Wucher 97

Zahlungsaufschub 358
Zedent 244
Zeitablauf 680
Zession 243
Zessionar 244
Zubehör 445
Zurechnungsnorm 428
Zurückbehaltungsrecht 234
Zusammenschlusskontrolle 815, 830
Zweckbindung 870

19., überarbeitete Auflage
XXV, 410 Seiten. Kart. € 26,-
ISBN 978-3-17-029402-8
Studienbücher

Brox/Rüthers/Henssler
Arbeitsrecht

Das Buch wendet sich an alle, die eine knappe, klare, zuverlässige und in einfacher Sprache gehaltene Einführung in das deutsche Arbeitsrecht erhalten wollen, also nicht nur an Studierende und Rechtsreferendare, sondern ebenso an Wirtschafts- und Sozialwissenschaftler, Personalleiter und -mitarbeiter sowie Führungskräfte in allen Bereichen von Wirtschaft und Verwaltung. Neben dem Individualarbeitsrecht ist auch das kollektive Arbeitsrecht enthalten und umfasst damit alle für Prüfung und Praxis wichtigen Bereiche. Der Stoff ist klar und übersichtlich gegliedert. Zahlreiche Fallbeispiele leiten den Leser zur sachgerechten Lösung praxisrelevanter Probleme an. Anschaulich und lebensnah wird der Leser in den Sinn und Zweck arbeitsrechtlicher Regelungen und in ihre historisch-politischen Hintergründe eingeführt. Die 19. Auflage berücksichtigt insbesondere die Einführung des allgemeinen gesetzlichen Mindestlohns, die Reformen des Arbeitnehmerentsendegesetzes und der Arbeitnehmerüberlassung sowie die neuen Entwicklungen im Tarifrecht. Das letzte Kapitel enthält – insbesondere für Studierende – eine Anleitung zur Bearbeitung arbeitsrechtlicher Fälle.

Die Autoren:
Prof. Dr. jur. Hans Brox (†), ehem. RiBVerfG; **o. em. Prof. Dr. jur. Dres. h. c. Bernd Rüthers**, Universität Konstanz; **Prof. Dr. jur. Martin Henssler**, Universität Köln.

Leseproben und weitere Informationen unter www.kohlhammer.de

2., überarb. Auflage 2017
XXIX, 397 Seiten. Kart. € 37,–
ISBN 978-3-17-032157-1
SR-Studienreihe Rechtswissenschaften

Jochen Glöckner

Kartellrecht – Recht gegen Wettbewerbsbeschränkungen

Das Werk behandelt schwerpunktmäßig die Grundlagen und Strukturen des Europäischen und deutschen Kartellrechts. Die Grundtatbestände des Kartellrechts sind anhand der jüngeren Praxis der Gerichte und Kartellbehörden erläutert. Wegen der thematischen Verbundenheit werden die Anwendung des Kartellrechts im immaterialgüterrechtlichen Kontext, der Schutz des Wettbewerbs in Netzwerken sowie die Bedeutung der Wettbewerbsregeln für staatliches Handeln in selbstständigen Abschnitten erörtert. Der letzte Abschnitt ist schließlich dem Kartellvergaberecht gewidmet.

Das Werk ist gleichermaßen zur Einführung in das Kartellrecht wie zur Begleitung der universitären Schwerpunktausbildung geeignet. Im Anhang sind Prüfungsschemata, Übersichten und Definitionen aufgenommen, welche den Zugang zur Materie erleichtern.

Der Autor:
Prof. Dr. Jochen Glöckner, LL.M (USA), ist Inhaber des Lehrstuhls für deutsches und Europäisches Privat- und Wirtschaftsrecht an der Universität Konstanz und Richter am Oberlandesgericht Karlsruhe.

Leseproben und weitere Informationen unter www.kohlhammer.de

W. Kohlhammer GmbH · 70549 Stuttgart
vertrieb@kohlhammer.de